Inhalt

W0096193

Peter Passett

Vorwort

Die Beiträge dieses Bandes sind Vorträge (z. T. in erweiterter Form), die anläßlich einer vom Psychoanalytischen Seminar Zürich veranstalteten Wochenendtagung zum Thema "Krieg und Frieden aus psychoanalytischer Sicht" am 23./24. April 1983 in Zürich gehalten wurden. Bevor ich auf die nachfolgenden Beiträge eingehe, indem ich etwas zur grundsätzlichen Problematik eines psychoanalytischen Zugangs zu diesem Thema sage und einige widersprüchliche Positionen, die in diesen Arbeiten eingenommen werden, diskutiere, möchte ich dem Leser das Psychoanalytische Seminar Zürich (PSZ) kurz vorstellen.

Das PSZ führt in Zürich die Tradition einer liberalen Ausbildungsstätte Freudscher Psychoanalyse fort. In seiner heutigen Struktur besteht es seit 1977. Bis in die Fünfzigerjahre gab es in Zürich keine institutionalisierte psychoanalytische Ausbildung, obwohl Zürich einer der allerersten Orte gewesen war, an dem die Psychoanalyse außerhalb Wiens Fuß gefaßt hatte. Die Weitergabe psychoanalytischen Wissens und Könnens geschah informell. Man war skeptisch gegenüber jeder Art von Verschulung. Vor allem weil in den Fünfzigerjahren das Interesse an der Psychoanalyse merklich größer wurde, ging damals aus einem informellen Kreis von praktizierenden Analytikern, die sich einmal wöchentlich trafen, das Psychoanalytische Seminar hervor, eine wenig strukturierte Institution ohne formelle Zulassungskriterien, ohne festgelegten Studiengang und ohne Abschlußdiplom. Die Kurse fanden, da die meisten Teilnehmer berufstätig waren, am Abend statt, und in ihnen hatten Diskussionen einen ebenso großen Stellenwert wie Vorträge.

Die Schweizerische Gesellschaft für Psychoanalyse (SGP), eine Zweigorganisation der IPA (International Psychoanalytical Association) anerkannte die Kurse des Seminars als einen — nicht unumgänglichen — Baustein der Ausbildung zum Psychoanalytiker; sie war in der Leitung des Seminars vertreten, das Seminar war aber unabhängig. In der Regel führte zu dieser Zeit die Ausbildung zum Psychoanalytiker dazu, daß man sich nach deren Abschluß um die Mitgliedschaft bei der SGP bewarb.

Seit Mitte der Sechzigerjahre gab es am Seminar eine deutliche Entwicklung in Richtung Selbstverwaltung durch die Studierenden (diese gewannen die Mehrheit in der Seminarleitung und die pro Semester zweimal einberufene Teilnehmerversammlung wurde zum obersten Organ). Man bemühte sich um eine kritische Reflexion der Theorie und Praxis der Psychoanalyse und forderte, daß Gesellschaftstheorie zu einem integrierenden Bestandteil des Lehrangebotes werden solle. Durch diese Politik entfernte sich das Seminar seiner Ausrichtung nach zusehends von der SGP. In dieser Gesellschaft stand eine Mehrheit von konservativen Analytikern, die vor allem standespolitische Ziele verfolgten, einer starken Minderheit von progressiv eingestellten Kollegen, welche die Entwicklung des Seminars begrüßten und unterstützten, gegenüber. Seit Anfang der Siebzigerjahre kam es zunehmend zu Auseinandersetzungen zwischen diesen beiden Gruppierungen im Hinblick auf das Züricher Seminar. Diese endeten 1977 damit, daß mit knapper Mehrheit der Beschluß gefaßt wurde, das Seminar unter die Kontrolle des Unterrichtsausschusses der SGP zu stellen. Dieser sollte die alleinige Verantwortung für die Ausbildung (und damit, wie man erklärte, auch für die berufliche Tätigkeit der von ihr Ausgebildeten) übernehmen.

Nachdem die Teilnehmer sich mit überwältigendem Mehr gegen die ihnen aufoktroyierten Beschlüsse ausgesprochen hatten, wurden sie und die von ihnen gewählte Seminarleitung von den Räumlichkeiten des Seminars ausgesperrt. Mit Unterstützung der fortschrittlich denkenden Mitglieder der SGP wurde daraufhin der Seminarbetrieb in neuen Räumlichkeiten fortgeführt, während die SGP eine den Vorstellungen der Mehrheit ihrer Mitglieder entsprechende Ausbildungsinstitution gründete.

Seit dieser Zeit besteht das PSZ (oder das Seminar an der Tellstraße, wie es nach seiner Adresse zuweilen genannt wird) als unabhängige und von ihren Mitgliedern selbst verwaltete Stätte der Pflege Freudscher Psychoanalyse. Er hat sich seither in Form von Absichtserklärungen zweimal ein Statut gegeben (siehe Anhang I). Sämtliche Angelegenheiten, die das Seminar betreffen, werden in der Teilnehmerversammlung diskutiert und entschieden; dabei sind die vielen Konflikte, in deren Brennpunkt eine solch offene Institution natürlich gerät, zu lösen. Einer dieser Konflikte ist derjenige zwischen den legitimen "Ausbildungsansprüchen" vieler Teilnehmer einerseits und dem Bestreben, kompromißlos gesellschaftskritische Psychoanalyse zu betreiben, andererseits. Dieser Konflikt ist darin begründet, daß die Ausbildung auf eine gesellschaftliche Legitimation des Berufs des Psychoanalytikers hin tendiert, was unvermeidlich in Widerspruch zur subversiven Grundtendenz der Psychoanalyse gerät, welche alles andere als ihre "Gesellschaftsfähigkeit" zum Ziel hat. Eine Facette dieses Konflikts zeigt sich in einer stets latent vorhandenen Neigung, gesellschaftlich-politische Auseinandersetzungen in den Bereich des Plakativ-Deklamatorischen zu verlegen, anstatt sie in die Reflexion der psychoanalytischen Theorie und Praxis zu integrieren. Es müssen immer wieder neue Wege gefunden werden, dieser Tendenz zu begegnen.

Solchen Bemühungen entsprang auch die Organisation der Tagung, deren Beiträge hier vorgelegt werden. Als es im Frühjahr 1982 darum ging, eine Resolution der IPA gegen die nukleare Aufrüstung mitzuunterzeichnen, äußerten in der Teilnehmerversammlung verschiedene Votanten die Meinung, man sollte über eine solche Deklaration hinaus versuchen, einen (wenn auch noch so bescheidenen) eigenen Beitrag zur Friedensforschung zu leisten. Daraufhin wurde beschlossen, einerseits eine seminarinterne Arbeitsgruppe zu bilden, die sich mit der Sichtung von Literatur zum Thema "Krieg und Frieden" befaßte (vgl. dazu auch das Post Scriptum von Emilio Modena), und andererseits eine Tagung zum selben Thema mit internationaler Beteiligung zu organisieren (vgl. das zu diesem Anlaß verfaßte Rundschreiben: Anhang II). Das Zürcher Seminar schien uns ein idealer Rahmen, innerhalb dessen Kollegen aus einem weiteren Umkreis ihre Überlegungen zum Thema vortragen und frei von institutionellen Zwängen diskutieren konnten (vgl. dazu die Vorbemerkungen von H.-E. Richter zu seinem Beitrag in diesem Buch). Deshalb sind auch, im Gegensatz zu einer früheren Publikation des Seminars ("Die neuen Narzißmustheorien: Zurück ins Paradies?", Syndikat, Frankfurt a.M. 1981) die Autoren dieses Buches — mit Ausnahme von P. Parin und den Herausgebern — nicht Mitglieder des PSZ.

In den hier vorgelegten Aufsätzen geht es darum, psychoanalytisches Denken fruchtbar zu machen für die Diskussion der wohl brennendsten Frage unserer Zeit, derjenigen, ob ein künftiger globaler (nuklearer) Krieg, an dessen Vorbereitung allenthalben emsig gearbeitet wird, noch verhindert werden kann.

Diese Frage liegt außerhalb des üblicherweise der Psychoanalyse zugewiesenen Gebiets und es kann deshalb nicht ausbleiben, daß eine Reihe von Kritikern schon das Unterfangen an sich, ohne dessen Ergebnisse abzuwarten, in Frage stellen werden. Man wird von Kompetenzüberschreitung sprechen und den Vorwurf des Psychologismus erheben. Lohnt es sich, darauf einzugehen? Ist es nicht absurd, das Nachdenken über Fragen, die unser aller Existenz betreffen, an Bedingungen knüpfen zu wollen, dafür Zuständigkeiten abzustecken? Gewiß; allein, die Verhältnisse sind so, daß das Absurde chronisch im Gewande des "Normalen" daherkommt. Jene, die es soweit gebracht haben, daß ein Knopfdruck genügt, um den Planeten in Schutt und Asche zu legen, gelten ja nicht als Irre. Im Gegenteil: sie stehen in Amt und Würde, sie repräsentieren Gesetz und Ordnung und man nimmt an, sie wüßten, was sie tun. Wir können es uns also nicht leisten, diejenigen ihrer Lakaien völlig zu ignorieren, welche sich befugt fühlen, uns in Schranken zu weisen. Ich meine jene Vertreter der etablierten Wissenschaft, deren höchstes Anliegen es zu sein scheint, die Auf- und Abspaltungen, Isolierungen und Entfremdungen, welche unser ganzes Leben beherrschen, auch in Denken hineinzutragen und damit einen der letzten Freiräume in den Würgegriff der Disziplin zu nehmen. In der Tat ist die Aufspaltung des Denkens in Disziplinen nichts anderes, als eine Diziplinierung des Denkens und macht jene, die sich daran halten, zu "discipuli", zu Schülern, die ohne Not ihre denkerische Souveränität aufgeben und sie an jene abtreten, die sich als Lehrmeister aufspielen.

Selbst wenn man den Einwand gelten läßt, die Psychoanalyse habe sich an ihr Gebiet zu halten, ergibt sich daraus kein gültiges

Argument gegen eine psychoanalytische Auseinandersetzung mit Krieg und Frieden. Gegenstand der Psychoanalyse im engeren Sinne ist zwar das Individuum, aber die Psychoanalyse kann, gemäß ihren Grundannahmen, dieses Individuum gar nicht isoliert denken, losgelöst aus seinem gesellschaftlichen Zusammenhang, in dem und durch den allein es zum Subjekt wird. Die Psychoanalyse erkennt den Konflikt zwischen der Triebnatur des Menschen einerseits und den dieser Natur entgegenstehenden kulturellen Einschränkungen, die sich aus der Notwendigkeit der gesellschaftlichen Organisation ergeben andererseits, als *den* zentralen Konflikt, aus dem heraus das menschliche Subjekt zu verstehen ist. Ihr Ziel ist die Kritik von Pseudonatur, und sie ergänzt darin die andere kritische Theorie, diejenige von Marx (vgl. H. Dahmer, "Libido und Gesellschaft", Frankfurt a. M. 1973).

Es kann also keine Frage sein, daß ein Thema wie "Krieg und Frieden" im Zentrum psychoanalytischen Interesses steht. Zwar gibt es traditionellerweise eine unselige Scheu der Psychoanalytiker, sich zu brennenden Zeitproblemen zu äußern (vgl. dazu: Paul Parin, "Warum die Psychoanalytiker so ungern zu brennenden Zeitproblemen Stellung nehmen. Eine ethnologische Betrachtung", in Psyche 5/6 1978), doch ist dies die Folge eines verhängnisvollen Selbstverständnisses, in welches die Psychoanalyse im Verlaufe ihrer Entwicklung und vor allem im Zuge ihrer unheilvollen Anlehnung an die Medizin immer tiefer hineingerutscht ist. Eine emanzipierte Psychoanalyse aber, die ihr ursprüngliches Selbstbewußtsein wiedergefunden hat und die sich als gesellschafts- und kulturkritische Wissenschaft versteht, kann gar nicht anders, als mit ihrer Analyse an jenen kritischen Stellen anzusetzen, an denen das Schicksal unserer Kultur auf dem Spiel steht. Sie kann es sich auch nicht leisten, ihre Befunde für sich zu behalten und als Fachwissen zu schubladisieren. Sie muß sich im Gegenteil Gehör verschaffen, alles unternehmen, was in ihren Möglichkeiten steht, damit ihre Erkenntnisse Verbreitung finden und womöglich bis zu denen vordringen, die ihrer am meisten bedürften und doch am wenigsten von ihnen wissen wollen.

Solche Überlegungen haben uns bewogen, die Beiträge unserer Tagung zu publizieren und damit einer weiteren Öffentlichkeit zugänglich zu machen. Wir sind uns der Problematik des Unterfangens wohl bewußt. Ein Band mit diesem Titel weckt Erwartungen, die er nicht erfüllen kann. Die Befunde, die hier vorgelegt werden, ermangeln der Klarheit, der Eindeutigkeit und auch der Übereinstimmung, die in so vitalen Fragen wünschenswert wären. Das mag einige bewegen, sie enttäuscht beiseite zu legen, und es mag andere in ihrer Skepsis gegenüber einer Wissenschaft bestätigen, die so meilenweit von jener Genauigkeit entfernt ist, die unser Idealbild einer exakten Wissenschaft (der Naturwissenschaft) prägt. Mehr noch: die Tatsache, daß die Gedanken und Schlußfolgerungen einzelner Autoren so weit auseinanderklaffen, wird den Spott derjenigen auf den Plan rufen, denen Psychoanalyse eh nichts anderes ist als eine dubiose "Geheimwissenschaft", deren Adepten sich gegenseitig, fern jeder Empirie, im Aufstellen phantastischer Hypothesen überbieten. Kritik dieser Art kann des Beifalls gewiß sein. Sie hat ja in vielem die herrschende Vernunft auf ihrer Seite. Aber eben die herrschende; und das ist genau die, welche uns in jene Sackgasse geführt hat, aus der wir nun so leicht nicht mehr herausfinden.

Bei den "Dingen", die Gegenstand dieser Abhandlung sind, müßte uns eine in sich völlig stimmige, widerspruchsfreie Argumentation eigentlich eher verwundern, und eine unité de doctrine unter zehn so verschiedenen Persönlichkeiten, wie es die Autoren diese Bandes sind, müßte merkwürdig anmuten. (Es war ja auch nicht unsere Absicht, Einmütigkeit zu demonstrieren, sondern die Diskussion durch das Offenlegen kontroverser Standpunkte anzuregen.)

Menschliches Verhalten, um dessen Verständnis es hier geht, ist nicht gleichzusetzen mit "Natur". Ein naturwissenschaftlicher Zugang ist ihm niemals gemäß. Worum es geht, ist vielmehr die Entschlüsselung dessen, was uns in diesem Verhalten, seinen scheinbaren Gesetzmäßigkeiten und seinen, zu Institutionen geronnenen Formen als "Pseudonatur" entgegentritt. Dieser Prozeß der De-Fetischisierung, wie Dahmer ihn nennt, ist mühsam. Durch ihn werden die scheinbaren Grundfesten der Ordnung des Denkens erschüttert: dabei wird das Selbstverständnis problematisch und das "Natürliche" enthüllt sich als "Gemachtes".

Menschliches Verhalten ist gekennzeichnet durch Widersprüche, welch die Folge davon sind, daß dieses Verhalten, herausgelöst aus der Instinktsicherheit des tierischen Daseins, sich ständig vor der Aufgabe sieht, Konflikte zu lösen, Konflikte zwischen sich widersprechenden oder ausschließenden Zielen. Motivationshierarchien sind entscheidend für die jeweilige Art der Lösung des Konflikts, aber diese Hierarchien sind nicht festgefügt. Sie unterliegen, da sie gemacht werden, Veränderungen und sind beliebig verschiebbar. In einer Theorie, die sich auf menschliches Verhalten bezieht, müssen sich dessen Widersprüche spiegeln. Die Psychoanalyse ist denn auch eine *Konfliktpsychologie*, d. h., sie versteht das menschliche Verhalten aus dessen Konflikthaftigkeit. Dabei versucht sie, diese Konflikthaftigkeit auf verschiedensten Ebenen zu konzeptualisieren. Die Antagonismen von (Trieb-)Natur und Gesellschaft, Trieb und Abwehr, Unbewußtem und Bewußtem, Primärvorgang und Sekundärvorgang, Es und Ich/Überich, um einige der wichtigsten zu nennen, sind Angelpunkte, um die herum die psychoanalytische Theorie ihr Verständnis des Menschen anlegt. Am tiefsten (aber auch, wie mir scheint — selbst vor Psychoanalytikern — am unverstandensten) hat Freud diese Konflikthaftigkeit im dialektischen Verhältnis von Eros und Todestrieb zu fassen versucht, wobei er sich an eine lange Tradition des Denkens — nicht nur des abendländischen — angelehnt hat.

Die Todestriebhypothese in ihrer Radikalität hat von jeher die Psychoanalytiker erschreckt, und die meisten haben es vorgezogen, dieses Stück der Theorie beiseite zu schieben, anstatt es neuer Interpretation und neuem denkerischen Zugriff zu unterziehen. Daß das Todestriebkonzept gerade im Zusammenhang mit Krieg und Frieden von besonderem Interesse ist, leuchtet ein. Banal wäre es allerdings, den Krieg kurzerhand mit der Existenz des Todestriebes erklären und rechtfertigen zu wollen. Keiner unserer Autoren ist diesem Kurzschluß erlegen. Einer aber (M. Pohlen) hat — und das ist ganz besonders erfreulich — das Konzept aufgegriffen und es neu durchdacht. Er hat es dabei einem spezifischen Triebschicksal zugeordnet, welches die zur biologischen Kernfamilie geschrumpfte spätbürgerliche Lebensgemeinschaft aus innerer Notwendigkeit generiert, und er findet in dieser Kernfamilie die eigentliche Produktionsstätte des Todestriebes.

Viele der Widersprüche, die zwischen den hier vorgelegten Arbeiten zutage treten und teilweise polemisch ausgetragen werden, müssen doch letztlich als solche der Akzentsetzung verstanden werden und spiegeln Widersprüche des Gegenstandes wider, über den reflektiert wird. Auf einen davon, der eine besonders wichtige Rolle spielt, werde ich in der Folge etwas näher eingehen.

Eine der tiefgreifendsten Einsichten der Psychoanalyse, welche oft mit der kopernikanischen Wende des Denkens im Bereich der Naturwissenschaften verglichen wurde, ist die Erkenntnis, daß das Ich nicht Herr ist im eigenen Haus. Es bedeutet eine schwere Kränkung für den Narzißmus, einsehen zu müssen, daß die wirklichen Motive für vieles, was wir tun, nicht identisch sind mit unseren bewußten Absichten, sondern daß unbewußte Inhalte, seien es Wünsche oder Ängste, dieses Tun in einem Maße beeinflussen, von dem der gesunde Menschenverstand nichts wissen will. Trotz dieser Einsicht oder gerade, weil er sie zu machen imstande war, hielt Freud die Hoffnung aufrecht, daß die leise Stimme des Intellekts bzw. der Vernunft[1] sich schließlich doch durchsetzen und Gehör verschaffen werde. Aus dieser Einsicht einerseits und der Hoffnung andererseits leiten sich zwei Grundtendenzen ab, die in alles psychoanalytische Denken einfließen, dort als latenter Widerspruch mitschwingen und jederzeit als offener Widerspruch ausbrechen können.

Manchmal wird dieser Widerspruch so unerträglich, daß es uns vorteilhaft erscheint, die eine oder die andere seiner beiden Seiten auszublenden, zu verleugnen. Die Tendenz zu solcher Einseitigkeit ist immer dann besonders gegeben, wenn es um sogenannte letzte Fragen geht, um Fragen, deren Beantwortung von so großer Bedeutung ist, daß eine widersprüchliche Antwort nicht annehmbar erscheint. Eine Frage dieser Art ist ohne Zweifel auch die, ob, angesichts des weltweit angehäuften Zerstörungspotentials, die Menschheit noch eine Chance habe, der Selbstzerstörung zu entrinnen. Hier wird der Entscheid zwischen den zwei beschriebenen Tendenzen zur Schicksalsfrage. Was bedeutet es, daß auch das Ich des hochzivilisierten Menschen noch immer beherrscht ist von dessen Triebnatur, daß es im Verlaufe der Entwicklungsgeschichte des Menschen zwar gelungen ist, immer effektivere Modi der Abwehr, also der Verhinderung bzw. Substituierung der direkten Triebabfuhr herauszubilden, daß aber jede Abwehr eben doch eine Reak-

1) Vgl. auch Fußnote 3.

tion ist auf den ursprünglichen Triebwunsch und daß dieser sich in ihr, in wie immer entstellter Form, zum Ausdruck bringt? Was ist das für eine Vernunft, in deren leise Stimme wir unsere Hoffnung setzen sollen? Ist sie gereinigt von ihrem triebhaften Ursprung, ihm gegenüber souverän, oder ist auch sie kompromittiert durch ihre animalische Abkunft?

In der Beantwortung solcher Fragen ist niemand neutral. Jeder wird, entsprechend seiner Persönlichkeit, die Antwort in der einen oder anderen Richtung suchen.[2] Wer sich eher auf die Trieb / Wunschseite stellt, wird im allgemeinen die Brechung der Herrschaft des Ich weniger negativ beurteilen und eine Befreiung der Kräfte des Unbewußten nicht fürchten. Wer sich mehr für die Abwehr / Vernunftseite stark macht, sieht wohl im Unbewußten vorwiegend das Gefährliche, dessen Befreiung vermieden werden muß.[3] Die Verabsolutierung beider Standpunkte führt allerdings

2) Die Diskussionen auf unserer Tagung haben allerdings gezeigt, daß eine Mehrheit, auch der Psychoanalytiker, den Zugang von der Abwehrseite favorisiert. Er scheint bedeutend weniger Angst zu machen als der Blick auf die undomestizierten Wünsche. Der Zugriff von der Wunschseite erscheint dagegen gefährlich entgrenzend: er führt hinüber, jenseits von Gut und Böse; er verunsichert uns, da er Anteile in uns selbst bloßlegt, die ihre Affinität zu so verabscheuungswürdigen Phänomenen wie dem Faschismus nicht verleugnen können und die unsere bewußt so klar bezogenen Positionen unterminieren. Der Diskussionsverlauf hat gezeigt, daß dann auch bei Psychoanalytikern (bei Menschen also, die daran gewöhnt sind, sich mit unbewußtem Material auseinanderzusetzen) eine Tendenz zu jener Reaktion besteht, über die Chaim Shatan in anderem Zusammenhang berichtet: die Tendenz, den Überbringer schlechter Nachricht mit dem Inhalt dieser Nachricht gleichzusetzen und ihn dafür verantwortlich zu machen, ein Schicksal, das ja auch Freud widerfuhr. Wer vom Faschismus in uns redet, riskiert, selbst zum Faschisten gestempelt zu werden. "Denn die Kindlein, sie hören es nicht gerne, wenn die angeborene Neigung des Menschen zum "Bösen", zur Aggression, Destruktion und damit auch zur Grausamkeit erwähnt wird" (S. Freud, "Das Unbehagen in der Kultur", GW Bd. XIV S. 479).

3) Diese Zuordnungen (Abwehr/Vernunft und Trieb/Wunsch) meinen keineswegs eine Gleichsetzung. Es soll lediglich drauf hingewiesen werden, daß die Vernunft ihre Entstehung wesentlich der Triebabwehr verdankt und daß der Wunsch nicht unabhängig vom Trieb gedacht werden kann. Daß ich den Begriff Vernunft und nicht z. B. Intellekt, Verstand oder ratio wähle, hat mit einer in diesem Begriff mitschwingenden Bedeutung zu tun, die vor allem im Adjektiv "vernünftig" (als Gegensatz zu "unvernünftig") zum Ausdruck kommt: ich meine die enge Verknüpfung mit gesellschaftlichen Normen (der Vernünftigkeit). An jener berühmten Stelle in "Die Zukunft einer Illusion" (GW Bd. XIV S. 377), wo Freud von

dazu, daß wesentliche Einengungen des Blickfeldes entstehen, womit die Analyse an Schärfe verliert. Eine Kulturkritik hat zwar "vernünftig" zu sein, aber wenn sie ausschließlich im Namen der Vernunft geschieht, verliert sie ihre Brisanz, weil Vernunft eben immer im wesentlichen die herrschende Vernunft ist. Etwas "Unvernünftiges" haftet notwendigerweise jeder relevanten Kritik der Kultur bzw. der herrschenden Verhältnisse an.

Umgekehrt kann sich auch eine Kritik der herrschenden Verhältnisse, welche sich zum Anwalt der unterdrückten Wünsche macht, der Einsicht nicht verschließen, daß Wünsche überhaupt nur existieren, insoweit ihre Erfüllung aussteht und daß der Mensch nicht Mensch wäre, wenn nicht Triebziele zu Wünschen und damit in einem gewissen Sinne unerfüllbar geworden wären (insofern, als der Wunsch sich nicht wie das Bedürfnis auf ein reales Objekt, sondern auf eine Phantasie bezieht). Der Prozeß der Kultur, der wohl kritisiert, grundsätzlich aber nicht in Frage gestellt werden kann (zumindest nicht sinnvollerweise), bezieht aus eben diesem Defizit an Erfüllbarkeit wesentliche seiner Energien.

Dieser Kulturprozeß wird natürlich nicht ausschließlich von psychologischen Faktoren bestimmt, aber diese spielen immer eine hervorragende Rolle. Man kann sich vorstellen, daß im Verlaufe der Geschichte Perioden, in denen vor allem die Wünsche der Massen für das (politische) Geschehen ausschlaggebend waren (Perioden des Umbruchs und der Veränderung), sich abgelöst haben mit solchen, die mehr durch die Abwehr dieser Wünsche gekennzeichnet waren (Zeiten der Konsolidierung und Festigung von Herrschaft). Bislang konnte dieser wellenförmig zu denkende Prozeß sich größere Ausschläge nach beiden Seiten erlauben, ohne dadurch seine Kontinuität zu gefährden oder sich gar selbst aufzuheben. Das Neuartige

der leisen Stimme des Intellekts spricht, macht er, wie der Kontext zeigt, keinen grundsätzlichen Unterschied zwischen Vernunft und Intellekt. So, wie ich den Begriff hier brauche, könnte man indessen sagen, daß er nicht nur "ich-hafte" Züge, wie der Intellekt, sondern auch "überich-hafte" an sich hat. Der Begriff soll durch diese Charakterisierung nicht desavouiert werden, ich will lediglich auf eine ihm anhaftende Zwiespältigkeit hinweisen. Vernunft ist ohne Zweifel ein unabdingbares Moment jeder denkbaren Kultur, aber zuweilen taucht in ihr das abgewehrte Triebhafte wieder auf, und dann kann sie, wie z. B. in der "Vernünftigkeit" der sog. Abschreckungsstrategie, unversehens in pure Unvernunft umschlagen (vgl. dazu auch H.-E. Richter, "Zur Psychologie des Friedens", Rowohlt 1982, S. 17ff).

und Erschreckende unserer heutigen Situation ist, daß dies anscheinend nicht mehr gilt. Ein Durchbruch der niedergehaltenen Wünsche nach Grenzüberschreitung und Zerstörung, eine Entfesselung der Todessehnsucht könnte sehr wohl die ganze Menschheit, ja sogar alles Leben auf unserem Planeten auslöschen.[4] Eine Lösung (selbstverständlich unter ausschließlicher Berücksichtigung der psychologischen Aspekte) scheint nur möglich, wenn mindestens die beiden folgenden Bedingungen erfüllt sind:

1. Die verdrängten Wünsche müssen erkannt und in ihr Recht gesetzt werden, d. h. es muß Aussicht auf ihre wenigstens teilweise Erfüllung (soweit eine solche für Wünsche eben möglich ist) und auf die Befriedigung der ihnen zugehörenden Bedürfnisse bestehen.
2. Die Abwehr, welche ursprünglich diesen verdrängten Wünschen galt, sich aber (nach der erfolgreichen Unbewußtmachung[5] dieser Wünsche) auch auf die Wahrnehmung derjenigen *realen* Gefahren ausgeweitet hat, welche pervertierter Ausdruck dieser unterdrückten Wünsche sind, muß durchschaut und aufgehoben werden.

Solche Realitäten, in denen wir unbewußt gemachte Wünsche wiedererkennen, sind z. B. die wahnwitzige Aufrüstung in Ost und West oder das sich in immer weniger Händen ballende Gewaltmonopol innerhalb unserer westlichen Demokratien.

Die Arbeiten des vorliegenden Buches setzen im Bezug auf die zwei genannten Gesichtspunkte sehr verschiedene Akzente, und darin liegen ihre hauptsächlichsten Widersprüche.

---

4) Vielleicht sollten wir die Möglichkeit nicht völlig von der Hand weisen, auch noch diese Schreckensvision, die heute von beinahe jedermann geteilt wird, im Hinblick auf ihre Wunsch / Abwehr-Aspekte kritisch zu betrachten. Wird dieser nächste Krieg wirklich der letzte sein, oder ist diese Gewißheit als "großartige" Endzeit- und Zerstörungsphantasie einer untergehenden Klasse zu verstehen, die darin noch einmal ihre Todessehnsucht auf die Spitze treibt und die sich ihren Untergang nicht anders vorstellen kann denn als das Ende der Welt?

5) Vgl. dazu Mario Erdheim, "Die gesellschaftliche Produktion von Unbewußtheit. Eine Einführung in den ethnopsychoanalytischen Prozeß", Suhrkamp, Frankfurt a. M. 1982.

Das Wichtigste an diesem Buch sind aber nicht die Widersprüche, sondern der gemeinsame Ansatz der verschiedenen Beiträge: Das Thema Krieg und Frieden aus psychoanalytischer Sicht zu behandeln heißt, es vom betroffenen Subjekt aus in den Blick zu nehmen. Die Psychoanalyse versteht die Menschen auch dort noch als Subjekte ihrer Geschichte, wo sie irrational und ihren Interessen zuwider handeln, wo sie als manipuliert, verführt und beherrscht erscheinen. Sie besteht darauf, daß auch solches, zunächst unverständliches Handeln nicht *nur* durch Fremdeinflüsse, übergreifende Mechanismen und anonyme Kräfte zu erklären ist, sondern daß es immer *auch* Interessen der handelnden Menschen entspricht, Interessen allerdings, die durch komplexe, innerpsychische Prozesse so entstellt worden sind, daß nur derjenige sie noch zu erkennen vermag, der mit dem Unbewußten und dessen Verstellungskünsten vertraut ist.

Abgesehen davon, was diese Sichtweise an konkreter Erkenntnis bringt, liegt einer ihrer großen Gewinne darin, daß sie hilft, jene Ohnmacht zu überwinden, welche dann entsteht, wenn all das absurde Verhalten, mit dem Menschen ihre ureigensten Interessen sabotieren, lediglich als Resultat anonymer gesellschaftlicher, politischer und ökonomischer Kräfte verstanden werden kann, eine Ohnmacht, die sich gerade unter politisch bewußten Menschen, welche aber psychologischen Argumentationen gegenüber unzugänglich sind, oft breit macht. Allerdings wird in der psychoanalytischen Sichtweise den Subjekten ihre Selbstverfügung nicht umsonst zurückgegeben, sondern um den Preis der Einsicht, daß diese Verfügung beschränkt ist durch triebbedingte Motivationen, die niemals mit den Erfordernissen des gesellschaftlichen Zusammenlebens in völlige Übereinstimmung zu bringen sind, die aber, wenn sie erkannt und in ihr Recht gesetzt sind, doch nicht zur Selbstzerstörung führen.

In den bald hundert Jahren ihres Bestehens ist die Psychoanalyse zu einem kaum noch bestrittenen Bestandteil der Reflexion des Menschen über sich selbst geworden. Aber wir sollten uns dadurch nicht blenden lassen: diese Verbreitung ist weitgehend eine oberflächliche geblieben. Einzelne Inhalte der Psychoanalyse sind zwar Allgemeingut geworden, haben sich mit der herrschenden Ideologie vermählt und wohl auch geringfügige Veränderungen im Leben der Menschen mitbedingt. Die zentrale Erkenntnis der Psychoanalyse aber ist heute so exotisch wie bei ihrem erstmaligen Auftauchen. Sie bezieht sich auf den nun schon wiederholt erwähnten, fundamentalen Widerspruch zwischen Triebnatur und Kultur, zwischen Es und Ich / Überich, Primärvorgang und Sekundärvorgang oder wie immer die zur Darstellung benutzten Formeln heißen mögen. In der Nachfolge Freuds wurde dieser Widerspruch stets eingeebnet und bagatellisiert; die von Freud mit unerschrockenem Blick aufs Unbewußte freigelegte Wildnis wurde eilends zu botanischen und zoologischen Gärten umfunktioniert.[6] Die alles durchwirkende Kraft des Eros verwechselte man bald einmal mit einem inflationären Sex, und das unheimliche Walten des Todestriebes hat man teils völlig ignoriert, teils in hausbackene Aggressionstheorien umgegossen oder gar schlicht der Pathologie des alternden Meisters zugeschrieben. So wurde aus der kulturrevolutionären Psychoanalyse eine zahnlose wissenschaftliche Unterdisziplin, die ihre Daseinsberechtigung vor allem auf dem Gebiet der Psychotherapie behalten hat, aber selbst dort laufend gegen das Überranntwerden durch modernere, effizientere Verfahren anzukämpfen hat, welche ihrer Eckigkeit entbehren und schnelles Glück versprechen.[7]

Wenn sich hier zehn Autoren (von denen nicht alle als klinische Psychoanalytiker tätig sind) zusammenfinden, vom Standpunkt der Psychoanalyse aus über Krieg und Frieden nachzudenken, und für ihre Überlegungen Gehör beanspruchen, so ist dies Ausdruck eines Prozesses der Wiedergewinnung psychoanalytischen Selbstbewußtseins. Damit wird der Anschluß an eine Tradition hergestellt, die mit Freuds kulturkritischen Schriften begonnen hat, die aber in der nachfolgenden Entwicklung zugunsten der klinischen Theorie immer mehr in den Hintergrund getreten ist,

6) Vgl. dazu M. Pohlen und L. Wittmann, "Die Unterwelt bewegen". Versuch über Wahrnehmung und Phantasie in der Psychoanalyse, Syndikat 1980.

7) Daß dafür nicht einfach eine der Psychoanalyse feindlich gesinnte Umwelt verantwortlich gemacht werden kann, sondern daß die Psychoanalytiker selbst, und zwar nicht erst in neuerer Zeit, wacker an der Demontage ihrer Lehre zum Zwecke der Anpassung an die herrschenden Verhältnisse mitgewirkt haben, zeigt eindrücklich der Beitrag von Johannes Reichmayr in diesem Buch.

ohne allerdings je abgerissen zu sein. Im deutschen Sprachraum hat sie nach dem 2. Weltkrieg vor allem Alexander Mitscherlich wieder aufgegriffen, und seither haben sich zunehmend mehr Analytiker — darunter auch einige Autoren dieses Bandes — um die Wiederbelebung dieser wichtigen Seite der Psychoanalyse verdient gemacht. Man sollte in diesem Buch also nicht nur einen Beitrag der Psychoanalyse zur Friedensbewegung sehen, sondern auch ein Stück Selbstreflexion der Psychoanalyse im Sinne eines weiteren Schrittes auf dem Weg der Abkehr von jener falsch bescheidenen Haltung, in der sie sich auf das klinische Feld beschränkt und nur ausnahmsweise und zaghaft den Blick auf größere Zusammenhänge wagt.

Der psychoanalytische Zugriff auf das Thema ist selbstverständlich nicht der einzig legitime, und er ist gewiß ein einseitiger: aber er ist zentral und in seiner Einseitigkeit unverzichtbar. Er ist der einzige, der den Menschen uneingeschränkt als Subjekt seiner Geschichte sehen kann, weil er die Motive seines Handelns nicht auf deren bewußte Anteile reduziert und deshalb nicht gezwungen ist, auf fremde Einflüsse zurückzugreifen, wo dieses Handeln keinen sichtbaren Sinn mehr macht. Als Psychoanalytiker verstehen wir alles Handeln immer als Resultat bewußten, vernünftigen Abwägens einerseits und unbewußten, triebgesteuerten Wünschens und Fürchtens andererseits. Wenn eine solche Sichtweise durch dieses Buch an Verbreitung gewänne, so hätte es seinen Zweck erfüllt. Es könnte dann seinen Anteil haben an einem Umdenken, welches weg von einer manichäischen Trennung der Welt in Gute und Böse den Blick auf jene Kräfte in uns allen lenkt, die, wenn sie nicht erkannt und angemessen berücksichtigt werden, sich gewaltsam und unkontrolliert ihre Bahn brechen und uns in Bewußtlosigkeit zu Helfershelfern eines Geschehens werden lassen, welches wir bewußt um jeden Preis zu verhindern suchen. Dies darf allerdings nicht bedeuten, daß es bei diesem Umdenken sein Bewenden haben soll. Sobald wir erkannt haben, welche Kräfte am Werk sind und wer sich ihrer — in welcher Absicht auch immer, mit Wissen oder in Unwissenheit — bedient, müssen wir, auch als Analytiker, Stellung beziehen und Farbe bekennen. Aufklärung allein wird nicht genügen, auch wenn wir dort unseren Hauptbeitrag leisten können. Der Frieden, wenn wir erst einmal erkennen, welchen Frieden wir wollen, muß erkämpft werden. Bei diesem Kampf kommen die Möglichkeiten der Psychoanalyse an ihr Ende, nicht aber diejenigen der Psychoanalytiker.

Paul Parin

Die therapeutische Aufgabe und die Verleugnung der Gefahr

Ich werde über "die therapeutische Aufgabe und die Verleugnung der Gefahr" sprechen. Die Anwesenden werden mit mir einig gehen, daß es unsere Aufgabe wäre, jene Entwicklung aufzuhalten, die dahin zielt, die ganze Welt in ein Hiroshima zu verwandeln. Was geschehen müßte, ist seit langem bekannt. *Albert Einstein* hat in einem Brief an die Jewish Peace Fellowship im Jahre 1953 geschrieben: "Bloßes Lob des Friedens ist einfach, aber wirkungslos. Was wir brauchen, ist aktive Teilnahme am Kampf gegen den Krieg und alles, was zum Krieg führt". Im gleichen Jahr 1953 gab er der Meinung Ausdruck, daß die "Haupthindernisse für den Abbau der nuklearen Bedrohung" psychologische sind: "[...] kein Vorschlag, der von einer der Parteien kommt, [kann] bei der anderen objektive Würdigung finden [...]. Man müßte von beiden Seiten her durch faktische Verzichtsleistungen das Vertrauen erzeugen, daß man keine aggressiven Absichten hat. Wenn dazu keine Bereitschaft ist und das ganze Verhalten auf beiden Seiten darauf hinausläuft, möglichst militärisch "gesichert" zu sein, dann ist die große Katastrophe auf die Dauer unvermeidlich".

Der politische Aspekt meiner eigenen Ausführungen ist von der Erfahrung in jener Zeit beeinflußt, in der eine andere tödliche Gefahr, der Nationalsozialismus, die Welt bedroht hat. Auch damals, in den Jahren 1933 bis 1939 hat die Faszination für einen Kreuzzug gegen die böse kommunistische Welt zur Verleugnung der Gefahr eines Weltkriegs beigetragen. Die manichäische Einteilung der Menschheit in die Guten und die Bösen hat es den Völkern und ihren Machthabern, nicht nur den Deutschen, sondern auch den späteren "Alliierten", ermöglicht, gigantische Kriegsvorbereitungen zu bagatellisieren. Natürlich so, daß es feststand, daß man selber gut, im Recht, zivilisiert und friedfertig, der Kommunismus oder "der Russe" jedoch das Gegenteil, das absolut Böse war. Der vorbereitete und geplante Krieg hatte dann allerdings Millionen Tote und die Zerstörung von vielen Städten und Ländern zu Folge, während der Krieg, zu dem heute gerüstet wird, wahrscheinlich die ganze Menschheit vernichten wird.

Daß ich geradezu von einer therapeutischen Aufgabe spreche, wo es sich doch offensichtlich um politische Fragen handelt, hat nicht nur den Grund, daß psychologische Faktoren im Spiel sind, für die wir Psychoanalytiker uns als Fachleute verstehen. Die traditionelle Trennung in Natur- und Geisteswissenschaften, die dem Arzt und Therapeuten lediglich die Aufgabe zuwies, Gefahren abzuwenden, die den Menschen in seiner biologischen Natur bedrohen, ist obsolet geworden. Gerade durch die Einführung der Psychoanalyse in die Medizin sind nicht-biologische Bedrohungen, die aus der Sozialsphäre stammen, zu obligaten Objekten medizinischer Forschung geworden. Die Rolle, die dem Therapeuten in den industrialisierten Gesellschaften zugeschrieben wird, der Platz, den er in der zunehmenden Anomie unserer Lebenswelt einnimmt, entspricht dieser Entwicklung.

Der "3. Medizinische Kongreß zur Verhinderung eines Atomkrieges" steht unter dem Motto "wir werden euch nicht helfen können". Das bezieht sich auf die traditionelle Aufgabe des Arztes. Für den Therapeuten, dem man mit Recht zuschreibt, daß er zwischenmenschliche Beziehungen wissenschaftlich erforscht hat, ergibt sich der Zusatz:"Wir *müssen* euch helfen, gerade dort, wo die traditionelle Medizin ganz machtlos ist, bei der Abwendung von Wirkungen, die von nuklearen Waffen ausgehen, denn wir haben aus den Einsichten der Psychoanalyse und der davon abgeleiteten Sozialpsychologie einiges Rüstzeug, das zur Abwendung der anstehenden Gefahren nützlich sein kann, die nicht aus der Biologie, sondern aus der Sozialsphäre herstammen".

Die psychologischen Vorgänge, die den Gang einer Politik bedingen, die auf die totale Zerstörung und Selbstzerstörung hinsteuert, sind bekannt. H.-E. Richter und andere Psychoanalytiker haben sie aufgedeckt und beschrieben. Die vorliegenden Analysen beziehen sich allerdings alle auf die Verhältnisse im Macht- und Einflußbereich der Vereinigten Staaten von Amerika. Entsprechende

Analysen der Rüstungs- und Kriegsideologie in der Sowjetunion und in ihrem Einflußbereich sind mir nicht bekannt. Das moralistische Argument, daß wir im Westen zuerst oder ausschließlich unsere eigenen Verhältnisse kritisieren sollten, weise ich zurück. Ich meine, daß es für uns ebenso nötig und dringlich wäre, die herrschende Psychologie im Osten zu analysieren. Ich bedaure sehr, daß ich das nicht leisten kann, da ich über die offiziellen Texte hinaus keine irgendwie genügenden Informationen habe. Ich vermute, daß es in der UdSSR und in den Staaten des Warschau-Pakts ähnliche, aber nicht die gleichen Verleugnungen der gefährlichen Wirklichkeit gibt wie bei uns.

Ich habe also nichts Neues mitzuteilen, will aber versuchen, die Befunde so zu ordnen, daß sie möglichst viel zum Verständnis der heutigen politischen Situation in Mitteleuropa beitragen. Die Schweiz ist trotz ihrer eigenartigen Traditionen und staatlichen Einrichtungen und des oft betonten außenpolitischen Sonderanspruchs für alles, was ich zu sagen habe, durchaus zu Mitteleuropa und zum Einflußbereich der USA zu rechnen.

Ich beginne mit der Aggressionstheorie, um dieses Thema jedoch bald wieder zu verlassen. Ich glaube nämlich nicht, daß die Entscheidung für oder gegen die Todestriebhypothese irgend etwas zum Verständnis der Gefahr eines nuklearen Kriegs beiträgt. Von der Entstehung der Aggression in der frühen Kindheit wurden verschiedene Hypothesen abgeleitet. Spock, Lantos und Lincke nahmen einen angeborenen Aggressionstrieb an, der erst geübt, geprägt und enthemmt werden muß, wobei sie zwischen der destruktiven subjektiven Aggression (entsprechend dem gegen Artgenossen gerichteten Kampftrieb) und der objektiven, die in Freuds erster Triebtheorie als "Hunger" vorkommt, unterscheiden. Es gibt die Hypothese, daß die Aggression beim Kind überhaupt erst durch Frustration entsteht und die von Spitz, daß die aggressive Erregung beim Säugling als "Trägerwelle" für die libidinösen Bedürfnisse dient.

Alle diese Hypothesen (mit Ausnahme der von Karl Menninger vertretenen Auffassung, welche als Ziel der Aggression immer die Zerstörung des Objekts bezeichnet) stimmen darin überein, daß die ersten Entwicklungsschritte der Aggression beim Kind nicht den bekannten Phasen der Libidoentwicklung entsprechen, die sich an erogenen Zonen orientiert. Zum Unterschied von der Libido, der von Anfang an ein Ziel (die Gewinnung von Lust) und ein Objekt (im primären Narzißmus das primitive Selbst) zukommt, ist die Aggression auf eine, wenn auch noch so bescheidene Ichorganisation angewiesen, um ein Ziel und ein Objekt zu finden. Wir selber haben im Vergleich verschiedener Kulturen empfohlen, das Schicksal der Aggression eng mit der kulturspezifischen Ausformung des Ich verbunden zu sehen, ohne die sie kein Ziel und keine Objekte haben kann (Parin, 1973). Das heißt nicht, daß Aggression immer unter der Herrschaft des Ich steht. Wir vergleichen sie mit einer Söldnergruppe, die vom Ich (aus dem Es) ins Land gerufen, ausgebildet und ausgerüstet wurde und so ganz seinen Stempel trägt, auch wenn sie dem Kriegsherrn ganz oder teilweise entglitten ist oder sich gar gegen ihn, gegen das Ich, wendet. Die kulturspezifischen Unterschiede in der endgültigen Ichbildung sind so groß, daß wir mit Sicherheit sagen können, daß Phänomene des Triebschicksals der Aggression als genuine Triebqualitäten beschrieben wurden, die nichts mit der biologischen Triebquelle zu tun haben, sondern nur der Ausformung des Ich in unserer Kultur entsprechen. Wie immer wir die Triebtheorie modifizieren: Es ist unbestritten, daß unsere Kinder unter den Einflüssen der Erziehung dauerhafte Abwehrstrukturen ausbilden, die ihnen im Erwachsenenalter einen rationalen Umgang mit den in gesellschaftlichen und politischen Formationen wirkenden Aggressionen erschweren und in vielen Fällen unmöglich machen. Anna Freud erinnerte sich an einen Ausspruch ihres Vaters darüber, wie wir unsere Kinder aufziehen; er sagte: "Wir statten sie mit einer Landkarte der italienischen Seen aus und schicken sie an den Nordpol".

Meiner pragmatischen Absicht folgend möchte ich von der Ideologie ausgehen, die sowohl die Notwendigkeit der atomaren Rüstung begründet und legitimiert, als auch zur Verleugnung der Gefahr dient. Dieser Ideologie, die von den Politikern der Großmächte propagiert wird, sind weite Teile der Bevölkerung gleichgeschaltet. Das sozialpsychologische Phänomen der "Gleichschaltung" ist seit langem bekannt. Jeder von uns kann bei Kollegen, Patienten und in seinem Bekanntenkreis verschiedene Grade und Varianten der Gleichschaltung feststellen.

Über die Gleichschaltung, damals an den Nationalsozialismus, haben *Alexander und Margarete Mitscherlich* geschrieben, daß sie sich mit "unwiderstehlicher Kraft" ausgebreitet hat. "Diesen Vorgang darf man sich zunächst nicht als ein jubelndes Einschwenken in eine angebotene Glaubenslehre vorstellen, sondern viele Individuen empfanden erst einmal Angst, von einer neuen Entwicklung aus ihren persönlichen Lebenssicherungen, aus ihrer Karriere und auch aus dem Kreis ihrer Bekannten und Freunde ausgeschlossen zu werden, wenn sie sich nicht [....] den [....] Forderungen anpassen würden. Dieser für das Selbstgefühl nicht sehr ruhmreiche Opportunismus wird aber rasch vergessen, vor allem wenn die Anpassung [....] Sicherheit und [...] Gewinnchancen bietet" (Mitscherlich, S. 53). Damals wie heute ging die Anpassung mit tiefreichenden Umschichtungen der Persönlichkeit einher, die unter anderem zur Folge hatten, daß die Gefahr eines schauerlichen Krieges, zu dem ganz offen gerüstet wurde, gering geachtet, entweder verleugnet oder als unvermeidliches, gleichsam naturgegebenes Übel hingenommen wurde.

Um die Psychologie der Gleichschaltung zu verstehen, fasse ich den einfacheren Vorgang der Verleugnung ins Auge, bei dem die bedrohliche Lage zwar intellektuell wahrgenommen wird, aber der entsprechende Affekt fehlt. Zahlreiche Menschen sind heute Ängsten und Sorgen unterworfen, die nicht ausschließlich aus ihrer persönlichen Entwicklung und Lebenslage herstammen: Ängste vor der Zerstörung der Umwelt, vor Giften oder schädlichen Hormonen in den Nahrungsmitteln, vor unheimlichen schleichenden Krankheiten, vor Arbeitslosigkeit oder vor einer anderen wirtschaftlichen Katastrophe, von Sorgen um ihre Kinder, die drogenabhängig oder sonstwie verdorben werden könnten. Diese Ängste sind keineswegs irrational. Sie beziehen sich auf wirkliche Gefahren. Lediglich das Ausmaß der Angst und Sorge mutet übertrieben an, die entsprechenden Phantasien und Vorstellungen sind hoch besetzt. Oft beeinflussen sie die ganze Lebenseinstellung, geben Anlaß zu religiösen Konversionen, zum Anschluß an Sekten jeder Art. Bei näherer Analyse zeigt es sich häufig, daß sich diese Ängste auf ein anderes Ereignis beziehen, als auf das, an dem sie bewußt erlebt werden. Eine größere Gefahr, der gegenüber man machtlos ist, wird ganz verleugnet, oder es wird ihr die emotionelle Besetzung entzogen. Die Angst heftet sich an eine Gefahr, der gegenüber man sich weniger ohnmächtig fühlt und gegen die man in Wirklichkeit oder in der Phantasie eher etwas unternehmen kann. Zum Beispiel hat eine alleinstehende Mutter enorme Ängste und Sorgen, daß die Berufsausbildung ihrer Kinder mißlingen könnte, womit sie die begründete Angst verleugnet, demnächst ihren eigenen Arbeitsplatz zu verlieren. Dieses Erleben des Affekts an einem Verschiebungsersatz gelingt umso eher, als die meisten Bedrohungen, auf die sich die heute so verbreiteten Ängste beziehen, irgendwie miteinander verknüpft sind, etwa wie wirtschaftliche Krisen mit der Kriegsgefahr.

Es fällt nun auf, daß gerade die größte Gefahr, die eines nuklearen Krieges, so häufig verleugnet wird, genauer gesagt, daß diese Gefahr keine bewußten Angstgefühle hervorruft, daß sie nicht von einem adäquaten Angstaffekt begleitet ist. Daran sind m.E. zwei Besonderheiten schuld: Erstens sind die Einwirkungen nuklearer Zerstörung schwer vorstellbar; sie können nicht mit entsprechenden eigenen sinnlichen Erfahrungen verknüpft werden. Zweitens sind die damit verbundenen Vorstellungen von Vernichtung, einschließlich der der eigenen Person so schrecklich, daß sie gar nicht zu bewußtseinsfähigen angstbesetzten Phantasien verarbeitet werden können. Vorstellungen vom gleichzeitigen Verlust des eigenen Selbst und aller Beziehungspersonen, ja der gesamten belebten Umwelt können in der Regel nicht verdrängt werden. Sie werden abgespalten, das Erleben wird Ich-fremd; sie betreffen nicht mehr die eigene Person und lösen darum im Ich auch keine Signalangst aus. Man kann auch einfacher sagen, daß solche Ängste einem Alles-oder-Nichts-Prinzip folgen, das die Phantasietätigkeit lähmt, und eine Regression, einen Rückgriff auf magisches Denken erzwingen. Sie können dann nur in abgewehrter Form im Rahmen einer Schutz- oder Rettungsphantasie erlebt werden.

Ideen von der Notwendigkeit nuklearer Rüstung, von der dauernden Wirksamkeit der Abschreckungspolitik bis hin zur Führbarkeit eines nuklearen Krieges und zur Erstschlagstrategie entsprechen einer solchen Rettungsphantasie, die weitgehend magischen Denkweisen folgt. Diese tritt als eine mit irrationalen Elementen durchsetzte Ideologie in Erscheinung, d.h. daß viele Menschen zur Gleichschaltung an die kollektive Rettungsphantasie neigen.

Doch kann die Gleichschaltung nicht erfolgen, ohne daß es zu einer tiefreichenden Umstrukturierung der Persönlichkeit kommt. Diese Umstrukturierung ist nicht nur an der Neigung zu magischem Denken abzulesen. Bei den Gleichgeschalteten wird die Wahrnehmung für manche Gebiete lückenhaft, die Affektivität abgeflacht oder stereotypisiert, und es kommt zu einer Unbeweglichkeit und Starrheit der ganzen Persönlichkeit, wie sie sonst nur bei chronischen neurotischen Entwicklungen, die in der Kindheit ihren Ausgang haben, beobachtet wird. Die Umstrukturierung und Gleichschaltung an die kollektive Ideologie ermöglicht es im innerseelischen Haushalt, unerträgliche passive Erlebnisformen wie Machtlosigkeit, Ausgeliefertsein und Verlassenheit in eine phantasierte Teilnahme an einer illusionären aktiven Bewältigung umzuwandeln. Die Planung und der Bau von Schutzräumen und ähnliche Aktivitäten entsprechen dem Ausagieren solcher, meist unbewußter Phantasien. Zusammenfassend kann man sagen, daß die Gleichschaltung mit der Rettungsphantasie die Vermeidung unerträglicher Ängste erlaubt und einen magischen Schutz vor Ohnmachts- und Vernichtungsängsten bietet, die von einer realistischen Einschätzung der Gefahren ausgehen würden.

Amigorena und *Vignar* haben analoge Umstrukturierungen der Persönlichkeit unter den Bedingungen grausamer Diktaturen in Südamerika beschrieben und als Etablierung einer "tyrannischen Instanz" bezeichnet. Auch dort war die gesamte physische, moralische und gesellschaftliche Existenz bedroht, die befürchteten Gefahren waren allgemein bekannt und imponierten als entsetzlich und unvermeidbar. Hat sich die tyrannische Instanz einmal in der Persönlichkeit etabliert, ist jeder Versuch, sich anders, kritisch, irgendwie entgegen der erfolgten Gleichschaltung zu verhalten, zu sprechen oder auch nur zu denken, emotionell unerträglich und wird selbst als tödliche Bedrohung empfunden.

Die tyrannische Instanz verhält sich wie ein Introjekt, das besagt: "Wenn du nicht Abhilfe schaffst (weil du nicht helfen kannst!) bist du selber schuld". Diese Vorstufe des Schuldgefühls besagt: "Wenn du es weißt, hast du es selbst verursacht" und leitet die Verleugnung ein. Erst die (paranoische) Reprojektion: "Ich weiß nichts, jene — die Sündenböcke — haben es verursacht", befreit das Selbst von der Mitbeteiligung. Eine solche tyrannische Instanz scheint sich auch unter weniger bedrohlichen Verhältnissen, als sie damals in Uruguay und Argentinien herrschten, zu etablieren. Der Mechanismus geht auf die Zeit mangelhafter Trennung zwischen Ich und Objekt zurück, in der lediglich die Projektion des Bösen die Selbstabgrenzung und Selbstbesetzung garantiert, so lange wenigstens als das unbewegliche "gute" Selbst nicht von einer neuerlichen Bedrohung betroffen wird.

Aus dieser unbewußt verlaufenden Umstrukturierung erklärt sich das Irrationale, die Hemmung des Denkens, des Vorstellungsvermögens und der Phantasie aller Befallenen. Für sie wurde — von Zangger in der alternativen Zürcher "Wochenzeitung" — der Ausdruck "Stuporbürger" geprägt, Stupor ganz im medizinischen Sinn einer völligen Erstarrung, also Persönlichkeiten, denen jede äußere oder innere Veränderung und Umorientierung unmöglich oder zumindest schrecklich ist.

Nach meinen Beobachtungen erklärt die Verleugnung und Projektion der Angst nach außen und das Aufgehobensein in der großen Gruppe Gleichgesinnter allein das Phänomen der Verbreitung und Persistenz der vielen "Stuporbürger"nicht zureichend. Vielmehr scheint das Introjekt "tyrannische Instanz" eine wirkliche Unbeteiligung ("ich bin es nicht gewesen") zu garantieren, solange man mit dem Introjekt im Einklang ist, das besagt: "Die bösen anderen sind es, die uns bedrohen, und nicht die Wirklichkeit des Atomkriegs ist bedrohlich". Die Folge ist nicht nur die Verleugnung der Realität, sondern auch eine gewaltige Entlastung des archaischen Über-Ich. Darum ist das Phänomen so verbreitet und so schwer rückgängig zu machen und mobilisiert solche Aggressionen z.B. gegen Protest- und Antikriegsbewegungen; denn diese erinnern nicht nur an eine reale Gefahr, sondern sie verkörpern auch eine Art Schuld. Ich glaube, daß solche Introjekte, die das Selbst vorerst schützen, in keiner Frühkindheit ganz fehlen. Die innere Angleichung, die ich von außen gesehen Gleichschaltung genannt habe, ist Folge der Aufrichtung der tyrannischen Instanz beim Stuporbürger, die also einer Regression oder Remobilisierung eines frühkindlichen Introjekts entspricht. Eine angstfreie Kohärenz des Selbst stellt sich her, solange die Reprojektion möglich ist. Zurücknehmen kann der Einzelne sie kaum. Wenn nicht ein psychoanalytischer Prozeß oder eine identifikatorische Stärkung des Ich in einer solidarischen Gruppe erfolgen, scheint die tyrannische Instanz unerschütterlich, vor allem auch keiner Relativierung und keinem Kompromiß zugänglich zu sein. Gerade der Alles-oder-Nichts-Charakter des Stuporbürgers läßt vermuten, daß nicht nur die projektive Abwehr unbewußter Angst stattfindet, sondern daß sich der politische Konsens der Macht und einer Mehrheit als Introjekt etabliert oder, vorsichtiger ausgedrückt, wie ein Introjekt verhält.

Jene allgemeine Rettungsphantasie, die sich heute beim Vorgang der Gleichschaltung an die Ideologie einer nuklearen Kriegspolitik als tyrannische Instanz in der Persönlichkeit etabliert, gleicht in vieler Hinsicht der paranoiden Entwicklung, dem einfachen Verfolgungswahn, wie ihn Heinrich Kleist in "Michael Kohlhaas" beschrieben hat.

Zuerst fällt die Unkorrigierbarkeit auf: jedes neue Wissen oder Erleben wird auch entgegen aller Erfahrung und Logik mühelos und unvermeidlich in das bestehende System eingefügt. Sodann weist das Wahnsystem jeweils einen Kernkonflikt auf, der beim einzelnen Wahnkranken unbewußt ist, bei der kollektiven Bildung nicht hinterfragt, nicht bezweifelt, und auch nicht auf seine wirkliche Bedeutung reduziert werden darf. Dieses Berührungstabu betrifft im gegenwärtigen Stadium des Ost-West-Konflikts die Annahme, daß nur eine überlegene Rüstung mit nuklearen Waffen und die Bereitschaft, sie einzusetzen, es verhindern könne, daß der Gegner im Osten sogleich und unbedenklich mit Waffengewalt zu einem militärischen Überfall greift, um sich die Vormachtstellung einschließlich territorialer Eroberungen zu erkämpfen. Kurz, der Spruch "lieber tot als rot" ist die Fassade einer kollektiv hochbesetzten Verfolgungsphantasie, deren Voraussetzung nicht nur die Unerträglichkeit der Staats- und Lebensform des Gegners ist, sondern auch die eigene Machtlosigkeit, Schwäche und Friedfertigkeit, die nur durch die äußerste reaktive Aggressionsbereitschaft kompensiert werden kann. Mit reaktiv ist gemeint, daß das eigene Aggressionspotential überhaupt nicht wahrgenommen wird, da ja jede noch so aggressive Handlung nur als Antwort auf einen vorweggenommenen, phantasierten Angriff des Gegners erlebt wird.

Birgit und *Ute Volmerg* und *Thomas Leithäuser* haben mit einer Gruppe westdeutscher Polizisten über das Thema "lieber tot als rot" diskutiert. In der vertieften Textanalyse dieser Diskussion läßt sich klar wie in einem Laborversuch nachweisen: Das Thema "lieber tot als rot" evoziert die affektgetragene Vorstellung von der eigenen Größe, Stärke und Vorzüglichkeit gleichzeitig mit Gefühlen äußerster Ohnmacht, die aus der realen politischen Szene ebenso herkommen, wie aus der Berufsidentität von Polizisten, die die Staatsgewalt verkörpern, über Gewalt aber selber nicht bestimmen können. Um Ohnmachtsgefühle abzuwehren, wird die Identifikation mit einer aggressiven Militärpolitik unentbehrlich. Es ist deutlich ablesbar, daß nicht der Gegner gefürchtet wird, sondern die eigene Ohnmacht und daß eine Abwehr derselben emotionell wichtiger ist als das eigene Überleben.

Der Feind wird als Person erlebt, so wie jeder Verfolgungswahn im Kern Personen als Verfolger betrifft. "Der Russe" mag in Afghanistan einmarschieren, in Polen nicht einmarschieren, sondern nur damit drohen, eine neue Rakete aufstellen, sie zurücknehmen, den Vorschlag für eine atomwaffenfreie Zone oder einen Nicht-Einsatz-Vertrag machen: alles ist gleichermaßen Beweis für seine absolute Aggressionsbereitschaft, die eigene Friedfertigkeit aber auch Ausdruck der kompensationsbedürftigen Ohnmacht.

Es ist mit großer Wahrscheinlichkeit anzunehmen, daß in der UdSSR und in den anderen Staaten des realen Sozialismus die Gleichschaltung mit einer analogen wahnähnlichen Ideologie wirksam ist. Eine einseitige staatliche Informationspolitik fördert dort sicherlich die Neigung, an angeblich friedliche, eigene Kriegsvorbereitungen und an die Angriffslust des Gegners zu glauben. Es ist jedoch fraglich, ob die allgemeine Gleichschaltung dadurch bestärkt oder eher relativiert wird, daß jene Ideologie dort gleichsam als Monopol allein von Staat und Partei verwaltet wird.

Ein Beispiel aus der neueren Geschichte, das inzwischen psychologisch durchschaubar geworden ist, mag daran erinnern, wie wirksam und haltbar solche kollektiven Wahnbildungen sein können. Die Doktrin im "Dritten Reich" hat besagt, daß "der Jude" Deutschland, das ihm gegenüber als ohnmächtig phantasiert wurde, vernichten wolle und könne. Jedes Verhalten, jede wirkliche oder phantasierte Eigenart der Juden diente zur Bestätigung der paranoischen Projektion, während der eigene Vernichtungsfeldzug als Notwehr, als vom jüdischen Feind erzwungen erlebt wurde.

Das Wissen um die realen Verhältnisse wurde verleugnet. Weder die Wahrnehmung der vernichtenden Aggressivität der Führung noch auch die Einfühlung in das Schicksal des "Feindes" war möglich. Bekanntlich hat der antisemitische Verfolgungswahn bei so manchen den Untergang des "Dritten Reiches" überdauert. Auf eine ähnlich hartnäckige Verteidigung des antikommunistischen Komplexes stoßen wir heute.

Wie jeder Psychotherapeut, der bestrebt ist, eine wahnhafte Entwicklung zu verstehen, zu deuten und seinem vorerst ablehnenden Partner Einsichten zu ermöglichen, dürfen wir selber natürlich den Boden einer sachlichen, rationalen Deutung der bedrohlichen Entwicklung nicht verlassen. Man darf wohl unwidersprochen sagen, daß jede der beiden Supermächte ihre eigenen Interessen vertritt und bestrebt ist, das eigene Einfluß-und Herrschaftsgebiet möglichst weit auszudehnen, wo irgend nötig auf Kosten der anderen. Die Machtsphären der beiden imperialen Gegner sind heute in Mitteleuropa deutlicher voneinander abgegrenzt als irgendwo sonst auf der Welt. Das hat die sogenannte Entspannungspolitik ermöglicht. Doch stehen hier, an der Grenze zwischen Ost und West gewaltige Unterschiede der Traditionen, der Produktionsverhältnisse und der gesellschaftlichen Organisation dicht gegeneinander. Die darauf basierenden Ideologien sind durchaus geeignet, eine chronische Feindseligkeit der Völker zu provozieren. Doch nur wenn diese Feindseligkeit mit Ohnmachtsgefühlen einhergeht und man sich gleichzeitig mit einer außenstehenden, großen und starken Macht identifizieren kann, die Schutz und Überlegenheit zu bieten scheint, kann das ganze System nach Art eines Wahns funktionieren.

In unseren Diskussionen werden wir also zuerst die eigenen Interessen und die *beider* Großmächte illusionslos bloßlegen müssen, bevor es möglich wird, das irrationale Rüstungs- und Kriegssystem als wahnhaften Überbau zu erkennen, der zwar einen wirksamen psychologischen Schutz bietet, der aber mit einer ungeheuren konkreten Gefährdung erkauft wird.

Mit dem Vergleich der kollektiven Illusion von der Führbarkeit eines nuklearen Krieges mit einem Wahnsystem möchte ich keineswegs den unrichtigen Eindruck erwecken, daß es sich um ein psychologisch unausweichliches, monokausales Geschehen und um eine nicht korrigierbare politische Entwicklung handelt. Die Anwesenden, die Hunderttausende, die an Friedenskundgebungen teilnehmen, und die Millionen in Ost und West, die unsere Besorgnisse teilen, sind nicht nur Ausnahmen. Sie liefern den praktischen Beweis, daß die unheimliche Entwicklung nicht monolithisch alle umfaßt. Sie ist im Prinzip auch reversibel, d.h. durch bessere Einsicht korrigierbar.

Die Regression, der Rückgriff auf Allmachtsphantasien zur Abwehr existenzieller Ängste ist an sich kein pathologisches Phänomen. Jedes Kind schreibt sich in bestimmten Phasen seiner Entwicklung die Fähigkeit zu, Gefahren durch unbegrenzte magische Kräfte zu meistern. Wer *ein* oder *das* Mittel weiß, den Krieg zu verhindern, den wirklichen und den vermeintlichen Feind so oder so sicher zu besiegen, zu lähmen oder ganz zum Verschwinden zu bringen, muß nicht unbedingt in einer wahnhaften Entwicklung verstrickt sein. Für die Gesamtentwicklung fällt ins Gewicht, daß viele Politiker offensichtlich eine solche Allmachtsüberzeugung haben, wobei ihre eigene Handlungsweise — die Handhabung der Macht, die sie auch in Wirklichkeit besitzen — als unfehlbar erlebt wird. Fehlschläge werden uminterpretiert, sind höchstens Anlaß noch mehr Energie in der gleichen Richtung zu entfalten. Zweifellos ist es begabten Staatsmännern gelungen, ihren Größenwahn der Realität jeweils so gut anzupassen, daß sich davon nicht nur eine suggestiv wirkende Selbstsicherheit, sondern auch wirksame Handlungspotentiale ableiteten. Aus den Memoiren von *Winston Churchill* und von *Charles de Gaulle* läßt sich ohne viel Deutungskunst herauslesen, daß ihre Staatskunst zum Teil auf der irrationalen Überschätzung der eigenen Möglichkeiten beruhte.

Ich erspare es mir, aus diesen psychologischen Überlegungen Handlungsanweisungen abzuleiten und wende mich zum Schluß nochmals der Aufgabe des Therapeuten zu. Die technische Entwicklung hat es mit sich gebracht, die historische Trennung von Kultur und Natur rückgängig zu machen. Ein großer Mann des vorigen Jahrhunderts hat gesagt, daß Kultur in dem Augenblick entstanden ist, als der Urmensch erstmals ein Schimpfwort statt der Keule verwendet hat, um seinen Gegner anzugreifen. Krieg ist nicht mehr die Fortsetzung von Politik mit anderen Mitteln. Die totale biologische Zerstörung der Menschheit und ihrer Umwelt ist mit der zwischenmenschlichen Auseinandersetzung, die wir Krieg genannt haben, für immer untrennbar verbunden. *Günther Anders* hat unser Zeitalter das letzte genannt "gleich wie lange, gleich ob es ewig währen wird". Er sagt: "Die Möglichkeit unserer Selbstauslöschung kann niemals enden — es sei denn durch das Ende selbst". Die Konferenz der katholischen Bischöfe der USA hat dies einmal so formuliert, daß der heute geplante Krieg das Schöpfungswerk Gottes auslöschen würde. Als Therapeuten finden wir uns heute also wieder auf dem ureigenen Gebiet ärztlicher Kunst, bei der Gefährdung des Menschen durch Naturgeschehen.

Für unser aktives Engagement gegen die Verleugnung einer gefahrschwangeren Realität braucht es allerdings Mut. Wer Mechanismen aufdeckt, die einer unbewußt von Affekten gesteuerten Mehrheit dazu dienen, schwere Unlust zu vermeiden, muß erwarten, daß man ihn angreift, verfolgt oder haßt. Die Aktionskette psychosozialer Zwänge funktioniert nur, solange alle Glieder heil sind. Wer da eingreift, indem er sagt, was vorgeht, hat die Chance, den ganzen Mechanismus zu stören und unwirksam zu machen. Vorerst wird er aber riskieren, selbst als der böse Feind und Sündenbock dazustehen; der Kampf gegen ihn, Goebbels' und McCarthys heiliger Krieg gegen den Intellekt, der durchschaut, was unbewußt geschieht, hat dann seinen äußeren Feind gefunden. Der Sieg gegen ihn verheißt die Sicherheit und Kraft ungestörter Verblendung, den Eintritt in das wieder einmal gerettete Paradies der Selbstzufriedenheit und die Illusion eines sicheren Sieges im letzten aller Kriege.

Amigorena, H. und Vignar, M.: "Zwischen Außen und Innen: die tyrannische Instanz" Psyche, *33*, 7; 1979 (Orig. Franz. 1977)
Anders, G.: "Thesen zum Atomzeitalter" In: "Die atomare Bedrohung — Radikale Überlegungen" Beck, München; 1972
Einstein, A.: In: *Nathan, O. und Norden, H.:* "Albert Einstein: Über den Frieden — Weltordnung oder Weltuntergang?" Herbert Lang, Bern; 1975
Freud, A.: In: *Sandler, J.:* "Reflections on some relations between psychoanalytic concepts and psychoanalytic practice" Int. J. Psycho-An., *64*, 1; 1983
Lantos, B.: "Zwei genetische Ursprünge der Aggression und ihre Beziehungen zu Sublimierung und Neutralisierung" Psyche, *12*; 1958
Lincke, H.: "Aggression und Selbsterhaltung" In: *Mitscherlich, A.:* "Bis hierher und nicht weiter" Piper, München; 1969
Menninger, K: Zit. nach *Hartmann, H.E., Kris, E. und Loewenstein, R.:* "Notes on the

theory of aggression". Psa Study Child, 2/3; 1949

Mitscherlich, A. und M.: "Die Unfähigkeit zu trauern" Piper, München; 1967

Parin, P.: "Der Beitrag ethnopsychoanalytischer Untersuchungen zur Aggressionstheorie" Psyche, *27*; 1973 (engl. 1972)

Richter, H.E.: "Zur Psychologie des Friedens" Rowohlt, Reinbek b. Hamburg; 1982

Spitz, R.A.: "Vom Säugling zum Kleinkind" Klett, Stuttgart; 1967 (Engl.: 1965)

Spock, B,: "Innate inhibition of aggressivness in infancy" Psa Study Child, 20; 1965

Volmerg, B. u. U., Leithäuser, T.: "Kriegsängste und Sicherheitsbedürfnis" Fischer, Frankfurt/M.; 1983

Zangger, A.J.: "Hoffnung für die Welt" In: Wochenzeitung, Zürich, 13.11.1981

Johannes Reichmayr

Psychoanalyse im Krieg.
Zur Geschichte einer Illusion

Ich untersuche ein Stück Psychoanalyse-Geschichte, das bisher wenig Beachtung gefunden hat. Es geht mir um die Psychoanalytiker im Ersten Weltkrieg, ihre Kriegserfahrungen und ihre Reflexion über diesen Krieg. Ich verfolge damit vor allem die Absicht, Verständnis und Geschichtsbewußtsein gegenüber der eigenen Disziplin — gegen die tradierte Selbstverklärung — anzuregen.

Im weiteren Sinne ist für mich die Kriegsgeschichte der Psychoanalyse auch eine Geschichte ihrer Umgangsformen mit dem Tod. Soweit der Tod als biologisches Datum in die psychoanalytische Theoriebildung Eingang gefunden hat, entspringt dies einer rein kontemplativen Haltung. Auch deswegen und weil die Toten keine Stimme haben, möchte ich an die Geschichte einer intellektuellen Elite in der Zeit des imperialistischen Europas erinnern, in der der Tod ein gesellschaftlich produzierter, vom Menschen gemachter ist und als solcher als historisches Datum zur Reflexion und Aktion ansteht.

Wir sind heute nach wie vor und in einem fortgeschrittenen Ausmaß vor dieses Faktum gestellt. Völkermord, gezielte Ausrottung, Massaker, Verhungernlassen etc. gehören zu den probaten Mitteln der Politik, insbesondere was das Wüten des Imperialismus in den Ländern der 3. Welt betrifft, mit denen die maximalen Ausbeutungsraten gesichert werden. Sich über das Wesen des Krieges und des Todes zu irren, heißt, sich über die Gesellschaft zu irren. Daß die Psychoanalyse in Europa ein Opfer des Faschismus geworden ist, sollte nicht darüber hinwegtäuschen, daß sie aus dem Ersten Weltkrieg — überspitzt ausgedrückt — als "Kriegsgewinnler" ausgestiegen ist. Ausdruck findet dies unter anderem in einem "Fortschritt" der Psychoanalyse auf dem Hintergrund ihrer zunehmenden Institutionalisierung und Professionalisierung im klinisch-psychologischen Bereich.

Krieg als "Realitätsprinzip" und: Vorwärts mit "der Sache"![1]

Die ungeheure Kriegsbegeisterung zu Beginn des Ersten Weltkrieges, die vorübergehend alle Teile und Schichten der Bevölkerung ergriff, hatte auch die Psychoanalytiker angesteckt.[2] Sven Papcke gibt so ein Stimmungsbild. "Nicht nur in Deutschland, in allen kriegsführenden Völkern bricht in diesen Tagen ein Begeisterungstaumel aus ... eine wahre Flut patriotischer Herzensergüsse überschwemmte das Land, eineinhalb Millionen Kriegsgedichte gab es allein im Monat August, 50-tausend pro Tag. Und unmittelbar nach der Mobilmachung meldeten sich über die Gestellungsbefehle hinaus mehr als zwei Millionen Freiwillige. In Festtagsstimmung, frei nach "Auf, auf, zum fröhlichen Jagen", ging es an den Feind."[3]

Eine einschlägige österreichische Publikation trägt den Titel "Der große Krieg. Die schönsten Gedichte, Erzählungen, Feldpostbriefe, Schlachtenschilderungen, Bilder und Lieder aus dem Völkerringen. Wien 1914 bis 1916."

Dem Druck des Zeitgeistes entsprechend hingen die Psychoanalytiker den politischen (Kriegs-) Stimmungen an und stellten sich den praktischen Erfordernissen des Krieges. Ihre Euphorie hielt nicht lange und machte einer nüchterneren Produktivität Platz. Anfang September 1914 schreibt Freud an Abraham: "Es scheint ja gut zu gehen, aber es ist nichts Entscheidendes, und die Hoffnung auf eine rapide Erledigung der Kriegssache durch katastrophale Schläge haben wir aufgegeben. Die Zähigkeit wird die Haupttugend werden. Unter diesen Umständen neigt sich das Interesse wieder etwas mehr nach der Wissenschaft hin."[4]

Freud hatte nun eine seiner wissenschaftlich ergiebigsten Zeiten, der Kriegseinsatz einiger Analytiker als Militärärzte war auch dem Fortschritt der Psychoanalyse verpflichtet. Diese Kriegserfahrungen und die Erfahrung des Krieges geben wichtige Anstöße zur Weiterentwicklung der Psychoanalyse nach dem Krieg.[5]

Auf dem Feld der Theorie und Behandlung der "Kriegsneurosen" hatten die Psychoanalytiker die traditionellen Psychiater und

Neurologen geschlagen, deren bekannten moralischen und medizinischen Despotismus aufgezeigt[6] und sich selber als effizient ausgewiesen, was der Verbreitung, Anerkennung und Popularität "der Sache" sehr förderlich war. Der nach dem Krieg gegründete "Internationale psychoanalytische Verlag"[7], der seine ökonomische Grundlage einem Budapester Fonds für Kultur verdankt, dessen Mittel "aus dem Erträgnis industrieller Zwecke während der Kriegszeit" stammen, beginnt seine Buchproduktion in der Reihe "Internationale psychoanalytische Bibliothek" mit der Veröffentlichung der knapp vor Kriegsende auf dem V. Psychoanalytischen Kongreß in Budapest (28., 29. September 1918) zur Diskussion gestellten Referate. Das Buch trägt den Titel "Zur Psychoanalyse der Kriegsneurosen"[8] und enthält neben einer Einleitung von Freud und den vorgetragenen Referaten von Abraham, Ferenczi und Simmel einen von Ernest Jones vor der Royal Society of Medicine in London am 9. April 1918 gehaltenen Vortrag. Die Geistlichen diesseits und jenseits der Fronten segneten die Waffen im Namen desselben Gottes. Hüben und drüben wird "die Sache" als Methode der Wahl gepriesen.

Vor allem dieses Dokument benutze ich für den kleinen Einblick in das "Kriegserlebnis" der beteiligten Analytiker und ihre Gemüts- und Bewußtseinslage.

Als weitere Quellen, ohne daß ich auf diese hier näher eingehen werde, habe ich die Kriegsjahrgänge der Internationalen Zeitschrift für Psychoanalyse und der Imago, die Protokolle der Mittwochs-Gesellschaft, eine Reihe von Einzelveröffentlichungen, Biographien und Autobiographien benutzt, sowie die im Kriegsarchiv in Wien auffindbaren Unterlagen über den Kriegsdienst, Dienstgrade, Auszeichnungen, Freistellungen etc. der Wiener Analytiker.

Mir ist bei meiner bisherigen Recherche niemand aus diesem Kreis aufgefallen, der in dieser Zeit als Kriegsgegner hervorgetreten wäre. Ebenso sind mir keine Verbindungen der Psychoanalyse zur Pazifismus- bzw. Antikriegsbewegung vor, während und nach dem Krieg bekannt, in der unter anderem bekannte Schriftsteller sehr wohl aktiv waren.[9] Eine Ausnahme bildet der pazifistisch eingestellte junge Siegfried Bernfeld. Am Budapester Kongreß nahmen, zum ersten Mal bei einem internationalen psychoanalytischen Kongreß, offizielle Vertreter der Obrigkeit, hochgestellte deutsche, österreichische und ungarische Heeresoffiziere teil, und es war, wie Freud in der "Einleitung" schreibt, "das hoffnungsvolle Ergebnis dieses ersten Zusammentreffens die Zusage, psychoanalytische Stationen zu errichten, in denen analytisch geschulte Ärzte Mittel und Muße finden sollten, um die Natur dieser rätselvollen Erkrankungen und ihre therapeutische Beeinflussung durch Psychoanalyse zu studieren."[10] Im Ersten Weltkrieg waren die Ärzte-Analytiker im Rahmen desSanitätswesens wie alle Militärpsychiater dazu da, die Kampfkraftder Armee aufrechtzuerhalten.[11] Sándor Radó, einer der Kongreßsekretäre in Budapest, erinnert sich an den Auftritt der Analytiker: "Everybody was in uniform except Freud".[12]

Die Peinlichkeit, daß die Wiener Psychoanalyse noch das k.u.k. Prädikat hätte erhalten können, blieb uns und ihr erspart. Das Ende des Krieges und der staatlichen Organisationen setzte auch der Ausführung dieser Pläne ein Ende, und es verschwanden, wie Freud weiter in der "Einleitung" schreibt, "auch mit dem Aufhören der Bedingungen des Krieges die meisten der durch den Krieg hervorgerufenen neurotischen Erkrankungen."[13] Die Tendenz zur Verleugnung von Traumen ist groß. In den Straßen Wiens tummelten sich noch lange nach dem Krieg die sogenannten "Kriegszitterer". An einer anderen Stelle, mit derselben Tendenz, schreibt Freud: "Wenn das wilde Ringen dieses Krieges seine Entscheidung gefunden hat, wird jeder der siegreichen Kämpfer froh in sein Heim zurückkehren, zu seinem Weibe und Kindern, unverweilt und ungestört durch Gedanken an die Feinde, die er im Nahkampfe oder durch die fernwirkende Waffe getötet hat."[14]

In den Referaten der vortragenden Analytiker in Budapest erscheint "der Krieg" als solcher im Sinne einer Naturkatastrophe, die über die Menschen hereinbricht und zur Entladung riesiger Energiemengen führt. Der Widerstand dagegen, wie er den Analytikern als Kriegsärzten in Form der sinnfälligen Symptomatiken der Kriegsneurotiker erscheint (und als die vielleicht spezifische Form der Kriegserfahrung dieser Analytiker angesehen werden muß), wird von ihnen onto- und phylogenetisch interpretiert und damit in Naturgeschichte überführt. Ich zitiere aus dem Referat von Ferenczi: "Auch die Neigung zu Wut- und Zornausbrüchen ist eine höchst primitive Reaktionsweise auf eine übermächtige Gewalt; sie können sich bis zu epileptischen Krämpfen steigern und repräsentieren mehr o. minder inkoordinierte Affektentladungen, wie sie in der Säuglingszeit zu beobachten sind. Eine mildere Abart dieser Hemmungslosigkeit ist die Disziplinlosigkeit, die fast bei keinem Traumatisch-Neurotischem fehlt. ... es ist sogar möglich, daß die Neurose manchmal auf Reaktionsweisen zurückgreift, die in der individuellen Entwicklung überhaupt keine Rolle spielten (z.B. Sichtotstellen der Tiere, Gangarten und Säuglingsschutzarten von Tieren in der Ahnenreihe)."[15]

Mit der wissenschaftlich-nüchternen und "unparteiischen Einstellung"[16], wie Freud es in der "Einleitung" formuliert, werden die Ätiologie und Pathogenese der Kriegsneurosen untersucht und in die psychoanalytische Neurosenlehre eingereiht. Dabei erscheinen "Krieg" und "Frieden" als für die Neurosenproduktion gleichrangige Systeme. Der Krankheitsbegriff bzw. die Normalitätsvorstellungen, von denen auch die Therapieziele geleitet sind — das bedeutet also: schnellst mögliche Rückkehr der Kriegsneurotiker an die Front — werden von den Bedingungen des jeweiligen Realitätsprinzips bestimmt. So bleibt "der Krieg" als solcher bewältigbar, als Produkt gesellschaftlicher Widersprüche, das die Grenzen und Grundlagen der bürgerlichen Ethik- und Moralvorstellungen sprengt, unangetastet, die Kriegsverhältnisse werden aus der Perspektive des gesellschaftlichen "Normalzustandes" beschrieben. So schreibt etwa Jones in seinem Beitrag zum Kongreß: "Wenn wir jetzt wieder zum Kriege zurückkehren, finden wir, daß die Anpassung, die hier von den Menschen verlangt wird, schwer zu leisten ist, wenn auch noch lange nicht so schwierig wie oft in den verschiedenen Situationen des Geschlechtslebens. Die Erfahrung lehrt uns, daß die überwiegende Majorität der Männer imstande ist, diese Leistung zu vollbringen."[17] Die Analytiker blieben befangen in den mystifizierten und illusionären Vertrautheiten, in der die Kultur mit dem Krieg verkehrte, insbesondere im Blick auf das Geschehen an der Front (ob sie nun als Militärärzte oder Offiziere im Felde standen oder in der Heimat blieben). Die Psychoanalyse hinkt den Ereignissen nach.

An diesen falschen Vertrautheiten beginnt Freud zu kratzen, z.B. in "Zeitgemäßes über Krieg und Tod" oder in dem kleinen Aufsatz über "Vergänglichkeit", er läßt aber auch nicht viel mehr als "den Urmenschen in uns wieder zum Vorschein kommen"[18]. Zu diesem Zeitpunkt des Krieges war aber schon die Zeit und die Euphorie vorbei, — wie es in einem Buch mit dem bezeichnenden Titel "Aus der Werkstatt des Krieges" (erschienen in Wien 1915) und der Ausdrucksweise seiner Herausgeber, dem Direktor und dem Abteilungsvorstand des k.u.k. Kriegsarchivs zu lesen ist, — die des Volkes "lange verschütteten Quellen seiner eigenen wirtschaftlichen und sittlichen Kraft auf allen Gebieten menschlichen Schaffens zum Aufsprudeln gebracht hat" — und die Frontverhältnisse näherrückten — da "des Krieges Forderungen nach Höchstleistungen des Volksganzen ... ins Hinterland zurückbrandeten aus den Kampfgebieten, wo die Feldheere aufeinanderprallten", weil die "in den Arsenalen gespeicherten Kampfmittel und die ausgebildeten Kerntruppen des Heeres in Blut und Feuer zusammengeschmolzen waren."[19]

Eine diesbezügliche einschlägige "Höchstleistung" vollbringt Jones in seiner Arbeit über "Die Kriegsneurosen und die Freudsche Theorie", in der er besonders auf die, so wörtlich "Anpassungsfähigkeit an den Krieg" eingeht und die sich stellenweise wie eine Durchhalte- und Aufmunterungsrede oder wie ein Laborbefund einer Materialuntersuchungsstelle, in der auf Zähigkeit, Härte und Ermüdung geprüft wird, liest, zu der die wohlfeilen Entdeckungen der Psychoanalyse Anlaß und Hintergrund abgeben. Die neueren Forschungen und Befunde über die narzißtische Libido, die diese als reichhaltige energetische Basis und Ressource der Persönlichkeit erkennbar werden lassen — Jones sagt: "... gewissermaßen das Reservoir, die Objektlibido den Überschuß darstellt..."[20] — geben zu Hoffnungen Anlaß: Jones schreibt: "Wir gelangen so zu dem tröstlichen Schluß, daß ein normaler Mensch auch der drohendsten Gefahr frei von Angst, furchtlos wie Siegfried, gegenüberstehen müßte; solche Menschen scheint es in unserer Armee in reichem Maße zu geben."[21] Wie es in Friedenszeiten der Psychoanalyse um die Lust geht, so könnte man dazu sagen, daß es Analytikern vom Schlage Jones im Krieg um die Aufrechterhaltung der Kampflust geht.

Die "unparteiische Einstellung" hat sich — unter anderem mit der Deklamation, daß die Kriegsneurosen mit dem Ende des Krieges verschwunden seien — der Erkenntnismöglichkeit beraubt, auf

41

die Klaus Horn in seinem Kommentar zu Shatans Arbeit "Die trauernde Seele des Soldaten"[22] aufmerksam macht:

"Sieht man genau hin, so sind die psychischen Störungen der Vietnamveteranen ... gut verständlich als Symptome einer in der Kriegssituation unterdrückten Normalität. Es sind nämlich Leute, die spezifische Formen des Tötens und Getötetwerdens im Vietnamkrieg nicht als einen Job wie jeden anderen akzeptieren konnten und doch für lange Zeit so tun mußten, als sei genau das das Normalste der Welt. So ein Krieg ist moralisch, innerlich überhaupt nicht zu bewältigen. Wer aus ihm zurückkehrt und dann krank wird, demonstriert so hilflos wie deutlich Widerstand gegen seine Rolle als Rädchen in einer Kriegsmaschine."[23]

"Moderne Waffen" ist der Titel eines Betrages aus dem bereits zitierten Buch "Aus der Werkstatt des Krieges". Es heißt da: "Immer von neuem schließt sich die zerrissene Lücke der lebendigen Leiber im Westen, im Süden, im Osten, soviel es Eisen und Blei in sie hagelt und wie ein lebendiger Organismus heilen die Wunden dieses heiligen Walles durch den Opfermut der Menschenherzen zu und schließen sich immer wieder von neuem. Das menschliche Hirn hat die schweren Kanonen erfunden; das menschliche Herz hat sie besiegt."[24] Der Soldat agiert als Kriegsarbeiter, — wie der Arbeiter in der großen Industrie — , entsprechend der Produktivität der Kampfmittel als Anhängsel, Teil- und Ersatzteil der Maschinerie; es sind, wie Negt und Kluge schreiben "dieselben gesellschaftlichen Produktivkräfte, Produktionsweisen, Produktionsverhältnisse und Verkehrsformen, dasselbe geschichtlichgesellschaftliche Produkt, das im Krieg in anderer Öffentlichkeit in Erscheinung tritt...".[25]

Ich komme noch einmal auf Freud und seine "Einleitung" aus dem Jahre 1919 zurück: "Die Kriegsneurosen sind, soweit sie sich durch besondere Eigenheiten von den banalen Neurosen der Friedenszeit unterscheiden, aufzufassen als traumatische Neurosen, die durch einen Ichkonflikt ermöglicht oder begünstigt worden sind. ... Es spielt sich zwischen dem alten friedlichen und dem neuen kriegerischen Ich der Soldaten ab, und wird akut, sobald dem Friedens-Ich vor Augen gerückt wird, wie sehr es Gefahr läuft, durch die Wagnisse seines neugebildeten parasitischen Doppelgängers ums Leben gebracht zu werden. Man kann ebensowohl sagen, das alte Ich schütze sich durch die Flucht in die traumatische Neurose gegen die Lebensgefahr, wie es erwehre sich des neuen Ichs, das es als bedrohlich für sein Leben erkennt. Das Volksheer wäre also die Bedingung, der Nährboden der Kriegsneurosen; bei Berufssoldaten, in einer Söldnerschar, wäre ihnen die Möglichkeit des Auftretens entzogen."[26] Die geglückte oder mißglückte Anpassung und der daraus entstandene Konflikt, sowie der Widerstand, der sich im Symptom verbirgt, werden in den Budapester Referaten zwar lebendig, bleiben aber unter dem Verdikt der passiven Anpassung. Was bei den von Freud so genannten "friedlichen Übertragungsneurosen"[27] als von der Natur produziert erscheint und von ihm gegen diese gewendet wird, bleibt bei den Kriegsneurosen ein noch vager "innerer Feind".

"Ja man könnte sagen, bei den Kriegsneurosen sei das Gefürchtete, zum Unterschied von der reinen traumatischen Neurose und in Annäherung an die Übertragungsneurosen, doch ein innerer Feind."[28] Soweit Freuds theoretische und präventive (also Söldnerheer statt Volksheer) Versuche aus dem Hinterland, als eine weitere Variante eines mißglückten Verständnisses von Krieg. Freud, der selber keine therapeutischen Erfahrungen mit Kriegsneurotikern machte, entwickelte aber angesichts der psychischen Massenphänomene, die von einer neuen Qualität der Kriegstechnik begleitet waren, 1920 in "Jenseits des Lustprinzips" seine "Reizschutz-Durchbrechungstheorie", in der das traumatische Ereignis wieder an Objektivität und Gewicht gewinnt.[29]

Von den Referenten in Budapest hatte Ernst Simmel, der in Berlin ein Speziallazarett für Kriegsneurotiker leitete, die reichhaltigsten Erfahrungen mit diesen Kranken. Er berichtet über seine therapeutischen Versuche folgendes: "Eine Kombination von analytisch-kathartischer Hypnose mit wachanalytischer Aussprache und Traumdeutung — letztere sowohl im Wachen wie in tiefer Hypnose ausgeübt — hat mir eine Methodik ermöglicht, die durchschnittlich in zwei bis drei Sitzungen eine Befreiung von den kriegsneurotischen Symptomen ergibt. ... Niemals gehe ich medikamentös gegen die Angst-, Schreck- und Wutträume meiner Patienten vor. Ich freue mich der Mithilfe des Kranken, lausche seinen Träumen die eigene Heiltendenz ab und setze in der Hypnose da ein, wo der Traum der Nacht aufhört oder auch, was mir mehrfach gelungen ist, veranlasse den Patienten, im Nachttraum da fortzufahren, wo die Hypnose aufgehört hat."[30] Simmel konstatiert als unbewußten Sinn der kriegsneurotischen Symptome "alle jene kriegsgeborenen Affekte des Schreckens, der Angst, der Wut u.a., verknüpft mit Vorstellungen, die den aktuellen Erlebnissen des Krieges entsprechen."[31] In Simmels Schilderungen wird auch seine Betroffenheit deutlich, was ihn von den übrigen Referenten unterscheidet und abhebt.

"Man muß die Kriegsereignisse selbst oder ihre Rekapitulation in der analytisch-kathartischen Hypnose miterlebt haben, um zu verstehen, welchen Anstürmen das Seelenleben eines Menschen ausgesetzt ist, der nach mehrfacher Verwundung wieder ins Feld muß, bei wichtigen Familienereignissen von den Seinen auf unabsehbare Zeit getrennt ist, sich unrettbar dem Mordungetüm eines Tanks oder einer sich heranwälzenden feindlichen Gaswelle ausgesetzt sieht, der durch Granatvolltreffer verschüttet und verwundet, oft stunden- und tagelang unter blutigen, zerrissenen Freundesleichen liegt und nicht zuletzt der, dessen Selbstgefühl schwer verletzt ist durch ungerechte, grausame, selbst komplexbeherrschte Vorgesetzte, und der doch still sein, sich selbst stumm niederdrücken lassen muß von der Tatsache, daß er als einzelner nichts gilt und nur ein unwesentlicher Bestandteil der Masse ist."[32]

Der Feind ist hier nicht mehr "der Feind", sondern verkörpert sich bei Simmel in Form der neuen Militärtechnik, der Materialschlacht und im Machtsystem des eigenen Militärgefüges in den Vorgesetzten. Diese Erfahrungen der Soldaten werden auch aus seinen Fallskizzen nicht ausgeklammert. Er schreibt: "Die häufigste Form der Krämpfe stellt einfach eine Wiederholung jener Abwehrbewegungen dar, die der Patient machte, als er bei der Verschüttung zerschmettert zu werden drohte. ... Es ist fast immer wieder die Wut auf Vorgesetzte, die dann weitere Krampfanfälle veranlaßt. In der Hypnose, die den Vorhang von dieser im Anfall halluzinierten Traumhandlung hebt, sehen wir immer wieder den Kranken im Kampf mit seinen höchsten Vorgesetzten. Er schlägt, beißt, sticht und erschießt sie, tritt sie mit Füßen unter schrecklichen Flüchen. Die wildesten Instinkte entlädt er hier gegen Personen, die sein bewußtes Ich einzwängten."[33] Und weiter: "Es gibt zahlreiche solcher Kranke, die bereits beim Anblick von Offiziersachselstücken oder eines Arztkittels Wutanfälle bekommen…"[34] Von der Fülle und Wucht der Symptomatiken läßt sich Simmel beeindrucken, und zwar, "in der Tat". Er schreibt: "Bei der Gelegenheit sei eingeschaltet, daß für den Kriegsneurotiker in dieser gedrängten Form der Behandlung meist eine Abreaktion durch Worte nicht genügt. Der Soldat steht unter der Suggestion der Tat, des "Auge um Auge, Zahn um Zahn". Sein so belastetes Unterbewußtsein wird nun befreit durch eine Tatabreaktion. Ich habe darum längst dazu übergehen müssen, ein gepolstertes Phantom zu konstruierten, gegen das der Neurotiker in seinem Urmenschenstinkt kämpfend, sich selbst siegreich befreit."[35] Simmel, nahe an der Einsicht ins Kriegssystem, gebärt mit seiner dennoch darin eingezwängten Vernunft, ein Phantom im Akt der Symptomhandlung. In einer seiner pointierten Skizzen gibt Alfred Polgar[36] ein Stimmungsbild aus dem Wiener Prater dieser Zeit (der Prater, das Vergnügungszentrum der Wiener): "Die Schießbuden sind ganz leer. Kein Mensch hat mehr das geringste Interesse am Schießen. Nicht mit dem Kapsel-, nicht mit Feuergewehr, nicht auf tote Figuren, nicht auf lebende Menschen. Hingegen findet der Watschenmann Zuspruch. An seinen vollen Wangen entladen sich die in der Volksseele aufgepeitschten Proteste. Wienerische Revolutionsprophylaxe."[37] Nach Kriegsende wurde das leibhaftige "Phantom" auch tatsächlich angegriffen, und auf der Ringstraße in Wien gab es einen mächtigen Zugriff von aufgebrachten Zivilisten auf die k.u.k. Kokarden, die Abzeichen auf den Uniformmützen von Soldaten und Offizieren. Beunruhigend war dabei nur, daß, wie Polgar es sagt, "kein österreichischer General den Heldentod auf der Ringstraße erlitten hat. Sondern als es hieß: herunter mit der Kokarde! Da griff er erst nach der Kokarde — Und dann nach seinem Kopf. Nach der Kokarde, um sie herunterzunehmen. Nach dem Kopf, um ihn oben zu behalten."[38]

Die Psychoanalytiker "im Felde" und in Uniform produzierten ihre Arbeiten unter den regressiven Bedingungen des Heeres, die Freud 1921 in "Massenpsychologie und Ich-Analyse" beschreiben wird. Ihre Produkte sind ebenso uniformiert und getrübt wie sie selber, unter den Vorzeichen eingeschränkter Ich-Funktionen und mangelnder Realitätskontrolle, blind für das Erkennen von Machtverhältnissen, Unterdrückung und Leiden. Der "Krieg als Realitätsprinzip" bleibt unreflektiert, die Analytiker sind durchtränkt von den bürgerlichen Universalkategorien, mit denen gleichzeitig die Realität des Widerstandes gegen den Krieg und seine Infragestellung zugedeckt und verleugnet wird. Selbstverredend bleibt dabei auch die psychoanalytische Ratio auf der Strecke. So treffend sagt Polgar: "Literweise vergeudet der Bürger Nervensäfte an die Sorge des Rechtbehaltens."[39] Besonders deutlich wird dies in einer Arbeit von Victor Tausk, der als Militärpsychiater auch mit Deserteuren zu tun hatte und über seine Erfahrungen in der 1916 erschienenen Arbeit "Zur Psychologie des Deserteurs"[40] berichtet. Alle jenen Deserteure, die nicht in den Umkreis der bürgerlichen Persönlichkeitsvorstellungen und den dabei akzeptierten Abweichungen passen, werden in besonders krasser Weise diffamiert, psychiatrisiert und als Un- bzw. Untermenschen abgestempelt.[41] "Ich kann die mir bekannt gewordene Serie von Kategorien Fahnenflüchtiger mit einer achten Kategorie beschließen, wenn ich Ihnen noch erzähle, daß ich einige wenige Fälle sah, in denen als Desertionsmotiv Uninteressiertheit an den Zielen des gegenwärtigen Krieges oder Gegnerschaft gegen den Krieg überhaupt vorkommt. Wir können uns vorstellen, daß ein geistig intakter, mit hohem Bewußtsein und großen moralischen Qualitäten ausgestatteter Idealismus mit einer solchen Einstellung gegen die von allen übernommene Pflicht, und unter Verzicht auf die Rettung der eigenen Existenz, vorkommen kann. Unter den Opfern ihrer Überzeugung gab es zu allen Zeiten solche Menschen, die sicherlich der Einreihung in ein pathologisches Register entzogen sind. ... Die wenigen Fälle, die ich zu Gesicht bekam, waren unbedingt pathologisch, zeigten schwachsinnige Verstiegenheiten kindlicher Ideen, religiöses Sektierertum, Angst und ausgesprochene Züge von Beachtungs- und Verfolgungswahn. Ich muß die Fälle der Gruppe der Dementia praecox zurechnen."[42] Eine andere Kategorie von Tausk ist auch interessant: "Eine vierte Kategorie von Deserteuren begründet die Flucht mit der Unfähigkeit, die Strapazen des Dienstes zu ertragen. Sie fühlen sich zu schwach. Aber sie nehmen die elendsten Strapazen des Flüchtlingslebens beinahe mit Gleichmut und mit zäher, unverdrossener Ausdauer auf sich. Diese Art von Deserteuren ist in sehr starker Zahl vertreten. Es sind dies meist ältere Bauern, und man kann sie wohl alle für mehr oder minder schwachsinnig erklären. Diese Leute haben auch zu Hause immer schwer gearbeitet, sie arbeiten beim Militär oft nicht schwerer, aber hier ist ihnen alles zu schwer. In diesen Fällen muß man nicht viel nach einer Ätiologie suchen. Es handelt sich um kindische Bauern von der denkbar geringsten Kultur und Bildung, die für andere als für die gewohnten Tätigkeiten ihres Dorflebens kein Interesse aufbringen. Sie sind beinahe ausnahmslos Analphabeten. Ihre Beziehungen zu den Ideen des Staates gehen nicht weiter, als daß die es stets als eine Ungerechtigkeit empfunden haben, Steuern zahlen zu müssen. Den Zusammenhang zwischen ihrer militärischen Tätigkeit und den allgemeinen Zielen des Staates vermögen sie auch nicht anders aufzufassen. Ihr Interessenkreis ist vollkommen infantil. Die Übertragung ihrer Tätigkeitsliebe auf Aufgaben, deren Früchte sie nicht handgreiflich nach Hause bringen können, gelingt ihnen nicht. Sie haben am Staatsleben niemals teilgenommen, sie können es nicht verstehen und nicht lieben und sie sehen nicht ein, daß sie in einer ihnen fremden Aktion Opfer für etwas bringen sollen, was man die Allgemeinheit nennt."[43] Soweit Tausk. Im Blick auf die Unterklassen, die fremd und unverständlich bleiben, kommt der soziale und gesellschaftliche Analphabetismus des Bourgeois im Psychoanalytiker besonders krass zum Vorschein. Zum ersten Mal überhaupt dürfte sich für manchen Analytiker im Felde ein "näherer" Kontakt zu Angehörigen der Unterklassen ergeben haben. Für Tausk war nicht der Krieg 'das Ende', sondern das, was nachher kam. Hierzu war sein Urteil vernichtend — auch für sich selber. Der Beginn des Nachrufes auf Tausk aus der Internationalen Zeitschrift für Psychoanalyse lautet: "Zu den glücklicherweise nicht zahlreichen Opfern, die der Krieg in den Reihen der Psychoanalytiker gefordert hat, muß man auch den ungewöhnlich begabten Wiener Nervenarzt rechnen, der — noch ehe der Frieden zum Abschluß gelangte — freiwillig aus dem Leben geschieden ist."[44]

Die psychoanalytische Heldengeschichtsschreibung unterschiedlicher Provenienz und Interessen hat seinen Tod für sich vereinnahmt. In der Geschichte Tausks, vor allem seiner Kriegsgeschichte liegt aber sehr wohl auch ein Stück verlorener Geschichte der Psychoanalyse, die unter uns bleibt. Als tabuisierte nährt sie auch Illusionen über eine per se (kultur-)kritische Potenz der Psychoanalyse.

Mit Einschränkungen, die sich aus dem unterschiedlichen Verhältnis zwischen Erfahrung und Öffentlichkeit ergeben, ist auf die Psychoanalyse übertragbar, was Hans Weigel für die Literaten und ihre Kriegsgesinnung beschreibt:

"Ganz allgemein ist das Phänomen festzustellen, daß nicht nur die Nationalen, die Konservativen zu Barden der "Eisernen Zeit" werden, sondern auch die Linken, die Fortschrittlichen, die Humanisten."[45] Die Mehrzahl der Analytiker vor dem und im Felde waren keine Hurrabrüller, sondern Jasager, nicht begeistert, aber pflichterfüllt, nicht distanziert, sondern identifiziert.[46] Freud hat zumindest seine anfängliche Kriegsbegeisterung nicht öffentlich gemacht. Die spezifische Öffentlichkeit in dieser Zeit stellt sich für die Analytiker über die Praxis und Theorie der Kriegsneurosen her. In ihrer "Doppelgängerschaft"[47] mit den Literaten trifft für sie auch das in der Rede von Karl Kraus Formulierte zu:

"Die freiwillige Kriegsdienstleistung der Dichter ist ihr Eintritt in den Journalismus. Hier steht ein Hauptmann, stehen die Herren Dehmel und Hofmannsthal, mit Anspruch auf eine Dekoration in der vordersten Front und hinter ihnen kämpft der losgelassene Dilettantismus."[48] Was für die Dichter der "Eintritt in den Journalismus" auch existenzsichernd bedeutet, war für die Analytiker der "Eintritt in die Psychoanalyse als Beruf". Die Zeit der "splendid isolation" Freuds, der Annäherungen und der Entdeckung des Unbewußten war vorbei und auch die erste Zeit der schwerwiegenden Angriffe und Kränkungen von Seiten diverser Obrigkeiten pariert. Seit der Kriegszeit formt nun auch die "soziale" Anerkennung den psychoanalytischen Umgang mit dem Unbewußten und bestimmt die Entdeckungen und Wege der Psychoanalyse mit. Wie der Erste Weltkrieg das "Wendedatum des modernen Zynismus"[49] bedeutet, bedeutet er für das psychoanalytische Denken einen Einbruch der 'institutionellen Zwangsmoral'. Die bewegliche, historisch-spektakuläre "Vorkriegszeit" der Psychoanalyse geht damit zu Ende. Als historische Schreibweise bezeichnet "Zur Geschichte der psychoanalytischen Bewegung" (1914) diesen (End-)punkt. Je mehr "Fortschritt" in der Folge gemacht wird, desto geschichtsloser wird die Psychoanalyse. Die "Berichte über die Fortschritte der Psychoanalyse in den Jahren X — Y"[50] enthalten dieses veränderte Geschichtsbewußtsein und Selbstverständnis der Analytiker. Im Unterschied zur Motivlage und zum Engagement der Teilnehmer der "Mittwochs-Gesellschaft" und den Mitgliedern der sich daraus entwickelnden "Wiener Psychoanalytischen Vereinigung", drängen sich vor und während der Kriegszeit stärker Professionalisierungswünsche und -absichten in den Vordergrund. Für die Psychoanalyse kann man sich nun auch aus beruflichem Interesse begeistern. Und die Kriegsverhältnisse haben einmal gewählte Berufsrollen und -perspektiven obsolet werden lassen, materielle Sicherheiten und Vermögen zerstört, so daß ein "Neuanfang" als Psychoanalytiker auch einen Weg aus der allgemeinen Zerrüttung und Untergangsstimmung weisen konnte.[51] Mit der Anerkennung und Institutionalisierung der Analyse verbindet sich eine Dynamik der Professionalisierung.[52] Es liegt nahe, daß auch die Kriegserfahrungen selber das Motivationsgefüge zugunsten dieser Berufsentscheidung verändert haben, das Interesse an psychischen Vorgängen weckten und wachhielten.[53] Diese Entscheidung kann auch eine Art "Wiedergutmachung" darstellen, wenn mit ihr im Klima des "Neubeginns" und "Wiederaufbaues" Kriegsängste, Schuldgefühle und Sicherheitsbedürfnisse abgedeckt werden. Eine (unter die institutionelle Fürsorge der psychoanalytischen Bewegung in Form gebrachte) (Wieder-)Begegnung mit der inneren Wirklichkeit, die die Kriegsverhältnisse nach außen verflüssigte.[54] Daß die Professionalisierung gleichzeitig im Dienste der Verdrängung der Kriegszeit steht, dafür spricht die fehlende und mangelhafte Auseinandersetzung (oder gar analytisches "Erinnern, Wiederholen, Durcharbeiten") mit diesen Problemen nach dem Krieg.[55] So war die Antwort der durch den Krieg gegangenen Analytiker keine Kriegserklärung an den Krieg und die ihn produzierenden Verhältnisse.

Die innere Motivlage zur Entscheidung zu diesem Beruf dürfte bei den mit der Psychoanalyse in Berührung stehenden Kriegsteilnehmern ähnlich verlaufen und gelagert gewesen sein, wenn auch die äußeren Bedingungen z.B. für die Ärzte und Nichtärzte sich oft stark unterschieden. So stellt sich etwa für den Dr. phil. Theodor Reik die Frage der Existenzsicherung viel krasser als für einen Mediziner. Außerdem fanden die Ärzte mehr Möglichkeiten, ihren Dienst in der Armee hinter die Front zu verlagern. Auch der Grad der Betroffenheit ist entsprechend verlagert.

Ein Brief an Arthur Schnitzler wirft ein bezeichnendes Licht auf Theodor Reiks berufliche Situation vor dem Krieg: "Den Grund meines Schreibens, sehr geehrter Herr Dr., bildet eine Bitte an Sie, von der ich fürchte, daß ich sie persönlich nicht vorbringen kann. Ich bemühe mich vergebens um eine Stellung irgendwelcher Art. Das mir aufgezwungene Bohémiensleben peinigt mich ebenso wie meine dadurch bedingte elende pekuniäre Lage. Ich wäre Ihnen, sehr geehrter Herr Dr., nun für immer in Dankbarkeit verbunden, wenn Sie bei einem Ihrer einflußreichen Bekannten ein empfehlendes Wort für mich einlegen könnten. Am liebsten wäre mir freilich eine Stellung als Redakteur, Dramaturg, Sekretär, doch auch jede andere Art Beschäftigung, wofern sie mich nur ernähren kann, wäre mir recht. Es kostet Sie, sehr geehrter Herr Dr., vielleicht nur ein Wort, um mich aller Not zu entreißen und mir eine gesicherte Existenz zu verschaffen." Im Januar 1915 wird Reik eingezogen.[56] Seine weitere Korrenspondenz mit Schnitzler vermittelt einige seiner Erfahrungen als Soldat. (Schnitzler gehörte zu denjenigen (wenigen) Literaten, der der Aufforderung von Kraus zu Kriegsbeginn "Wer etwas zu sagen hat, trete vor und schweige!" einen ganzen Weltkrieg lang bewußt nachgekommen ist.). "Verzeihen Sie bitte, daß ich so lange nicht schrieb (obwohl ich öfters das Bedürfnis hatte): der Dienst läßt einen völlig verkommen und wird immer mehr zu einem Gipfelpunkt geräuschvoller Zeitverschwendung." (13. Okt. 1915). "Bin sehr angestrengt. Habe große Sehnsucht nach Frau und Kind. Wer weiß, wann ich sie wiederseh — wenn ich sie wiederseh." (Feldpostkarte, 18.5.1916). "Um die Zeit, da ich zu Ihnen gerne gekommen wäre, waren wir alle im heftigsten Artilleriefeuer auf dem verdammten Mte Asalone, von wo wir mit 5 Verwundeten eben zurückgekehrt sind." (Feldpostkarte, 27.6.1918). Am 4. Juni 1918 schrieb Reik an Beer-Hofmann: "Hier erlebt man manchmal so Grauenhaftes, daß man glaubt, man werde nie mehr im Leben lachen können."[57]

Es wurde weitergelacht und weiteranalysiert, denn wie Paul Lazarsfeld bemerkte: "Eine erfolglose Revolution bedarf der Psychologie."[58]

Anmerkungen

1. "Die Sache", eine Metapher Freuds für die psychoanalytische Bewegung.
2. Vgl. z.B. den Briefwechsel Freud — Abraham vom Juli bis September 1914 (Sig-

mund Freud, Karl Abraham: Briefe 1907 — 1926. Frankfurt 1965); Vgl. Jones, E.: Das Leben und Werk von Sigmund Freud. Bd. II. Bern, Stuttgart, Wien 1962, S. 207 ff.; zu Freuds (und Erdheims) Herrscherphantasien und -allüren vgl. Erdheim, M.: Die gesellschaftliche Produktion von Unbewußtheit. Frankfurt 1982, S. 381 ff.

3. Papcke, Sven: Kriegsdienst mit den Waffen des Geistes. Die Sozialwissenschaften im Ersten Weltkrieg. In: vorgänge 21, 1982, S. 26.

4. Freud, Sigmund, Abraham, Karl: Briefe 1907 — 1926. Frankfurt 1965, S. 188. Die Munitionsvorräte gingen dem Ende zu.

Die akademischen Gelehrten und Professoren kosteten das "sehnsüchtige Eintauchen in den kollektiven Willen" (Papcke, S., a.a.O., S. 27) wesentlich länger aus und trugen selber zu seiner Verlängerung bei. "Die logische Verblendung, die dieser Krieg oft gerade bei den besten unserer Mitbürger hervorgerufen hat, ist also ein sekundäres Phänomen, eine Folge der Gefühlserregung, und hoffentlich dazu bestimmt, mit ihr zu verschwinden." (Freud, S.: Zeitgemäßes über Krieg und Tod. (GW Bd. X, S. 339).

5. Vgl. Hoffmann, Louise E.: War, Revolution, and Psychoanalysis; Freudian thought begins to grapple with social reality. In: Journal of the History of the Bahavioral Siences 17, 1981, S. 251-269.

6. Ein Höhepunkt war die Anklage gegen den "Psychatrie-Papst" Wagner-Jauregg. Vgl. Eissler, K.R.: Freud und Wagner-Jauregg vor der Kommission zur Erhebung militärischer Pflichtverletzungen. Wien 1979.

Die "Kommission" hatte mehr die Funktion der Krisendämpfung — die aufgebrachten Menschen zu beruhigen — als die, den ihr Name versprach. Freud hat Wagner-Jauregg sehr "kollegial" behandelt, ihn nicht angegriffen.

7. Freud, S.: Internationaler psychoanalytischer Verlag und Preiszuteilungen für psychoanalytische Arbeiten. In: Int. Z. f. Psa, V, 1919, S. 137.

8. Leipzig und Wien 1919. Das vollständige Programm und das Teilnehmerverzeichnis des Kongresses finden sich in: Int. Z. f. PSA V, 1919, S. 52-57. Freud verlas auf diesem Kongreß "Wege der psychoanalytischen Therapie". Der bekannte und meist nur bis zur Hälfte zitierte Satz — "Wir werden auch sehr wahrscheinlich genötigt sein, in der Massenanwendung unserer Therapie das reine Gold der Analyse reichlich mit dem Kupfer der direkten Suggestion zu legieren, und auch die hypnotische Beeinflussung könnte dort wie bei der Behandlung der Kriegsneurotiker wieder eine Stelle finden." — wurde hier gesprochen.

9. Vgl. dazu: Forum Alternativ (Hg.): Widerstand gegen Krieg und Militarismus in Österreich und anderswo. Wien 1982. Weigel, Hans, Lukan, Walter, Peyfuss, Max D.: Jeder Schuß ein Ruß Jeder Stoß ein Franzos. Literarische und graphische Kriegspropaganda in Deutschland und Österreich 1914-1918. Wien 1983.

10. Freud, S.: Einleitung. In: Zur Psychoanalyse der Kriegsneurosen, a.a.O., S. 4.

11. Über die Arbeitsbedingungen und Zustände in einem Wiener Militärkrankenhaus berichtet W. Stekel, der kurze Zeit (als Nachfolger Alfred Adlers) in einem solchen arbeitete:

"physicians who, as slave-drivers for the war-mongers, forced half-recovered soldiers to go back to the trenches. I have seen terrible examples of the work of these executioniers. Convalescents, still in pain, their wounds unhealed, were marched off to their regiments. In many hospitals they were tortured with a faradic brush, so that they preferred the terrors of war to the terrors of the hospital. Every week, the chief of the hospital, a major and former dentist, came into the ward and shouted, 'We must evacuate! Send fifty percent of the patients away! A new transport is coming!' At the same time, disgraceful favoritism existed in the hospital. The chief, the head-nurse, and two sergeants formed a corrupt clique. Rich patients loafed for months and months" (Stekel, Wilhelm: The Autobiography. New York 1950, S. 159.)

12. Sándort Radó Oral-history Transkripte. Columbia University, New York. Diesen und andere Hinweise verdanke ich Karl Fallend. Gebührendes dem Schreibbüro M. Meidl, Salzburg.

13. Freud, S.: Einleitung. A.a.O., S. 4.

14. Freud, S.: Zeitgemäßes über Krieg und Tod. A.a.O., S. 349. Eine "friedliche" Variante dieses Gedankens verwendet Freud vor der "Kommission zur Erhebung militärischer Pflichtverletzungen": "Jede Neurose hat einen Zweck, ist auf bestimmte Personen gerichtet und würde auf einer Insel in der Südsee oder in einer ähnlichen Situation sofort erlöschen, weil sie keinen Sinn hätte." (Eissler, K.R.: Freud und Wagner Jauregg... Wien 1979, S. 52 f.)

Auch unter den Analytikern gab es solche, die der Krieg augenfällig gezeichnet und verändert hat:

"Following his discharge from the army and his return to Vienna, Rank seemend a different man from his prewar self. The hard-working, enthusiastic, and somewhat compliant man had given place to a more determined and tougher individual. As Jones reported it: "In stalked a wiry, tough man with a masterful air, whose first act was to deposit on the table a huge revolver. I asked him what he wanted with it, and he nonchalantly replied, 'It is for any eventuality'" (Vol. III, 1957).

Rank continued to work with the same energy he had displayed before the war, now as the director of the International Psychoanalytic Publishing House in Vienna. However, the war experience and his marriage had made definite changes in him."

(Eisenstein, Samuel: Otto Rank. In: Alexander, Franz, Eisenstein, Samuel, Grotjahn, Martin (Ed.): Psychoanalytic Pioneers. New York, London 1966, S. 42 f.)

15. Ferenczi, S.: Die Psychoanalyse der Kriegsneurosen. In: Zur Psychoanalyse der Kriegsneurosen, a.a.O., S. 28.

16. Freud, S.: Einleitung..., a.a.O., S. 5.

17. Jones, E.: Die Kriegsneurosen und die Freudsche Theorie. In: Zur Psychoanalyse der Kriegsneurosen, a.a.O., S. 69.

18. Freud, S.: Zeitgemäßes über Krieg und Tod, a.a.O., S. 354.

19. Woinovich, E.v., Veltzé, A. (Hg.): Aus der Werkstatt des Krieges. Wien 1915, S. 4 und S. 2 ff.

Aus psychoanalytischer Sicht beschreibt Hermine Hug-Hellmuth einige Verhältnisse im "Hinterland": Die Kriegsneurose des Kindes. In: Pester Lloyd, 6.3. 1915 (62. Jg., Nr. 65); Die Kriegsneurose der Frau. In: Geschlecht und Gesellschaft 9 (1915), S. 505-514. Vgl. Huber, W.: Die erste Kinderanalytikerin. In: Gastager, H., Huber, W., Rubner, A., Rubner, E., Schindler, S. (Hg.): Psychoanalyse als Herausforderung. Festschrift Caruso. Wien 1980, S. 125-134.

Die beiden Aufsätze sind als "geistige Kriegsdienstleistungen" anzusehen. In ihnen wird zur Psychohygiene des Hinterlandes aufgefordert: "Die Frau regt ihr Gemüt durch Gehörtes und Gelesenes von dem namenlosen Elend und Greul auf, ihre Phantasie hat nicht genug an den Bildern, die andere entrollen, sie macht die abenteuerlichsten Sprünge, sie malt mit grelleren Farben, als sie der Wirklichkeit zu Gebote stehen. ... Die innere Helferin ... ist der feste Wille, Herr zu werden über die verzweifelte Stimmung der Seele. ... Körperlich und seelisch gesund soll die Frau sein in Zeiten, da sie die alleinige Stütze ihrer Kinder ist; und gesund soll sie sein, denn in ihrer Kraft und Gesundheit ruht die Stärke der kommenden Generation." (Die Kriegsneurose der Frau, a.a.O., S. 514). Vgl. dazu den im Rahmen der "Reichsorganisation der Hausfrauen Österreichs" auf die Ebene der materiellen Kriegshilfe bezogenen Bericht: "Die Ereignisse haben uns bewiesen, daß Österreichs Frauen auch ohne geschriebenes Gesetz im vollen Bewußtsein der Pflichten, die diese große Zeit an sie stellt, aus eigenem Antrieb zur Kriegsarbeit sich mobilisiert haben". (Granitsch, Helene: Kriegsdienstleistungen der Frauen. Wien 1915, S. 7). Widerstand ist immer möglich. Auf die antimilitaristisch-pazifistische Arbeit Berta von Suttners sei hingewiesen. Als Beispiel proletarischer Widerständigkeit vgl. "... auch bei diesem Nitroglyzerinaufschienenlegen waren die Polen die stärksten." Interview mit Hanna Sturm über Sabotage in Rüstungsbetrieben. In: Forum Alternativ (Hg.): Widerstand gegen Krieg und Militarismus..., a.a.O., S. 13-18.

20. Jones, E.: Die Kriegsneurosen und die Freudsche Theorie. In: Zur Psychoanalyse..., a.a.O., S. 80.

21. Ebd., S. 81.

22. Shatan, C.F.: Die trauernde Seele des Soldaten. In: Friedensanalysen 14. Frankfurt 1981, S. 271 — 299.

23. Horn, K.: Krankheit als Zeichen von Normalität. In: Ebd., S. 306.

24. Bartsch, H.: Moderne Waffen. In: Woinovich. E.v., Veltzé, A. (Hg.): Aus der Werkstatt des Krieges. A.a.O., S. 188.

25. Negt, O., Kluge, A.: Geschichte und Eigensinn. A.a.O., S. 829.

26. Freud, S.: Einleitung..., a.a.O., S. 5.

27. Ebd., S. 7.

28. Ebd.

29. "Etwas lax könnte man sagen, daß die saturierte Friedensperiode, in der Freud die sexuelle Ätiologie der Neurosen entwickelte, der Psychologisierung und damit Entleerung des Traumabegriffs Vorschub leistete, und daß es der realen traumatischen Massenerfahrung des Weltkrieges bedurfte, den ursprünglichen Traumabegriff wieder in Erinnerung zu rufen und interessant zu machen. Ohne den Weltkrieg als Erfahrungshintergrund ist Freuds Theorie von der Durchschlagung des Reizschutzes durch große Energiemengen so wenig vorstellbar wie im 19. Jahrhundert die Schocktheorien von Railway Spine und traumatischer Neurose ohne die Eisenbahn und ihre Unfälle. ... Die Entstehung des Schockbegriffs im Militärwesen zeigt exemplarisch, wie die Militärentwicklung der europäischen Neuzeit immer wieder Formen und Symptome vorwegnimmt, die später in der industriellen Revolution zivil wiedererscheinen." (Schivelbusch, W.: Geschichte der Eisenbahnreise. München, Wien 1977, S. 134).

30. Simmel, E.: Zweites Koreferat. In: Zur Psychoanalyse..., a.a.O., S. 43 und 51. Als für die Psychoanalyse bedeutsame Literatur erhält Simmel für seine Arbeit

"Kriegsneurosen und psychisches Trauma" einen Preis zuerkannt (gleichzeitig mit Arbeiten von Abraham und Reik); sie teilen sich den Betrag aus den Zinsen der Budapester Stiftung (vgl. Freud, S.: Internationaler psychoanalytischer Verlag und Preiszuteilung für psychoanalytische Arbeiten. A.a.O., S. 138). Heute ist es kaum denkbar, daß z.B. die Pionierarbeit von Chaim F. Shatan mit Vietnam-Veteranen von offizieller psychoanalytischer Seite eine Würdigung erfahren könnte. Abraham berichtet über seine Erfahrungen: "Als ich 1916 eine Station für Neurosen und Geisteskrankheiten begründete, sah ich von jeder gewaltsamen Therapie ebenso wie von Hypnose und anderen Suggestivmitteln vollkommen ab, ließ dagegen die Kranken im wachen Zustande abreagieren und suchte ihnen in einer Art vereinfachter Psychoanalyse Ursprung und Wesen ihres Leidens verständlich zu machen. Ich erzielte bei den Kranken das Gefühl des Verstandenwerdens, weitgehende Entspannung und Besserung." (Abraham, K.: Erstes Koreferat. In: Zur Psychoanalyse... a.a.O., S. 40 f.).

31. Simmel, E.: Zweites Koreferat, a.a.O., S. 44.
32. Simmel, E.: Zweites Koreferat, a.a.O., S. 45. Er schreibt anschließend: "Es ist dabei erklärlich, daß die Kriegsneurose des Offiziers im allgemeinen nicht so grob in ihren Symptomen ist, wie vielfach die des gemeinen Mannes. Er hat ja, emporgehoben über die Masse und auf Grund seiner gehobenen Geistesbildung mehr Möglichkeiten, individuell die ihn treffenden Insulte zu sublimieren." Freud hat alle möglichen Kulturleistungen als Produkte von Sublimierungen anerkannt. Die Aktivitäten zur Veränderung des gesellschaftlichen status quo bleiben ausgeklammert.
33. Ebd., S. 54.
34. Ebd., S. 56.
35. Ebd., S. 55.
36. Ein Wiener Literat, der, ähnlich wie Peter Altenberg, als ein "Afrikaforscher der Alltäglichkeit" (A. Kuh) bezeichnet werden kann.
37. Polgar, Alfred: Kleine Schriften. Bd. 1. Musterung. Reinbek bei Hamburg 1982, S. 260.
38. Ebd., S. 71.
39. Ebd., S.
Vgl. dazu Tausks Vortrag in Budapest: "Über die Psychoanalyse der Urteilsfunktion".
40. In: Int. Z. f. PSA IV, 1916/17, S. 193-204 und S. 229-240.
In der Sitzung der Wiener Psychoanalytischen Vereinigung vom 7.6.1916 hält Tausk einen Vortrag mit dem Titel "Psychoanalytische Kriegserfahrungen." In diesem Kreis taucht das Thema "Kriegsneurosen" ansonsten nur am Rande auf. (Vgl. Nunberg, H., Federn, E. (Hg.): Protokolle der Wiener Psychoanalytischen Vereinigung. Bd. 4. Frankfurt 1981, S. 288, S. 291, S. 305).
41. Das Konstrukt des "fertigen", erwachsenen, selbstbestimmenden, männlichen Individuums, wie man es z.B. in der wissenschaftlichen Psychologie des 19. Jahrhunderts findet (vgl. Wiesbauer, Elisabeth: Das Kind als Objekt der Wissenschaft. Wien, München 1982, S. 139 ff) wird in seiner soldatischen Form, als patriotisch bewußter, selbständig handelnder Soldat, in der bürgerlichen Revolution als Mittel des bürgerlichen Krieges, geboren. Dies ist ein "tendenziell absoluter Krieg: bis an die Grenze der in ihm enthaltenen Gegenproduktion der wirklichen Verhältnisse.

Er findet aus sich kein Ende, sondern in der Erschöpfung seiner Mittel" (Negt, O., Kluge, A.: Geschichte und Eigensinn. A.a.O., S. 840). Je nach dem Grade der Massierung der Kriegsmittel kommt es dann auf die o.g. subjektive Seite, Selbständigkeit, Mut etc. nicht mehr an. Diese kann sich in "Kriegsneurosen" und anderen "Pannen" Ausdruck verschaffen, lebt, wenn überhaupt, widerständig im "Untergrund" weiter.

Ein Exkurs zu Alfred Adlers "Kriegsarbeit":

"Aus Furtmüllers Biographie (1965) geht hervor, daß Adler im ersten Weltkrieg als Armeearzt vor allem mit der Problematik der Simulanten konfrontiert war. Er hat deren Verhalten scharf verurteilt, als Verstoß gegen die Gemeinschaft, denn ein anderer müsse den leergewordenen Platz an der Front ausfüllen. Es sollen hier nicht weiter Parallelen hergestellt werden mit Ausnahme der folgenden: So wie Adler unter dem Druck der Kriegsereignisse das Problem im "Simulanten", und nicht im Wahnwitz des Krieges zu sehen schien, so findet man in der Zwischenkriegszeit und vor allem in den Jahren, da die Weltwirtschaftskrise sich bereits im psychosozialen Bereich bemerkbar machte, den Schwerpunkt seiner Appelle nach Ethik und Verantwortlichkeit an die wachsende Zahl der Aus- und Absteiger gerichtet. Sein häufiger Vergleich mit dem Bild des Deserteurs zeigt die Grenzen seiner Einsicht in die relative Erfolglosigkeit einzelner Willensanstrengungen in Zeiten einer sich entwickelnden wirtschaftlichen, politischen und sozialen Katastrophe."

(Handlbauer, Bernhard: Die Entstehungsgeschichte der Individualpsychologie Alfred Adlers. Diss. phil. Salzburg 1983, S. 245).

42. Tausk, V.: Zur Psychologie des Deserteurs, a.a.O., S. 237.

43. Ebd., S. 234.

44. In: Int. Z. f. Psa, V, 1919, S. 225.

45. Weigel, Hans: Auch das war vorgestern. Bestandsaufnahme literarischer Kriegspropaganda in der österreichisch-ungarischen Monarchie und im Deutschen Reich 1914 — 1918. In: Weigel, Hans, Likan, Walter, Peyfuss, Max D.: Jeder Schuß ein Ruß Jeder Stoß ein Franzos. Literarische und graphische Kriegspropaganda in Deutschland und Österreich 1914 — 1918. Wien 1983, S. 12 f.

46. Die Durchsicht von (exemplarisch ausgewählten) "Grundbuchblättern" (im Kriegsarchiv in Wien), die Auskünfte über die Militärdienstzeit geben, bestätigen diese Haltungen. Ich danke Herrn Dr. Egger für seine Hilfe. Ebenso Dr. Casino für den Apparativ und Ing. Machold für Weitblick.

47. Anna Freud schreibt dazu: "Was mein Vater mit dem Doppelgänger meinte, ist nicht schwer zu sagen. Er hat oft davon gesprochen, daß Dichter und Schriftsteller auf dem ihnen eigenen Weg zu denselben Schlüssen über die menschliche Natur kommen, die er mühsam in der analytischen Arbeit an Patienten erkämpfen mußte. In diesem Sinn ist also der Novellist der Doppelgänger des Analytikers." (Anna Freud an Jeffrey B. Berlin, Brief vom 11. Juli 1971. Zit. n. Berlin, Jeffrey B., Lindken, Hans Ulrich: Theodor Reiks unveröffentlicher Brief an Arthur Schnitzler. In: Literatur und Kritik 173/74, April/Mai 1983, S. 183.

48. Karl Kraus. In: Die Fackel, Nr. 404, Dez. 1914. Zit. nach Weigel, Hans: Auch das war vorgestern. A.a.O., S. 28. Alfred Polgar schreibt: "Äußerstes Mißtrauen gegen die Dichter, die der Krieg zum Dichten "anregt"!" (Polgar, A.: Kleine Schriften. Bd.I. A.a.O., S. 33).

49. Sloterdijk, Peter: Kritik der zynischen Vernunft. Erster Band. Frankfurt 1983, S. 241. "Der Erste Weltkrieg bedeutet das Wendedatum des modernen Zynismus. Mit ihm beginnt die heiße Phase der Zersetzung alter Naivitäten — etwa jener über das Wesen des Kriegs, das Wesen der gesellschaftlichen Ordnung, des Fortschritts, der bürgerlichen Werte, ja der bürgerlichen Zivilisation überhaupt. Seit diesem Krieg ist das diffus schizoide Klima über den europäischen Hauptmächten nicht mehr gewichen. Wer seither von Kulturkrise etc. sprach, hatte unweigerlich jene Geistesverfassung des Nachkriegsschocks vor Augen, die weiß, daß es nie wieder die Naivität von früher geben wird; unwiderruflich sind Mißtrauen, Desillusionierung, Zweifel und Distanzhaltungen in die sozialpsychologische »Erbmasse« eingedrungen. Alles Positive wird von da an ein Trotzdem sein, von latenter Verzweiflung unterspült. Seither regieren sichtbar die gebrochenen Modi des Bewußtseins: Ironie, Zynismus, Stoizismus, Melancholie, Sarkasmus, Nostalgie, Voluntarismus, Resignation ins geringere Übel, Depressivität und Betäubung als bewußte Wahl der Unbewußtheit." (Ebd.)

50. Vgl.: Bericht über die Fortschritte der Psychoanalyse in den Jahren 1914-1919. Leipzig, Wien, Zürich 1921. (Zu den Kriegsneurosen insbesondere S. 155-158 und zur Psychologie des Krieges S. 203 ff.)

51. Exemplarisch nenne ich dafür: Viktor Tausk und Hermine Hug-Hellmuth. Die psychoanalytische Geschichtsschreibung darf im Rückblick auf die schöpferische und kursorisch-originelle Potenz der Analytikergruppe der Vorkriegszeit nicht das Bild eines "wilden" oder "freien" Analytikertums verklären; für diese war die Analyse in der Regel kein Mittel des Broterwerbs. Vergleichbar dazu ist heute zu beobachten, daß sich die außerhalb der Analytiker-Gemeinden und ihrer (belastenden) Historie befindenden Interessenten an der Analyse einen Zu- und Umgang mit unbewußtem Material verschaffen, der gerade in seiner "Ungebundenheit" die außerordentlich erfrischende und faszinierende psychoanalytische Denkfigur bewahrt. Zu beiden Aspekten vgl. Dahmer, Helmut: Die eingeschüchterte Psychoanalyse. Aufgaben eines psychoanalytischen Forschungsinstituts heute. In: Lohmann, Hans-Martin (Hg.): Das Unbehagen in der Psychoanalyse. Frankfurt, Paris 1983, S. 28 und S. 32 f.

52. Eine ähnliche Entwicklung, wie ich sie hier für die Wiener Psychoanalyse im Ersten Weltkrieg in Ansätzen darstelle, vollzieht sich mit und innerhalb der deutschen akademischen Psychologie in der Zeit des Nationalsozialismus. "Weniger bekannt ist, daß die Psychologie damals in der Offiziers- und Soldatenauslese der deutschen Wehrmacht ihr großes praktisches Einsatzgebiet fand, daß die Wehrmacht zum ersten großen Arbeitgeber für Psychologen wurde, daß Psychologen dort als Leistungs- und Charakterdiagnostiker arbeiteten, daß der Einsatz für die Wehrmacht die Theorieentwicklung der Psychologie wie ihre Institutionalisierung an den Universitäten wesentlich formte und daß die Psychologie in der NS-Zeit ihre Position an den Universitäten verbessern konnte." (Geuter, Ulfried: Der Nationalsozialismus und die Entwicklung der deutschen Psychologie: Lüer, G. (Hg.): Bericht über den 33. Kongreß der deutschen Psychologie in Mainz 1982. Göttingen, Toronto, Zürich 1983, S. 99. Vgl. dazu die umfangreiche Untersuchung von Geuter, Ulfried: Die Professionalisierung der deutschen Psychologie im Nationalsozialismus. Unveröffentl. Phil. Diss. Berlin 1982. Erscheint Frankfurt 1984 (Suhrkamp-

Kurkarren). Im "Roten Wien", das ein vielfältiges psychologisches Praxisfeld bot, blieben die Psychoanalytiker die Proponenten des Professionalisierungsprozesses im klinisch-psychologischen Bereich. Siehe auch Anm. 57.

53. Richard F. Sterba, der im Mai 1916 als 18-jähriger einrückt, kommt in seinem Ausbildungslager mit der Psychoanalyse in Berührung. "In the military wasteland of the barracks and exercising grounds I discovered psychoanalysis." (Sterba, Richard F.: Reminiscences of a Viennese Psychoanalyst. Detroid 1982. S. 19). Er berichtet weiter: "Among my comrades there were some older men who had until then been considered unfit for military service. They had been drafted because the losses in combat were being filled by the very young men hardly of military age. Among these men in their forties were some who formed a small group based on their common interests and values. They were what one called gebildete intellectuals. Two were writers of considerable reputation, one was a university professor, another was a well-known stage director, and one a composer. I felt drawn to these men because of my intellectual interests and I was included in their discussions, though primarily as a listener. One of these intellectuals was the son of Victor Adler, the founder of Austria's Socialist Democratic party. ... In young Adler's discussions, Sigmund Freud and his psychoanalytic theories were mentioned. These conversations stimulated me to read some of Freud's works." (ebd.) Auf der anderen Seite der Front wurde 1916 der 19-jährige André Breton von der Psychoanalyse fasziniert, die er während seines Sanitätsdienstes bei der Armee für sich entdeckte. Vgl. Dahmer, Helmut: Versäumte Lektionen. Aufsätze von André Breton in deutscher Übersetzung. In: Psyche 37, 1983, 2, S. 158 f.

54. Vgl. Theweleit, Klaus: Männerphantasien. Frankfurt 1979.

55. Mehr oder weniger gelungene Rationalisierungen in psychoanalytischer Terminologie findet man z.B. von Paul Federn (Die vaterlose Gesellschaft, Wien 1919), Emil Lorenz (Zur Psychologie der Politik, Klagenfurt 1919), Alfred Adler (Die andere Seite, Wien 1919, Bolschewismus und Seelenkunde, Wien 1919). Der "Almanach der Psychoanalyse 1935" druckt ein "Symposium über die Psychologie von Krieg und Frieden", zu dem 1933 E. Glover, M. Ginsberg und J. Rickman diskutierten und das von der British Psychological Society veranstaltet wurde.

56. Aus dem "Hauptgrundbuchblatt" und "Unterabteilungsgrundbuchblatt" von Theodor Reik (im Kriegsarchiv Wien) geht hervor: Zur Ableitung des einjährigen Präsenzdienstes wird Reik am 10.10.1912 zur Landwehr eingezogen. Am 19.2.1913 wird er wegen eines Gebrechens als invalid entlassen und wird als waffenunfähig klassifiziert. Er rückt am 15.1.1915 (freiwillig) auf Kriegsdauer in die Sanitätsabteilung Nr. 2 ein. Am 19.12.1917 wird er mit dem "Goldenen Verdienstkreuz mit der Krone am Bande der Tapferkeitsmedaille in Anerkennung vorzüglicher Dienstleistung im Kriege" ausgezeichnet. Er rüstet als Oberleutnant der Reserve ab.

57. Zitiert nach: Berlin, J.B., Lindken, H.U.: Theodor Reiks unveröffentlichte Briefe an Arthur Schnitzler, a.a.O., S. 186-191. Als "verwissenschaftlichte" Form von Kriegserfahrungen vgl. dazu: Dr. Theodor Reik (im Felde): Beitrag zur psychoanalytischen Affektlehre. In : Int. Z. f. Psa, IV, 1916/17.
Die berufliche Absicherung des Laienanalytikers Reik konsolidiert sich nach dem Krieg (1920 arbeitete er z.B. als Lehranalytiker in Zürich), die "Affaire Reik", seine Anklage wegen Kurpfuscherei 1925 (hier taucht Wagner-Jauregg wieder als Gut-

achter auf) beleuchtet in einem fortgeschrittenem Stadium den Professionalisie-
rungsprozeß.
58. Zit. nach Handlbauer, Bernhard: Die Entstehungsgeschichte der Individualpsychologie Alfred Adlers. A.a.O., S. 92.

Klaus Horn

Die insgeheime Lust am Krieg,
den niemand wirklich will[+)]

Eine bundesrepublikanische Zeitung (Frankfurter Rundschau v.
9.4.83) berichtete in diesem Frühjahr, daß ältere Amerikaner zufolge von Ergebnissen empirischer Sozialforschung "mehr Angst vor
dem Altersheim als vor einem Atomkrieg" haben. Solcher Mangel
an Todesangst, die offensichtliche Tatsache, daß sich Menschen lieber vor etwas fürchten, das weniger drohend und vor allem ver-
meidbar erscheint, verglichen mit atomarer Vernichtung, ist in
jüngster Zeit häufig als zentrales Problem der Aufrüstungsspirale
diskutiert worden. Man geht davon aus, daß der Mangel an Mut,
sich mit der Möglichkeit des Selbstauslöschens der Menschheit
konfrontieren zu lassen, einen Mangel an vernünftigen Maßnah-
men gegen Aufrüstung und andere Kriegsvorbereitungen zur Folge
hat — bis hin zu der Vorstellung, daß ein Atomkrieg sinnvoll führbar sei. Da eine solche Haltung lebensgefährlich für die gesamte
Menschheit werden kann, müssen wir Interessen unterstellen —
hier geht es um psychische Interessen —, die verhindern, daß es zu
persönlichen und sozialen Destabilisierungen kommt, die aus der
Todesangst als einer Extremsituation hervorgehen.

  Bereits Freud hatte (1923, S. 288) darauf hingewiesen, daß die
Todesangst der Psychoanalyse "ein schweres Problem" aufgibt,
"denn der Tod ist ein abstrakter Begriff von negativem Inhalt, für
den eine unbewußte Entsprechung nicht zu finden ist". Dieser
emotionale Nichtbezug zum eigenen Tod, eine für psychische Not-
fälle von Verunsicherung bereitstehende Illusion der Unsterblichkeit, ist demnach eines der entscheidenden Hindernisse auf dem
Weg zu wirklicher Abrüstung und tatsächlichem Frieden.

  Aber für eine solche Todesverleugnung sorgen auch gesellschaftliche, nicht nur psychische Mechanismen, wenngleich die ge-

sellschaftlichen immer auf die psychische Realisierung angewiesen bleiben. Das geht aus Erfahrungen hervor, die aus der Forschung über das Sterben stammen (Beilin 1981/2); wir können sie für unser Thema nutzbar machen. Die Todesverleugnung erlaubt nämlich — in funktioneller Sicht — die soziale und persönliche Identität (z.B. im Rahmen der Krankenrolle) aufrechtzuerhalten und damit auch die ordnungsstiftenden sozialen Beziehungen gegen den destabilisierenden Druck der Todesangst abzusichern, die Extremsituation also zu normalisieren. Wie die der Familien- und die der medizinischen sozialen Kontrolle unterworfenen sozialen Beziehungen wären alle sozialen Beziehungen, erst recht die auf der politischen Ebene angesichts der Vorbereitung von Atomkriegen, von Auflösungserscheinungen bedroht, falls eine entsprechende Todesangst wirklich virulent würde. So ist die Verharmlosung atomarer Desaster in der Katastrophenmedizin (vgl. z.B. Deutsche Gesellschaft für soziale Psychiatrie 1983, Riedesser 1974) nicht nur als staatlich organisierte, zynische Individualisierung[2] eines allgemeinen, gesellschaftlich hergestellten Risikos zu verstehen, sondern sie ist ebenso Teil der angstsparenden, breit abgestützten Normalisierungsmechanismen, also bewußtloser Vorgänge, die vor der Destabilisierung in Extremsituationen schützen.

Eine schwierige Situation: Illusionen wie die der Unsterblichkeit und des Sich-Fortsetzens von Normalität sollen psychische und gesellschaftliche Kosten sparen helfen. Aber sie können das nur unter der Bedingung, daß das dabei entstehende Risiko die Illusionisten an den Rand einer allgemeinen existentiellen Katastrophe rückt.

Das systematische, mehrfach verankerte Mißverhältnis zum eigenen Tod macht auch verständlich, daß die Bewohner des nordhessischen Dorfes Hattenbach (Vgl. DER SPIEGEL Nr. 9/1982, S. 105 ff) sich gar nicht erst damit auseinandersetzen wollen, daß im nächsten Weltkrieg dort eine der ersten Atombomben der verbündeten Amerikaner fallen wird, wenn denn der gemeinsame Feind im nächsten mitteleuropäischen Krieg nicht anders aufzuhalten sein wird. Es gab in dem Dorf zwar eine unbedeutende Minderheit, die meinte, wenn man zu so einer Ungeheuerlichkeit nicht Stellung beziehe, sei man bereits "tot vor Gleichgültigkeit und Fatalismus" (a.a.O.). Aber die erdrückende Mehrheit denkt anders. Sie ist offenbar "froh", daß in dieser selbstgemachten Apokalypse sie selber mit zuerst bei 7.000 Grad Fahrenheit verdampft, so daß noch nicht einmal ihre Asche übrigbliebe, wie ihnen ein Militärsprecher der Verbündeten in einem Film versprach.

Aber die Äußerungen der Hattenbacher haben noch eine andere Einstellungskomponente sichtbar werden lassen (die wir allerdings schon lange kennen), welche hindert, allen Arten von Kriegsvorbereitungen wirksam in den Arm zu fallen: Politisch apathisch Gewordene haben nicht die Vorstellung, daß Empörung oder andere Aktivitäten irgendetwas an ihrem Schicksal ändern könnten und schauen lieber zurück auf "all die schönen Jahre" (a.a.O.) statt nach vorn. Kurz nach Ende des 2. Weltkrieges wiesen die amerikanischen Psychoanalytiker Ernst Kris und Nathan Leites (1954) bereits darauf hin, daß die Menschen sich dann der Politik wie dem Wetter gegenüber — also fatalistisch — verhalten, wenn sie auf die Politik so wenig Einfluß glauben nehmen zu können wie auf die Wolkenbildung am Himmel. Diese Haltung ist das Ergebnis eines langen Prozesses der Entfremdung zwischen Regierungen und Regierten in der bürgerlichen Gesellschaft (vgl. Polit. Vierteljahresschrift, SH 7, Vidich/Glassmann 1979).

Aber dieser zynische Realismus der vom Politikmachen ausgeschlossenen, privatisierten Massen zum einen und die womöglich anthropologische Schwäche, den eigenen Tod — und koste es das Leben — nicht antizipieren zu wollen, erklären noch nicht zureichend, daß die Menschen trotz ihres Fortschritts in der Massentötungstechnik am Krieg als Mittel der Auseinandersetzung festhalten. Gewiß, diese resignative apathisierte politische Position und die Angst vor der Todesangst sind starke mittelbare Förderer der Kriegsgefahr. Aber diese den Menschen heute anhaftenden Behinderungen sind offensichtlich nicht alle psychodynamischen Quellen (und nur von solchen ist hier die Rede) einer Neigung zu Krieg und Gewalt. Es gibt darüber hinaus auffällige, ausdrückliche Neigungen zu Gewaltanwendung und Krieg, die der gewöhnlichen Kriegstreiberei ebenfalls zugute kommen. Wollen wir nicht einfach von der Annahme ausgehen, solche offene Kriegslust, die sich dokumentieren läßt, verdanke sich einem ihr zugrundeliegenden, aggressiv spezifizierten Triebpotential (was in einer historischen Anthropologie methodisch nicht haltbar ist), so müssen wir dem

Trieb*schicksal*, d.h. der gesellschaftlichen Formung menschlicher Energie nachgehen, um zu erfahren, wie eine solche selbstmörderische Kriegsbegeisterung bzw. ein psychodynamisch gespeistes Interesse an kriegerischer Gewalt zustandekommt.

Die hier vorgetragenen Überlegungen sind im Sinne detektivischer Arbeit zu verstehen. Wir wollen zunächst Material finden, das persönliches Interesse am Krieg dokumentiert. Aufgrund der Analyse dieses Materials sollen Hinweise beschafft werden, insbesondere auf solche langfristigen gesellschaftlichen Entwicklungen, denen wir plausible ätiologische Relevanz für solche ungewöhnlichen Interessen zuschreiben könnten; für Interesse an Krieg, für Phantasien vor allem, die sich auf solche Art von Gewaltausübung richten, die, falls sie staatlich formiert werden, als psychodynamische Unterstützung der Overkillabschreckungspolitik verstanden werden können. Solche Hinweise und Interpretationen lassen sich schließlich vermehrt zusammentragen, systematisieren und wahrscheinlich auch in quantitative Forschungsverfahren übersetzen. Wichtig ist zunächst nur, daß wir mit derartigen qualitativen Interpretationsversuchen historische Perspektiven auf die eigene aktuelle Existenz gewinnen. Auf diese Weise kann sich der wissenschaftliche Blick vielleicht leichter von den zeitgenössischen Konventionen distanzieren, in die er immer verstrickt ist und womöglich fruchtbarere Fragen formulieren lernen. Gerade für das Thema kriegerischer Gewalt scheint mir das von Bedeutung zu sein, wenn man die Zunahme des waffentechnischen Zerstörungspotentials auf der Welt nicht schlicht als normal hinnehmen will. Die Beantwortung der Frage, ob nicht Besonderheiten der gesellschaftlichen Entwicklung von den Menschen schließlich massenhaft als persönliches Interesse an Krieg und Gewalt verarbeitet werden können, würde komplexere politische Interventionsmöglichkeiten gegen die Kriegsgefahr zur Verfügung stellen, nicht allein solche, die sich nur auf die sozial Handelnden beziehen.

Auf der Suche nach Material über Kriegsbegeisterung fiel mir zunächst ein, daß von den deutschen Soldaten des 1. Weltkrieges erzählt wird, sie seien mit Leidenschaft in die Schlacht gezogen. Und ich erinnerte sogleich, wo diese Begeisterung nachzulesen ist. Ernst Jünger hat 1982 den Goethepreis der Stadt Frankfurt/Main bekommen; sein Buch "In Stahlgewittern" hatte ich früher gelesen. Aber ich war mir nicht sicher, ob ein Rekurs darauf noch relevante Erkenntnisse für die aktuelle Situation bringt, selbst wenn wir langfristige Entwicklungstrends untersuchen wollen. So suchte ich zunächst gegenwärtiges Material, um die Frage zu klären, ob es nicht auch heute noch ein ebenso deutliches Interesse am Krieg gibt, ein Interesse, das Kriegsvorbereitungen und Gedanken an Krieg und Gewalt viel aktiver unterstützt als die Tatsache, daß Todesangst kaum probehandelnd aktivierbar ist und die weit verbreitete politische Apathie.

Aktuelles Material zu persönlichem Interesse an Gewalt und Krieg gibt es sehr wohl. Die Friedensforscherin Hanne Birckenbach (1982) hat mit Hilfe von 640 Aufsätzen bundesrepublikanische Schülerinnen und Schüler aller Schultypen der 6.-10. Schuljahre befragt, was diese Heranwachsenden über Wehrdienst und Bundeswehr denken. Für unser Thema am interessantesten ist zweifellos ein zentrales Ergebnis: Sowohl Jungen als auch Mädchen stellen sich die militärische Ausbildung als *Abenteuer* vor. Soldatsein hat in den Augen der Jugendlichen etwas zu tun mit der "Verletzung der gewohnten zivilüblichen Normen" (a.a.O., S. 67). Beileibe nicht mit allem einverstanden und auf alles erpicht, was in den Vorstellungen der Jugendlichen bei der Bundeswehr auf sie wartet, hoffen sie doch, als Soldat — auch im Frieden — Erlebnishunger stillen und in Extremsituationen, insbesondere bei körperlicher Anstrengung, die eigenen Kräfte in Erfahrung bringen zu können. Natürlich sind diese Mädchen und Jungen auch von den Waffen fasziniert; diese sind teuer, also kostbar, und der Umgang damit Bestandteil der männlichen Rolle.

Das Militärleben, der Krieg als Abenteuer? Jener Leutnant Calley, der im Vietnamkrieg mit seiner Truppe die Bewohner des Dorfes My Lai IV niedermetzelte, hat, nachdem ausgerechnet sein Fall von der Militärgerichtsbarkeit aufgegriffen worden war, begonnen über sich nachzudenken. Seine Äußerungen trugen den Titel "Ich war gern in Vietnam" (1979). Sein Interesse an diesem Krieg erklärte er unter anderem so: "Ich wußte, *ich kann hier getötet werden*, aber ich konnte auch mehr erleben als in Amerika". Und er sprach auch davon, was "mehr erleben" für ihn bedeutete: Wichtig war, daß "er immer voll dabei sein mußte" (a.a.O., S. 7).

Solche Hinweise und eine Reihe anderer Eindrücke[3] erlauben es nun doch, zunächst auf den bereits erwähnten Ernst Jünger zurückzukommen und dessen Begeisterung im 1. Weltkrieg zunächst einmal paradigmatisch zu nehmen für jenes "Interesse an Krieg und Gewalt". (Sicherlich wird es, nachdem umfangreiches Material gesichtet sein wird, notwendig werden, verschiedene Komponenten eines solchen Interesses zu unterscheiden).

Gewiß, die Kriegsbegeisterung des 1. Weltkrieges finden wir heute nicht mehr; der bei Jünger dokumentierte Enthusiasmus fehlte bereits im 2. Weltkrieg. Dennoch zeigen die Hinweise auf aktuelle Abenteuerphantasien vom Krieg, daß dieses Moment nicht ganz verschwunden ist. Es geht in dieser Arbeit auch nicht um den Grad des Interesses, sondern darum, eine spezifische Art von Kriegsinteresse, eine Klasse von Gefühlen argumentativ einzugrenzen, die — wenn auch gemäßigter als bei Jünger zum Ausdruck kommend — einer auf Krieg zutreibenden Politik eine Chance mehr geben.

Lassen wir uns also von Ernst Jünger vorführen, wie er vor rund 70 Jahren vom Krieg sich innerlich gefangennehmen ließ. Der Text ist eine Montage von Partien aus einem Essay über "Der Kampf als inneres Erlebnis" (1922), worin sehr viel dichter als "In Stahlgewittern" formuliert wird und auch schon Gründe genannt werden, weshalb es seiner Ansicht nach so etwas wie Lust am Krieg überhaupt gibt.

"Nicht nur unser Vater ist der Krieg, auch unser Sohn. Wir haben ihn gezeugt und er uns. Gehämmerte und Gemeißelte sind wir, aber auch solche, die den Hammer schwingen, den Meißel führen, Schmiede und sprühender Stahl zugleich, Märtyrer eigener Tat, von Trieben Getriebene.

Im Schoße versponnener Kultur lebten wir zusammen, enger als Menschen zuvor, in Geschäfte und Lüste zersplittert, durch schimmernde Plätze und Untergrundschächte sausend, in Cafés vom Glanze der Spiegel umstellt, Straßen, Bänder farbigen Lichts, Bars, voll schillernder Liköre, Konferenztische und letzter Schrei, jede Stunde eine Neuigkeit, jeden Tag ein gelöstes Problem, jede Woche eine Sensation, eine große überdröhnte Unzufriedenheit am Grund. Technisch noch produktiv, standen wir (....) am Ende der Kunst, hatten die Welträtsel gelöst oder glaubten uns auf dem besten Wege dazu. Der Kristallisationspunkt war schier erreicht, der Übermensch nahe herbeigekommen. So lebten wir dahin und waren stolz darauf. Als Söhnen einer vom Stoffe berauschten Zeit schienen Fortschritt uns Vollendung, die Maschine der Gottähnlichkeit Schlüssel, Fernrohr und Mikroskop Organe der Erkenntnis. Doch unter immer glänzender polierter Schale, unter allen Gewändern, mit denen wir uns wie Zauberkünstler behängten, blieben wir nackt und roh wie die Menschen des Waldes und der Steppe.

Das zeigte sich, als der Krieg die Gemeinschaft Europas zerriß, als wir hinter Fahnen und Symbolen, über die mancher längst ungläubig gelächelt, uns gegenübertraten zu uralter Entscheidung. Da entschädigte sich der Mensch in rauschender Orgie für alles Versäumte. Da wurden seine Triebe, zu lange schon durch die Gesellschaft und ihre Gesetze gedämmt, wieder das Einzige und Heilige und die letzte Vernunft. Und alles, was das Hirn im Laufe der Jahrhunderte in immer schärfere Formen gestaltet hatte, diente nur dazu, die Wucht der Faust ins Ungemessene zu steigern.

Das liegt nun hinter uns, schwarz und unheimlich wie ein Wald, zur Nacht durchschritten. Wer könnte nicht verstehen, daß da der Atem schneller weht? Wir stürzten uns wie Taucher ins Erleben und kehren verändert zurück.

Was ging am Grunde vor? Träger des Krieges und seine Geschöpfe, Menschen, deren Leben zum Kriege führen mußte und durch ihn in neue Bahnen, neuen Zielen zugeschleudert wurde — was waren wir ihm, und was war er uns?"

Nicht, daß in dieser Kulturwildnis des Kampfes jener Kämpfer, der wirklich einer ist, von der Angst verschont bliebe: "Manchmal spreche ich, damit er (der Posten, K.H.) nicht denkt, ich (Leutnant Jünger, K.H.) hätte Angst, aber die Worte kommen so unsicher heraus". (S. 93) Aber trotz der Angst liegt der Tenor dieser Angstlust auf der Lust: Kampf, der Rausch des Kampfes, ist zwar beflügelt von Schnaps und Wein, vor allem aber von gleichsam autonomen Rausch der Sinne. "Der Kampf gehört zu den ganz großen Leidenschaften" (S. 87). Dabei bedarf es weder des Hasses auf einen Feind, noch der Disziplin, auch nicht der Erinnerung, daß man fürs Vaterland, die Ehre oder aus Pflicht kämpfe (S. 87f). Kampf und Kämpfer sind "heilig" (S. 46f). Einwände gegen diese Vergötterung des Kampfes sind da, aber sie sind ohnmächtig gegenüber dessen Naturgewalt:

"Soweit der Mensch hier Individuum ist, ist er nur aus Angst zusammengesetzt. Aber gerade, daß er sich trotzdem bewegt, das beweist, daß ein höherer Wille hinter ihm steht. Daß der Mensch ihn nicht empfindet, daß gerade alles Persönliche sich ihm widersetzt, daß zeigt, daß dieser Wille sehr mächtig sein muß. Es ist die potentielle Energie der Idee, die sich hier in kinetische umsetzt und die unbarmherzige ihre Anforderungen stellt" (S. 89f).

Über die Inhalte dieser wiederholt erwähnten Idee, die den Kämpfer in sich hineinschmilzt, erfährt man nichts, jedenfalls eben nicht das Gewöhnliche wie Vaterland, Pflicht und was es da an Rationalisierung gibt. Der Kampf selber ist diese Idee.

Die zivilisatorischen, die disziplinierenden Leistungen der Menschen zutiefst verachtend, geht es offenbar um die "Wiederentdeckung der Gewalt" (S. 35) für den Gebrauch der Einzelnen. Jünger erkennt: "Jede Erschütterung der Grundlagen der Kultur löst jähe Ausbrüche der Sinnlichkeit" (S. 35). Deshalb ist Krieg für viele "sehr interessant", wie Jünger aus einem Brief zitiert, den er bei einem gefallenen Amerikaner fand, "noch interessanter als Tigerjagd" (S. 86). Bringt solcher Kampf, jedenfalls in der Phantasie, die sich darauf richtet, eine Entlastung von routinierter Normalität, wie die Schüleraufsätze und Leutnant Calley auch für gegenwärtiges Militärleben hofften?

Im Krieg sind "Orgien der Wut" (S. 34) nicht nur erlaubt, sondern geradezu funktional; nur dort kann "die Verkörperung des rücksichtslosesten Willens zweier Völker" zusammenprallen (S. 34). Das Wort "rücksichtslos" kehrt wieder; die Entlastung von den Rücksichten der Normalität wird als Erlösung empfunden: "Bürgerliches Reputationsgefühl lag weltenfern" (S. 38). Ein letztes Mal, aber orgiastisch gelebt: "Was war Gesundheit? Wichtig für Leute, die ein langes Alter erhofften" (S. 38).

Wir erinnern, daß auch Leutnant Calley der heimatlichen Langeweile in den Vietnamkrieg zu entkommen versuchte. Langeweile — ein großes Thema in den zwanziger Jahren dieses Jahrhunderts —, die plagte, folgt man Jünger, zuhause viele. Die Psychoanalyse hat dieses Gefühl verständlich gemacht als Symptom eines Konflikts: Es besteht ein undefinierbarer Handlungsdrang, es herrscht aber, weil das dahinterstehende Interesse der Verdrängung verfallen ist, Ratlosigkeit, was denn zu tun sei, um den Wunsch zu befriedigen. Deshalb baut sich, so hatte Fenichel (1934) argumentiert, die Erwartung auf, daß die Außenwelt der so in Verlegenheit geratenen Innenwelt Angebote macht, wie denn entlastend zu handeln sei. Ist Kampf ein solches Angebot? Kampf, so zeigt uns Jünger, bringt ihm tatsächlich Erlösung: "So seltsam es manchem klingen mag, der nie um Da-Sein gerungen: Der Anblick des Gegners bringt neben letztem Grauen auch Erlösung von schweren, unerträglichem Druck. Das ist die Wollust des Blutes, die über dem Krieg hängt ..." (S. 17)

Bringt vielleicht der leibhaftige Gegner im Krieg jene Entlastung von der Langeweile, insofern er das staatlich zur Verfügung gestellte Ziel von Gewalt ist, welches dem zunächst zielgehemmten Wunsch zur Verfügung gestellt wird, ein Ziel, auf das man ohne Furcht vor Sanktionen losgehen kann? Aber: ist dieser Gegner nicht nur eine Art Deckerinnerung, steht er nicht für Komplexeres? Ist er nicht nur eine Personalisierung, die für vieles unbegriffene Unbehagen steht? Darüber hinaus bleibt im modernen elektronischen Krieg jener spannungsentlastende Gegner außer Sichtweite. Der moderne ist ein sehr unsinnlicher Krieg. Aber vielleicht gibt es das von den Gewaltphantasien erwartete menschliche Rühren ("die Wollust des Blutes") in den vielen kleinen Kriegen noch? Es existiert vor allem in der Trivialliteratur über den Krieg, die von diesen Phantasien lebt.

Aber, um alles in der Welt, muß denn der Gedanke wirklich ernst genommen werden, daß sich in unserem durchorganisierten Alltag Menschen massenhaft weniger aufgehoben fühlten und fühlen als in einem Krieg oder anderen Gewaltformen, auf die sich ihre Phantasien richten? Woher soll dieses selbstmörderische insgeheime Interesse kommen? Jüngers Auslassungen über die Lust am Krieg ist nun die Analyse anzufügen, die jenen Drang nach der persönlichen Wiederaneignung von Gewalt eingehender auf seine Herkunft aus der Menschheitsgeschichte hin untersucht. Die schlichte Annahme eines Aggressionstriebes hatten wir ja bereits ausgeschlossen.

Ich mache eine Zwischenbilanz. Sie steht unter der Überschrift: Der Kriegsgewinn des Kämpfers, solange er noch lebt.

Wie erinnerlich, beschwert sich Jünger sinngemäß, daß er von der hochdifferenzierten, aber eben völlig durchorganisierten Kultur auf das reduziert wird, was aufgrund der gesellschaftlichen und kulturellen Gegebenheiten in den jeweiligen Augenblicken von ihm erwartet wird bzw. mit ihm geschieht, für ihn vorgesehen ist — für ihn, den konservativ-aristokratisch orientierten Bürger, den das beleidigt und langweilt. Er kann nichts aus eigener Eingebung aktiv tun, nichts Materielles umgestalten: Die Welt scheint, legt man die herrschende Machart zugrunde, bereits mehr oder weniger vollendet. Und im Krieg? Genau gesehen ergibt sich im Krieg eine radikale, für Jünger wesentliche Veränderung, welche freilich für die gesamten Verhältnisse gerade keine wesentliche Veränderung bringt. Für Jüngers Gefühlslage ist wichtig, daß er sich selber wieder aktiv ins Geschehen einschalten kann, wenngleich dieser Aktivität kein anderer Sinn innewohnt als der des Rausches einer sich den objektiven Verhältnissen ausliefernden Sinnlichkeit, näher bestimmt als die für den einzelnen wiedergewonnene Gewalt. Mit dieser implizit faschistischen Wendung ist natürlich keine einleuchtende Perspektive auf die Verbesserung der gesellschaftlichen Verhältnisse und der persönlichen Lage gewonnen, sondern lediglich eine psychische Entlastungsfunktion gestiftet, eine Illusion im Freud'schen Sinn. Letzten Endes handeln sich alle in Jüngers Lage Befindlichen mit dieser ihrer Selbstüberantwortung an die persönliche Nutzung staatlich positiv sanktionierter Gewalt nur etwas ein, das sie zwar formal als Aktivität empfinden, was sie aber keineswegs im klassischen, bürgerlichen Sinn wieder zu Herrn ihrer selbst macht. Denn mit dem Kampf als Aktivität und der Vernichtung von Menschen, die als Feinde erscheinen, erfüllt sich die Hoffnung nicht, daß aus dem *Objekt* der gesellschaftlichen Verhältnisse wieder ein *bürgerliches Subjekt*, ein Weltgestalter wird. Diese Hoffnung, so vermute ich, ist der zentrale Motor dieser merkwürdigen Form von Aktivismus, entstellt allerdings bis zur Unkenntlichkeit.

Die durch alle Riten des Orgiastischen schimmernde Todesangst signalisiert, daß keineswegs völlig verdrängt werden kann, wie gefährlich diese Existenzweise ist. Das karikaturenhafte Wiederauferstehen des aktiven Subjekts als Kämpfer ist also in erster Linie ein innerer, ein phantastischer Gewinn: Aufgestautes, Verdrängtes, der Zorn über die unverständliche Herkunft des "Unbehagens in der Kultur" setzt sich in blindwütiges Tun um — um den

Preis der Herausforderung des Todes. Der von Freud postulierte Todestrieb, das Sich-Hingeben an die Entdifferenzierung, entpuppt sich als gesellschaftliches Produkt. Zwar ist das sicher nicht der einzige Ausweg aus dem "Gehäuse der Hörigkeit", wie der Soziologe Max Weber unsere durchbürokratisierte Gesellschaft genannt hat. Aber ein regressiver, zerstörerischer und selbstzerstörerischer Prozeß, der vom Erlahmen der gesellschaftlichen und persönlichen Kraft zeugt, unter den selber hergestellten gesellschaftlichen Lebensbedingungen wieder deren Herr werden zu können. Statt dessen reichen die geheimen Wünsche, die wir erschrocken als böse identifizieren, dem Tod in Gestalt von Produktionsmitteln, die Sicherheit herstellen sollen, sehnsüchtig die Hand. Sind vielleicht die allgemein wirksamen gesellschaftlichen Mittel zum Herstellen unserer Zukunft grundsätzlich revisionsbedürftig, wenn solche Gemütszustände massenhaft hervorgerufen werden? Schließlich bedarf es der Erklärung, wenn in Ländern, in denen es freie Wahlen gibt, Aufrüstungsregierungen gewählt werden, wie in den USA, der Bundesrepublik.

Zwar hat George F. Kennan (1982) recht, wenn er davon ausgeht, daß die "Beziehungen zwischen den großen Nuklearmächten .... in vielerlei Hinsicht das Kernproblem des Friedens zu sein" scheinen. Doch bleibt offen, weshalb eine solche Außenpolitik in den formaldemokratischen Ländern eine zureichende Unterstützung finden kann.

In dieser Zwischenbilanz wird eine Vermutung geäußert: Die Anfälligkeit eines relevanten Teils der Bürger für Gewaltphantasien und ihre Realisierung sei Ergebnis einer spezifischen gesellschaftlichen Entwicklung. Diese gesellschaftliche Entwicklung ist nun in gebotener Kürze zu skizzieren, um die Psychodynamik als Moment der Soziodynamik verständlich werden zu lassen. Zum Schluß werde ich noch einmal auf die Psychodynamik eingehen.

Die Frage ist also, wie konnte es kommen, daß das Bürgertum (und zu diesem gehört Jünger) historisch vom Weltgestalter zum Objekt gesellschaftlicher Prozesse wurde? Wie kam diese Kränkung zustande, die in organisierbare, narzißtische Wut umschlagen kann?

Karl Marx und Max Weber haben in ihren Analysen der bürgerlichen Gesellschaft unterschiedliche Akzente gesetzt, sind sich aber in einem Punkt einig: die Art und Weise, wie die Welt untertan gemacht wird, wendet sich gegen die Herren selber; sei es als Kapital mit seiner eigenen verselbständigten Gesetzmäßigkeit oder sei es als "Prozeß der Rationalisierung", der überkommene Wertorientierungen auflöst und alle menschlichen Beziehungen den Mittel-Zweck-Mechanismen kapitalistisch-bürokratischer Herrschaft unterwirft. Ein Mittel dieser Unterwerfung ist in der Zeit nach Marx und Weber immer deutlicher hervorgetreten: Es ist die moderne Erfahrungswissenschaft, die sich heute nicht nur auf die äußere Natur richtet, um diese den Menschen als Ware zur Verfügung zu stellen, sondern die auch die menschliche Natur selber dem Standard der Produktionsmittel anpassen, als Arbeits- und Konsumkraft besser verfügbar machen soll[4].

In dem Maß, wie die einzelnen Menschen selber auch systematisch, d.h. wissenschaftlich organisiert, zu Objekten ihrer eigenen gesellschaftlichen Tätigkeit geworden sind, entfaltet sich auf verschiedenen Ebenen ein fundamentaler Widerspruch. Politisch zugespitzt formuliert: Als diese Objekte verlieren die Bürger die ihnen von den Verfassungen zugeschriebenen Steuerungsfunktionen. Indem wir nämlich erkennen, wie weitgehend die Bürger als wissenschaftlich bearbeitete Arbeitskraft selber Objekte ihrer gesellschaftlichen Tätigkeit geworden sind, wird einerseits deutlich, wie radikal sich die ökonomischen Mechanismen zu Herren aufgeworfen haben, zum anderen aber auch, daß diese zentralisierte Steuerungsfunktion auf das Politische übergegriffen hat[5]. Daraus ergeben sich eine Reihe von Krisen des gesamten gesellschaftlichen Systems (vgl. z.B. Habermas 1973).

Der wissenschaftliche Zugriff auf die menschliche Leistungsfähigkeit organisiert aber nicht nur den Körper und die Sinne auf die Maschine-Mensch-Systeme hin; er funktionalisiert auch die einst so enthusiastisch begrüßte, sich erweiternde Freizeit zu einem sozialen Raum um, in dem sich die Arbeitskraft erholen muß[6], weil die Arbeit immer noch die Schwerkraft hat, andere menschliche Lebensbereiche auf sich hinordnen zu können. Das hat sich auch noch nicht verändert, seit Arbeit aufgrund der technologischen Entwicklung knapper wird.

Expressivität, die mit dem Sinnbedürfnis sich verbindende Kreativität, das Verständigungsvermögen und die Beziehungsfähigkeit der Menschen werden, soweit nicht für den Mechanismus der Naturbearbeitung selber funktionalisierbar, ins Private der Konsumsphäre, d.h. in die politische Unverbindlichkeit abgedrängt. Das Interesse der Einzelnen, bei Adam Smith (1759) theoretisch noch entscheidender Impulsgeber des gesellschaftlichen Fortschritts, ist auf diese Weise gleichsam "kaserniert" (Lasswell 1941). Die großen gesellschaftlichen Strukturen und Abläufe — zu "Sachgesetzlichkeiten" stilisiert — sind vermittels politisch wirksamer Pufferzonen vor dem Veränderungswillen in Sicherheit gebracht. Zudem wissen wir seit dem Faschismus, wie irrational dieser Veränderungswille sein kann. Die bürokratischen Strukturen, welche für die Aufrechterhaltung der Ordnung zu sorgen haben, sollen heute von der Basis weitgehend unabhängig sein, um ihre Funktion optimal, d.h. möglichst frei von inhaltlichen Auflagen wahrnehmen zu können.

Die auf solche Weise ins historische Abseits gestellte individuelle Subjektivität sieht sich verohnmächtigt, ist latent verängstigt, einem unverständlichen Schicksal mit offener Zukunft ausgeliefert (Horn/Schülein 1976) und erfährt sich als Objekt der naturbeherrschenden Tätigkeit der eigenen Gattung, die heute nicht mehr einfach als "der Fortschritt" akzeptiert wird — und muß daran noch mitarbeiten. Jenes "Unbehagen in der Kultur", das dabei entsteht, kann innerhalb der vorherrschenden Wissenschaftsform kein Gehör finden (Maurer 1974) und sieht sich in die Ästhetik, die Therapeutik (Marquard 1963) abgedrängt. Es mündet aber auch in Versuche, sich Surrogatformen politischer Initiative zuzulegen. Diese scheinen insbesondere durch eine Reprivatisierung von Gewalt gekennzeichnet zu sein, insofern man sich davon verspricht, scheinbar Unbewegliches damit wieder in Bewegung bringen zu können. Unbemerkt bleibt, daß man sich damit dem Kern des Problems erst richtig ausliefert: Der "rücksichtslosen" Gewaltausübung über Natur und Mensch, die durch keinerlei angemessene Selbstreflexion mehr in bewußter Verfügung gehalten wird[7].

Angesichts einer solchen Verkehrung des Subjekts des historischen Prozesses in ein Objekt, angesichts dieser bürgerlichen Dekadenz können wir mit Max Weber von einer *Rationalitätskrise*, von einer "Dialektik der Aufklärung" (Horkheimer/Adorno 1947) sprechen. In der Krise steckt jene Rationalitätsform, die, damit sie sich als Technik und Industrie etablieren kann, methodisch organsiert von den Besonderheiten individueller Subjektivität absehen muß und nur deren funktionalisierbare Energie verwerten kann. Die Rationalitätskrise besteht aus dieser Sicht aus zwei Elementen. Zum einen in der Vereinseitigung des Gebrauchs der kognitiven Fähigkeiten im Sinne der Produktion von Herrschaftswissen. Zum anderen wird diese auf Naturbeherrschung zugespitzte Methode von den natürlich nicht auszurottenden, menschlichen Fähigkeiten zur Selbstreflexion, zur Verständigung über sich selbst, isoliert. Das Hervorbringen von Reflexionswissen bleibt in diesem gesellschaftlichen Klima, soweit ihm darin überhaupt Bedeutung zugesprochen wird, dem Funktionieren der Herschaftstechniken untergeordnet. Reflexionswissen wird nicht auf die herrschenden Selbstverständlichkeiten, nicht auf das Ganze des gesellschaftlichen Tuns gerichtet, sondern in erster Linie in quasitherapeutischer Absicht auf abweichendes Verhalten einzelner, bzw. kleiner Einheiten.

Wenn ich mich habe verständlich machen können, muß eines deutlich geworden sein: Die von mir unterstellte und anhand von Jünger und anderen Hinweisen exemplizierte insgeheime und auch ganz offene Neigung zur Gewalt, das offenbar angenehme Gedankenspiel mit erlaubter Gewalt und der Erlebnishunger, also besonders auf "Krieg" sich beziehende Phantasien, sind keine Angelegenheit einer Psychopathologie von einzelnen. Vielmehr sind es, wenn solche Phantasien denn massenhaft vorkommen, Ausgeburten eines gesellschaftlichen Klimas, in dem ein Typ von Problemlösungshandeln normal ist und andere randständig. Randständig ist das persönliche Verhandeln über Anerkennung, Kompromiß und Weiterentwicklung, sind Ausdrucksvermögen und Einfühlsamkeit als deren Mittel, für normal hingegen wird angesehen die Subsumtion unter bürokratisch und wissenschaftlich, d.h. politisch Vorgegebenes. Damit ist eine wichtige Seite des Menschen systematisch vernachlässigt, seine Erfahrung und Erlebnisfähigkeit und das Bedürfnis, mit seiner Arbeit sinnhafte Bezüge zu der Welt zu entwickeln, in der er lebt. Wir müssen fürchten, daß dieses in unseren Kulturen Vernachlässigte sich so eruptiv wie bei Jünger durchsetzt, aber eben auch in nur verhaltenen Sehnsüchten nach dem Abenteuer Krieg wie bei Leutnant Calley oder den Jugendlichen in ihren Aufsätzen über die Bundeswehr.

In einer sehr allgemeinen Form noch einmal zu "Psychologie"

zurückkehrend, möchte ich schließlich einen Verdacht äußern. Wir haben bemerkt, daß das Erlebnis des 1. Weltkrieges für Jünger ein "blutiges Fest" (1920, S. 315) war, und zwar durchaus in dem von Freud gemeinten Sinn der "vom Gesetz gebotenen Exzesse" (1921, S. 147), also konzessionierter Entdisziplinierung. Bemerkt haben wir auch, daß die in Jüngers Text zum Ausdruck kommende historische Kränkung des Bürgertums durch die nicht beabsichtigten Erfolge seiner eigenen Tätigkeit in staatlich organisierte narzißtische Wut umschlagen kann. Ist der Krieg also *auch* als Veranstaltung einer Tochterfirma der Aktiengesellschaft Psychoboom bzw. als quasi-sozialpolitisches Unternehmen zu verstehen? Vielleicht gelingt es uns, diese Frage eines Tages angemessen operationalisiert zu untersuchen. Dann sollten wir aber einen ganz zentralen Aspekt unseres gesellschaftlichen Lebens nicht vergessen einzubeziehen, wenn wir schon die strukturelle Gewaltförmigkeit unseres gesellschaftlichen Prozesses unter die Lupe nehmen: Es handelt sich um die gesellschaftliche Form der Arbeit und ihre Auswirkung auf die Kultiviertheit der Menschen. Darin, so scheint es mir, spitzt sich die Frage nach dem Schicksal menschlicher Sinnlichkeit heute wesentlich zu, deren Disziplinierung wir heute mit immer größerer Aufmerksamkeit historisch verfolgen (vgl. insbesondere Elias 1936).

Grob vereinfachend schlage ich dem Bereich Arbeit alle menschlichen Tätigkeiten zu, die letzten Endes der Aneignung von Natur dienen. Also handelt es sich um den Hauptstrom der Wissenschaft, nämlich das quantifizierende Vorgehen, um deren Umsetzung in Technik, Industrie und Verwaltung, sowie die daraus hervorgehenden Formen der Arbeit. Was wissen wir denn über die politisch-sozialisatorische Wirkung der vorherrschenden Arbeitsform? Diese hat — und hier scheint mir ein Problem zu liegen — mit dem naturwissenschaftlichen Experiment eins gemeinsam: Es können nur spezifische disziplinierbare Formen menschlicher Energie Verwertung finden, solche nämlich, die sich dem Prozeß der Naturaneignung funktional standardisierbar fügen. Andere menschliche Wünsche müssen im Arbeitsprozeß wie im naturwissenschaftlichen Experiment marginalisiert werden, sofern sie ihm nicht sozial- und psychotechnisch zugeordnet werden können, was in verschiedenen Stufen des Prozesses der Taylorisierung versucht wurde und wird. Was genau wird da im Arbeitsprozeß trainiert, d.h. in einer spezifischen Weise kultiviert und was wird im Arbeitsprozeß zurückgewiesen? Finden vielleicht emotionale Bedürfnisse, Wünsche nach Beziehungen und Anerkennung, finden Fähigkeiten, mit Arbeit auch Sinnstiftung zu verbinden, finden solche Aspekte der bürgerlichen Lebenswelt in der Arbeitssphäre mit zunehmendem Grad der Rationalisierung keine zureichende Bleibe und haben deshalb dort auch keine Chance kultiviert zu werden — was wird aus ihnen? Ist die Sphäre des Privaten, die der Familie historisch noch stark genug, um das, was an Menschlichem zum Arbeitssektor marginalisiert wird, zu zivilisieren? Dient, und wenn ja, wie, die soziokulturelle Sphäre sozialpolitischen Zwecken, die therapeutische Wende der Selbstreflexion der Zähmung? Wir sollten lernen wollen uns zu fragen, ob die von Freud (1930, S. 445) diagnostizierte "befremdliche Kulturfeindlichkeit" der Menschen nicht aus solchen systematischen Marginalisierungen menschlicher Wünsche hervorgeht, die sich in unserer gesellschaftlichen Normalität herstellen und die in höchst prekärer Weise sich wieder Geltung zu schaffen versuchen, als Gewalttätigkeit, auch als insgeheime Phantasien über das schön gefährliche Abenteuer des Krieges — das wäre dann nicht als Abnormität einzelner zu verstehen und zu handhaben. Vielmehr wäre das Problem der Kulturfeindlichkeit zu untersuchen als Symptom des Leidens an einer zentralen Konvention unserer Kulturform. Aber banale Normalitäten und Konventionen sind höchst sperrige Untersuchungsgegenstände.

Anmerkungen

+ Ausgearbeitet nach einem Vortrag, der am 23.4.1983 auf der Konferenz "Krieg und Frieden in psychoanalytischer Sicht", veranstaltet vom Psychoanalytischen Seminar, Zürich, Tellstraße, gehalten wurde. Eine umfangreichere Bearbeitung des Themas, in der noch andere Materialien herangezogen und analysiert werden, findet sich in: Klaus Horn und Eva Senghaas-Knobloch, Herausgeber im Auftrag des Komitees für Grundrechte und Demokratie: Friedensbewegung — Persönliches und Politisches. Frankfurt/Main (Fischer) 1983, S. 272-344

1. Nach dem Zweiten Weltkrieg hatte Jaspers das Thema Angst vor der Konfrontation mit dem eigenen Tod als Hindernis eines vernünftigen Umgangs mit der Atombombe aufgeworfen. Als ungelöstes Problem wird es immer wieder erörtert, vgl. z.B. Lifton 1983, Petri 1983, Nedelmann 1982, Richter 1983.

2. "Individualisierung" ist als sozialer Mechanismus zu verstehen, mit dessen Hilfe allgemeine gesellschaftliche Probleme in persönliche umdefiniert und deshalb auch

am sozialen Ort "Individuum" gehandhabt werden, z.B. geheilt oder bestraft (vgl. Horn 1979, 1980, 1981, Rammstedt 1979). Wir können den privaten Bau von Schutzbunkern (Fischer 1982) als Modell einer solchen Subjektivierung oder Individualisierung eines gesellschaftlich hervorgebrachten Risikos verstehen, das sich systemkonformer, ökonomischer Mittel bedient. Soziale Mechanismen sind wie psychische energiesparende Institutionalisierungen, die sich bewußtlos durchsetzen, weshalb es besonders schwierig ist, sich von ihnen zu distanzieren.

3. Es kann nicht darum gehen, jedwede Phantasie, die sich auf das "Abenteuer Krieg" richtet, auf den persönlichen Gebrauch von Gewalt, schlechthin als gefährlich zu denunzieren. Für Kinder und Heranwachsende ist es vielmehr unerläßlich, diese persönliche und gesellschaftliche Seite ihrer Existenz im Prozeß der Sozialisation und Individuation nicht nur kennen-, sondern auch gebrauchen und im Gebrauch zivilisieren zu lernen. Insofern gehört aktives Zugehen auf Objekte (und die Erfahrung, was dann passiert) zum Erwachsenwerden schlechthin. Der gesellschaftliche und der persönliche Rahmen, in welchem Kinder ihren Phantasien nachgehen und sich mit ihnen auseinandersetzen lernen können im Kampf um die Anerkennung, ist allerdings nicht von ihnen zu verantworten.

Die Erwachsenen haben zwar im Prinzip auch Spielräume zwischen Wünschen einerseits und Regeln und Normen andererseits. Aber von ihnen wird erstens erwartet, daß sie die Kontrolle ihrer aggressiven Funktionslust selbstverantwortlich übernehmen können, und zweitens, daß sie darüber hinaus auch die Regeln und Normen verantworten und/oder verändern, in deren Rahmen sich soziales Handeln bewegen soll.

Fällt bei Erwachsenen der eine und/oder andere Verantwortungsbereich systematisch weg, sind sie nicht einfach wieder Kindern gleichgestellt. Vielmehr muß man ihre auf persönlichen Gewaltgebrauch gerichteten Phantasien psychoanalytisch als Agieren auffassen, also als Zeichen eines regressiven Vorgangs, bei dem dieses Phantasieren ungeprüft zur Realität drängt. Geraten gewaltbezogene Phantasien den einzelnen derart außer Kontrolle, dann treiben sie aus dem Bereich individueller Verfügung in das Terrain sozialer Kontrolle und werden durch verschiedene Modi gestaltet, z.B. Krank- oder Kriminellwerden mit den verschiedenen Sanktionssystemen — aber auch das staatlich organisierte Bündeln zur Kriegsbereitschaft. Dann stehen sich Kollektive als Massenbewegungen fremd gegenüber: Als Freiheitsbewegung wie der Nationalsozialismus, der aber, weil er nur Sündenböcke jagte, noch tiefer ins Elend führte oder wie die Aufrüster, die sich mit immer mehr Waffen immer mehr Sicherheit verschaffen wollen und nicht mehr sehen können, daß sich mit jeder zusätzlichen eigenen Waffe auch die Unsicherheit erhöht, weil Abschreckung Gleichgewicht der Aufrüstung voraussetzt.

Zusammenfassend läßt sich sagen, daß die Auseinandersetzung mit Gewaltphantasien für Kinder und Jugendliche insbesondere dann einen Autonomiezuwachs bedeutet, wenn die politische Kultur, in der sie aufwachsen, ihnen zureichende Hilfen zur Verfügung stellt. Für Erwachsene, die sich solchen Phantasien überlassen und sie gar realisieren, führt das — zumal wenn diese Prozesse staatlich oder in anderer Weise sozial organisiert werden, in aller Regel zu einem Autonomieverlust.

4. Das zeigt sich z.B. in der jüngsten Entwicklung des Taylorismus der körperlichen Arbeit. In den Personalinformationssystemen können bis zu 3.000 Informationen

über eine Arbeitskraft unter betriebswirtschaftlichen Gesichtspunkten gespeichert und je nach dem Bedürfnis zu besetzender Arbeitsplätze abgerufen werden.

5. Natürlich spielt auch in diesem Zusammenhang das Klassenverhältnis noch seine Rolle. Bei dem Grad der Verallgemeinerung, in dem hier diskutiert wird, kann jedoch darauf verzichtet werden zu zeigen, wie es hier zu berücksichtigen wäre.

6. Das läßt sich zeigen, wenn man das Gesundheitssystem als System sozialer Kontrolle versteht und verfolgt, wie sich die Sanktionen verschärft haben gegenüber einem Gebrauch der Lebenskraft für persönliche Zwecke, vgl. z.B. Horn 1982, sowie 1983 in Druck.

7. Davon zu unterscheiden sind Politikformen, die zwar auf methodische und regelrechte Herrschaftsausübung nicht verzichten, sie aber doch zunächst kritischer Reflexion aussetzen wollen. Solche Politik wird heute insbesondere von "den Grünen", d.h. von aus Ökologie- und Friedensgruppen hervorgegangenen Zusammenschlüssen repräsentiert. Deren Politik bleibt freilich ohne gesamtgesellschaftliche Problemanalysen auch partikularistisch.

Beilin, Robert, 1981/1982: Social Functions of Denial of Death. In: OMEGA 12 (1), pp. 25-35

Birckenbach, Hanne-Margreth, 1982: "... besser vorbereitet auf den Krieg!" Schüler — Frieden — Bundeswehr. Frankfurt/Main (Verlag Jugend und Politik)

Deutsche Gesellschaft für soziale Psychatrie, 1983: (Hg.) Arbeitsgruppe "Militärpsychiatrie". Panikpersonen sofort eliminieren! Über die Pläne der Militärpsychatrie, die Ordnung des Staates zu sichern und die Ruhe an der Heimatfront aufrechtzuerhalten. Rehburg-Loccum (Psychatrie-Verlag).

Elias, Norbert, 1936: Über den Prozeß der Zivilisation. Bd. I. Soziogenetische und psychogenetische Untersuchungen. Bd. II. Wandlungen des Verhaltens in den weltlichen Schichten des Abendlandes. Bern/München (Francke) 1969[2]

Fenichel, Otto, 1934: On the Psychology of Boredom. In: The Collected Papers of Otto Fenichel, First Series, collected and edited by Dr. Hanna Fenichel and Dr. David Rapaport. New York (W.W. Norton & Company) 1953, S. 292-302

Fischer, Martina, 1982: Das Geschäft mit der Kriegsangst. In: antimilitarismus information XII, (4. April), S. 451-456

Freud, Sigmund, 1921: Massenpsychologie und Ich-Analyse. In: Ges. Werke, 18 Bde., London/Frankfurt/Main ab 1940, Bd. XIII, S. 71-161.

—, 1923: Das Ich und das Es. In: ders.: Ges. Werke, Bd. XIII, London/Frankfurt/Main ab 1940, S. 235-289

—, 1930: Das Unbehagen in der Kultur. In: Ges. Werke, Bd. XIV, London/Frankfurt/Main (Imago/Fischer), ab 1940, S. 419-506

Habermas, Jürgen, 1973: Legitimationsprobleme im Spätkapitalismus. Frankfurt/Main (Suhrkamp)

Horkheimer, Max und Adorno, Theodor, 1947: Dialektik der Aufklärung. Philosophische Fragmente. Amsterdam (Querido)

Horn, Klaus, 1979: Zur gesellschaftlichen Funktion von Politischer Psychologie. Subjektivierung gesellschaftlicher Widersprüche. In: H. Moser (Hrsg.), Politische Psychologie. Politik im Spiegel der Sozialwissenschaften. Weinheim/Basel (Beltz),

S. 315-331

—, 1980: Psychatrie und Subjektivierung. In: Kurt Heinrich und Ulrich Müller, (Hrsg.), Psychiatrische Soziologie. Ein Beitrag zur sozialen Psychatrie? 3. Düsseldorfer Symposium am 14. April 1978. Weinheim/Basel (Beltz), S. 52-65

—, 1981: Prometheus als Menschenmaterial? Zur gesellschaftlichen Funktion politischer Psychologie. In: Schülein, J. u.a., Politische Psychologie. Entwürfe zu einer historisch-materialistischen Theorie des Subjekts. Frankfurt/Main (Syndikat) S. 77-106

—, 1982: Krankheit und gesellschaftliche Entwicklung. Einige kostenintensive Probleme unseres Gesundheitssystems. In: Leviathan 10, Heft 2, S. 153-179

—, 1983: Gesundheitserziehung im Verhältnis zu anderen sozialisatorischen Einflüssen. Grenzen individueller Problemlösungsmöglichkeiten. Im Auftrag der WHO, Regionalbüro für Europa, Kopenhagen, in Druck

Horn, Klaus und Schülein, Johann, 1976: Politpsychologische Bemerkungen zur Legitimationskrise. In: Peter Graf Kielmannsegg (Hrsg.); Legitimationsprobleme politischer Systeme. Politische Vierteljahresschrift, Sonderheft 7/1976, 17. Jhg., (Westdeutscher Verlag), S. 123-178

Ich war gern in Vietnam, 1970: Leutnant Calley berichtet. Aufgezeichnet von John Sack. Nachwort von Klaus Horn. Aus dem Amerikanischen von Gisela Beyer. Frankfurt/Main (Fischer) 1972

Jaspers, Karl, 1958: Die Atombombe und die Zukunft des Menschen. München (Piper)

Jünger, Ernst, 1922: Der Kampf als inneres Erlebnis. In: ders.: Ges. Werke, Bd. 7, 2. Abteilung, Essays I, Betrachtungen zur Zeit, Stuttgart (Klett-Cotta) 1980, S. 11-103

Kennan, George, F., 1982: Warum denn nicht Friede? Die Rede des Friedenspreisträgers des Deutschen Buchhandels in der Frankfurter Paulskirche. In Frankfurter Allgemeine Zeitung vom 11.10.1982, S. 9

Kris, Ernst und Leites, Nathan, 1947: Trends in Twentieth Century Propaganda. In: Géza Rôheim, ed., Psychoanalysis and the Social Sciences, Vol. I, New York, S. 393-409

Lasswell, Harold, D., 1941: The Garrison State and Specialists on Violence. In: ders.: The Analysis of Political Behavior. An Empirical Approach. Hamden, Conn. (Archon) 1966, S. 146-157

Lifton, Robert, J., 1983: Wir alle sind verwundbar — und wir vergöttern die Bombe. Das psychologie heute-Gespräch mit Robert J. Lifton. In: psychologie heute 10,(4. April), S. 40-47

Nedelmann, Carl, 1982: Zur Vernachlässigung der psychoanalytischen Kulturtheorie. In: PSYCHE 36, (Mai), S. 385-400

Marquard, Odo, 1963: Über einige Beziehungen zwischen Ästhetik und Therapeutik in der Philosophie des 19. Jahrhunderts. In: Schrimpf, H.-J., (Hrsg.), Literatur und Gesellschaft. Vom 19. ins 20. Jahrhundert. Bonn (Bouvier), S. 22-55

Maurer, Reinhart, 1974: Das Subjekt der Erfahrungswissenschaft. In: Rolf E. Vente (Hrsg.), Erfahrung und Erfahrungswissenschaft. Die Frage des Zusammenhangs wissenschaftlicher und gesellschaftlicher Entwicklung. Stuttgart / Berlin / Köln / Mainz (Kohlhammer), S. 50-71

Petri, Horst, 1983: Atomare Bedrohung und Psychoanalyse. In Psyche 37 (Juni), S.

555-567

Politische Vierteljahresschrift, Sonderheft 1976: Legitimationsprobleme politischer Systeme. (Hrsg.) Peter Graf Kielmannsegg, Opladen (Westdeutscher Verlag)

Rammstedt, Otthein, 1979: Zur soziologischen Reorientierung am Subjekt. In: Moser Helmut (Hrsg.), Politische Psychologie. Politik im Spiegel der Sozialwissenschaften. Weinheim/Basel (Beltz), S. 259-286

Richter, Horst, E., 1982: Zur Psychologie des Friedens. Reinbek bei Hamburg (Rowohlt)

Riedesser, Peter, 1974: Militär und Medizin. Materialien zur Kritik der Sanitätsmedizin am Beispiel der Militärpsychiatrie. In: Entwicklung und Struktur des Gesundheitswesens. Argumente für eine soziale Medizin (V), Argument-Sonderband 4, Berlin (Argument-Verlag), S. 231-279

Smith, Adam, 1959: Theorie der ethischen Gefühle. Nach der Auflage letzter Hand übersetzt und mit Einleitung, Anmerkungen und Register herausgegeben von Walther Eckstein. Mit einer Bibliographie von Günter Gawlik. Hamburg (Felix Meiner) 1977[2]

Vidich, Arthur, J., und Glassman, Ronald, M., eds., 1979: Conflict and Control. Challange to Legitimacy of Modern Governments. Beverly Hills/London (Sage)

Knut Boeser

Der Frieden ist aller Kriege Anfang

1

Ich kann mich noch genau erinnern. Im Juni 1967 standen wir gegenüber der Deutschen Oper in Berlin hinter den Absperrgittern und warteten auf den Schah. Wir hatten Filme gesehen und Vorträge gehört und dachten also, wir wüßten Bescheid. Das hat ziemlich lange gedauert, daß wir glaubten, wir wüßten Bescheid, wenn ein paar Fotos, ein paar Statistiken und einige Worte aus dem ideologischen Zauberkasten unsere Empörung fütterte. Ich war damals 22 und studierte Allgemeine und Vergleichende Literaturwissenschaft und Philosophie und Psychologie und lernte, die Welt als Buch über sie zur Kenntnis zu nehmen. Und plötzlich stand der Diktator aus dem Schreckbuch der Geschichte uns gegenüber und war nicht länger Literatur zum Interpretieren, sondern war da, greifbar nah, fast zum Anfassen, so, wie wenn Filmschauspieler sich vor der riesigen Leinwand, auf der sie eben noch riesig zu besichtigen waren, nach der Premierenvorstellung verbeugen: unwirklich und klein und mickrig. Der Berliner Polizeipräsident hatte seine Polizisten auf den Einsatz vorbereitet. Der Polizeipräsident hatte ein einfaches Gemüt. Seine Taktik nannte er nach der Leberwurst Leberwursttaktik, und das hieß: draufschlagen. Und zwar in die Mitte rein, damit es an den beiden Enden spritzt. Mit einem Mal waren die Polizisten nur noch Knüppel. Und einer von ihnen war sogar Pistole. Wir hörten den Schuß in unserer Nähe und rannten, ohne zu wissen wohin, nur weg, so wie man rennt, wenn man Angst hat. Der Knüppel war aus dem Sack und tanzte auf unseren Rücken und Schädeln — und drinnen in der Oper tanzte derweil das corps de ballet. Am nächsten Tag vor dem Schöneberger Rathaus die Trauerversammlung. Wir waren eingekreist von Polizisten, die entschlossen gemacht worden waren. Knüppel, Pistolen, Wasserwerfer. Die Macht zeigte sich. Und die Trauer war ohnmächtig und zornig. Wir haben dann kritische Universität gemacht und republikanische Clubs. Wir sind durch die Straßen gezogen mit Bildern von Idolen einer besseren Welt. Und wenn wir marschierten, dann riefen wir die Namen dieser Idole, um im Gleichschritt zu bleiben. Und wir sangen Lieder, bei denen jeder Reim auf den Namen dieser Idole ging. Das machte Mut. Wir waren ohnmächtig, aber moralisch. Und die anderen, die Knüppel und die Pistolen, waren mächtig, dafür unmoralisch. Das gab Kraft, und im Kopf bewegte sich viel: Phantasie aus utopischem Stoff und Trauer und Wut über das große Unrecht in der Welt. Unsere Erfahrung war synthetisch. Unser Kopf war chinesisch und war cubanisch, war gefüttert mit revolutionärer Theorie aus der Retorte, und wir beschrieben eine Welt, die mit der unserigen kaum etwas zu tun hatte. Wir sprachen mit fremden Zungen und glaubten dennoch über uns zu reden. Unsere Praxis war Rhethorik — und das hatte, wie in den darauffolgenden Jahren klar wurde, verhängnisvolle Folgen. Die "Neuen Philosophen" in Frankreich sind wohl deshalb in Mode gekommen, weil sie einen zentralen Punkt der allgemeinen Enttäuschung und Resignation beschrieben haben. Glucksmann und seine Freunde, das sind allesamt Leute, die 1968 auf den Barrikaden gestanden und die Fäuste geballt haben. Und sie haben, wie auch viele andere, erst spät gelernt, daß die Welt komplizierter ist, als es die revolutionäre Theorie von der Möglichkeit einer glücklichen Zukunft ihnen suggeriert hatte. Die Kraft der Theorie hatte in nichts anderem bestanden als im Arrangement von Worten. Es war noch einmal der Versuch, vielleicht der letzte, ein hermetisches System der Ordnung und des Sinns zu etablieren, eine Eschatologie ohne transzendentale Begründung, abgeleitet aus der Entwicklung der Natur, die der Theorie zufolge in der Dialektik ihrer Entwicklung den zivilisatorischen Prozeß im historischen Vollzug auf Freiheit hin orientierte, zwangsläufig, gesetzmäßig. Glucksmann und Co haben Karriere gemacht, indem sie widerrufen haben. Sie haben inzwischen Solschenizyn gelesen, den ARCHIPEL GULAG, und haben sich entsetzt, als hätten sie nicht schon zehn Jahre zuvor wissen können, was in diesem Buch beschrieben ist, z.B. daß Stalinismus nicht nur Argument in der Theoriedebatte über Strategie und Taktik der Revolution, sondern zugleich auch synonym für Massenmord ist. Ihre Theorie von der Praxis einer glücklichen Zukunft war, wie man jetzt nachlesen kann, von Anfang an schwach. Nach der Lektüre des "Archipel Gulag" kam zum ersten Mal ein Stück Wirklichkeit in ihre kritische Theorie von der Wirklichkeit — und siehe: die Theorie verlor schockartig ihren Glanz. Mit einem Mal war die Theorie blutig und schuld an den Konzentrationslagern, dieselbe Theorie, die vor der Lektüre des Romans identisch war mit Zukunft und Tugend und Glück. Die Argumentation der Enttäuschung ist einfach. Wenn in einem Land, in dem der Marxismus-Leninismus herrschende Ideologie ist, Konzentrationslager gebaut werden, dann ist daran die herrschende Ideologie schuld. Also: Marxens Kritik der politischen Ökonomie war von Anfang an der Bauplan für die sozialistischen Konzentrationslager Stalins. Marx war ihr Architekt. Also muß die Theorie abgeschafft werden. Aber was bleibt dann? Dann ist man theorielos im Stande der Tugend ewiger Jungfräulichkeit. Man hält sich raus und bleibt rein. Nur: da ist jetzt viel Bitternis beigemischt, schwarze Galle, von der man früher annahm, sie produziere die Melancholie. Diese Folge von Utopie gestern und Melancholie heute, der Weg von der radikalen Philosophie zur politischen Resignation, aber ist nicht neu.

Schon Saturn ist janusköpfig. Er ist der Planet der Utopie und er ist auch der Planet der Melancholie. Utopie und Melancholie sind zwei Seiten derselben Münze. Sie gehören zusammen und schließen sich dennoch aus. In allen Utopien herrscht ausdrücklich ein Melancholieverbot. Man kann das nachlesen bei Robert Burton, bei Thomas Morus, bei Campanella. Robert Burtons Utopie ist der Gegenentwurf zu einem in Melancholie versunkenen Staat. Burtons "Anatomie der Melancholie" erschien 1621, also zu einer Zeit, als die elisabethanische Krankheit, die Melancholie, das Denken infizierte. Seine Anatomie der Melancholie sollte helfen die Melancholie aus den Köpfen und damit aus dem Staat zu vertreiben. Die unordentliche, sich widersprechende und zerstörende Welt sollte in ein utopisches Ordnungssystem gezwungen werden, das allen Zweifel ausschloß. Alle Utopien sind totalitäre Polizeistaaten, in denen alles geregelt ist: von der Lektüre bis zum Zeitpunkt des erlaubten Geschlechtsverkehrs. Leidenschaften sind in diesen Träumen vom zukünftigen Glück ebenso subversiv wie Phantasie. Psychologie und Sozialwissenschaften sollen das Leben systematisieren und reglementieren. Jede individuelle Besonderheit ist Abweichung und Anmaßung und subversiv und bedroht das gesamte System der Balance. Den Bewohnern des imaginierten Staates Utopia wurde verboten, traurig zu sein, wie überhaupt jede Emotion, weil jeder Affekt privat ist und sich somit der allgemeinen Planung entzieht. Schon die erste politische Utopie, die platonische, hat den Kreis bestimmt, den alle späteren immer wieder ausgeschritten haben.

2

Eine Stadt, sagt Sokrates, entsteht aus unseren Bedürfnissen: wir bedürfen der Nahrung, der Wohnung und der Kleidung. Und da nicht jeder alles gleich gut verrichten kann, sondern aufgrund seiner natürlichen Anlagen eines geschickter, somit besser und schöner herstellt, ist es nur sinnvoll, daß jeder der ihm gemäßen Tätigkeit nachgeht: der Ackersmann wird das Feld bestellen, den Pflug aber und all das übrige Werkzeug wird ihm der Schmied liefern. Und so braucht eine Stadt Baumeister und Weber, Schuster, Schmiede und Holzarbeiter, auch Hirten und Schäfer. Der Ackersmann braucht das Vieh, um das Feld zu bestellen, wie die Schuhmacher und Weber Leder und Wolle haben müssen. Eine Stadt braucht Handelsleute und Krämer, denn all das, was produziert wird, muß verkauft werden auf dem Markt, und so wird, wie Platon in der Politeia weiterschreibt, "die Münze als bestimmtes Zeichen zum Behuf des Tausches entstehen." Zuletzt gibt es noch Dienstleistende, deren Verstand nicht reicht, daß man sie der Gemeinschaft zuzählen könnte, die aber über körperliche Kräfte verfügen für allerlei schwere Arbeiten. Das sind die Tagelöhner, "welche denn den Gebrauch ihrer Kräfte verkaufen und den Preis derselben Lohn nennen." (Politeia 369 b — 372 c) Die Bewohner einer solchen Stadt werden einfach, doch vergnügt leben und die Götter lobpreisen, einander beiwohnen — vernünftig allerdings, denn aus Furcht vor Armut und Kriegen werden sie nicht über ihr Vermögen Kinder zeugen. Das Essen ist sparsam aber sättigend: Getreide werden sie ziehen und Wein, die Gerste für die Graupen, den Weizen für das Mehl, auch "Zukost" sollen sie haben: Salz und Oliven, Zwiebeln, Käse und Kohl. Zum Nachtisch billigt ihnen Sokrates Feigen zu, Erbsen und Bohnen, Myrthenbeeren und Kastanien, die sie im Feuer rösten können, und dazu einen mäßigen Schluck Wein. Sokrates' Schüler Glaukon wendet ein, daß man Schweine nicht schlechter füttern würde als die Bürger der von Sokrates als ideal beschriebenen Stadt. Sokrates belehrt Glaukon darüber, was denn passieren wird, wenn die Bürger bekämen, was Glaukon für sie und sich verlangt. Er beschreibt ihm die üppige, aufgeschwemmte Stadt. Natürlich wird es einigen nicht reichen, bescheiden, doch glücklich zu leben, da sie meinen, ein glückliches Leben sei ein genüßlicheres. Polster werden sie wollen, Salben, Räucherwerk und Freudenmädchen und süßes Backwerk. Für ihre Häuser werden sie Maler bestellen, Gold und Elfenbein und bunte Weberei soll die Wohnung schmücken; Schaukünstler, Musiker, Dichter und Rhapsoden und Tänzer werden in die Stadt kommen. Die Reichen werden mehr Diener brauchen: Wärterinnen, Kindermädchen, Putzmacherinnen, auch Bartscherer — und all diese Leute benötigen dann wieder mehr Bäcker und Köche, mehr Baumeister, Schuster und Ackersmänner und Viehhirten, da der Bedarf an allem sehr schnell steigen wird. Doch "Grund und Boden, welcher damals hinreichte", alle Bedürfnisse zu befriedigen, ist jetzt nicht mehr genug vorhanden. Also müssen dem Nachbarn Viehweiden und Ackerland genommen werden, wie natürlich auch der Nachbar Land erorbern muß, denn dessen Bedürfnisse sind ebenfalls gestiegen. So folgt notwendig, daß die aufgeschwemmte Stadt Kriege führen muß. Daß aber kann keine vernünftige Stadt sein, aus deren Lebensweise notwendig der Krieg folgt. Also wird der vernünftige König bescheiden sein und auch seine Bürger zur Bescheidenheit anhalten: einfach und schlicht soll die Ernährung sein. Syrakusische Tische und sizilianische Mannigfaltigkeit der Speisen, auch attisches Backwerk sind — zu verbieten. Sie schwemmen den Leib bloß auf und füllen ihn mit "Feuchtigkeit und bösen Dünsten" wie einen Sumpf. Das aber sind keine Krankheiten. Und die darunter leiden, soll man nicht pflegen, denn sie sind dem Staat gar nicht nützlich. Und wenn ein Leiden durch Brennen und Schneiden oder sonstige Mittel nicht geheilt werden kann, soll man es einfach lassen und sich nicht weiter kümmern. Der vernünftige Bürger läßt sich keine kleinliche Lebensführung, keine mildernden Umschläge und keine Schonung verordnen. Er hat keine Zeit, lange krank zu sein, denn er darf sein Geschäft nicht vernachlässigen. "Wenn aber der Körper es nicht ertragen kann, so stirbt er eben und ist aller Händel ledig." (Politeia 403 d — 408 b) Und wie man achthaben muß, daß der Leib gesund ernährt wird, so muß man auch aufpassen, daß die Musik die Seele nicht krank macht. Alle klagende und jammernde, die vermischtlydische und die hochlydische muß — verboten werden, auch die weichliche und schlaffe ionische und lydische Tonart darf es nicht geben. Allein die dorische ist die einer solchen Stadt gemäße. Also muß man auch aufpassen, sagt Sokrates, daß keine Instrumente mehr hergestellt werden, die die verbotenen Tonarten zu spielen erlauben: keine Saiteninstrumente, keine Harfen und Zimbeln, vor allem keine Flöten, nur die Lyra und die Kithara sollen erlaubt sein. (Politeia 398 c — 399 c) Und so, sagt Sokrates, reinigt der weise König die Stadt, die unvernünftig schwelgte. Er verbietet alles, was die Entfaltung der Glückseligkeit hemmt und straft schwer jeden, der gegen diese Gebote verstößt. Achtgeben muß der Herrscher auch auf die Nachkommen. So, wie man bei den Jagdhunden und dem edlen Geflügel und auch bei den Pferden aufpaßt, daß von den Edlen immer nur die Besten sich fortpflanzen, so soll auch bei den Menschen nur der Trefflichste der Trefflichsten beiwohnen, die Kinder der Schlechtesten aber soll man gar nicht aufziehen. Von "Blühenden und Vollkräftigen" (Politeia 458 e — 461 e) sollen die Kinder gezeugt werden. Die Frau soll mit dem zwanzigsten Jahr anfangen und bis zum vierzigsten Jahr gebären, der Mann soll zeugen, wenn er die größte Stärke im Laufen hinter sich hat, vom fünfundzwanzigsten Jahr bis zum fünfundfünfzigsten. Mutige Jünglinge, die durch Tapferkeit sich auszeichnen, sollen reichlich Erlaubnis haben, den Frauen beizuwohnen, damit die meisten Kinder von solchen gezeugt werden. Aber alle, die älter oder jünger sind, soll man wegen unheiliger, widerrechtlicher Handlung anklagen und deren Kinder aussetzen. Ihnen wird keine Auferziehung gestattet. Die guten Kinder werden von Wärterinnen im Säugehaus aufgezogen, die Mütter kennen ihre Kinder nicht und stillen deshalb nicht nur das ihre. Die schlechten Kinder aber und die verstümmelten wird man "wie es sich ziemt, in einem unzulänglichen und unbekannten Ort verbergen."

Damit die Stadt aber auch wirklich sicher und glücklich leben kann, braucht sie gegen ihre Feinde Wehrmänner, Soldaten. Und wie jeder seiner besonderen Natur nach für bestimmte Tätigkeiten prädestiniert ist, so soll es in dieser vernünftigen Stadt auch keine allgemeine Wehrpflicht geben, sondern nur die, die aufs Beste geeignet sind, die Tapfersten und Eifrigsten, sollen die Stadt vor äußeren und inneren Feinden beschützen. Sie sollen scharf sein und wachsam. Doch wenn sie so von Natur aus beschaffen sind, sagt Sokrates, dann besteht die Gefahr, daß sie nicht nur mit ihren Feinden kämpfen werden, sondern auch miteinander und auch gegen friedliche Bürger, vielleicht sogar Schmeichlern und Demagogen folgend gegen ihren gerechten Herren und König. Darum muß der Soldat hart sein gegen seine Feinde, sanft aber gegen alle Befreundeten. Daß aber das Eine, die Tapferkeit, Schärfe und Angriffslust, sein Anderes, die Sanftheit, nicht ausschließen muß, sieht man, sagt Sokrates, bei denen, die den Soldaten ähneln: "Du weißt wohl, daß das edler Hunde Art ist, von Natur aus gegen Hausgenossen und Bekannte oft so sanft zu sein wie nur möglich, gegen Unbekannte aber ganz das Gegenteil. Dies ist möglich; und es ist nichts Widernatürliches, daß wir einen Wehrmann suchen, der so ist." (Politeia 374 c — 376 e) Damit aber der Soldat erkennt, gegen wen er sanft zu sein hat, gegen wen aber gewalttätig, muß er unterscheiden lernen: das Gute vom Schlechten. Der Soldat muß von Natur aus philosophisch sein, genauso wie man es an den Hunden sehen kann. Der Soldat ist ein philosophischer Hund. Das Gute kann er vom Schlechten unterscheiden, wenn er lernt. Dafür hat der König Sorge zu tragen: daß seine Soldaten lernen, das Gute vom Schlechten, den Freund vom Feind zu unterscheiden. Er hat für eine vernünftige Erziehung zu sorgen: sowohl für die Seele als auch für den Leib. Der gute Soldat muß von Kindheit an auf seinen Beruf vorbereitet werden, denn, so sagt Sokrates, gerade die ersten Jahre sind bestimmend für das weitere Leben. (Politeia 376 e — 378 e) Und wie man früh achtgeben muß, was für Märchen den Kindern erzählt werden, so muß man auch die Märchen für die Größeren, die Schriften des Homer und des Hesiod z.B. untersuchen, ob sie vernünftig sind und wahr — das nämlich sind sie, sagt Sokrates, ganz und gar nicht. So etwa, wenn Hesiod schreibt, daß Kronos seinem fürchterlichen Vater Uranos, der allnächtlich in wilder Gier seine Gattin, die Erde, die Göttin Gaia, umarmte, das Geschlecht mit der Sichel abschnitt, daß Kronos später all seine Kinder, kaum daß sie aus dem heiligen Leib der Göttin Rhea kamen, verschlang, weil ihm geweissagt war und er deshalb befürchtete, daß ihm dasselbe Schicksal wie seinem Vater zustoßen könnte, daß Kronos später von seinem Sohn Zeus umgebracht wurde — dies alles, sagt Sokrates, also die ganze Genealogie der griechischen Götter, "sollte wohl, auch wenn es wahr wäre, unverständigen und jungen Leuten nicht so unbedacht erzählt werden, sondern am liebsten verschwiegen bleiben." All diese Geschichten, in denen Götter Göttern nachstellen und einander bekämpfen, selbst wenn sie wahr sein sollten, sind zu verbieten. Auch alle Göttergefechte, die Homer beschrieben hat, "mag nun ein verborgener Sinn dahinter stecken oder auch keiner." (Politeia 376 e — 378 e) Denn leicht könnten die Soldaten verwirrt werden und gleich den Göttern, die doch Vorbilder sind für uns hier unten, untereinander in Feindschaft geraten. Allein wie Gott seinem Wesen nach ist: nämlich gut und wahr und gerecht, so darf gedichtet werden. Und da Gott das Vollkommenste ist, sind auch alle Geschichten zu verbieten, in denen er die Gestalt wechselt, eines schnöden Vergnügens willen, "lediglich aus Verlangen nach der Liebeslust." (Politeia 390 c) Ein wahrhaft philosophischer Herrscher wird nur die Dichter dulden, die die Tapferkeit und Besonnenheit, das Edelmütige und Fromme besingen, jedem anderen aber, selbst dem bedeutendsten seines Fachs, wird er zwar seine Verehrung bezeugen, ihn auch loben, er sei ein heiliger, wunderbarer und anmutiger Mann, doch in die Stadt wird er ihn nicht hineinlassen.

Die sorgfältig erzogenen Krieger — Wissen, Wollen und Tun fallen bei ihnen zusammen — werden den Staat schützen und dafür sorgen, daß der dritte Stand arbeitet. Die Gerechtigkeit der Stadt ist vollkommen, wenn jeder das Seine tut. Drei Stände also gibt es: die weisen Regenten als lenkende Vernunft, die Soldaten als kontrollierende und schützende und den "Nährstand", die Arbeiter und Bauern, die so vernünftig sein sollen, "wie eben etwas vernünftig sein kann, was seiner Natur nach auf Erwerb, Besitz, Begehrlichkeit, Notdurft gerichtet sein muß." (Hoffmann, E.: Platon, Hamburg 1961, S. 117) Die Kardinaltugenden — Weisheit, Tapferkeit und Besonnenheit — sind in diesem Staat verwirklicht. So ist er ein Staat der Gerechtigkeit: jeder hat das Seine indem er das Seine tut. Damit aber niemand, kein Soldat, kein Arbeiter und kein Bauer unzufrieden ist und zweifelt, soll diese Ordnung als gottgewollt und damit natürlich gelehrt werden, auch wenn das — Sokrates selbst nennt es Dreistigkeit und ihm ist sehr unwohl bei dieser Behauptung — eine Lüge ist. Allen Bürgern soll nämlich eingeredet werden: was sie jetzt sind, das waren sie schon vor ihrer Geburt unter der Erde. Dort hätten sie all ihre Fertigkeiten erlernt. Deshalb hätten einige die natürlichen Anlagen, die Arbeit eines Schmiedes zu verrichten, andere aber die eines Webers. Gott selbst hätte sie für diese Welt vorbereitet. Sie müßten also zufrieden sein und dürften nicht klagen. Und Glaukon glaubt, daß Sokrates, wie er zugibt, sich schäme, wenn er weiter sagt, man müsse allen Bürgern einreden: "Ihr seid nun freilich alle, die ihr in der Stadt seid, Brüder; der bildende Gott aber hat denen von euch, welche geschickt sind, zu herrschen, Gold bei ihrer Geburt beigemischt, weshalb sie denn die Köstlichsten sind, den Gehilfen aber Silber, Eisen hingegen und Erz den Ackerbauern und den übrigen Arbeitern." (Politeia 415 a-d) Gott hätte jedem seine natürliche Stelle auf Erden zugewiesen. Da die Ordnung also eine göttliche sei, dürfe sie von Menschen nicht umgestoßen werden, und es ist sicher, "daß die Stadt dann untergehen werde, wenn Eisen oder Erz die Aufsicht über sie führe."

So träumt Platon den idealen Staat. Rein ist er und tugendhaft. Doch die Tugend bedarf der Soldaten und der Lüge, um sich zu behaupten. "Es scheint — sagt Sokrates — daß unsere Herrscher allerlei Täuschungen und Betrug werden anwenden müssen zum Nutzen der Beherrschten." (Politeia 459 c) Und es gibt auch keine Hoffnung, daß das Lügen aufhören wird, nur: was die erste Generation noch als Lüge erkennt, deren Nachfahren werden es einfach hinnehmen und glauben, als sei es das Selbstverständlichste. In diesem Staat wird Ruhe und Ordnung sein, die Bürger werden bescheiden und arbeitssam sein, gehorsam und tugendsam. Eine gerechte Regierung wird darüber wachen, daß alle Gesetze eingehalten werden. Und alles, was den Gesetzen zuwiderläuft, wird unterbunden. Aber, klagt Sokrates: "Unter den nicht notwendigen Vergnügen und Begierden scheinen mir einige gesetzwidrig zu sein, welche zwar in allen Menschen entstehen, werden sie aber von den Gesetzen und den besseren mit Vernunft verbundenen Begierden im Zaum gehalten, so verlieren sie sich aus einigen Menschen entweder gänzlich, oder es bleiben doch nur wenige und schwache Spuren zurück, bei anderen erhalten sie sich stärker und häufiger." Auf die Frage Glaukons, welche nicht notwendigen Vergnügen und Begierden er denn meine, antwortet Sokrates: "Die im Schlaf zu entstehen pflegen, wenn das übrige der Seele, was vernünftig und mild ist und über jenes herrscht, im Schlummer liegt, das Tierische und Wilde aber, durch Speisen und Getränke überfüllt, sich bäumt und den Schlaf abschüttelnd losbricht, um seiner Sitte zu fröhnen. Du weißt, wie es dann, als von aller Scham und Vernunft gelöst und entblößt zu allem fähig ist. Denn es unternehmen, sich mit der Mutter zu vermischen, wie es ja meint, macht ihm nicht das mindeste Bedenken, oder mit irgendeinem anderen, sei es Mensch, Gott oder Tier, oder sich mit irgendetwas zu beflecken, und keiner Speise glaubt es sich enthalten zu müssen, mit einem Wort, von keinem Unsinn und keiner Unverschämtheit bleibt es zurück." (Politeia 571 b — 572 b)

Athen ist an den Widersprüchen, die sich entfalteten auf Grund der schon weit entwickelten Produktivkräfte, die in keinem vernünftigen Verhältnis mehr zu den Produktionsverhältnissen standen, zugrunde gegangen. Platon versuchte, den Verfall aufzuhalten durch eine Staatsverfassung, deren Modell die der siegreichen Spartaner war. Auf dem Peloponnes gab es die drei Kasten seines Idealstaates: die Heloten, die Spartiaten und den Rat der Alten. Die militärische Überlegenheit der Spartaner schien ihm die logische Folge eines autoritären, puritanischen Aristokratismus zu sein. In seinem Alterswerk, den NOMOI, beschrieb Platon resigniert den zweitbesten Staat, einen Polizeistaat, der ohne philosophische Regenten auskam, so wie die Alten in Spartas Rat auch keine Philosophen, sondern Militärs waren. Im besten Staat, der Politeia, ist allein der mächtige Philosoph fähig, der Verkommenheit der Athener Demokratie zu begegnen und das gewaltsam zu etablieren, was doch unmittelbar einsichtig und gottgewollt, also natürlich sein sollte: das Wahre, Gute und Gerechte. Platons Idealstaat ist ein Terrorstaat, regressiv und barbarisch, der mit Lügen und Gewalt durchsetzt, was er demagogisch als das Wahre ausgibt, der ständig verbieten muß und der auch verbieten muß, was er mit seinen Verboten selbst produziert: die Träume und Alpträume der Untertanen. Die Menschennatur war für Platon Ursache aller Konflikte und kriegerischen Auseinandersetzungen. Die Natur mußte beherrscht werden und die Menschennatur mußte es auch — und zwar ohne Rest, ohne daß tief innen noch ein Rest von Autonomie übrig blieb, weil der das Gesamtsystem unterminieren würde. Deshalb schickte Platon seinen Bürgern wider aller Vernunft die Soldaten bis in ihre geheimsten Träume. Im Idealstaat Platons gab es ein Traumverbot, damit der Traum vom idealen Staat Wirklichkeit werden könne.

3

Alle Staaten, die Utopisten konstruierten, würden, wenn sie Wirklichkeit werden würden, Alptraumstaaten sein. Orwells 1984 ist keineswegs erst eine Horrorphantasie des 20. Jahrhunderts. Neu ist nur die neue Technologie der Kontrolle, nicht aber die postulierte Universalität ihres Anspruchs — und neu ist das Erschrecken darüber, weil wohl zum ersten Mal der Utopist die Gewißheit hat, daß das, was er da imaginiert, tatsächlich Wirklichkeit werden wird. Die Utopien waren von Anfang an Systeme totaler Institutionen. Und damit man sich darinnen auch glücklich fühlen könne, wurde das Glück befohlen.

Fichte schrieb in seinem "Geschlossenen Handelsstaat" diesbezüglich die Bestimmung: Das Verhältnis des Volkes zur Regierung ist durchaus glücklich." Und wer anders empfinden sollte, der gehört nicht in das geschlossene System des Glücks, der bedroht es und muß folglich als Feind aller Glücklichen vernichtet werden. Alle Utopien waren Polizeiphantasien der Ordnung und Unterdrückung. Und bis Hegel immer wieder der Versuch, der Gewaltherrschaft eine transzendentale Begründung und damit eine moralische Voraussetzung zu verschaffen.

Im Hirtenwort der bayrischen Bischofskonferenz zur vorletzten Landtagswahl wurde den Sozialdemokraten vorgeworfen, wie zuvor schon von der deutschen Bischofskonferenz und vom Zentralkomitee der deutschen Katholiken, sie würden die moralischen Grundwerte unserer Gesellschaft gefährden und das sittliche Bewußtsein zerstören. In einem Vortrag vor der katholischen Akademie in Hamburg hat der ehemalige Bundeskanzler Schmidt damals diese Vorwürfe zurückgewiesen, weil sie am Wesen unseres Demokratieverständnisses vorbeizielten. "In unserer Gesellschaft — sagte er — wird eine Vielzahl von weltanschaulichen Begründungen angeboten", durchaus im Sinne des Grundgesetzes, denn: "Anders als in einer Gesellschaft mit einheitlicher Sinnorientierung — wie etwa im Mittelalter — kann es in einer pluralistischen Gesellschaft — zu der wir uns ja bekennen — keine volle Identität der Werthaltungen aller Beteiligten geben. Die Bejahung der demokratischen Verfassung bedeutet geradezu den prinzipiellen Verzicht auf Totalkonsensus. Andererseits kann auch die Demokratie keineswegs ohne Grundwertekonsensus die Würde des Menschen bewahren. Zu dem Minimalkonsens der Demokratie gehört unerläßlich die Anerkennung des unabstimmbaren Bereichs der letzten Fragen; das sind Fragen, über die ein Parlament nicht abstimmen darf." (Schmidt, H.: Daß Menschen denken, sprechen, handeln können, in: Frankfurter Rundschau Nr. 163 v. 27.7.76) Was dieser Minimalkonsens sei, sei aus dem Grundgesetz ablesbar: das Grundgesetz stelle die Unantastbarkeit der Menschenwürde fest und bekennt sich zur Unverletzbarkeit und Unveräußerbarkeit der Menschenrechte — aber — so der ehemalige Kanzler — es sei falsch, diese Grundrechte mit transzendent orientierten, mit religiösen oder sittlichen Grundwerten gleichzusetzen, sondern: "Mit der Gewährleistung der Grundrechte für den einzelnen Menschen, auch für Gruppen, eröffnet das Grundgesetz die Möglichkeit, Grundwerte zu verwirklichen." Das Grundgesetz sei nicht dazu da, selbst Grundwerte zu etablieren, sondern nur dazu, die freie Ausübung jeder ideologiebildenden Arbeit zu garantieren, die sich innerhalb der vom Grundgesetz festgelegten Richtlinien orientiert. Insofern sei nicht das Grundgesetz verantwortlich zu machen, wenn zum Beispiel trotz der vom Grundgesetz garantierten Religionsfreiheit immer weniger von dieser Freiheit Gebrauch machen, wenn eine Religion absterbe, weil die Menschen nicht länger tradierte religiöse Überzeugungen akzeptierten. Der Staat, so der ehemalige Kanzler, habe sich religiös und weltanschaulich neutral zu verhalten — aber: er hat Gesetze erlassen, die natürlich von der sittlichen Grundhaltung geprägt sind, die in der Gesellschaft lebendig sind. "So fließen über Mehrheitsentscheidungen die sittlichen Grundwerte, die in der Gesellschaft existent sind, in den Prozeß der politischen Willensbildung ein", denn, so sagte der ehemalige Kanzler, "der demokratische Staat hat die Werthaltungen und die sittlichen Grundhaltungen nicht geschaffen. Er findet sie vielmehr in den Einzelnen und in der Gesellschaft vor, und er muß bei seinem Handeln dort anknüpfen."

Was aber passiert, wenn der Staat keine Werthaltungen, keine verbindlichen, durch Mehrheitsvotum zustandegekommenen Grundwerte der Sittlichkeit zum Maßstab seiner Gesetzgebung geliefert bekommt, wenn, wie von allen Parteien behauptet, eine tiefgreifende Krise im Wertsystem zu beobachten ist, eine Unsicherheit, die einen Konsens unmöglich macht. Hier ist der Punkt, wo die Rede des ehemaligen Kanzlers interessant wird. Was passiert, wenn z.B. die Kirche ihren Auftrag nicht wahrnimmt, weil sie ihn mangels Einfluß nicht mehr wahrnehmen kann, wenn es tatsächlich, wie behauptet, keinen Grundkonsens in Fragen der sittlichen Grundhaltungen mehr gibt, wenn es so ist, wie der ehemalige Bundespräsident Heinemann beklagte: daß die Welt zunehmend unregierbarer würde, wenn die Gesellschaft, wie Arnold Gehlen am Ende seines Lebens konstatierte, erbärmlich krank sei (wobei anzumerken ist, daß er naiv die Sozialdemokraten dafür verantwortlich machte); wenn, wie Erhard Eppler, der Ökologe, sagte, ohne einen grundlegenden Wandel in unserem Wertsystem die vor uns liegenden Aufgaben nicht zu bewältigen seien und niemand wirklich angeben könne, wer denn diesen nötigen grundlegenden Wandel in unserem Wertsystem herbeiführen soll — was passiert dann? Der ehemalige Kanzler sagte: Gemeinsamkeit der im Prozeß der Geschichte gewachsenen Kultur und Gemeinsamkeit eingeübter Lebensformen machen die Homogenität der Gesellschaft aus. Aber "wir wissen aus eigener Erfahrung, daß der Grad der Homogenität einer Gesellschaft durchaus verschieden groß sein kann. Wenn er klein ist oder wenn die Übereinstimmung in elementaren Grundwerten und Grundauffassungen fehlt, dann sind Freiheit und Würde des Menschen gefährdet." So sagte der ehemalige Kanzler und nannte dann die für diesen Fall nötigen staatlichen Mittel, die uns vor dem Chaos bewahren sollen. "Eine Gesellschaft, in welcher der Konsens über elementare Grundwerte verloren ist, treibt auf Anarchie zu — es sei denn, sie träte die Konsensbildung an einen total reglementierenden Staat, an einen Obrigkeitsstaat, an eine Diktatur ab. Mit anderen Worten: Wenn die im einzelnen Menschen vorausgesetzten sittlichen Kräfte zur Regulierung seiner Freiheit fortfallen, wenn die inneren Regulierungskräfte der Gesellschaft ausbleiben, dann tritt eine Außenlenkung in Form von Zwang und Reglementierung an deren Stelle." Soweit der ehemalige Kanzler. Er sprach als politischer Praktiker. Er beschrieb, was er sicherlich nicht wünschen wird, was er aber dennoch als unabwendbar vor sich sieht: wenn der politischen Herrschaft eine allgemeinverbindliche ideologische Begründung fehlt, wenn die Legitimation nicht mehr aus einem gemeinsamen moralischen Gesinnungskontext resultiert, dann ist die Trennung von Herrschern und Beherrschten schon vollzogen — und die Rede von der demokratischen Grundordnung Lüge. Die Herrschaft hat sich notwendig, damit sich die Gesellschaft überhaupt noch reproduzieren kann, mit Gewalt zu legitimieren. Wirtschaftlicher Pragmatismus ist vernünftige Politik und jeder Einspruch Bedrohung des labilen Gleichgewichts. Das ist die traumlose Pragmatik, der es inzwischen nicht mehr gelingt, sich ideologische Hoffnung einzureden. Waffen müssen die Ordnung im bedrohten Staat garantieren, Sondergesetze und Sondereinheiten, damit der kleinste gemeinsame Nenner, auf den man sich inzwischen geeinigt hat, nämlich: Überleben — nicht auch noch gefährdet ist.

4

Einmal nur, als das Bürgertum sich mächtig emanzipierte, gab es die Illusion, man könne den mündigen Bürger zweiteilen: Ihn als politischen Bürger in die Pflicht nehmen und als privatem Bürger Freiheiten zubilligen und ihn nach eigenem Gutdünken und eigener Lust leben zu lassen, obwohl auch da die Menschennatur als Ursache aller Konflikte genannt wurde: im LEVIATHAN von Hobbes. Die Menschen beschrieb Hobbes von Natur aus als böse, ungerecht, undankbar, anmaßend und hochmütig, voller Mißtrauen und Ruhmsucht — und dies seien unveränderliche ewige Naturgesetze. Die Menschen sind egoistisch und gehen gegeneinander — aber, so Hobbes, sie sind doch auch gleichzeitig vernünftig und wissen, daß sie, wenn sie gegeneinander gehen, sich aufreiben. Deshalb schließen sie Verträge, die sie vor Übergriffen schützen sollen, deshalb wählen sie den Einen, diese zu einer Person vereinigte Menge, dem sie das Recht übertragen, in ihrem Namen über sie zu herrschen: der Souverän, der sterbliche Gott, dem alle Schutz und Frieden verdanken — der Leviathan. "Hierin liegt das Wesen des Staates, der, um eine Definition zu geben, eine Person ist, bei der sich jeder einzelne einer großen Menge durch gegenseitigen Vertrag eines jeden mit jedem zum Autor ihrer Handlungen gemacht hat, zu dem Zweck, daß sie die Stärke und Hilfsmittel aller so, wie sie es für zweckmäßig hält, für den Frieden und die gemeinsame Verteidigung einsetzt." (Th. Hobbes: Der Leviathan, Ullstein Taschenbuch, Berlin 1976, S. 134 f)

Der Leviathan ist der Gesetzgeber, der das Chaos des Naturzustandes strukturiert und, einmal mit Machtvollkommenheit ausgestattet, definiert, was Übertretung seiner Gesetze ist und jede Übertretung straft. Er ist die Zentralgewalt, die die sich widersprechenden Interessen der vielen Einzelnen zusammenzwingt zu dem von ihm definierten Gesamtinteresse, gegen das es keinen Widerspruch geben darf. Die Bewegung der menschlichen Geschichte sollte hier zu Ende sein. Alles weitere wäre nur wieder Regression in den so überwundenen Naturzustand der Kriege. Hobbes hat von seinen Bürgern verlangt, daß sie sich in ihren Handlungen dem Willen des absoluten Souveräns fügen — allerdings hat er ihnen freigestellt, zu denken, was sie wollen. So wenig also das Individuum, wenn es gehorsam ist, für sein Handeln verantwortlich ist, ebenso wenig kann es, solange es gehorsam ist, für sein Denken zur Verantwortung gezogen werden. Damit hat Hobbes in sein System der Ordnung einen Sprengsatz gelegt, dessen Gefährlichkeit er unterschätzte. Er glaubte, wenn nur die Eigentumsverhältnisse vernünftig geregelt wären — und dazu gehörte, daß denen, die Eigentum hatten, das Recht auf ihr Eigentum zugesprochen wurde, alle Konflikte gelöst wären, weil die, die kein Eigentum hatten auch kein Recht auf solches haben sollten, und keinen Anspruch. Das gemeine Volk hat er aus seinen Überlegungen ausgeklammert. Der Geist des einfachen Volkes sei "wie weißes Papier und fähig, alles aufzunehmen, was ihm von der öffentlichen Autorität aufgeprägt wird." (a.a.O., S. 117) Sein Argument war: wenn das gemeine Volk dazu habe gebracht werden können, religiöse Dogmen anzuerkennen, die wider alle vernünftige Einsicht behauptet werden, dann kann es nicht schwer sein, es auch zum Gehorsam gegenüber dem Leviathan zu bewegen, wenn nötig mit Gewalt, weil dessen Ansprüche ja vernünftig sind. Die von Hobbes postulierte Gleichheit der Menschen war eine Fiktion, eine Zweiklassengleichheit, die die Mitglieder seines Staates verpflichtete, die Gesetze des Besitzkapitalismus gleichermaßen zu akzeptieren, egal ob sie nun über Besitz verfügten oder nicht. Die

Freiheit des Individuums bestand darin, sich frei zu denken, nicht frei zu handeln. David Hume hat gegen die Fiktion des Gesellschaftsvertrages polemisiert und sie wertlos genannt. Die mit dem Gesellschaftsvertrag suggerierte Freiheit sei bloß rhetorische Volte, um die realen Macht- und Besitzverhältnisse zu verschleiern. Er wußte, daß mit dem Zugeständnis, jedes Individuum könne frei denken, was es wolle, die Mine gelegt worden war, die die Ordnung im Staat sprengen könnte, wenn tatsächlich jeder Einzelne regrediere in die Radikalität seiner Wünsche, dorthin, wo die Phantasie frei von der kontrollierenden Willkür des Souveräns ganz eigene Vorstellungen von Moral und Glück entwickle. Hume warnte, wenn die Autorität des Souveräns nicht in den Bereich der Wünsche hineinreiche, sei sie nicht mehr absolut, sondern beschädigt, und die Grenze, die da markiert sei, könne jederzeit überschritten werden, weil niemand wird einsehen wollen, daß sein Denken und sein Urteil nicht soll Wirklichkeit können werden. Um die Ordnung im Staat aufrechtzuerhalten, darf es nach Hume überhaupt keinen Bereich der subjektiven Willkür und des besonderen Begehrens geben. Es darf nicht die Möglichkeit des privaten Rückzugs geben. Hume will Klarheit. Herrschaftsverhältnisse sind, was sie schon immer waren, Gewaltverhältnisse. Und die Gewalt muß bis in das Innere jedes Subjekts reichen, muß das moralische Wollen definieren, weil sonst der Widerspruch gegen die Souveränität der Herrschaft für sich Moral geltend machen könnte. Hume läßt keinen Zweifel: "Die heute vorherrschende Art der Machtausübung ist ausschließlich auf Flotten und Armeen gegründet; sie ist rein politischer Natur und ihre Autorität das Ergebnis etablierter Staatsgewalt." (David Hume: Die wertlose Fiktion vom Gesellschaftsvertrag, München 1976, S. 165) Hume insistiert auf Anerkennung des realen Sachverhalts: "Die ursprüngliche Errichtung der Staatsgewalt beruht auf Gewaltanwendung; sie wurde nur zwangsweise akzeptiert. Auch spätere Regierungen stützen sich auf Macht; die Leute haben keine Wahl, sondern sind verpflichtet Gehorsam zu leisten." (S. 171) Das beklagt Hume keineswegs. Er argumentiert nicht gegen die Souveränität. Im Gegenteil. Die Triebe des Menschen streben nach schrankenloser Verwirklichung, nach unbeschränkter Freiheit und Einverleibung. Notwendig müssen deshalb die Leidenschaften geopfert werden. Sie müssen domestiziert werden, weil sonst in der Maßlosigkeit des Begehrens die Gattung sich zerrisse. Die Vernunft gebietet Zügelung und Kontrolle der Leidenschaften, vernünftige Beschränkung: "Ein geringes Maß an Erfahrung und Beobachtung genügt, uns davon zu überzeugen, daß keine Gesellschaft ohne die Autorität einer Obrigkeit bestehen kann und daß ein Verfall dieser Autorität unausweichlich ist, falls ihr nicht strikter Gehorsam geleistet wird. ... Wenn ihr mich nach den Gründen fragt, die uns zum Gehorsam gegenüber der Staatsgewalt verpflichten, so antworte ich ohne Zögern: 'Weil andernfalls die Gesellschaft nicht bestehen könnte." (S. 173 f) Auch Hobbes wußte natürlich, daß der Gesellschaftsvertrag, den er vernünftig, weil freiwillig aus Einsicht zustandegekommen, nannte, seinen Ursprung darin hat, daß einer die Macht ergriff, mit Gewalt und verführender Rede und Gesetze machte, die die anderen zu akzeptieren hatten — durch Usurpation. "Es gibt kaum einen Staat auf der Welt, dessen Anfänge mit gutem Gewissen zu rechtfertigen sind." (Hobbes, a.a.O., S. 539) Verträge ohne das drohende Schwert, sind bloß Worte, deren Magie nicht ausreicht, die gegeneinanderstehenden Interessen zu versöhnen, auch wenn die Vernunft längst weiß, daß die Leidenschaften und die Radikalität des Begehrens, wenn sie nicht, was die Selbsterhaltung gebietet, gezügelt werden, die Gattung insgesamt und damit eben auch jeden Einzelnen vernichten würden.

Bei Nietzsche kann man nachlesen, wie denn die Wahrheit der Moral der Herrschaft sich in die Gemüter der Beherrschten eingeschrieben hat: "Es ging niemals ohne Blut, Martern, Opfer ab, wenn der Mensch es nötig hielt, sich ein Gedächtnis zu machen; die schauerlichsten Opfer und Pfänder, die widerlichsten Verstümmelungen, die grausamsten Ritualformen aller religiösen Kulte (und alle Religionen sind auf dem untersten Grunde Systeme von Grausamkeiten) — alles das hat in jenem Instinkte seinen Ursprung, welcher im Schmerz das mächtigste Hilfsmittel der Mnemonik erriet." (Nietzsche: Menschliches, Allzumenschliches, Bd. 11, S. 802 f)

5

Nun wird mancher einwenden, richtig, was hier beschrieben wurde, sind die Wundmale der Entwicklung der bürgerlichen, sprich: kapitalistischen Gesellschaft, die natürlich in solche Wider-

sprüche der Barbarei geraten mußte, weil die Voraussetzung, nämlich das Privateigentum an den Produktionsmitteln, falsch und unvernünftig ist, und jeder Versuch einer vernünftigen Rechtfertigung katastrophale Folgen haben muß. Jetzt aber, mit dem real exi-
stierenden Sozialismus, gäbe es eine neue Qualität in der Geschichte der Menschheit, so daß die herkömmlichen Gewaltverhältnisse
aufgekündigt sind. Ich will es in diesem Zusammenhang unterlas-
sen zu fragen, wie denn die sozialistische Partei ihren Herrschaftsanspruch begründet, sondern nur über das Verhältnis der sozialistischen Partei zum Frieden und zum Krieg sprechen. Der Verteidigungsminister der DDR, Armeegeneral Heinz Hoffmann, betont
immer wieder den defensiven Charakter der Armeen des Warschauer Paktes, denen aber hochgerüstete aggressive Streitkräfte
der Nato gegenüberstünden, die darauf vorbereitet werden, einen
Krieg mit dem Einsatz modernster Massenvernichtungswaffen zu
führen. Nun will ich hier nicht, wie üblich, Panzer gegen Raketen,
Atombomben gegen Wasserstoffbomben, chemische gegen bakte-
rielle Waffen aufrechnen — uns fehlen ohnehin genaue Zahlen —
und wir brauchen sie auch gar nicht, weil wir wissen, was da an Vernichtungspotentialen vorhanden ist, reicht längst aus, uns alle vielfach zu vernichten. Ich will über etwas anderes reden, nämlich: welchen Stellenwert denn ein Krieg in den Überlegungen der sozialistischen Politiker hat. Hoffmann hat in der Zeitschrift "Einheit", die
vom ZK der Sozialistischen Einheitspartei Deutschlands herausgegeben wird, einen Aufsatz veröffentlicht mit dem Titel "Streitkräfte in unserer Zeit". Er wies darauf hin, daß schon Marx und Engels
die Schriften des Generals Clausewitz mit Gewinn gelesen hätten
— und auch Lenin habe 1915 Clausewitz' VOM KRIEG exzerpiert.
Hoffmann schreibt: "Als einen Schritt zum Marxismus bezeichne-
te Lenin besonders die Erkenntnisse Clausewitz' zum Verhältnis
zwischen Krieg und Politik. Gegen Ende seiner umfangreichen
Auszüge aus Clausewitz' VOM KRIEG steht die stark hervorgeho-
bene Passage: "Der Krieg ist ein Instrument der Politik; er muß
notwendig ihren Charakter tragen, er muß mit ihrem Maß messen;
die Führung des Krieges in seinen Hauptumrissen ist daher die Politik selbst, welche die Feder mit dem Degen vertauscht, aber darum
nicht aufgehört hat, nach ihren eigenen Gesetzen zu denken."
Hoffmann wie Lenin zitieren diese Passage durchaus zustimmend.

Nach wie vor ist der Krieg Politik mit anderen Mitteln. Hoffmann: "Wir teilen diese Auffassung nicht, im Atomzeitalter sei ein Krieg nicht mehr möglich. Auch wenn der Krieg, um mit Clausewitz' Worten zu sprechen, seine absolute Gestalt annähme, wenn er ganz Krieg, ganz das ungebundene Element der Feindschaft wäre. Jenes furchtbare Schlachteschwert, was mit beiden Händen und ganzer Leibeskraft aufgehoben sein will, um damit einmal und nicht mehr zuzuschlagen. Auch dann noch bliebe es durch und durch Politik." Wenn man das liest, zweifelt man, ob da ein kühler selbstbeherrschter Stratege spricht. Redet so nicht eher ein Lyriker, dem die Schreibmaschine durchgegangen ist, einer, der trotz der reichen, schwülen Phantasie dennoch nicht genügend Phantasie hat, sich vorzustellen, was passiert, wenn der Krieg seine absolute Gestalt annimmt und ganz und gar das ungebundene Element wird, was denn passiert, wenn einer romantisch die Atombombe mit dem großen Schlachteschwert verwechselt.

Erich Honecker hat immer wieder betont, daß der internationale Friede nur gewährleistet sei durch die militärische Überlegenheit des Sozialismus. Von Parität der Vernichtungswaffen war bei ihm noch nie die Rede. Aber militärische Überlegenheit ist nicht nur eine Frage der Menge und der Technologie der Waffensysteme, sondern auch eine der Kampfbereitschaft. Der 1. Sekretär des ZK der SED, der Staatsratsvorsitzende wie auch der Verteidigungsminister appellieren deshalb bei jeder Gelegenheit an die emotionale Bereitschaft, den Gegner schlagen zu wollen. Schon im Wehrkundeunterricht, der bereits in der Vorschule beginnt, wird das behandelt. Hoffmann ermahnt die Soldaten, ihre sozialistische Heimat zu lieben. Fest verbunden in unerschütterlicher Freundschaft mit der Arbeiterklasse sollen sie in unverbrüchlicher Freundschaft und Waffenbrüderschaft mit der Sowjetunion bereit sein. Sie sollen ihr Vaterland lieben, und sie sollen noch mehr: sie sollen den Klassenfeind hassen. Haß ist eine zentrale Kategorie der sozialistischen Wehrerziehung. Hoffmann sagt: "Lernt es beizeiten, die Feinde unseres Volkes, besonders die westdeutschen Imperialisten, die nicht aufgegeben haben, unseren friedlichen Aufbau zu stören, mit jeder Phase eures jungen Herzens zu hassen." Erich Honecker hat begründet, warum der Haß so wichtig ist: "Der junge Soldat hat die Skrupellosigkeit, Brutalität und Heimtücke der deutschen Imperialisten nie am eigenen Leib zu spüren bekommen, ihm fällt es deshalb leichter, den Freund zu erkennen als den Feind. Aber seine Aufgabe wird er nur dann in jeder Situation erfolgreich erfüllen können, wenn er den Imperialismus, seine Ziele und Absichten genau kennt, wenn er den Feind mit derselben Leidenschaft und Überzeugung haßt, wie er den Freund liebt und ihm vertraut." Daß das möglich ist, haben wir ja vorhin von Platon gehört — auch hier wird der philosophische Hund den Soldaten als Vorbild empfohlen. Im Militärlexikon der DDR kann man nachlesen, daß die Soldaten im Geiste der Treue zu ihrem sozialistischen Vaterland und des Hasses auf den Klassenfeind zu erziehen sind. Alwin Loose und Lothar Glass, Wehrexperten in der DDR, haben einen Aufsatz unter dem Titel "Wehrmoral und Soldatenethos im Sozialismus" geschrieben, in dem es heißt: "Unsere offene Parteilichkeit gebietet, klar und unmißverständlich zu erklären, daß der Haß gegen das imperialistische System Teil jenes Denkens und Fühlens und Wollens ist, das·den opferreichen Kampf sozialistischer Soldaten motiviert. In der sozialistischen Wehrmoral wird der Haß nicht verselbständigt und isoliert. Der Haß auf den imperialistischen Klassenfeind ist untrennbar verbunden mit der Liebe zur sozialistischen Gesellschaft, zur glücklichen Zukunft der Menschheit." Mit all seinem Denken und Fühlen soll der sozialistische Soldat hassen. Und wen soll er hassen? Er soll das imperialistische System hassen. Aber: kann man ein System hassen? Kaum. Hassen und bekämpfen kann man Menschen, die ein System repräsentieren und verteidigen. Man sieht: die Sprache der sozialistischen Strategen ist abstrakt. Der Krieg wird offensichtlich nicht zwischen Menschen, sondern zwischen Systemen ausgetragen, und da wiegen moralische Bedenken nicht so stark, insbesondere deshalb, weil ein Krieg, in dem sozialistische Soldaten kämpfen, ein gerechter Krieg ist. Und ein gerechter Krieg ist auch gleichzeitig ein schöner Krieg. Und der Tod, der in einem solchen Krieg natürlich jederzeit möglich ist, ist ein schöner Tod.

1979 erschien im Militärverlag der DDR das Lehrbuch "Die marxistisch-leninistische Ästhetik und die Erziehung zum Soldaten." (Unter der Redaktion von Generalmajor Prof. Dr. phil. A.S. Milowidow und Oberst Prof. Dr. phil. B.W. Safronow, Berlin, DDR, 1979) Dort kann man lesen: "Die Kriegskunst ist ebenso eine

Kunst wie Malerei, Architektur oder Pädagogik." Und man kann lesen: "Die Kunst des Luftkampfes ist nicht weniger meisterhaft, als, sagen wir, die Arbeit eines Künstlers." Und man kann lesen: "Die Freude, die militärische Tätigkeit erweckt, ist mit der Freude, die uns Kunstwerke bereiten können, in vieler Hinsicht verwandt. Bei einem Soldaten, der seine Pflicht aus innerer Überzeugung erfüllt, der keinen äußeren Zwang braucht, vermag eine straffe Disziplin, die auch der Form seiner Tätigkeit eine bestimmte Schönheit gibt, ähnliche Erlebnisse wie echte, wertvolle Kunstwerke hervorrufen." Moralische ästhetische Gefühle hinterlassen, so das Lehrbuch, eine tiefe Spur im Gedächtnis, und es wird als Beleg dafür der zweifache Held der Sowjetunion zitiert, Woroshejkin, der beglückt gesagt hat, daß nach der erfolgreichen Erfüllung einer Gefechtsaufgabe "alles im Inneren zu klingen" scheine. Im Lehrbuch heißt es dann weiter: "Haben die Soldaten eine tapfere und nützliche Tat vollbracht, so erscheint ihnen alles um sie herum bemerkenswerter und schöner, und von der Freude über eine solche Tat beflügelt, fühlen sie sich selbst stärker, glücklicher. Tiefe Freude erleben die Raketensoldaten, wenn sie die Ergebnisse ihrer kollektiven Tat sehen. All die schwere, komplizierte und gewissenhafte Vorbereitungsarbeit ist getan. Der Start ist freigegeben. Ein Feuerstrahl steigt in den Himmel. Die Bedienung wartet fast regungslos und gespannt. Heißt es: Ziel vernichtet, so fallen sich die Soldaten vor Freude in die Arme."

Der Krieg ist schön, und er macht alle Sinne wach für die Schönheit der Welt. Natur zum Beispiel — dem Lehrbuch nach erschließt sie ihre ganze Schönheit erst dem Soldaten im Gefecht. Immer noch Zitate aus dem Lehrbuch "Die marxistisch-leninistische Ästhetik und die Erziehung der Soldaten" aus dem Jahr 1979. "Die Natur erzeugt eine erhabene Stimmung und erweckt bei den Soldaten häufig erste poetische Regungen der Seele und den Wunsch, ihre überströmenden Gefühle auszudrücken. Nicht selten erleben die Soldaten in den Tagen des Krieges, im Schützengraben, vor dem Angriff, im Morast stehend, eingehüllt vom Brandgeruch, bei der Rast unter Kiefern, die von Granaten zersplittert waren, besonders stark ihre Bindung zur Natur. Im Feuer des Kampfes wurden Zeilen geboren, in denen sich die Wahrnehmung der Natur häufig mit dem heroischen Streben verband, den Feind zu bezwingen. Solche patriotischen Gefühle durchdringen poetische Zeilen wie die folgenden, die wenige Minuten vor dem Gefecht geschrieben wurden:

> *Es blüht und blüht ... Wie rote Glut*
> *stehn leuchtend Blumen, wie das Blut,*
> *das Falkenherzen heiß durchglüht.*
> *Für jeden, der den Tod hier fand,*
> *für's Leben, für das Vaterland,*
> *blüht dieses Feld. Es blüht und blüht ..."*

Die Autoren des Lehrbuches weisen aber besonders darauf hin, daß das ästhetische Erleben der Natur die Soldaten nicht von der Erfüllung ihrer Pflichten ablenke, sondern die Natur gebe ihnen die nötige Kampfeskraft. Das wäre ja auch zu toll, wenn die ganze pädagogische Bemühung dahin führte, daß die Soldaten, anstatt mutig zu kämpfen, plötzlich alle Gedichte schrieben. Die Autoren beruhigen die Vorgesetzten, die Behauptung sei falsch, "daß die Wahrnehmung des Naturschönen nur ein Gefühl der Ruhe, der Beschaulichkeit erwecke." Wenn der sozialistische Soldat, nachdem er durch die hohe Schule der sozialistischen Wehrerziehung gegangen ist, Natur sieht, dann sieht er rot. Die Blumen sind so rot wie sein stehendes Blut und das ist so rot, wie die Fahne, der er folgt. Er gibt sein Leben gern. Er gibt es für die Fahne und das Vaterland — und das ist schön. Sterben ist schön, lernen die Soldaten, wenn man für das Vaterland stirbt. Dann ist man ein Held. Und der Heldentod ist ein schöner Tod. "Um eines hohen Zieles willen, ist auch der Heldentod schön; denn er bejaht und rühmt das Leben angesichts des Todes."

Leider aber, zum Bedauern der Verfasser des Lehrbuches, gibt es auch in den sozialistischen Ländern Künstler, die so gar nicht von dieser Sicht auf Tod und Krieg überzeugt sind. Und die werden jetzt zur Ordnung gerufen: "Leider wird in einigen Kunstwerken das 'häßliche Gesicht' des Krieges allzu detailliert mit all seinen Grausamkeiten beschrieben. Dabei versucht mancher, die 'unverhüllte' Darstellung des Krieges in allen seinen häßlichen Erscheinungsformen, die von den Zielen und vom Charakter des Krieges abstrahiert und auf die Gestaltung der inneren Schönheit des Heldentums verzichtet, als 'realistisches Eindringen in die Tiefe der Erscheinungen' auszugeben. In den Vordergrund werden nicht Soldaten gerückt, die heroisch ihre Pflicht erfüllen, sondern sinnlos sterbende Dulder, die sich gewissermaßen als Staubkörnchen im Strom der Ereignisse verlieren." Was soll man da sagen? Wer den Mord und den Totschlag zeigt, das Massaker und die Brutalität, die Verletzten und die Sterbenden und die Toten, der abstrahiert vom wahren Wesen des Krieges, der gibt sich mit Staubkörnchen ab, ganz sinnlos, denn die verlieren sich im Strom der Ereignisse, die Dulder, die da verbluten und sinnlos sterben. Wer sich die kümmert, der hat das Wesen des Krieges, seine Kraft und Schönheit, nicht verstanden. Denn der Krieg ist schön. Und wer das nicht begreifen will, soll Staubkorn werden und sich im Strom der Ereignisse verlieren. Noch einmal das Lehrbuch: "Ein Krieg zur Verteidigung des sozialistischen Vaterlandes ist schön, allerdings nicht durch die Zerstörung materieller Werte, den Tod von Menschen und äußere Wirkungen, sondern durch sein hohes und edles Ziel, durch erhabenes Streben, durch die Heldentaten, die im Namen des Volkes und der Werktätigen der ganzen Welt vollbracht werden. Ein solcher Kampf läßt beim Soldaten keine niederen Gefühle aufkommen, sondern ruft starke Leidenschaften hervor, entfaltet im Menschen wahrhaft Schönes und Menschliches."

6

Ich habe ein Drehbuch über die junge Maria Theresia geschrieben und war bei den Dreharbeiten zu dem Film dabei. In das erste Jahr ihrer Regentschaft fällt ihre erste Schlacht, die Schlacht bei Mollwitz. Was braucht man? Soldaten natürlich, Pferde, Kanonen, Gewehre, Feuer, Pyrotechnik, Stuntmen, viele Statisten. Die Rekonstruktion der Schlacht wurde generalstabsmäßig vorbereitet. Eine Landschaft wurde gesucht, die der bei Mollwitz ähnlich ist, die Heere, die österreichischen und die preußischen, wurden in den alten Formationen aufgestellt und mit klingendem Spiel auf Zeichen des Regisseurs Axel Corti aufeinandergehetzt.

Das österreichische Heer hatte eine Kompanie geschickt, die mit großer Lust mitspielte. Gesucht wurden dann Freiwillige, die sich, groß fotografiert, erschießen lassen wollten. Der Tod mußte choreografiert werden. Als die Soldaten gefragt wurden, wer sich denn von ihnen erschießen lassen wolle, gab es kein Zögern. Alle Hände waren oben, alle wollten den Heldentod vor der Kamera sterben. Ein Problem hatten wir dagegen einige Tage später. Da wurde die Flucht der Kaiserin gedreht. Sie soll in die Festung Ofen. Aber als sie dort ankommt, muß sie sofort ohne Aufenthalt weiter, denn in Ofen ist die Pest. Die Häuser wurden mit ungelöschtem Kalk desinfisziert, die Hosen und Röcke und Blusen und Hemden der Pestleichen wurden verbrannt. Wir brauchten Pestleichen, die auf Karren weggetragen wurden. Wir fragten wieder die Soldaten, wer sich als Leiche zur Verfügung stellen wolle — und erlebten eine kleine Überraschung: diesmal meldete sich niemand. Den Heldentod in der Schlacht wollten alle sterben, aber Leiche wollte keiner sein — obwohl doch jede Pestleiche eine Großaufnahme bekam wie die tödlich getroffenen Krieger. Was mag der Grund dafür sein? Ich glaube, der Grund liegt darin, daß im Bewußtsein der Krieger, die den Heldentod sterben wollen, verdrängt ist, daß sie, wenn sie den Heldentod gestorben sind, tot sind. Der Tod hat mit dem Heldentod überhaupt nichts zu tun. Der Rausch des Kampfes, die Todesentschlossenheit, der Todesmut und der Todesschuß, all das gehört zum Leben und ist intensivstes Leben. Alle Kraft und Phantasie ist hier versammelt. Das ist die höchste Anspannung des Lebens überhaupt: der Heldentod als Fest der Lebenden. Erst wenn sie leblos daliegen sollen, tot sein sollen, der eine kleine Moment nur später, der nach dem heroischen Aufbäumen, nach dem letzten Zucken, nach dem brechenden Blick, macht sie erschrecken. Das sind sie gar nicht mehr, nur noch gestaltlos. Da ist kein Wille mehr zum Sterben, keine Verzückung des Schmerzes, kein überkochendes Blut, sondern nur noch lebloses, willenloses Fleisch und ein großes Erschrecken darüber, daß nach dem Sterben tatsächlich der Tod kommt — und eine entsetzliche Angst, eine magische Angst fast, daß der, der da vor der Kamera eine Leiche ist, nicht länger spielt, sondern wirklich Teil hat am Tod. Niemand wollte Leiche sein, freiwillig, niemand wollte, ohne heldenhaft gestorben zu sein, einfach tot daliegen und sich wegkarren lassen wie Müll. Der Heldentod hat offensichtlich im Bewußtsein der Soldaten mit dem Tod nichts zu tun. Der Tod ist verdrängt aus der Sehnsucht zu sterben. Es gibt zwar einen Todestrieb, eine Lust, zu sterben, alles aufzugeben in dem einen Augenblick, in dem der Blick bricht, es gibt die Verzückung und den Rausch und die Exaltation der Sinne, den größten Orgasmus, wenn der Körper explodiert, wenn er sich total hingibt, ohne Beherrschung und Zurückhaltung — aber das soll immer wieder möglich sein können. Und das kann man immer wieder nachlesen, vor allem natürlich in der faschistischen Literatur, die in der Beschreibung solcher Sterbesehnsüchte schwelgte: wie die Soldaten verzückt sind, wie der Rausch sie packt und sie sich sehnsüchtig in die Schlacht werfen, um darin zu sterben. Das ist der Sieg des Lebens, der rauschhafte Tod, in dem es keinen Tod gibt, sondern nur Leidenschaft und Wollust des Lebens. Das kann man nachlesen in den Romanen von Jünger und Salomon und Schauwecker und Heinz. (Klaus Theweleit hat in seinen 'Männerphantasien'' viel Material gesammelt und kommentiert. Verlag Roter Stern, Frankfurt/M. 1978) Jünger schreibt beispielsweise: "Die Feuertaufe! Da war die Luft so von überströmender Männlichkeit geladen, daß jeder Atemzug berauschte, daß man hätte weinen mögen, ohne zu wissen, warum. O Männerherzen, die das empfinden können." Es gibt kein Halten mehr. Die Männer stürmen voran und schießen und werden selbst zu Geschossen, die in den Leibern der Feinde explodieren und selbst dabei mit explodieren, als wäre es Hochzeit. Schauwecker beschreibt das in seinem Buch "Aufbruch der Nation": "Alles fuhr flammend durch sie hindurch und blieb zurück. Sie brannten ungeheuer in der Sekunde. Grell stand der Alarm über der Stellung, elektrisch knatternd, sich wegbrennend durch alles, was noch lebte: ja, ja, endlich, jetzt sind wir dran, jetzt können wir uns loslassen, uns entsichern und abbrennen." Das ist, wie Heinz schrieb: "der Ausbruch der vulkanischen Herzen der Besessenen des Krieges." Schauwecker schrieb: "Es zersprengt ihn fast wie eine Granate, die da innerlich wie von selber aufsprang an der Stelle des Herzens", und Heinz beschreibt "die Wollust, den aufbrüllenden Motor des Herzens", der mit Pulver befeuert wird. "Der Schrei bricht sich fürchterliche Bahn. Es schreit. Es schreit aus dem Blut, aus den Knochen platzt das Hurra." Schauwecker beschreibt die Empfindung der Soldaten kurz vor dem Sturm: "Er fühlte es plötzlich mit seinem Leib aus Lehm, mit seinen Adern aus Quellen und Nerven aus Vulkanröhren. Gleich mußte es ihn ergreifen und wolkenhoch schleudern und atomklein zerfetzen, ihn und alle anderen neben ihm, die Klumpen aus Lehm mit dem glutflüssigen Punkt des Herzens mittendrin, mit dem Keimpunkt des Kommenden. Gleich, gleich." Die große Sehnsucht geht auf Mord, aber in dem

Blutrausch ist noch ein ganz anderes Entzücken: es wird ihn gleich selbst zerreißen, es wird ihn gleich in die Luft sprengen, wolkenhoch schleudern und zerfetzen. Die Gewehre und Kanonen werden zu lebendigem, warmem Fleisch, und die warmen Körper werden zu tödlichen Maschinen. Schauwecker schreibt: "Sie spannten den Atem und pumpten sich voll mit Preßluft, singend in den Ohren, hämmernd in den Lungen, sie wurden wahrhaftig zu lebendigen Geschützen mit Muskeln aus Melinit und Lafettenbeinen, wie losgelassene Motoren mit Benzin im Tank ohne Bremse." Die Leiber werden zu Todesmaschinen, sie laufen heiß und werden zu Geschossen. "War es nicht — schreibt Salomon — als spürte ich an den zuckenden Metallteilen des Gewehres, wie das Feuer in warme, lebendige Menschenleiber schlug? Satanische Lust, wie, bin ich nicht eins mit dem Gewehr? Bin ich nicht Maschine — kaltes Metall? Hinein, hinein in den wirren Haufen; hier ist ein Tor errichtet, wer das passiert, dem wurde Gnade." "Schnell, nur schnell, jetzt muß getötet werden! Jetzt gibt es nur eine Erlösung, eine Erfüllung und ein Glück: das fließende Blut. Ich fühle, wie mir das Blut siedend in das Gesicht geschossen ist, wie sich die Zähne aufeinanderpressen, und wie die hellen Tränen unaufhaltsam über das Gesicht hinunterfließen." "Morgen muß ich an die Front — träumt Schauwecker — hinein in die flammende Umarmung der Granaten, entgegen den knallenden Küssen der Gewehrschüsse unter den glühenden Liebesblicken der Flugzeuge." Jünger schreibt: "Das Blut schäumt auf zur Explosion. Der Kampf schmilzt den Schnee, der auf den Gefühlen lag; im rauschenden Blut blühen sie auf. Der Mannesmut ist doch das Köstlichste. In göttlichem Funken spritzt Blut durch die Adern. Wenn das Blut durch Hirn und Adern wirbelte wie vor ersehnter Liebesnacht, nur noch viel heißer und toller, da reißt Begeisterung die Männlichkeit so über sich hinaus, daß das Blut kochend gegen die Adern springt und glühend das Herz durchschäumt." Das ist, wie Jünger schreibt, "die Ekstase. Dieser Zustand des Heiligen. Das ist ein Rausch über allen Räuschen, Entfesselung, die alle Banden sprengt. Es ist eine Raserei ohne Rücksicht und Grenzen. Da ist der Mensch wie der brausende Strom, das tosende Meer und der brüllende Donner. Dann ist er verschmolzen ins All, er rast den dunklen Toren des Todes zu wie ein Geschoß dem Ziel. Es ist, als gleite eine Woge ins flutende Meer zurück." "Das ist — so Jünger —

die Wollust des Blutes, die über dem Krieg hängt wie ein rotes Sturmsegel über schwarzer Galeere, an grenzenlosem Schwunge nur dem Eros verwandt." Das ist das höchste Glück im Leben, zu sterben, Natur zu werden, frei zu sein von allem zivilisatorischem Zwang, das ist der Naturzustand, den Hobbes fürchtete und den er vernünftig und gewalttätig überwinden wollte.

7

Freud schrieb: "Recht und Gewalt sind uns heute Gegensätze." (Freud, Warum Krieg, GW, Bd. XVI, S. 14), obwohl kein Zweifel herrscht, "daß Recht ursprünglich rohe Gewalt war und noch heute der Stützung durch die Gewalt nicht entbehren kann." (a.a.O., S. 19 f) Freud sagte: "Interessenkonflikte unter den Menschen werden also prinzipiell durch die Anwendung von Gewalt entschieden. So ist es im ganzen Tierreich, von dem der Mensch sich nicht ausschließen sollte; für den Menschen kommen allerdings noch Meinungskonflikte hinzu, die bis zu den höchsten Höhen der Abstraktion reichen." (a.a.O., S. 14) Jeder Meinungskonflikt läßt sich nach Freud reduzieren auf sich widersprechende und einander bekämpfende Triebregungen. "Die Triebe sind von zweierlei Art: einmal die lebenserhaltenden, erotischen Triebe und zum anderen solche, die zerstören und töten wollen, die Destruktionstriebe — und da es keine Aussicht hat, die aggressiven Neigungen der Menschen abschaffen zu wollen" (a.a.O., S. 23), muß die Vernunft Möglichkeiten der Organisation finden und durchsetzen, die zumindest das Überleben garantieren. Wieder wird der Kreislauf beschrieben, in dem Gewalt gewalttätig Recht setzt, um Gewalt zu verhindern, die den sozialen Verband zerstören würde: "Die Gemeinschaft muß permanent erhalten werden, sich organisieren, Vorschriften schaffen, die den gefürchteten Auflehnungen vorbeugen, Organe bestimmen, die über die Erhaltung der Vorschriften — Gesetze — wachen und die Ausführung der rechtmäßigen Gewaltakte besorgen." (a.a.O., S. 15 f) Dieser Rechtszustand, den alle wollen müssen, ohne ihn doch im Widerstreit ihrer vielen einander widersprechenden partikularen Interessen erreichen zu können, muß durch einen Gewaltakt herbeigeführt werden, der die partikularen Interessen, die alle für sich in Anspruch nehmen, vernünftig, also allgemein zu sein, unter ein Gesamtinteresse durchaus zuschaden der vielen einzelnen zwingt. Kant hat dieses Geburtstrauma der Gesellschaft, die ihr Recht durch Gewalt begründet, ähnlich wie später dann Freud beschrieben: "Und ob er gleich als vernünftiges Geschöpf ein Gesetz wünscht, welches der Freiheit aller Schranken setze: so verleitet ihn doch seine selbstsüchtig-thierische Neigung, wo er darf, sich selbst auszunehmen. Er bedarf also eines Herren, der ihm den eigenen Willen breche und ihn nötige." Und Kant wie Freud kommen zur Idee eines Völkerbundes. Es bedarf des vernünftigen Willens aller, einzuwilligen in die Rechtsordnung, die gegen alle subjektive Willkür des Begehrens, Ordnung und Frieden garantiert, im Interesse der Allgemeinheit auch gegen die Sonderinteressen Einzelner. Freud hat geschrieben: "Eine sichere Verhütung der Kriege ist nur möglich, wenn sich die Menschen zur Einsetzung einer Zentralgewalt einigen, welcher der Richtspruch in allen Interessenkonflikten übertragen wird. Hier sind offenbar zwei Forderungen vereint, daß eine solche übergeordnete Instanz geschaffen und daß ihr die erforderliche Macht gegeben werde. Das eine allein würde nichts nützen. Nun ist der Völkerbund als solche Instanz gedacht, aber die andere Bedingung ist nicht erfüllt: der Völkerbund hat keine eigene Macht und kann sie nur bekommen, wenn die Mitglieder der neuen Einigung, die einzelnen Staaten, sie ihm abtreten. Dazu scheint aber derzeit wenig Aussicht vorhanden." (a.a.O., S. 18)

8

Interessant ist, daß alle Utopien von Melancholikern geschrieben wurden. Wolf Lepenies weist in seinem Buch "Melancholie und Gesellschaft" darauf hin, daß Burton z.B. seine "Anatomie der Melancholie" ganz ausdrücklich mit dem Ziel schrieb, sich seine Melancholie zu vertreiben. Utopisches Phantasieren ist immer Resultat einer Handlungshemmung. Burton z.B. schrieb seine Utopie, weil er unfähig war, praktische politische Arbeit zu leisten. Morus schrieb seine Utopia, als er, der Gesandte seines Königs, in dessen Auftrag er auf dem europäischen Festland politische Verhandlungen führte, vom Dienst suspendiert wurde. Die Utopisten hätten kaum nur gedacht und entworfen, wenn sie hätten handeln können. Utopia entsteht aus Ungenügen an der Welt. Und Utopia endet mit dem Bild einer besseren Welt, in der alle Reflexion überflüssig ist, weil ja nichts mehr in Frage zu stellen ist. Das Reflexionsmaß zu Beginn ist um so größer, je größer die Handlungshemmung ist. Und um so größer wird am Schluß das Reflexionsverbot sein, damit das Gesamtsystem nicht in Frage gestellt werde.

Aber einer, der wirklich handelt, der die Kraft dazu hat und die moralische Skrupellosigkeit, handelt denn der nun wirklich anders, als die Utopisten träumten, wie sie handeln würden, wenn sie nur handeln könnten? Den Terror der utopischen Staaten haben wir ja im Lauf der Geschichte in den wirklichen Staaten erlebt. Es gibt eben Utopisten ohne Handlungshemmung, Melancholiker, die ihre Handlungshemmung praktisch überwinden. Hitler zum Beispiel ist dafür exemplarisch. Solche nennen sich Revolutionäre und schlagen zu. Ihr Papier sind wir. Und der Terror dieser Revolutionäre, sozialistischer, nationalsozialistischer, religiöser, enteignet den revolutionären Träumern den Traum. Die Utopisten haben sich ihre Melancholie noch vertreiben können mit der Konstruktion utopischer Staaten, in denen sie sich ihre Melancholie verboten. Heute aber kann es keinem Melancholiker mehr einfallen, einen utopischen Staat zu entwerfen, weil das Muster, das von jeher solche Phantasien variierte, der totale Polizeistaat, ja nicht länger ausgedachter Tobak sondern Realität geworden ist. So entkommt man seiner Melancholie nicht mehr.

Wir hatten für kurze Zeit noch einmal die Illusion, daß unsere Handlungshemmung kraftvoll sein kann, weil unsere Kraft sich nicht unwürdig verausgabte in der schlechten Alltagspolitik. Wir entdeckten die alte revolutionäre Theorie, die bei uns nach dem Krieg in Vergessenheit geraten war, neu. Und da hatte sie noch einmal den Anschein von Frische. Sie war in unseren Köpfen, wie sie gedacht worden war, nicht wie sie später praktisch wurde, nämlich barbarisch.

Melancholie hat mit Utopie zu tun. Aber sie hat auch noch mit etwas anderem zu tun: mit Trauer. Freud hat in seinem Aufsatz TRAUER UND MELANCHOLIE auf Ähnlichkeiten und Unterschiede hingewiesen. Die Melancholie, schreibt er, "ist seelisch ausgezeichnet durch eine tief schmerzliche Verstimmung, eine Aufhebung des Interesses für die Außenwelt, durch den Verlust der Liebesfähigkeit, durch die Hemmung jeder Leistung und die Herabsetzung des Selbstwertgefühls, die sich in Selbstvorwürfen und

Selbstbeschimpfungen äußert und bis zur wahnhaften Erwartung von Strafe steigert." Freud sagt nun, daß die Trauer dieselben Züge aufweist, bis auf einen wesentlichen Unterschied: die Störung des Selbstgefühls fällt bei der Trauer weg. Der Melancholiker zeigt uns, was bei dem Trauernden nicht zu beobachten ist: die außerordentliche Herabsetzung des Ichgefühls, die große Ichverarmung. Bei der Trauer ist die Welt arm und leer geworden — bei der Melancholie ist es das Ich selbst. Die Trauer bewegt das Ich nach geleisteter Trauerarbeit dazu, auf das geliebte, verlorene Objekt zu verzichten, indem es das Objekt für tot erklärt, und dem Ich, wie Freud sagt, "die Prämie des am Leben Bleibens bietet." Bei der Melancholie aber bleibt das Ich auf der Strecke. Der Objektverlust verwandelt sich in einen Ichverlust. Der Schatten des Objekts fiel auf das Ich und verdüsterte es.

Nun gibt Freud noch einen interessanten Hinweis. Er stellte nämlich bei Melancholikern fest, daß sie dazu neigen, ihre Selbstvorwürfe öffentlich zu machen, sich öffentlich herabzusetzen. Und er sagte, der Schlüssel des Krankheitsbildes ist, daß die Selbstvorwürfe, die laut wiederholt werden, eigentlich Vorwürfe gegen das verlorene Liebesobjekt sind, die von diesem weg dann auf das Ich gewälzt worden sind. Und Freud sagt, die Melancholie kann auch als Folge des Verlustes ideeller Werte entstehen. Und damit sind wir beim Problem. Was zum Beispiel den "Neuen Philosophen" und vielen von uns als Liebesobjekt verloren gegangen ist, ist die reine Theorie und die Trauer ist Trauer über den Verlust der Theorie und nicht etwa Trauer darüber, daß im Namen dieser Theorie Menschen getötet worden sind. Das wußte man nämlich schon vorher. Das spielte nur lange Zeit keine Rolle, weil es theoretisch sozusagen nicht zählte. Der Verdacht liegt nahe, daß die Theorie, die die Welt erkennen und verändern helfen sollte, soviel gar nicht wirklich verändern wollte, sondern eher Schutz bieten sollte, um in der Solidarität der Gruppe moralisch integer und dennoch gemütlich sicher überleben zu können, ohne Anfechtungen ausgesetzt zu sein. Wer so denkt, der muß natürlich melancholisch werden, ohne die Kraft zu haben, seine Melancholie produktiv zu überwinden, und zwar in dem Augenblick, in dem er sich nicht mehr verheimlichen kann, daß ihm seine Theorie enteignet wurde, und zwar zum Zwecke der Rechtfertigung von Gewalt. Die Melancholiker haben

Utopien erfunden, wie beschrieben, um sich in der Freiheit ihrer Phantasie ihre Melancholie zu verbieten. Das taugt nicht mehr, weil der Totalitarismus der Utopien inzwischen Wirklichkeit in den Polizeistaaten geworden ist. Aber es gab von Anfang an noch eine andere Möglichkeit, seine melancholische Empfindsamkeit zu überwinden. Correggio, Pontormo, Michelangelo, Volterra, das waren Melancholiker. Shakespeare war Melancholiker. Dürer war Melancholiker. Anders als die Utopisten, die ihre ganze Anstrengung darauf verwandten, sich ihre Melancholie zu verbieten, insistierten die Künstler auf ihrer Melancholie. Und es gibt also, wie man bei ihnen sehen kann, eine erfolgreiche Trauerarbeit des Melancholikers — dann, wenn er die Kraft hat seine Melancholie auszuhalten, wenn sein Leiden an der Welt nicht bloß subjektive Schwäche ist, sondern Maßstab seiner Beurteilung des allgemeinen Leidens. Dann sieht er das Elend derer, die in der Barbarei des Prozesses der Zivilisation zugrunde gingen. Sein Leiden ist Mitleiden. Seine Melancholie ist nicht wehleidig und sentimental und selbstgefällig in der Selbstanklage, nicht untüchtig und untätig, sondern trotz aller Empfindsamkeit und Sensibilität und Verletzbarkeit produktiv.

Wir hier alle sind Melancholiker, ohne daß wir die Hoffnung haben, utopische Wunschphantasien könnten uns helfen, unsere Melancholie zu überwinden, weil die ja Resultat der Erkenntnis ist, daß die Welt und wir darinnen so beschaffen sind, wie wir beschaffen sind, daß wir nicht dazu da sind, wie uns immer wieder bestätigt wird, glücklich zu werden, weil Glück die Befriedigung von Bedürfnissen voraussetzte, die wir uns ständig verbieten müssen, damit wir wenigstens überleben können, um das zur Kenntnis zu nehmen: daß wir ganz offensichtlich in der Geschichte der Natur ein Monstrum sind, entarteter Teil der Natur, begabt mit Verstandesfähigkeit, die dazu benutzt wird Natur zu beherrschen, Natur außer uns und Natur an uns, und dabei mit der Zerstörung der Natur uns selbst zerstören. Das können wir erkennen und haben, trotz aller Vernunft, wegen dieser Vernunft offensichtlich kein Mittel, den Zerfall langfristig aufzuhalten. Da hat sich etwas substantiell verändert: daß nämlich anders als früher jetzt die Möglichkeit der totalen Selbstvernichtung da ist. Ansonsten hat sich kaum etwas verändert. Wir greifen deftiger zu, nicht vernünftiger. Adorno hat die Behauptung eines in der Geschichte sich manifestierenden und sie zusammenfassenden Weltplanes zum Besseren hin nach all den Katastrophen und den künftig zu erwartenden zynisch genannt. Und dennoch könne man die Einheit nicht verleugnen, welche die diskontinuierlichen, chaotischen Phasen der Weltgeschichte zusammenschweiße, "die von Naturbeherrschung, fortschreitend in die Herrschaft über Menschen und schließlich die über inwendige Natur. Keine Universalgeschichte führt vom Wilden zur Humanität, sehr wohl eine von der Steinschleuder zur Megabombe. Sie endet in der totalen Drohung der organisierten Menschheit gegen die organisierten Menschen, im Inbegriff von Diskontinuität. Hegel wird dadurch zum Entsetzen verifiziert und auf den Kopf gestellt. Verklärte jener die Totalität geschichtlichen Leidens zur Positivität des sich realisierenden Absoluten, so wäre das Eine und Ganze, das bis heute, mit Atempausen, sich fortwälzt, teleologisch das absolute Leiden." (Adorno: Negative Dialektik, Frankfurt 1966, S. 312) Otthein Rammstedt hat daran anschließend konsequent verlangt, die Geschichte der Gewalt, bislang als Geschichte der Gewalttätigkeit unter der Perspektive und nach dem Verständnis der Sieger geschrieben, müsse neu geschrieben werden als Geschichte des Gewalterleidens, damit die Lüge deutlich werde, die glauben machen will, "daß Gewalt nur mit Gewalt begegnet werden könne, daß Gewalttätigkeit gegen Gewalttätigkeit zu stehen habe", daß Gewalt also unmittelbar therapierbar sein können soll — nämlich durch die letzte Gewalt. (Rammstedt, O.: Legitimationsprobleme politischer Systeme, in: Politische Vierteljahrszeitschrift, Sonderheft 7/76, S. 250) Daß bei Rammstedt mit der Kritik an dem Verblendungszusammenhang gleichzeitig Hoffnung entsteht, ist als Anstrengung der Begriffsarbeit zu lesen, die nicht wahrhaben will, was das reflektierende Wissen längst weiß: daß der barbarische Gewaltzusammenhang barbarisch wie er war auch bleiben wird, und daß alle Strategien, die der weiteren Reproduktion der Gattung dienen sollen, die also politische Theorie in politische Praxis umsetzen helfen sollen, das Bewußtsein von der nötigen Unterdrückung der Mehrheit durch die Minderheit zur Voraussetzung haben müssen. Anders wäre die planende Vernunft naiv und ihr zerfiele unter ihrem spekulativen Plan einer heilen Welt die Wirklichkeit in chaotische Vielfalt, deren anarchische Gewalttätigkeit die vernünftig geplante

Gewalt um ein Vielfaches überstiege. Auch Rammstedt weiß natürlich, daß "die Hoffnung auf die Annihilation von Gewalt in der Gesellschaft wahrscheinlich eine unkonkrete Utopie bleiben muß" und "daß letztenendes nur die Gattung als Gattung das Leiden aufzuheben vermag" (a.a.O.), was, wenn ich richtig lese, nichts anderes heißt, als daß der Gewaltzusammenhang, den jeder Einzelne erleidet, und damit die Gattung, die Gattung und damit jeden Einzelnen nicht mehr betrifft, wenn die Gattung aufgehört hat zu existieren. Für jeden Einzelnen ist das schon bei seinem Tod der Fall, dann ist er erlöst und frei von den Widersprüchen seiner Natur. Daß, wie Rammstedt will, Kritik den Einzelnen befähigen möge, sich des Zwangs und des sozialen 'Muß' in seiner Ohnmacht bewußt zu sein (a.a.O.) ist angesichts der unkonkreten Utopie, die Einsicht in den Zwangszusammenhang möge dennoch Strategien zur Befreiung verwirklichen können, bloß möglich als abstrakte Negation des realen Prozesses der Zivilisation und wie schon immer moralisch integere Variation, die den ostinaten Baß umspielt, der das Thema ist: die Gewalt.

Horst-Eberhard Richter

Kann ich als Psychoanalytiker zur Arbeit für den Frieden beitragen?

Als ich die freundliche Einladung für diese psychoanalytische Tagung erhielt, zögerte ich erst, ob ich zusagen sollte. Seitdem ich mich in dem Felde engagiert habe, das man in der Friedensbewegung "Friedensarbeit" nennt, frage ich mich vor der Entscheidung für eine Veranstaltung jedesmal: Wie paßt das, was ich denke und vermitteln möchte, zu den Erwartungen der Gastgeber bzw. des von ihnen mobilisierten Publikums? Kann es da zu einer klärenden und ermutigenden Zusammenarbeit kommen, oder stehen dafür die Aussichten zu ungünstig? Verhältnismäßig sicher fühle ich mich, wenn ich zu Basisgruppen, zu studentischen Fachschaften, zu engagierten Studentengemeinden, zu Ärzte-Initiativen oder auch zu öffentlichen Abenden mit buntgemischtem Publikum gehe. Mit der "Psychoanalytic Community" habe ich indessen bisher recht gemischte Erfahrungen gemacht. Vor eineinhalb Jahren hat die Deutsche Psychoanalytische Vereinigung einen Tag lang sehr hitzig über eine Resolution gegen den Nuklearkrieg diskutiert. Es handelt sich um den Ihnen bekannten Text der American Psychiatric Association und der American Association for Social Psychiatry, den die International Psychoanalytic Association mit unwesentlichen Zusätzen übernommen hatte. In der DPV wurde nun lange darüber geredet, ob jeder einzeln für sich oder die Vereinigung als solche die Resolution tragen solle. In der Sache herrschte scheinbar absolute Übereinstimmung, wenn man zum Maßstab nimmt, daß zum Schluß nahezu alle unterschrieben.

Aber dieses scheinbar überaus ernst genommene Papier verschwand rasch in der Versenkung. Als ich nach einigen Wochen bei unserem Vorsitzenden nachfragte, weil ich nur eine einzige kleine Zeitungsnotiz gefunden hatte, meinte er, daß er sich dies auch nicht erklären könne. Allerdings stellte sich heraus, daß niemand sich energisch darum gekümmert hatte, die Resolution an die Öffentlichkeit zu bringen. So hatte die scheinbar politisch gemeinte Handlung gar nicht diesen Sinn gehabt, wie sich nachträglich herausstellte. Vielmehr hatten die stürmische Diskussion und die Verabschiedung des Textes eher umgekehrt die Funktion erfüllt, durch eine affektiv entlastende Scheinhandlung eine konflikthafte Einmischung in die politische Wirklichkeit zu ersparen.

Inzwischen rührt sich zu diesem Problem nur noch wenig. Als ich für die fällige Halbjahrestagung der DPV im letzten Herbst eine Arbeitsgruppe zum Friedensthema anbot, meinten die Organisatoren, das passe nicht gut hinein.

Einmal haben mich die Ausbildungskandidaten eines westdeutschen Psychoanalytischen Instituts zu einem Vortrag über "Psychoanalytische Aspekte der Friedensfähigkeit" eingeladen. Ich habe den Vortrag gehalten und anschließend einige freundlich kritische Bemerkungen von PAUL PARIN vorgelesen, die dieser mir zu meinem Manuskript mitgeteilt hatte. Die Diskussion unter Beteiligung einiger älterer Lehranalytiker verlief eher steif und eigentümlich unfrei. Aber danach, beim informellen Umtrunk, als die Kandidaten mit mir allein waren, kam plötzlich alle Erregung durch, die vorher verdeckt geblieben war. Unmut und Empörung schlugen hoch, aber die Rüstungspolitik und die gesellschaftliche Militarisierung boten nur den Einstieg, um über ein ganz anderes Phänomen von Gewalt zu reden, nämlich über die Gewalt in der psychoanalytischen Ausbildung. Auf das Heftigste wurden die Kontrolle während der Ausbildung und das Abschlußkolloquium angegriffen. Seit Jahren habe kein Kandidat das Abschlußkolloquium mehr absolviert, ohne vorher oder anschließend psychosomatisch zu erkranken. Das Problem der Gewalt am Institut verstellte völlig den Blick für die allgemeinpolitische Ebene. Hatte ich vorher von den psychischen Bedingungen und der Notwendigkeit zivilen Ungehorsams gegen die gesellschaftliche Militarisierung gesprochen, so ging es nunmehr allein noch um die Frage, ob man und wie man sich vielleicht wehren könnte gegen die Einschüchterungen und Disziplinierungen in der Ausbildung. Als Ursache des schwer erträglichen Drucks wurden die sozialen Strukturen im psychoanalytischen Vereinsleben diskutiert. Dabei wurden in etwa die Ge-

113

sichtspunkte herausgearbeitet, die MARIO ERDHEIM unlängst in dem Sammelband "Das Unbehagen in der Psychoanalyse" aufgeführt hat. Es hieß, man müsse diese Strukturen von unten aufbrechen, aber da die Kontrolle tief in das Innere eines jeden Kandidaten hineinwirke, habe man sich miteinander noch nicht zu solidarischem Protest aufraffen können.

Von diesem Züricher Seminar weiß ich nun indessen so viel, daß diese Einrichtung sich erfolgreicher gegen die antipsychoanalytische Verschulung behauptet hat, als das anderswo geglückt ist. Überdies habe ich in den letzten 20 Jahren immer wieder gerade von PAUL PARIN und FRITZ MORGENTHALER wesentliche Ermutigungen erfahren, so daß ich letztlich sehr gern hier hergereist bin.

Wenn ich eben sagte, daß die Diskussion mit jenen Kandidaten über die Zwänge an ihrem Institut den Blick auf das Problem von Krieg und Frieden verstellt habe, so könnte man das so mißverstehen, als hätte ich hier nur eine Vermeidungsreaktion kritisieren wollen. Tatsächlich blieben die Kandidaten notwendigerweise an einer wesentlichen Bedingung hängen, die vielerorts ein konzentriertes gründliches Nachdenken speziell über die psychischen Hintergründe der gesellschaftlichen Militarisierung blockiert. In dem Augenblick, in dem sich jemand die volle Gefahr und den Widersinn der atomaren Bedrohungspolitik klarzumachen versucht, steigt in ihm Empörung hoch. Aber gleichzeitig befällt ihn der Zweifel: Kann er eigentlich für diese Entrüstung als Person überhaupt einstehen? Ist er nicht alltäglich passiv und aktiv in Strukturen verstrickt, in denen Gewalt ausgeübt wird? Unterdrückt er nicht unter vielfältigen Anpassungszwängen laufend kritische Gedanken und erst recht Impulse praktischen Widerstandes? Muß er sich nicht als Heuchler vorkommen, wenn er gewissermaßen mit einem Sprung über die Szene seiner alltäglichen Verwicklung hinwegsetzen will? Sehr verständlich scheint es also, wenn gerade sensible junge Menschen, die sich der Psychoanalyse zugewandt haben, erst einmal das Problem der Gewalt an der Stelle aufgreifen und ihre Haltung dazu klären wollen, wo sie im Alltäglichen noch keinen konstruktiven Ausweg aus ihrer Ohnmacht gefunden haben. Ich selbst kann übrigens mein eigenes Unbehagen darüber nicht einfach übergehen, daß ich als Mitglied der älteren Psychoanalytikergeneration nicht wirksamer dazu beitragen konnte, wenigstens in unserem Land die Institutionalisierung von Unfreiheit in einer Ausbildung zu verhindern, die sich ausdrücklich zum Ziel die Erweiterung psychischer Freiheit gesetzt hat.

Nur zwei Worte möchte ich noch zur nötigen Reform psychoanalytischer Ausbildung sagen. Narzißtische Selbstüberschätzung verführt manche von uns zu dem magischen Denken, die Erkenntnis notwendiger Reformen werde als solche schon deren Durchsetzung zustandebringen. Tatsächlich aber gibt es seit langem viele Analytiker — ANNA FREUD gehörte dazu —, die einzeln jeder für sich die Entwicklung einer antianalytischen Verschulung an den Instituten beklagen und Punkte benennen, die zu ändern wären. Dennoch fallen dann in den kompetenten Gremien meist nicht die entsprechenden Entscheidungen. In den Ritualen der Institution werden undurchschaute kollektive Zwänge wirksam, die sich oft gegen bessere Einsicht der einzelnen durchsetzen. Sichtbar wird eine Art von Sektensyndrom, bekannt von Gruppen, die insgeheim um ihren inneren Zerfall bei gleichzeitiger Bedrohung mühsam errungener sozialer Privilegien fürchten. Charakteristisch sind die Bemühung um eine besonders enge Kohäsion im eigenen Kreis, demzufolge offene oder verdeckte autoritäre Praktiken bei der Integration des Nachwuchses. Es ergibt sich die Neigung, die Einigungskraft von Konzepten durch Dogmatismus erhöhen zu wollen und einer gruppeninternen Divergenz von Meinungen durch disziplinierende Vorschriften Einhalt zu gebieten. Berührungstabus hemmen die Annäherung von Gruppenmitgliedern an Nachbarprofessionen bzw. Nachbarwissenschaften. In den Führungsgremien breitet sich priesterlicher Moralismus aus, der ein gruppenkonformes Wohlverhalten der Mitglieder, speziell des Nachwuchses überwacht und Abweichungen ahndet. Die Autoren des Sammelbandes "Das Unbehagen in der Psychoanalyse" (Hg. v. H.M. Lohmann) haben diese Prozesse präzise beschrieben.

Die Mechanismen eines solchen Sektensyndroms sind jedenfalls zu bedenken, wenn in der Reform psychoanalytischer Ausbildung in den entscheidenden konkreten Punkten durchgreifende Fortschritte erzielt werden sollen. Hier geht es um einen Abbau von Kontrollen und Prüfungsdruck, um eine Relativierung der medizinischen Ausrichtung und um eine verstärkte Berücksichtigung

soziologischer Elemente, wie sie u.a. HELMUT DAHMER entschieden fordert. Ganz wesentlich ist es aber auch, mit dem unein-
gestandenen Antrainieren jener phobischen Realitätsscheu ein Ende zu machen, das durch eine mißbräuchliche Überdehnung des Begriffs "Agieren" betrieben wird. Zu Zeiten, als die Analysen in der
Ausbildung 1 Jahr dauerten, war es sinnvoll, diese Phase wie eine
Klausur zu betrachten, in der die Versenkung in die inneren Prozesse kaum durch aktive Verstrickungen in Außenprobleme gestört
werden sollte. Die stillschweigende oder gar ausdrückliche Beibe-
haltung dieses Prinzips bei Lehranalysen von 5 — 8 Jahren fördert,
wie ich es bei zahlreichen jungen Analytikern gesehen habe, die
Entwicklung einer eigentümlichen Weltfremdheit unter Teilhabe
an jenem zuvor skizzierten Sektensyndrom. Scheinbar kontrastie-
ren mit dieser Haltung gelegentlich linke gesellschaftspolitische
Vorstellungen, die jedoch eigentlich abgehoben und unverbindlich
sind. Sie fließen allenfalls in akademische Diskussionen ein, zumal
unter Gleichgesinnten. Aber sie führen kaum zu konsequentem
politischen Handeln.

Kritisches Denken fruchtet indessen nur, wenn es mit kriti-
schem sozialen Handeln in eine Wechselwirkung tritt. Wenn ich
nicht mache, was ich kritisch fühle und denke, weiß ich bald auch
nicht mehr, was notwendigerweise zu machen ist.

Nicht schwierig ist es, die Irrationalität des atomaren Ab-
schreckungsdogmas und des daraus folgenden tödlichen Bedro-
hungswettlaufs intellektuell zu durchschauen. Sich indessen aus
dieser schockierenden Einsicht zu irgendeiner Gegenwehr aufzu-
raffen, kann nur dem gelingen, der es im Sinne der eben geschilder-
ten Wechselbeziehung fertigbringt, eine Einheit von widerspre-
chendem Denken und protestierendem Handeln in seiner Lebens-
praxis herzustellen. Aber zuvor ist die Schwierigkeit nicht zu un-
terschätzen, den Gedanken an die Risiken der atomaren Konfron-
tationspolitik überhaupt aus- und festzuhalten.

Ich möchte an diesem Punkt etwas verweilen, weil ich ihn für
sehr wesentlich halte. Wir Psychoanalytiker werden von jenem
Gedanken, wenn wir ihn zulassen, nicht minder als alle anderen
schockiert. Schließlich haben wir gelernt, besonders hellhörig und
empfindsam aufzunehmen, was uns von außen her anrührt. Durch
diese professionell gehütete Offenheit sind wir eher weniger als an-

dere geschützt gegen beunruhigende Eindrücke außergewöhnlichen Ausmaßes. In unserer Arbeit bekommen wir zudem viel von dem belastend zu spüren, wie sich eine kollektive Gefahr in düsteren Vorstellungen, Träumen und Angstgefühlen unserer erwachsenen, teilweise auch schon unserer kindlichen Patienten widerspiegelt. Hinsichtlich der Reaktionen von Kindern möchte ich hier verweisen auf einschlägige Publikationen von JOHN MACK und CHRISTIAN BÜTTNER.

In der Tat ist die Einsicht kaum erträglich, daß die augenblickliche Atomrüstung ausreicht, mit einem Schlage eine Million Hiroshimas hervorzurufen. Hinzu kommt die Gewißheit, daß sich mit jedem Tag das Risiko einer atomaren Katastrophe allein schon aus Versehen oder aus einer technischen Panne erhöht. Man bedenke, daß es allein in den USA in 18 Monaten 151 Falschalarme gegeben hat, 5 mit höchster Alarmstufe, und daß sich die Vorwarn-und Reaktionszeiten noch erheblich vermindern würden, wenn es etwa zur Aufstellung der Pershing II in Westeuropa und im Gegenzug zur angekündigten Annäherung sowjetischer Abschußbasen an Amerika käme. Das heißt, die gewaltsame Auslöschung unserer Zivilisation würde gar nicht einmal mehr von kriegerischen Absichten der Machteliten abhängen, sondern sich eventuell als ein gigantischer technischer Unfall ereignen. Wir nähern uns einem Punkt — so schilderte es kürzlich bei einem Gespräch in Moskau der Sowjetexperte DANIEL PROJEKTOR — an dem es selbst den Staatsmännern unmöglich werden würde, den Weg ins Unheil noch aufzuhalten.

Diese Entwicklung wird psychisch im Grunde bereits vielfach dadurch vorweggenommen, daß sich mehr und mehr ein Denkmuster durchsetzt, nach welchem die Raketen durch ihr mathematisches Verhältnis untereinander selbst darüber zu entscheiden scheinen, ob der Krieg kommen wird oder nicht. Haben die einen Raketen über die anderen das Übergewicht, so scheint alles verloren. Genau dies bestätigen ja auch indirekt etwa unsere Stärkepolitiker, indem sie etwa sagen: Natürlich wollen die Russen keinen Atomkrieg, sondern fürchten ihn. Trotzdem müssen wir sie durch ein Übergewicht an Waffen hindern, den Krieg zu machen. Warum muß man aber durch Drohung einen anderen von etwas abhalten, was dieser zugestandenermaßen gar nicht will? Man projiziert ein

117

Ohnmachtsbewußtsein gegenüber einer angenommenen Autonomie der Waffensysteme, die ja eben auch ganz real durch die zunehmende Überforderung der Computer-Warnsysteme entstanden ist. Ausgebreitet hat sich eine mit technokratischer Deformation des Denkens verbundene Selbstentmündigung. Diese ist zum Teil Resultat einer Reaktion, die JAY LIFTON als "psychic numbing" beschrieben hat. Pfarrer BRAUER aus Hattenbach spricht von "apokalyptischer Apathie", ZANGGER von "Stupor". In meinem letzten Buch habe ich den amerikanischen Nuklearingenieur MOLANDER zitiert, der die Experten in den Laboratorien des Pentagon als total abgestumpfte Rechner schildert, die unentwegt die horrendesten Vernichtungsstrategien durchrechnen, ohne noch jemals an die Menschen zu denken, deren Schicksal dabei auf dem Spiel stände.

Aber JAY LIFTON hat das "psychic numbing" offensichtlich auch bei sich selbst beobachtet: "Das 'psychic numbing', bewirkt durch die Hiroshima-Katastrophe, ist nicht auf die Opfer allein begrenzt, sondern erfaßt auch solche, die sich bemühen, das Ereignis zu studieren." Einer technokratischen Erstarrung und Lähmung des Denkens können also auch leicht wir Analytiker unterliegen, wenn wir versuchen, uns den psychologischen Aspekten der horrenden Rüstungspolitik mit ganzer Aufmerksamkeit zu widmen. CARL NEDELMANN zitiert die Auffassung, daß die Kunst des Psychoanalytikers gerade auch darin bestehe, seinen Patienten einen entscheidenden Schritt voraus zu sein, um ihr Verhalten deuten zu können, wo zunächst die Neigung zu Verleugnung, Verdrängung oder blinder Abfuhr bestand. Sind wir nicht in der Tat, jeder von uns, so elementar verwickelt, daß wir eben den zitierten Schritt nicht voraus sind? Müssen wir nicht zunächst bekennen, daß wir zumindest die gleiche Mühe wie alle anderen haben, uns den Gedanken an die faktische Bedrohung und unsere Mitverantwortung an dieser überhaupt nur zuzumuten?
Als ich vor fast genau drei Jahren unerwartet durch einen Physiker erfuhr, daß für jeden Menschen auf der Erde bereits eine Vernichtungsenergie von umgerechnet mehreren Tonnen Dynamit bereitgehalten werde, geriet ich in starke Unruhe und erlebte bei mir zwei Reaktionen, die primär einen Versuch bedeuteten, meine Erregung zu bewältigen.

Die erste Reaktion: Ich träumte unmittelbar danach, ich würde in einem Haus von Russen verfolgt. Die Russen wollten mich fangen, und ich suchte verzweifelt nach einem sicheren Versteck.

Im Nachdenken über diesen Traum schien es mir zunächst leicht erklärlich, daß die erschreckende Konfrontation mit der atomaren Bedrohung Assoziationen an den Rußlandkrieg geweckt hatte. Ich war als 18-jähriger Soldat nach Rußland gekommen und dort erstmalig mit den Greueln des Krieges konfrontiert worden. Allmählich ging mir indessen auf, daß der Traum einen Entlastungsversuch unternommen hatte, in dem ich ein verbreitetes kollektives Reaktionsmuster wiedererkennen konnte: Auf einmal war ich nur noch ein armer Verfolgter, befreit von der Mitverantwortung erstens für den seinerzeitigen deutschen Aggressionskrieg gegen die Russen und zweitens für die aktuelle Politik des NATO-Doppelbeschlusses. Es ging jedenfalls nur noch darum, eine äußere Bedrohung zu bewältigen. Und natürlich war der Angreifer der Russe, entsprechend dem offiziell verordneten Feindbild. So bot mir der Traum die Zuflucht in die gemeinsame Verfolgungstheorie an, die ringsum als Stütze der gesellschaftlichen Militarisierung funktioniert. Da ich mich jedenfalls nicht auf dem durch den Traum gewiesenen Weg zu beruhigen vermochte, suchte ich in den folgenden Tagen eifrig nach Partnern, um mich über meine Besorgnis auszutauschen. Die anderen, so meinte ich, müßten doch mein Entsetzen und meine Empörung teilen, würde ich sie mit der Wahrheit konfrontieren, die mich derart schockiert hatte. Und es schien mir notwendig, gemeinsam mit Gleichgesinnten die Öffentlichkeit aufzurütteln. Damals gab es noch keine Friedensbewegung, keinen Krefelder Appell, geschweige denn einschlägige Demonstrationen. Ich hängte mich ans Telefon, stöberte WALSER, GRASS, FETSCHER, MARGARETE MITSCHERLICH, ALICE SCHWARZER u.a. auf. Am Ende bildete sich eine Gruppe, die einen öffentlichen Brief an den damaligen Bundeskanzler verfaßte, in dem wir nachdrücklich für Verständigungspolitik mit den Russen und gegen den NATO-Beschluß plädierten. Wir warnten davor, die Russen mit Hitler zu verwechseln, indem wir uns bewußt waren, daß eben diese projektive Gleichsetzung als willkommenes Mittel zur Vermeidung der Vergangenheitsbearbeitung massenhaft benutzt wurde. In Gießen bildete sich eine friedenspolitische

Bürgerinitiative, die bald vielfältige Aktivitäten entwickelte. Ich beobachtete damals und später bei vielen Leuten ähnliche psychische Prozesse, wie ich sie bei mir erfahren hatte. Die durch den NATO-Beschluß entfachte Diskussion über die atomaren Strategien und die laufenden Mitteilungen über die irrwitzigen Waffenpotentiale durchbrachen eine Verdrängung, die seit der Ostermarschbewegung Ende der fünfziger Jahre funktioniert hatte. Die Beunruhigten fanden sich zusammen und bildeten Gruppen, in denen es zunächst vor allem darum ging, im Austausch miteinander nach Wegen zu suchen, die aufgebrochene Angst und Empörung auszuhalten und irgendwie konstruktiv zu verarbeiten. Rasch wurde man sich über die Notwendigkeit klar, der verblendeten paranoiden Risikopolitik in den Arm fallen zu wollen. Aber welche Mittel kamen dafür in Frage? Daß öffentliche Appelle privilegierter Intellektueller am Ende nicht viel bewirken würden, war rasch einzusehen. Also bot sich der Einstieg in eine intensive regionale Basisarbeit als der wichtigere Weg an. Die Idee war, daß nur sich allmählich verbreitende Initiativen von unten aus wirksamen Druck ausüben könnten. Immerhin verfügte man über einige ermutigende Erfahrungen in der Anti-AKW-Bewegung, die ja vielerorts mit der Friedensbewegung zusammenfloß, wobei man den Zusammenhang der Probleme zu durchschauen lernte.

Zu unserer Gießener Initiativgruppe stießen Studenten, Sekretärinnen, Hausfrauen, Sozialarbeiter, Lehrer, Soziologen, Ärzte und Psychologen. Typisch für die Motivation der Neuankömmlinge erscheint mir die Selbstdarstellung, die ENNO VON DENFFER, ein junger Agraringenieur, in PSYCHOSOZIAL geliefert hat:

"So wurde mir eines Tages während der öffentlichen Debatte um die sogenannten Nachrüstungsbeschlüsse bewußt, daß ein Widerspruch bestand zwischen meiner Kriegsangst — die soweit ging, daß ich in den Himmel schaute, vor meinem geistigen Auge den Atomblitz und den darauf folgenden gewaltigen Atompilz entstehen sah und dachte: 'Jetzt brauchst du nur noch zu zählen, bis die Druckwelle kommt; hoffentlich ist dann alles möglichst schnell vorbei' und meiner Angst, öffentlich zu meiner Überzeugung zu stehen, daß dies doch Wahnsinn sei."

In unserer wie in anderen ähnlichen autonomen Gruppen kristallisierten sich in der Folge drei Bedürfnisse heraus:

1. Man will aus Panik und Ratlosigkeit herauskommen und als eine Art von therapeutischer Selbsthilfegruppe wirksam werden.
2. Man will besser verstehen, welche gesellschaftlichen Kräfte eigentlich die wahnwitzige Konfrontations- und Rüstungspolitik tragen, worauf die augenblicklichen strategischen Pläne genau hinauslaufen und welche alternativen sicherheitspolitischen Konzepte in Frage kämen.
3. Man will nach außen Einfluß ausüben, in der Siedlung, am Arbeitsplatz, in der Gewerkschaft usw..

In unserer Gruppe verfügten einige Mitglieder über gründliche Vorerfahrungen in anderen sozialen Initiativgruppen oder in Selbsthilfegruppen. Dies machte es leichter, mit denjenigen Abwehrformen umzugehen, die unbewußt rasch zu einer Stagnation führen können:

1. Therapiewünsche könnten so dominierend werden, daß man, statt politisch wirksam zu werden, sich als therapeutischer Selbsthilfezirkel eher nach außen abkapseln würde. Andererseits ist es freilich unerläßlich, daß in der Gruppe sich jeder als Person mit seinen inneren Prozessen ernstgenommen erlebt. Der Durchbruch durch das "psychic numbing" bzw. durch den verbreiteten Stupor kann nur gelingen, wenn man sich wechselseitig zeigt, daß persönliche Gefühle, Erfahrungen und Absichten überhaupt wichtig sind als Gegenkräfte gegen die Anonymität der technokratischen Denkmuster, die am Ende immer wieder nur in globale gesellschaftspolitische Formeln oder in Raketenzählerei ausmünden. Der Spielraum für jeden, seine persönlichen Empfindungen und Vorstellungen zu entfalten und auszudrücken, bietet auch einen gewissen Schutz vor der nicht zu unterschätzenden Gefahr eines Gegenparanoids, das man in nicht wenigen Gruppen der Friedensbewegung vorfinden kann. Man reproduziert die Verfolgungsmentalität nur mit umgekehrten Vorzeichen.
2. Aus dem Bedürfnis, alle gesellschaftlichen und weltpolitischen Zusammenhänge besser zu verstehen, kann sich die Flucht in eine sterile Intellektualisierung ergeben. Man entlastet sich durch

die Möglichkeit, das Bedrohliche auf Begriffe zu bringen und am Ende wie ein abgehobener Betrachter die bedrückende Realität gewissermaßen unter sich zu lassen. Oder man erliegt gar dem magischen Glauben an die politische Allmacht der erarbeiteten Erkenntnisse.

Andererseits darf Theorie aber natürlich auch nicht vernachlässigt werden. Ohne sich mit Hilfe von Literatur eine fundamentale Orientierung zu verschaffen, bleibt man allzu anfällig für die Manipulationstechniken, die über die Medien alltäglich einwirken. Die Impulse "aus dem Bauch", wie es heute heißt, reichen nicht aus und könnten auch bald wieder erlahmen, wenn man sich nicht auf sicheres Wissen stützt, das ein dauerhaftes Engagement zu tragen vermag.

3. Die dritte Gefahr besteht darin, daß man die Angst in einem blinden pragmatischen Aktionismus zu binden versucht. Auch hierfür findet sich leicht eine Rationalisierung: Die Gefahr sei so akut, daß jede Verzögerung von Gegenmaßnahmen unverantwortlich sei. Anstatt noch Zeit für ausgiebige interne Diskussionen, Lektüre und Referate zu verschwenden, sollte man sofort nur noch handeln. Wie sonst wolle man z.B. noch das Unheil der Stationierung abwenden? Hier liegt die Gefahr in einem strohfeuerartigen Verpuffen von Aktivitäten, die in undurchschautem Maße der reinen Spannungsabfuhr dienen. Nichtsdestoweniger muß die Zeit vor der vorgesehenen Stationierung natürlich für die verschiedensten gut vorbereiteten und koordinierten Protest- und Widerstandsmaßnahmen genutzt werden. Koordinierte internationale Aktionen sind ebenso wichtig wie eine Intensivierung von regionaler Öffentlichkeitsarbeit mit Informationsständen, Ausstellungen, Diskussionen, kommunalen Initiativen für atomwaffenfreie Zonen usw.. Auch gewaltfreie Blockaden gehören zu den unvermeidlichen Formen zivilen Ungehorsams.

In allen drei genannten Punkten können analytisch geschulte Teilnehmer hilfreich sein, die im Umgang mit unbewußten Gruppenprozessen Erfahrung haben und so zu intervenieren vermögen, daß psychosoziale Abwehrformen nicht überhandnehmen. Zugleich können sie dabei mitwirken, daß die zum Teil antagonistischen Bestrebungen nach Selbsthilfe, nach Theoriearbeit und Außenaktivitäten sich nicht wechselseitig konkurrierend blockieren. Wie andere Gruppen hat auch unsere Bürgerinitiative bald gelernt, den unterschiedlichen Bedürfnissen zeitweilig durch Untergruppen mit entsprechenden differenzierten Aufgabenstellungen Rechnung zu tragen. Wie sich diese Prozesse in unserer Gruppe abgespielt haben, hat VON DENFFER in einer die unmittelbare Betroffenheit vermittelnden Ausdrucksweise recht treffend geschildert. In eben diesem Stil hat er auch noch auf ein wichtiges allgemeines Strukturproblem hingewiesen:

"Da die meisten Menschen den berechtigten Wunsch haben, nicht einfach ein machtgeprägtes Bevormundungssystem durch ein anderes zu ersetzen, muß ihnen die organisierte Friedensbewegung die Möglichkeit für Selbstbestimmung bieten und die notwendige Zeit lassen, um zu eigenen Lösungen zu kommen. Ohne Selbstbestimmung wird es weder im Großen noch im Kleinen Frieden geben können — diese grundlegende Erkenntnis sollten wir endlich beherzigen. Selbstbestimmung ist aber keine umweltneutrale Größe, sondern sie bedarf eines entsprechenden sozialökologischen Rahmens. Kleine autonome Gruppen sind hier die angemessene Arbeitsform, da sie solidarische Kooperation und individuelle Selbstverwirklichung in geradezu idealer Weise miteinander verbinden. Ich glaube, daß gerade viele alte und neue Funktionäre der Friedensbewegung hier noch einiges umlernen müssen. Zu groß ist bei ihnen das Bedürfnis nach zentralistischen Strukturen."

Es bestätigt sich tatsächlich immer wieder, daß diejenigen Friedensgruppen am wirksamsten arbeiten, die sich sowohl nach außen ein Maximum an Autonomie erhalten wie nach innen der Eigenständigkeit der Mitglieder möglichst viel Raum lassen. Äußere Anlehnung an Parteien, Verbände oder Kirchen führt zu taktischen Anpassungen und Disziplinierungen. Es kommt automatisch zur üblichen Machtverlagerung von unten nach oben und zu Erstarrungsprozessen. Umgekehrt fördert die oft lockere, mitunter nahezu chaotische Verfassung autonomer Gruppen eher eine kreative Entfaltung der Mitglieder. Die Leute spüren: Auf mich, auf jeden von uns kommt es an. Und nicht auf mein bloßes Funktionieren. Aber worauf sonst? Welches ist nun der entscheidende Impuls, den der einzelne beisteuern kann?

Immer wieder hört man in Variationen eine auf den ersten Blick naiv und banal erscheinende Bekundung, die auch auf Buttons und Aufklebern zu lesen ist: "Ich will leben!" oder "Umkehr zum Leben!" Das ist keine irrelevante Leerformel, sondern eine den Kern des Problems treffende Aussage. Der elementare Wille zu leben und Leben zu erhalten ist die eigentliche Gegenkraft, mit der man sich der in Gang befindlichen und noch bevorstehenden Destruktion entgegenstemmen will und muß. ERHARD EPPLER redet von einem neuen Bewußtsein, das unsere Gesellschaft als nekrophil, dem Tode zugewandt erlebt. Daraus erwachse als Gegenbewegung — ich zitiere: "So etwas wie ein Aufstand der Lebenden, der Lebendigen, ein Aufstand für das Leben." Was hier angesprochen wird, kommt dem nahe, was FREUD einst eher mythologisch umschrieben hat, als er in seinem Brief an EINSTEIN und in dem Aufsatz "Das Unbehagen in der Kultur" den Eros als die Macht beschwor, die den Frieden schützen müsse. In letzter Zeit stoße ich bei verschiedenen Autoren immer wieder auf den Vergleich unserer Lage mit derjenigen eines lebensgefährlich Kranken, der erst im Blick auf den Tod begreift, wie wichtig es für ihn ist, sein Leben zu hüten und bewußt auszufüllen. Die DDR-Schriftstellerin CHRISTA WOLF schreibt in einem veröffentlichten Brief:

"Der Sprecher von Fernsehnachrichten meldete, eine in London tagende Expertenkonferenz sei zu dem Ergebnis gekommen, Europa habe noch eine Überlebenszeit von 3, 4 Jahren für den Fall, daß die jetzige Politik weitergeführt werde. Da erlebte ich eine Minute, in der das geschah, was in 3, 4 Jahren geschehen soll. Diese Minute hat nicht nur negativ in mir gewirkt — lähmend, aber ist gelähmt sein nicht sinnlos geworden? — Sie hat Zorn in mir freigesetzt und Freiheit" ... "Mit aller Schärfe weiß man nun — wie ein Mensch, der erfahren hat, daß er unheilbar krank ist —, daß man leben will, und daß man umdenken lernen muß, auch um-fühlen."

Der Heidelberger Physiker HÜFNER hat mir kürzlich ein Manuskript aus einem Seminar über Abrüstungsfragen zugeschickt, betitelt: "Atomrüstung als Krankheit der Seele". Nach Schilderung eines Leukämiekranken, dem der Wert des Lebens erst in seiner Krankheit aufgegangen war, läßt HÜFNER sein Manuskript wie folgt enden:

"Wir haben die Krankheit Atomrüstung. Sie ist sehr wahr

scheinlich tödlich. Aber wenn wir wirklich Illusionen abweisen, wirklich beginnen zu *leben* und unseren *Willen zu leben* auch öffentlich bekennen, nicht an Tabus haltmachen, dann können wir vielleicht einen Atomkrieg abwenden."

Ich selbst habe ja, wie manche von Ihnen gelesen haben mögen, in meinem Buch "Zur Psychologie des Friedens" ein ganzes Kapitel dem Vergleich der Angstverarbeitung von Krebskranken mit der emotionalen Verarbeitung der atomaren Bedrohung gewidmet. In diesem Zusammenhang sehe ich es als eine interessante Entwicklung an, daß viele Veranstaltungen von Friedensgruppen neuerdings wesentlich bestimmt werden durch Musik, Theater, Kabarettistisches, Kindergruppen usw.. Vielleicht steckt im Ausdruck dieser kreativen Lebendigkeit etwas von dem Eros, den FREUD gemeint hat. Man will weg von der finsteren Verbissenheit traditioneller Protestformen. Man scheut in der Art des Protestierens eine Reproduktion des Geistes der Negativität, gegen den man protestiert.

Natürlich hat mich als Analytiker in den letzten Jahren auch stark theoretisch interessiert, welche kollektiv wirksamen Prozesse einerseits zur unbewußten aktiven Teilhabe an den Strategien der Destruktivität führen, andererseits den verbreiteten Zustand bedingen, den man als apokalyptische Apathie, psychic numbing oder ähnlich beschrieben hat. Ich glaube, da einiges in der Zusammenarbeit mit Friedensinitiativen, im Gespräch mit Politikern, Schulklassen, mit Kleingruppen auf Veranstaltungen und nicht zuletzt mit Patienten verstanden zu haben. Besonders hilfreich waren mir Interviews mit Leuten aus der Hattenbach-Region, die ja inzwischen eine traurige Berühmtheit erlangt hat. Sie erinnern sich vielleicht: Hierhin hat ein amerikanischer Film von CBS, der nach einem Manöverplan der US-Army gedreht wurde, den ersten taktischen Atomschlag der Amerikaner gegen die Russen verlegt. Die Reaktionen in der Bevölkerung, die diesen Film gesehen hat, ließen wie in einem Modellversuch auf das Deutlichste die wichtigsten Mechanismen erkennen, die teils zur stumpfen Resignation, teils zur paranoiden Polarisierung führen. Ich habe mich darüber einigermaßen ausführlich in "Zur Psychologie des Friedens" ausgelassen.

Dabei habe ich mich freilich auch bei der Befriedigung ertappt, einiges Unheimliche wieder auf bekannte Begriffe bringen und psychoanalytische Theorie als passend zur Einordnung von Erfahrun-

gen bestätigen zu können. Ich habe mich dabei an eine kritische Beobachtung erinnert, die HELMUT DAHMER darüber mitgeteilt
hat, wie man in der Psychoanalytic Community heutzutage vielfach mit klinischen Erfahrungen umgeht. Da sagt er einmal:
"Anstelle von widersprüchlichen Lebensgeschichten, die sich
dem theoretischen Verständnis sperren, finden wir Fallskizzen, die
lauter Abziehbilder von schon bekannten Theorien gleichen."

Die narzißtische Entlastungsfunktion intellektualisierender
Abwehr wird indessen radikal entlarvt, wenn man sich laufend
Gruppen der Friedensbewegung zur Diskussion stellt. Erzähle ich
dort z.B. etwas davon, welche Introjektionen, Verleugnungen, Er-
satzbildungen oder paranoiden Projektionen u.a. daran beteiligt
sind, daß die Menschen hinnehmen, was sie alle umzubringen
droht, werde ich gefragt: Das ist interessant und mag richtig sein.
Aber was machen wir damit? Und was machst du damit? Be-
schwichtigst du dich nicht nur, wenn du solche Prozesse erklären
und benennen kannst? Befriedigt das Durchschauen der Verrücktheit nicht bloß einen narzißtischen Erkenntnisdrang und wird somit auch nur zu einer Flucht?

Ich pflege in der Antwort darauf zu bestehen, daß solche Erkenntnisse wichtig seien, wenn man sich selbst daran hindern will,
den entsprechenden Mechanismen unbewußt anheimzufallen. Allerdings nötige die furchtbare Wahrheit, deren Freilegung durch
die Entlarvung der verdeckenden Abwehrmechanismen geschehen
soll, zu konsequentem politischen Handeln.

Richtig ist zwar, daß FREUD uns 1930 in "Das Unbehagen in
der Kultur" politische Zurückhaltung nahegelegt hat. Das begründete er damals mit seiner Skepsis hinsichtlich der Änderbarkeit der
gesellschaftlichen Verhältnisse und andererseits mit der Sorge um
die Wahrung der psychischen Stabilität. Wer die Umwelt umschaf-
fen wolle, um aus ihr die unerträglichsten Züge zu tilgen, der müsse
scheitern, sagte er. Der Widerstand der Wirklichkeit sei zu stark für
ihn. Statt dessen könne man erträglicher leben, wenn man die
Triebziele so verlege, daß diese von Versagungen der Außenwelt
nicht getroffen werden könnten. Beschränke man sich auf die Befriedigung aus Quellen psychischer und intellektueller Arbeit,
könne das Schicksal einem wenig anhaben.

Aber hätte FREUD dies heute, da sich diese Außenwelt in ein

atomares Pulverfaß verwandelt hat und alles Leben zu vernichten droht, wenn wir uns nicht dagegen auflehnen, genauso gesagt? Längst geht es ja nicht nur mehr darum, das Leben vor unnötigen Versagungen zu schützen. Für niemand gibt es mehr einen Schonraum, wo ihn im Ernstfall das Hiroshima-Schicksal nicht treffen würde. FREUD hatte seinerzeit gemeint, das empörte Anrennen des Tatmenschen gegen die übermächtige Realität werde diesen wahnsinnig machen, zumal da er keine Bundesgenossen finden werde. Droht heute nicht eher Verrücktheit, bestenfalls schizoider Stupor demjenigen, der untätig der destruktiven Risikopolitik ihren Lauf läßt? Und sind nicht auch jetzt Bundesgenossen in wachsender Zahl in den Protestbewegungen zur Hand?

Der Philosoph MAX SCHELER sprach bereits 1919 von einer "Krankheit der Innerlichkeit" im Zusammenhang mit der politischen Abstinenz geistiger Berufe. Wer sich darum herumdrücke, jede im Inneren erkannte Wahrheit auch nach außen hin zu verwirklichen, sorge indirekt dafür, daß draußen Klassenherrschaft, seelenlose Arbeitsformen, Bürokratismus und Militarisierung ungestört wuchern könnten. Wörtlich:

"Es gibt ein ganz einfaches Mittel, die Regel rücksichtsloser Macht und Gewalt im öffentlichen Leben — dem außer- und innenpolitischen — in Gang zu bewahren und alle geistigen Kräfte und Ideen aus dem öffentlichen Leben auszuscheiden: das ist die Erklärung, daß die einzig würdige Wohnung dieser Kräfte und Ideen die Sphäre der reinen Innerlichkeit sei."

Es ist an der Zeit, diesen stillschweigenden Vertrag zu brechen. Dabei geht es nun darum, politische Einmischung in einer Form zu erlernen, in der man in dem denkbar höchsten Maße Gebrauch von der Kompetenz machen kann, die man durch seine spezielle Ausbildung erlernt hat. Wie hilfreich psychoanalytische Erfahrungen sein können, sich in der Friedensgruppenarbeit nützlich zu machen, habe ich schon angedeutet. Entsprechende Kenntnisse helfen aber auch, die Chancen bestimmter Strategien politischer Öffentlichkeitsarbeit einzuschätzen und gegebenenfalls aussichtsreiche Strategien zu fördern.

Dazu noch ein Beispiel am Ende: Wir sehen um uns, daß viele sich in infantiler Autoritätsergebenheit durch den Eindruck beschwichtigen, daß gewisse mit besonderer Fürsorgeverantwortung betraute gesellschaftliche Eliten nachwievor Sicherheit und Zuversicht ausstrahlen. Sie vermeiden Angst ähnlich wie kleine Kinder, die trotz objektiver katastrophaler Gefährdung unbesorgt bleiben, so lange ihre Mütter sich keine besondere Nervosität anmerken lassen. Ich verweise auf ANNA FREUDS Mitteilungen über das Benehmen englischer Kinder im Bombenkrieg. Also sollte es eine aufrüttelnde Wirkung haben, wenn wenigstens einige in übertragenem Sinne mit Elternfunktionen betraute gesellschaftliche Gruppen diesen Halt verweigern und im Gegenteil Alarmglocken läuten. Da ist z.B. die überidealisierte Medizin, deren verläßliche Obhut scheinbar zu jeder Zeit und für alle Fälle verfügbar ist. Könnte es also nicht nützlich sein, wenn die Ärzte sich in einer Kampagne vor die Öffentlichkeit hinstellen und sagen: Ein Atomkrieg wird vorbereitet, und wir Ärzte werden euch im Ernstfall nicht helfen können!? Ihr habt uns beauftragt, Gesundheit und Leben zu schützen. Also müssen wir mit euch zusammen alles tun, um politisch den Fall zu verhindern, der uns alle vernichten würde: Medizinische Vorbeugung kann in diesem Fall nur politische Vorbeugung sein.

Als sich in Westdeutschland im Herbst 1981 ähnlich wie schon zuvor in Amerika eine Ärztebewegung formierte, waren wir uns in einem kleinen Kreis engagierter Kollegen schnell darin einig, daß wir es nicht bei einer radikalen Aufklärung der Bevölkerung bewenden lassen, sondern gleichzeitig ein unübersehbares Zeichen zivilen Ungehorsams setzen sollten. Der von oben wirksame Druck zur Durchsetzung der Pershing-Stationierung erschien uns schon so massiv, daß wir uns sagten, wir müßten unseren Verweigerungswillen beispielgebend *fühlbar* machen. Im Konzept spielte die Erinnerung an die Wirkung paradoxer Interventionen eine Rolle. Wir entwarfen die inzwischen von nahezu 6.000 Ärzten unterschriebene "Frankfurter Erklärung", die eine kategorische persönliche Verweigerung jeder Fortbildung in Kriegsmedizin, wie immer man diese auch sprachlich tarnen möge, enthält.

Tatsächlich werden zur Zeit in der Bundesrepublik mit großem Eifer überall Kurse in Katastrophenmedizin, die eindeutig auf den Kriegsfall zugeschnitten sind, abgehalten. Wir "Verweigerer" sind zu einem Ärgernis für die Veranstalter geworden und haben dadurch eine öffentliche Diskussion über unsere Haltung entfacht.

Freilich ermöglichte unsere "Frankfurter Erklärung" die böse Mißdeutung, wir Ärzte würden vielleicht auch die im Ernstfall doch noch hier und da mögliche bescheidene Hilfe verweigern und etwa Verletzte im Stich lassen wollen. Begierig bedienten sich nicht nur konservative Standesfunktionäre und Militärärzte, sondern auch rechte Journalisten dieses gezielten Mißverständnisses, um über uns herzufallen. Aber gerade diese Auseinandersetzungen verhalfen unserer Kampagne zu beträchtlichem Aufsehen. Und an dem schnell wachsenden öffentlichen Zuspruch konnten wir ablesen, daß viele sensibilisierte Leute uns richtig verstanden. In großer Zahl bekundeten junge, aber auch ältere Ärzte ihre Genugtuung darüber, daß ihnen die Verweigerungskampagne Gelegenheit bot, ihre Empörung über die plötzlich überall anberaumten kriegsmedizinischen Fortbildungskurse ausdrücken und den Militarisierungsprozeß wenigstens an einer Stelle sabotieren zu können. Zu den Aufklärungsveranstaltungen der ärztlichen Friedensgruppen strömt das allgemeine Publikum inzwischen in Massen.

Unterdessen haben wir erfahren, daß in Amerika eine ähnliche ärztliche Verweigerungskampagne nachweislich zum Aufschwung der dortigen Freeze-Bewegung geführt hat. Der in Washington lehrende Soziologe BIRNBAUM hat diesen Zusammenhang jedenfalls recherchiert. Viele Ärzte und Krankenhäuser hatten dem Pentagon die Meldung von Reservebetten verweigert, die für einen überraschenden Kriegsfall in Übersee bereitgehalten werden sollten. Anstatt 50.000 Reservebetten bekam das Pentagon in der vorgesehenen Frist nur 19.000. Die ablehnenden Ärzte sagten: Wir unterstützen keine Maßnahme, die einen Krieg denkbar und führbar erscheinen läßt. Durch unsere Verweigerung wollen wir klarmachen, daß ein Krieg auf jeden Fall verhindert werden muß. Unter den Faktoren, die im vergangenen Jahr die Meinung der Amerikaner zugunsten eines Atomwaffenstopps haben umschlagen lassen, nennt BIRNBAUM den zivilen Widerstand der Ärzte mit an vorderster Stelle.

Freilich ist nicht zu verkennen, daß die in Deutschland exzessiv wirksame Externalisierung des Überich, wie sie z.B. HEINAR KIPPHARDT in "Bruder Eichmann" auf das Anschaulichste dargestellt hat, ein großes Hindernis für die Ermutigung zu zivilem Widerstand darstellt. Die Anprangerung legitim Protestierender als "Feinde des Rechtsstaates" bzw. der "inneren Sicherheit" wirkt deshalb massenweise einschüchternd, weil sich längst überall Gehorsamszwang strukturell fixiert hat. Es ist dennoch unsere wachsende Hoffnung, daß gewaltloser Widerstand ausgerechnet von Ärzten, Naturwissenschaftlern, Kirchenleuten und anderen Gruppen, deren angepaßte Kollaboration mit der Machtelite zur Tradition geworden ist, eine gewisse Zündwirkung entfalten und weitere Kreise dazu anregen könnte, ihre moralische Selbstentmündigung aufzuheben und ihre politische Mitverantwortung aktiv wahrzunehmen.

Eines bemerken wir in unserem Land recht deutlich: Wenn etwas die politischen Machthaber irritiert, so sind es diese Formen gewaltfreien Ungehorsams in weit höherem Maße als die üblichen Friedens-Workshops, Friedensdiskussionen, Friedensgottesdienste oder dergleichen. Solche zum Teil ritualisierten Veranstaltungen sogar als nützlich zu akzeptieren, um von Zeit zu Zeit eine beschwichtigende Spannungsabfuhr zu gewährleisten, hat man oben längst gelernt. Da mag ein Massenpublikum engagierten Friedensforschern, kritischen Liedermachern, pazifistischen Theologen begeistert zuhören und applaudieren. Inzwischen weiß man, daß erhebliche Teile dieses Publikums sich mit einer solchen gelegentlich im Kreise Gleichgesinnter erfahrenen kathartischen Genugtuung begnügen, anstatt daraus Folgerungen für eine kontinuierliche Weiterarbeit an der Basis einzuleiten.

Möge also unsere Tagung über eine emotionale Stärkung und über die Klärung mancher Vorstellungen hinaus auch und vor allem dazu anregen, daß wir Psychoanalytiker unsere Chance für einen praktischen Beitrag zur Friedensbewegung künftig intensiver nutzen.

BIRNBAUM, N.: Die "Reaganisten" sollen die Welt nicht anzünden. VORWÄRTS, Nr. 23, 1982
BÜTTNER, CH.: Kriegsangst bei Kindern. München: Kösel 1982
DAHMER, H.: Libido und Gesellschaft. Frankfurt: Suhrkamp 1982
DENFFER, E.v.: Friedenspolitik und Selbstbetroffenheit — Selbsthilfegruppen und Initiativgruppen als notwendiges Element der Friedensbewegung. PSYCHOSOZIAL 15, 89 (1982)
ERDHEIM, M.: Über das Lügen und die Unaufrichtigkeit des Psychoanalytikers. In: H.-M. Lohmann (Hg.): Das Unbehagen in der Psychoanalyse. Frankfurt u. Pa-

ris: Qumran 1983

FREUD, S.: Das Unbehagen in der Kultur (1930). Ges. Werke, Band 14

HÜFNER, J.: Atomrüstung als Krankheit der Seele. Vortrag gehalten am 1.2.1983 im Rahmen eines Seminars über Fragen der Abrüstung.

KIPPHARDT, H.: Bruder Eichmann. Reinbek: Rowohlt 1983

LIFTON, R.J.: Psychological Effects of the Atomic Bombings. In: CHIVIAN, E., S. CHIVIAN, R.J. LIFTON, J.E. MACK (Hg.): Last Aid. San Francisco: W.H. Freeman and Company 1982

MACK, J.: "But what about the Russians?" Harvard Magazine, March/April 1982

MOLANDER, R.: Wie ich lernte, die Bombe zu fürchten. STERN, Nr. 16, 1982

NEDELMANN, C.: Zur Vernachlässigung der psychoanalytischen Kulturtheorie. PSYCHE 36, 385 (1982)

PARIN, P.: Bemerkungen zum Beitrag von H.E. RICHTER: "Psychoanalytische Aspekte der Friedensfähigkeit". PSYCHOSOZIAL 15, 39 (1982)

RICHTER, H.E.: Zur Psychologie des Friedens. Reinbek: Rowohlt 1982

RICHTER, H.E.: Psychoanalytische Aspekte der Friedensfähigkeit. PSYCHOSOZIAL 15, 19 (1982)

SCHELER, M.: Schriften zur Soziologie und Weltanschauungslehre. Ges. Werke, Band 6. Bern: Francke 1963

WOLF, CH.: "Komm! ins Offene, Freund!" zit. nach Süddeutsche Zeitung, 20.2.1982

Manfred Pohlen[*]

Zu den Wurzeln von Gewalt

Ein psychoanalytischer Beitrag zur Genealogie der Gewalt der
Familie und zur Genealogie des Faszinosums des Faschismus

I. Einleitung

Die Psychoanalyse hat eine unselige Tradition, sich den Lebenserscheinungen von der Abwehrseite und der Angstseite her zu nähern — und nicht von der Wunschseite.

Im Verlauf ihrer Geschichte hat sie Zug um Zug immer mehr
Partei ergriffen — im Sinne der gesellschaftlichen Repression — für
die das unbewußte Wünschen unterdrückenden Instanzen: die im
Über-Ich des Einzelnen sich repräsentierende, gesellschaftliche Repression. So ist man auch von psychoanalytischer Seite mehr ge-
bannt von der Angst vor einem möglich neuen Krieg und bemüht
sich sogar, dieses Angstpotential bewußt zu verstärken, ohne dabei
die darin liegende Verleugnung zu erkennen, daß mit diesem
Angstpotential das ihm korrespondierende Wunschpotential —
das unbewußte Wünschen nach Zerstörung — in Abwehr gehalten
wird, auch wenn es scheinbar um Real-Angst geht. Das heißt: weil
die Atombombe so existentiell bedrohlich ist, wird die Angst vor
ihr massenhaft verdrängt, aber damit auch die Angst vor der darin
liegenden Zerstörungskraft und Zerstörungslust. Die Angst vor
der Atombombe ist mithin auch die Veräußerlichung der Gewalt-
bedrohung von innen.

Das angstgebannte Beschwören der realen Gefährlichkeit der
atomaren Vernichtungspotentiale verstärkt gleichzeitig die unbewußte Bereitschaft der Massen zum zerstörerischen Ausbruch im

*) Die endgültige Gestalt dieser Arbeit verdanke ich der Zusammenarbeit mit Dr.
Margarethe Bautz, der ich diese Arbeit in Verehrung widmen möchte.

132

Krieg, wenn dieses Begehren nicht erkannt und in der gesellschaftlichen Arbeit nicht als Kampf um das "Zerstören" der gegebenen gesellschaftlichen "Ordnung" befriedigt werden kann.

Die Psychoanalyse hat auch eine unselige Tradition darin, nicht auf den Status der Gesellschaft zu reflektieren, in der das Begehren, das Wünschen in den Diskurs gebracht werden muß; das heißt hier: in welcher Gesellschaft welcher Frieden oder in welcher Gesellschaft welcher Unfrieden hergestellt werden muß.

Und diese Haltung wirkt sich noch verhängnisvoller aus, wenn im Kontext der Friedensbewegung nicht mehr nach den widersprüchlichen Triebansprüchen des Subjekts und nicht mehr nach den Widersprüchen der Gesellschaft gefragt wird, in der dieses Subjekt mit seinen Widersprüchen zurechtkommen muß; und diese Haltung wird noch verheerender, wenn im psychosozialen Pathos — nur noch ergriffen von emotionalem Engagement — eine allgemeine Friedenssehnsucht als bloße Stimmung beschworen wird.

In diesem Moment wird die Gesellschaft wie ein Patient behandelt, dem man mit emotionalem Engagement begegnet und dem durch den Aufwand an Enthusiasmus Heilung suggeriert wird. Und dies verführt zu dem in dieser Gesellschaft gerne und leicht geglaubten Vorurteil, daß allein schon mit dem Einsatz geeigneter Techniken der pathologische Fall zur Normalität zurückgebracht werden kann; das heißt resozialisiert werden kann unter die herrschende Vernunft und Zweckmäßigkeit und damit rehabilitiert im Sinne der herrschenden Moral. Und in diesem moralischen Pathos der Friedensbewegung geht der Teufel in der eigenen Brust — die eigene Gewalttätigkeit — unter. Die Gesellschaft wird manichäisch in Gute und Böse, in Friedlose und Friedfertige gespalten. Dabei wird der Mensch als Friedlicher schlechthin gedeutet und die kritische Reflexion über den Zustand der nach-bürgerlichen Gesellschaft zum Verschwinden gebracht.

Im emotionalen Engagement für eine allgemeine Friedenssehnsucht geht all zu leicht unter, ob denn ein Frieden in einer Gesellschaft mit Friedhofsruhe wünschbar ist. In der allgemeinen Friedenssehnsucht kann all zu leicht — im Sinne der herrschenden Zweckmäßigkeit — unterdrückt werden, daß auch eine Friedenssehnsucht wiederum den Herrschenden nützt zur weiteren Unterdrückung von Unruhe: zur Niederschlagung eines aufständischen Begehrens nach Veränderung in dieser Gesellschaft. Unreflektiertes Engagement in der Friedensbewegung könnte sich der Verfestigung eines Friedhofsfriedens dienstbar machen, der an Terror heranreichen würde.

Als Psychoanalytiker habe ich es mit den unterdrückten Wünschen, hier mit den niedergeschlagenen Leidenschaften, mit der verdrängten Gewalt des Subjekts zu tun — gleich den Vielen in der Masse. Und hier muß meine Analyse ansetzen, sozusagen als der zuständige Diagnostiker für das niedergeschlagene Begehren der Vielen in der Masse — im Gegensatz zur kritischen Theorie der Gesellschaft, im Gegensatz zur marxistischen Gesellschaftstheorie. Ich frage mich als Analytiker, woran es liegt, daß es keinen Frieden geben kann und warum die Vielen Unfrieden brauchen.

Frieden oder Unfrieden kann ich nur reflektieren im Kontext einer konkreten Utopie von der Gesellschaft und nicht abgelöst vom Zustand einer Gesellschaft. Beide Wege: der Weg einer kritischen Theorie der Gesellschaft (der marxistische Weg) und der Weg einer kritischen Theorie des Subjekts (die Psychoanalyse) werden sich — was noch zu zeigen ist — dort treffen, wo die Irratio des Kapitals seiner Ratio entspricht.

Die Beschäftigung mit dem Faschismus begründet sich darin, daß der Faschismus ein Lehrstück für kollektive Gewalttätigkeiten ist. Und dies ist auch aktualpolitisch wichtig, weil daran zu begreifen ist, wie eine Gesellschaft Gewalttätigkeit kollektiv inszeniert.

Dem Thema der Gewalt konnte ich mich nur auf Umwegen nähern:

1. Über die Frage nach der Faszination von Gewalt:
    Zur Untersuchung des Diskurses vom Begehren, von den Leidenschaften, dessen Konvulsion der Faschismus ist, mußte ich auf die philosophischen, anthropologischen und psychologischen Grundlagen bei de Sade und Bataille zurückgehen und auf die Todesthematik bei Freud zurückgreifen.
2. Über die psychoanalytische Deutung der Wurzeln von Gewalt:
2.1. Zur Analyse der Gründe für die allgemeine Friedlosigkeit

mußte ich die Bedingungen der "Einschließung" des affektiven Lebens als Prozeß der Widerstands-Ohnmacht untersuchen; zur Begründung der Gewaltaufladung in unserer Kultur mußte ich eine familientheoretische Analyse im Sinne des Freud'schen Kulturpessimismus anstellen, um klarzustellen, daß die Einrichtung der Familie die Bedingung der menschlichen Gesellschaft und zugleich deren Tod ist.

2.2. Zur Klärung der Gründe für die deutsche Friedlosigkeit bzw. die deutsche Gewalttätigkeit mußte ich die historische Dimension, die historische Erbschaft der Deutschen bloßlegen, um zu einem Verständnis des Nazimythos als Blutideologie und Blutorgie zu gelangen.

Bei meinem Diskurs nehme ich Partei für die Wunschseite, für das unbewußte Begehren der Massen und bin mir bei der Entfaltung des Themas von den Leidenschaften darüber im klaren, daß ich damit Unfrieden stiften muß, wenn ich die Wurzeln von Gewalt freilegen werde.

2. Zur Stellung des Intellektuellen in unserer Gesellschaft

Die Stellung des Intellektuellen in unserer Gesellschaft hat sich grundlegend verändert: waren Intellektuelle früher finanziell unabhängig — auch wenn es ihnen ökonomisch nicht sehr gut bekam — als Künstler, Literaten, Philosophen sozusagen freiberuflich tätig, so sind sie heute als Staatsangestellte / Beamte in hoch bezahlten Stellungen tätig.

In der bisherigen bürgerlichen Gesellschaft waren Intellektuelle immer Außenseiter des Apparates und sie wurden entweder von ihrer Position oder von ihrem Diskurs her politisiert: ... "Von der Position des Ausgebeuteten, des Elenden, des Verworfenen, des 'Verfemten', des der Subversion und Unmoral Beschuldigten. Oder (die Politisierung) ist vom Diskurs des Intellektuellen ausgegangen, sofern er politische Verhältnisse enthüllte, die noch unbemerkt geblieben waren." ... "Es gab (also) den Typ des 'Poête maudit' und den Typ des 'Sozialisten' — unter den Intellektuellen." ... "Dieser Intellektuelle sagte die Wahrheit denen, die sie noch nicht sahen, und im Namen derer, die sie nicht sagen konnten: er war Bewußtsein und Sprache" (Foucault, 1974, S. 129 f.).

In der nach-bürgerlichen Gesellschaft, in der wir uns heute befinden, ist die Situation eine radikal andere: "Die Intellektuellen sind selbst Teil dieses Machtsystems; die Vorstellung, daß sie Agenten des 'Bewußtseins' und des Diskurses sind, gehört (nun) zu diesem System" (Foucault, op. cit., S. 130). Dieses System bedient sich ihrer, um das "erwünschte" Bewußtsein zu schaffen für die anderen, die nicht sprechen dürfen.

Die Massen brauchen aber diese Intellektuellen — als Angestellte des Staatsapparates — nicht, um ihr Bewußtsein zu entdecken. Die sogenannte sprachlose Masse hat nur keinen Zugang zu den Medien, in denen sie ihr Wissen aussprechen könnten. Die Medien werden von Staats-Intellektuellen beherrscht, welche die herrschende Sprache dadurch zur alleinherrschenden machen können: sie besorgen also eine doppelte Unterdrückung und Verschleierung dessen, was zur Sprache kommen müßte und auch gehört werden könnte. Die sogenannten Massen scheinen zu wissen, was ihnen fehlt. Und sie könnten dies aussprechen, wenn sie dafür ein Sprachrohr hätten. Aber der öffentliche Diskurs wird von Intellektuellen beherrscht, die ihre Sprache benutzen, um für Andere zu sprechen: es ist die Sprache, die "von oben" kommt. Es ist die Sprache als Für-Sprache für die Anderen, deren Sprache dadurch erstickt wird.

Die "bemühten" Intellektuellen führen den Diskurs der Macht, indem sie sich anmaßen, für Andere zu sprechen: sie entmündigen die Betroffenen und verleugnen sich, "wie entwürdigend es ist, für die Anderen zu sprechen" (Foucault, op. cit., S. 132).

Und hier ist nach dem Begehren dieser Intellektuellen zu fragen: müssen sie für die Anderen sprechen, weil sie für sich selbst nicht sprechen können; sollen die Anderen ihr Begehren durch ihren Mund artikulieren, weil die Intellektuellen als die eigentlich Betroffenen ihr Begehren nicht artikulieren möchten und können?

Die Intellektuellen verschleiern sich, indem sie für Andere sprechen, daß *sie* die Entwicklungsbedürftigen sind, die ihre eigene, sie korrumpierende Abhängigkeit vom Machtapparat, für den sie sprechen, nicht durchschauen wollen. Und wie sie für den Machtapparat sprechen, zeigt sich darin, daß sie für "Entwicklungsbedürftige" von oben (herab) sprechen in der Sprache moralisierender Oberlehrer der Reform.

Das Sprechen von oben (herab) für die Hilfsbedürftigen, die keiner Hilfe bedürfen, ist das Sprechen als Reformgerede des Sozialdemokratismus: denn "dies ist das Wesen des Reformismus, der reformierten Repräsentation" (Foucault, op. cit., S. 133). Es ist das freundliche Gesicht des Machtapparates: als das humanliberale Gerede der Reform-Moral, einer Moral der erstickten Münder.

Lacan lehrt uns die Sprache — und damit das Begehren — buchstäblich zu nehmen; und gerade die verstellte Sprache der Reformisten sollten wir beim Worte nehmen. Sprache buchstäblich nehmen meint: sie radikal anfassen, an der Wurzel packen: wer wem und wie das Maul stopfen möchte. Und wie die Betroffenen praktisch für sich selber reden können, indem sie ihrerseits denen, die ihnen das Maul stopfen möchten, ein anderes Loch stopfen, zeigt uns Buñuel in "Viridiana": den sogenannten Mühselig-Beladenen und Entrechteten wird von einer Land-Adligen das Maul gestopft: es ist ein wunderbares Gastmahl als letztes Abendmahl, das im Stil einer schwarzen Messe inszeniert ist — Buñuel kennt seinen de Sade.

Als die Betroffenen merken, um welchen Geschmack sie beim Abfüttern gebracht werden sollen, kommen sie erst recht auf den Geschmack, nach dem es sie gelüstet: sie nehmen sich die schöne Jungfrau auf dem Altar des überreichlich gedeckten Tisches mit Gewalt: sie ließen sich nicht mehr das Maul stopfen, sie stopften ihr das "Loch". Damit stülpten sie die Verhältnisse um und redeten für sich selbst, indem sie jetzt die Frau für sich in Dienst nahmen, die sie für *ihr* Begehren in Dienst nehmen wollte.

Viridiana ist ein Lehrstück dafür, wie Caritas korrumpieren soll, wie humanliberale Hilfsbereitschaft — als Sprechen für die Anderen — diesen Betroffenen das Maul stopfen soll.

Und hier hat sich der Intellektuelle zu entscheiden, für wen er Partei nehmen will und dieser Entscheidung kann er sich auch nicht entziehen durch Flüchten in Caritas.

Nimmt er als Intellektueller Partei[1] für den Machtapparat, für dessen Staatsreligion des "Popperismus", dann wird er sich seiner

1) Was sich darin zeigt, daß Utopie als Träumen nach vorwärts als "Utopismus" denunziert wird.

eigenen Korrumpierung durch die Integration in den Machtapparat über die Korrumpierung der seine Caritas Bedürftigen, von ihm erwählten Betroffenen verleugnen und kompensieren müssen: den Hunger der Betroffenen wird er dann im Maul-Stopfen ersticken müssen und damit ihren Appetit zügeln wollen für das Aufbrechen eines anderen Begehrens: für den Aufbruch in ein anderes Erwartungsland. Nimmt der Intellektuelle Partei gegen den "Popperismus", gegen diese "lendenlahme Kapitulation vor der Wirklichkeit, wie sie ist" (Bloch, 1978, S. 162), dann muß er wirklich denken, d.h. das Gegebene überschreiten, nach vorne denken, die Grenzen des Gewöhnlichen übertreten. Und dann wird er, was er nur sein kann: ein Störenfried, ein Anstifter zum Unfrieden.

Denn Denken — auch als Philosophieren — heißt heute, eine Diagnose stellen über den gesellschaftlichen Zustand. Und damit ist Denken — als Vorstoßen zu den Wurzeln der Unterdrückung — subversiv geworden: "Befreiung von" beginnt denkend; im Begreifen der niederdrückenden Gewalten — und nicht im Gefühl des Verstehens. Jene Gefühlsemphatiker, die die Logique de Coeur Pascal's gegen die Logik des Intellekts setzen, begreifen nicht, daß sie die gängige psychosoziale Unart des All-Verstehens über die Gesellschaft verhängen und erkennen nicht, daß sie darin das notwendige Begreifen der Widersprüche in dieser Gesellschaft auflösen.

Hier wird der Widerspruch zwischen der Logik des Herzens und der Logik des Intellekts zum Verschwinden gebracht: das Herz wird dann in seiner Unvernunft zum Komplizen einer Moral der Herrschenden, da die falsche Logik des Gefühls die Logik des Intellekts[2] verbietet, hinter der "Moral" der Herrschenden auch die eigene "Moral" als Herrschaftsanspruch zu entlarven.

2) De Sade hat diesen Widerspruch zwischen der Logik des Herzens und des Intellekts in seinen beiden Frauentypen konfiguriert. Justine: Das Unglück der Tugend und Juliette: Der Vorteil des Lasters.
"Justine's Mitgefühl ist immer tödlich für den, dem es gilt. Durch seine Unvernunft wird das Herz zum Komplizen der Moral der Grausamkeit, die es verabscheut... Die Unvernunft des Herzens, die falsche Logik des Gefühls verbietet (Justine) auch nur für einen einzigen Augenblick zu herrschen" (Carter, 1981, S. 70 f.).
Freud, auf den sich Carter hier bezieht, hat das Mitgefühl als Moral der Grausamkeit, als Reaktionsbildung gegen einen heftigen Sadismus entlarvt und uns gezeigt, daß "die meisten Mitleidsschwärmer, Menschenfreunde, Tierschützer sich aus 'kleinen' Sadisten und Tierquälern (entwickelt haben)" (Freud, 1955, Ges. W. Bd.

In dem Moment aber, wenn der Intellektuelle nicht mehr in der "Unvernunft des Herzens" spricht, kann er nur für sich sprechen: als Teil eines Kollektivs, dem schon die Artikulierung des Begehrens abgeschnitten ist durch jene Intellektuelle einer Staatsreligion, die sicherstellen soll, daß sicherheitshalber alles so bleibt, wie es ist. Deren "Papst Popper verfolgte alle 'Utopisten', von Plato über Jesus bis Marx und wieder retour mit einer Mischung aus borniertet Arroganz und mühsam verwissenschaftlichtem Haß im Umfang von mehreren Bänden" (Bloch, 1978, S. 163)

Und an dieser haßerfüllten Verfolgung der "Utopisten" kann man all jene Reaktionäre erkennen, die sich als Reformprediger tarnen, wo sie in Wirklichkeit Vertreter der popperistischen Staatsreligion sind. Es sind die "Viridianas" des guten Willens, die nicht wissen (wollen), was sie tun — und darum die Tyrannei des "guten Willens", der Logik des Herzens besorgen. Deshalb ist jenseits von Gut und Böse über jede Moral hinaus zu reden, wenn man von Gewaltlosigkeit sprechen will. Zunächst ist die Genealogie der Gewaltlosigkeit zu untersuchen: wer hat das Begehren für wen Frieden zu stiften oder wer hat für wen das Begehren zum Unfrieden anzustiften.

Das allgemeine "Friedensgerede" scheint mir nämlich im Diskurs der Ordnung zu liegen, im Diskurs der Macht, die vom Diskurs des Unfriedens und vom Diskurs der Unordnung bedroht sein könnte. Wir haben in unserer Gesellschaft einen Diskurs absoluter Homogenität erreicht: von Harmonismus, Kontrolle, Überwachung und Zwängen. Wir sind in dieser Homogenität an einem Punkt angelangt, daß man an jedem, an dem man rühren könnte, immer mit dem ganzen Apparat konfrontiert wird: "Wenn man die kleinste Forderung erhebt, ist man gezwungen, das Ganze in die Luft sprengen zu wollen" (Deleuze, zit. in Foucault, 1974, S. 140).

X, S. 333); und daß "die mitleidige Raserei... als heftige Reaktion gegen böse Todeswünsche (zu begreifen ist)" (Freud, 1955, Ges. W., Bd. XIII, S. 184).
Die Protagonisten der Mitleidsraserei — die "guten Menschen" der psychosozialen Szene — haben vergessen gemacht, was Freud (im Unbehagen in der Kultur) sagte: "Das Gebot ('liebe deinen Nächsten wie dich selbst', d. Verf.) ist undurchführbar; eine so großartige Inflation der Liebe kann nur deren Wert herabsetzen, nicht die Not beseitigen" (Freud, 1955, Ges. W. Bd. XIV, S. 503).

3. Von der Dialektik des Universums zum Überschwang des Begehrens

These: Der Nazismus ist eine ungeheuere Konvulsion im abendländischen Diskurs vom Begehren und der Grenzüberschreitung

Die Beschäftigung mit dem Thema von Gewalt und Faschismus als dem brennenden Problem der Zeit erfordert eine Antwort auf die Frage nach dem Begehren des Analytikers: was treibt gerade ihn dazu, betroffen zu sein und nicht vielmehr nicht betroffen zu sein. Dabei wird noch zu klären sein, ob nicht manches Stellungnehmen — in manch moralischer Aufwallung — nichts anderes ist als ein verklärt-sanftes Predigen von Gewaltlosigkeit, das gerade die herrschende Gewalttätigkeit, in dem sie ihre Wurzeln nicht freilegt, in ihr Recht setzt.

Die Frage nach der Faszination von Gewalt ist also allemal in die Frage auf den Fragesteller umzuwenden: was fasziniert ihn an der Gewalt, an der Gewalttätigkeit des Faschismus?

Das Wesen des Faschismus/Nazifaschismus liegt für mich im Zerbrechen von überlieferten Formen, in der Zerstörung des tradierten Diskurses der Ordnung, in der Macht der Unordnung über die Ordnung, in der Umkehr des Gewohnten, im Außer-Sich-Sein der Menschen; in einer ungeheuer-umwälzenden Motorik als Bewegung an sich, im Schwärmerisch-Ekstatischen eines freien Umherirrens, in der Auflösung, Auslöschung überlieferter Bindungen, im Haß gegen das Gewohnt-Gewöhnliche: gegen das Banale; oder auf den äußersten Punkt gebracht: in der Aufbruchstimmung einer Fahrt ins Ungewisse.

Überhaupt ist in dieser angespannt-explosiv-spannungsvollen Fahrtstimmung das Thema von der "Fahrt"[3] der Schlüssel zum innersten Kern des Nazismus — und zu welchen neuen Ufern man gerade nicht aufbrechen konnte, wird noch zu zeigen sein.

---

3) Hier ist die Gestimmtheit, die Befindlichkeit des Aufbruchs zu neuer "Fahrt" das Packend-Faszinierende: ich rufe bei diesem Thema von der "Fahrt" die großartigen Tryptichen von Max Beckmann aus den 30er Jahren in Erinnerung: Neben seinen Tryptichen vom blutigen Karneval, eingekerkertem und gemartertem Fleisch, die er im Aufgang des Faschismus malte, stellte er die "Abfahrt" des Menschen (vor

140

Lust am Aufbruch ist auch mögliche Lust am Untergang. Und hier ist jeder von uns in seiner Todesgetriebenheit angesprochen: auf den Ausbruch aus der unerbittlich herrschenden Rationalität, die zur Unvernunft wird, wenn sie das Begehren ausschließt. "Vernünftige" Unterdrückung des Begehrens macht den Aufstand der "Unvernunft" des Begehrens, das seine Überschreitung sucht und findet.

Freud hat in der Begierde *die* Wahrheit des Subjekts erkannt. Und in der Überschreitung, d.h. in der Überwindung aller Grenzen von Scham, Ekel, Moral zeigt sich für ihn — als dem Wesensmoment — die unzerstörbare, unbezwingbare Kraft der Leidenschaften.

These: Der Nazismus steht als ungeheuere Konvulsion in einer langen Tradition des abendländischen Diskurses vom Begehren

Mit de Sade beginnt der Diskurs des Begehrens: er läßt die Nacktheit der Begierde sprechen als gesetzloses Gesetz. Die Bloßlegung des Begehrens bei de Sade verstehen wir dank Nietzsche jenseits der Moral von Gut und Böse: die Erfahrung einer Verschwendung wird bloßgelegt, eines verschwendenden Sich-Verströmens in der Wollust; es ist die Wollust am Sein. Und die Ritualisierung des Lasters, die Kanonisierung der Perversitäten stigmatisiert die Begierde in all ihren Monstrositäten als heilige Inbrunst.

Die Überschwemmung: das Schwimmen in Samen-, Blut-, Saft-, Scheiß- und Urinströmen zeigt uns de Sade als den Propheten der Auflösung und Verschwendung in einem Zeitalter der Vernunft, im Aufgang des Kapitalismus mit seiner Moral der Aufwandsersparnis und Akkumulation. Bei Bataille setzt sich dieser Diskurs der Überschreitung und der gebrochenen Subjektivität fort. Er nimmt jenen Diskurs des Obszönen bei de Sade — dem Unzeitig-Vorzeitigen — wieder auf: den Diskurs von der Gewalttätigkeit des Begehrens, von der "grenzenlosen Anmaßung der Begierde" (Foucault, 1978), das in Umkehr der gewohnten Praxis eine Praxis des Un-

allem in seinem Tryptichon von der Abfahrt), die einen "Anfang" ausdrückten. Beckmann's Aufbruch zu "neuen Ufern" ist eine Fahrt mit den besonders "reizenden" Fährnissen einer Fahrt ins Ungewisse, einer Fahrt ohne Ankunft und ohne Rückkehr. Hier stellt sich die Tendenz der Zeit dar von der berauschenden Ausfahrt, die auch eine Überschreitung der Grenze des Gewöhnlichen ist; und auch die Fährnis mit sich bringt einer Fahrt in einen alles mit sich reißenden triumphalen Untergang.

gewöhnlichen aufrichtet. Das Begehren adelt nun jeden Gegenstand — nicht das Objekt, wie es auch Freud in Wiederaufnahme der antiken Tradition begreift — und errichtet nun den "Palast der Liebe am Ort der Exkremente". Der Kot wird jetzt zum inbrünstigen Gegenstand des Begehrens. (Höhepunkt der Lehrjahre von "Juliette" ist eine Orgie mit dem Papst auf dem Altar des Petersdoms: der Papst betet verzückt den Kot an und erklärt damit seinen Abfall vom Glauben!) Mit heiligem Eifer wird bei de Sade die Entheiligung der heiligen Einrichtungen betrieben: der heiligen Kirche, des heiligen Staates und der heiligen Familie. Und gerade die inzestuöse Raserei ist bei de Sade *das* Mittel der Zerstörung einer Mythologie vom heiligen Schoß. Die Tochter vergewaltigt — in der "Philosophie im Boudoir" — ihre Mutter, während sie gleichzeitig von ihrem Lehrmeister sodomiert wird; die Tochter ist also Blutschänderin, Ehebrecherin und Sodomitin zugleich. Dieser sexuelle Exzeß erreicht seinen äußersten Punkt, wenn die Tochter einen Syphilitiker herbeiruft, damit dieser sein Gift in die Vagina und den Anus der Mutter spritzt und wenn die Tochter dann die Mutter zunäht, ihr eine Naht verpaßt, damit das Gift, das in den Adern von Madame de Mistival — ihrer Mutter — zirkuliert, nicht wieder ausströmen kann (vgl. Carter, 1981).

Die Mutter soll also vergiftet, fortpflanzungsunfähig gemacht werden, weil sie ihre Fruchtbarkeit zu etwas Heiligem erhoben hat. Und in diesem Angriff auf die Gebärorgane, in dieser heiligen Raserei gegen den heiligen Schoß als geheiligtem Fortpflanzungsorgan, der die absolute Negation der Lust ausdrückt, äußert sich in wütender Raserei eine Auflehnung, in die Welt geworfen zu sein, in einer Welt von Leid und Schmerz äußert sich die Todessehnsucht in ihrer leidenschaftlichsten Gestalt.

Dieses Verwünschen des Schoßes ist die absolute Negation des Lebens als äußerster Intensität des Begehrens. Und diese Wiederherstellung einer Ruhe vor dem Leben, dessen Unruhe zum Tode treibt, finden wir im Ödipus-Mythos wieder. Freud hat nicht von ungefähr diesen Mythos gewählt — er hätte andere wählen können; und Freud kam auch nicht von ungefähr auf den Todestrieb.

Ödipus vollendet sich im Ödipus auf Kolonos — das scheinen die Analytiker typischerweise vergessen zu haben, wie sie überhaupt die ursprüngliche Erfahrung der Freud'schen Begrifflichkeit von den Trieben als mythischem Wesen und von Freud's Triebpsychologie als Mythologie zum Verschwinden gebracht haben. Das Begehren Ödipus' vollendet sich in Ödipus auf Kolonos will besagen: da zeigt sich das Begehren jenseits des Lustprinzips. Ödipus' Schicksal erfüllt sich also im Jenseits von Ödipus, als er von Antigone geleitet, nach seiner endlosen Flucht von Theben auf Kolonos in Attika Ruhe finden will; Ruhe im Hain der Erinnyen, im Todeshain. Da schickten die Söhne dem blinden Vater eines Tages statt des königlichen Teils vom Opfer, dem Schulterstück, den verwerflichsten Teil des Opfers, ein Stück vom Hintern; als dies der Blinde merkte, verfluchte er seine Söhne, er richtete flehentlich das Gebet an Zeus und die übrigen Götter, daß die beiden miteinander, der eine durch die Hand des anderen getötet, in die Unterwelt eingehen sollen.

Und hier, im Jenseits des Ödipus auf Kolonos, verweigern all diese braven und anständigen Gefolgsleute Freud's dem Meister die Gefolgschaft: sie leisten Widerstand, sich dem Jenseits des Begehrens zu öffnen; was bliebe denn von ihrem Furor sanandi, von dem Freud sie immer abschrecken wollte? Und es ist Freud's Widerstand, daß er der Verführung widerstanden hat, das Lustprinzip mit dem Prinzip des Begehrens gleichzusetzen.

Das Lustprinzip oder das Realitätsprinzip als Lustoptimierungsprinzip — als Umwegprinzip jetzt nicht erreichbarer, später zu erreichender Lust — limitiert nur das Begehren, um es zu seinem "Jenseits" aufzustacheln, zu einem Jenseits hinter der Erfahrung einer für Jedermann eingängigen Lust, auch für jeden Analytiker eingängigen Lust. Denn das "Nirwana" oder das "Nirwanaprinzip", in dem sich das Begehren vollendet, ist das Reich des Schweigens: in der Aufhebung des Lebens als Rückkehr in den Zustand anorganischer Ruhe. Und die geschwätzigen Progressisten übertönen ihre Angst vor dem Reich des Schweigens im endlosen Lärm eines Liebes-Geredes. Devereux (1981) verweist uns aber darauf, daß Eros dort beginnt, wo er sich keiner Rechtfertigung mehr durch wahre Liebe oder Zärtlichkeit bedient.

Ödipus' Schicksal erfüllt sich im Jenseits von Ödipus — jenseits des sexuellen Begehrens. Lacan muß uns darauf wieder verweisen, daß Ödipus in mehr oder minder reflektierter Form in jedem von uns existiert und "er ist überall, und er existiert mehr noch, als wenn er wirklich existiert hätte" ... "Also, Ödipus existiert, und er hat sein Geschick voll verwirklicht. Er hat es verwirklicht bis zu diesem Endpunkt, der nurmehr etwas ist, das identisch ist mit einem Zerschmettern, einem Zerreißen, einer Selbstzerfetzung — daß er nicht mehr ist, absolut nicht mehr, nichts. Und in diesem Moment da sagt er dieses Wort: 'Verhält es sich so, daß ich in dem Moment, da ich nichts bin, zu einem Menschen werde?' " ...

"Da beginnt das Jenseits des Lustprinzips. Wenn das Wort vollkommen verwirklicht ist, wenn das Leben Ödipus' vollkommen übergegangen ist in sein Schicksal, was bleibt dann von Ödipus? Das zeigt uns Ödipus auf Kolonos — das essentielle Schicksalsdrama, das absolute Fehlen von Barmherzigkeit, von Brüderlichkeit, von irgendetwas, das sich auf das bezieht, was man menschliche Gefühle nennt" (Lacan, 1980, S. 291 f.).

Und das Thema von Ödipus auf Kolonos resümiert sich in der radikalsten Verfluchung, in der entsetzlichsten Verwünschung des eigenen Sohnes, der eigenen Söhne Polyneikes und Ateoklos. Der Chor sagt — "letzten Endes wäre es besser, niemals geboren zu sein, und wenn man geboren ist, so schnell wie möglich zu sterben".

Ödipus geht ein in den Bereich des Schweigens, in den Bezirk der Erinnyen, in den Hain des Schweigens, wo die Rachegöttinnen wohnen, "die nicht vergeben und das Menschenwesen an jeder Ecke wieder einholen" (Lacan, op.cit., S. 293) — um die Moralisten zu enttäuschen: es ist der immer wiederkehrende Schrecken tödlicher Leidenschaften, die schuldig machen und deren unerbittliches Echo die Erinnyen darstellen.

Radikaler noch als de Sade greift Freud auf den Ödipus-Mythos zurück, indem er Ödipus als Jenseits von Ödipus zeigt, indem er — im dialektischen Wechselspiel mit de Sade, der den Schoß der Mutter verwünscht — sein eigenes Leben verwünscht, d.h. zu Tode bringt, indem er sich in den Verwünschungen seiner eigenen Söhne selber auslöscht.

Lacan, der von der aus Amerika "heimgekehrten" Psychoanalyse, die sich von ihrem Kulturpessimismus zu säubern verstand, nicht rezipiert worden ist, äußert sich so: "Ödipus auf Kolonos, dessen ganzes Sein in dem von seinem Schicksal formulierten Worte liegt, vergegenwärtigt die Verbindung von Leben und Tod. Er lebt aus einem Leben, das tot ist, das der Tod ist, der da genau unter dem Leben ist" ... "Das Leben ist dies — ein Umweg, ein hartnäckiger Umweg (zum Tode)". ..."Denn wenn wir vorstoßen zur Wurzel dieses Lebens (zum Ursprung des Begehrens nach Nietzsche, d. Verf.) und hinter das Drama des Übergangs zur Existenz, da finden wir nichts anderes als das dem Tod vermählte Leben" ... "Das Leben will nicht heilen. Die negative therapeutische Reaktion ist für es grundlegend. Die Heilung, was ist das überhaupt" (Lacan, op.cit., S. 295 f.)?

Lacan greift hier auf das Bild des Lebens als der einer Gefangenschaft zurück, wie de Sade das in seiner "Innerlichkeit" als innerste Gefängniszelle begreift und damit das Leben, dessen Gefangene[4] wir sind, als ein wesentlich entfremdetes Leben erfährt: "Ein Leben im Anderen ist als solches dem Tod verbunden, es kehrt immer zum Tod zurück" ... "Das Leben denkt (also) nur daran, so viel wie möglich zu ruhen" ... Und "dieser Schlummer ist der natürlichste Lebenszustand. Das Leben denkt nur ans Sterben" (Lacan, op.cit., S. 296).

"Alle Lust will Ewigkeit, will tiefe, tiefe Ewigkeit" (Es ist das Mitternachtslied von Nietzsche im Zarathustra).

De Sade hat dieses tödliche Schweigen des Jenseits zum Sprechen gebracht: Er hat — so paradox dies klingen mag — dem Schweigen des Todes seine Stimme geliehen.

Carter (1981) bezeichnet de Sade als "Terroristen der Phantasie", als einen "Sexualguerilla", der unsere elementarsten Vorstellungen von den sexuellen Beziehungen umstößt und die Sexualität, die heute nur noch eine Oase der Erholung zur Regeneration der Arbeitskraft ist, wieder zu einer primären Seinsweise gemacht hat: der Wollust am Sein, der Gewalt der Leidenschaften. Und die Leidenschaften, welche die Bürger zu psychopathologischen Anomalien im Begriff der Perversionen heruntergebracht haben, zeigt de Sade unverhüllt als wesensgemäß gewalttätig, auf "Aufhebung" der Objekte gerichtet.

Und die Aufhebung des Objekts, auf die das Begehren — im Jenseits — transgrediert, zeigt uns auch das Lustprinzip — neben dem das Lustprinzip optimierenden Realitätsprinzip — nur als Aufschubprinzip der letzten Erfüllung des Begehrens im Tod des Anderen. Die "Objektsicherung", von der die Analytiker so gerne und so oft im Begriff von der Objektkonstanz reden, ist nur zu verstehen als Widerstand gegen die Erfahrung des Jenseits: daß eben

4) Der Mensch ist (nach Nietzsche) der Gefangene des ins Rollen gebrachten Begehrens, eines Rades, das aus sich selber rollt, von dessen Ursprung der Mensch nichts weiß: Der Mensch weiß nichts vom Ursprung seines Begehrens.

das Begehren auf die Auslöschung des Anderen gerichtet ist, und daß in der Vernichtung des begehrten Objekts die Befriedigung des eigenen Begehrens "aufgehoben" ist, d.h. der eigene Tod mit intendiert ist.

Das Sein ist also immer schon der Exzeß des Seins ins Unmögliche gesteigert. Bataille (1974) verweist uns darauf, daß der Exzeß de Sade's ein subversiver Diskurs gegen den anständigen und normalen Menschen ist: er hat seine Sprache bis zum äußersten Punkt einer Herausforderung des gesunden Menschenverstandes vorangetrieben. Das Leben ist bei de Sade — ähnlich dem Denken Freud's — ein ständiges Streben nach Wollust. De Sade spricht vom "geilen Grimm". Dieses so gedachte Leben erreicht seinen höchsten Intensitätsgrad in seiner Negation, in seiner monströsen Zerstörung.

Bataille fragt, ob der Mensch nicht die unerbittliche Negation dessen, was er unter Begriffen von Vernunft, Nützlichkeit und Ordnung begründet hat, in sich selbst trägt? (Bataille, op. cit., S. 181).

These: Mit der Eröffnung des Diskurses von Gewalt bzw.
von gewalttätiger Überschreitung durch de Sade
scheint die Leidenschaft — für den gesunden Men-
schenverstand des Bürgers — im Namen de Sade's, in
diesem Begriff von Sadismus aufgehoben.

Das Bewußtsein des Subjekts braucht nicht mehr darauf zu reflektieren, was Sadismus meint: Ob es sich also — um mit Bataille zu sprechen — um einen souveränen und unausrottbaren Teil des Menschen handelt, der sich dem Bewußtsein entzieht. Eine solche Behauptung setzte voraus, "daß dem Menschen ein unwiderstehlicher Exzeß innewohnt, der ihn zur Zerstörung treibt ...". Und dieser Exzeß erhält eine heilige Bedeutung: "Es ist unser Verlangen zu verzehren und zu zerstören, unsere ganzen Mittel in einem einzigen Freudenfeuer zu entzünden und ganz allgemein das Glück, das uns die Konsumption, das Feuer, der Untergang gewähren: sie erscheinen uns göttlich, heilig, und sie allein bestimmen in uns die souveränen Haltungen, d.h. die unbegründeten, nutzlosen, die nur durch sie selbst, niemals durch spätere Resultate gerechtfertigt sind. ... Und diese Menschheit, die mit dieser von der ersten Regung der

Vernunft verworfenen Haltungen nichts zu tun haben meint, würde verkümmern und zur Gänze in einen greisenähnlichen Zustand verfallen" (Bataille, op.cit., S. 182).

Das wäre die Friedhofsruhe oder der Kirchhoffrieden, von dem auch Bloch spricht — in der "Tyrannei des guten Willens" —, daß die Unterwerfung des Menschen unter die herrschenden Zwecke erreicht wäre; d.h. der Geschichtsprozeß wäre seiner Bewegung beraubt, indem die Unterdrückung, auch das im Unbewußten unterdrückte Aufbegehren, durch die "Versöhnung" mit der herrschenden Zweckmäßigkeit dem Einzelnen wie der Gesellschaft als "Harmonie" in Erscheinung träte. Das heißt aber auch: Revolte und Rebellion gegen die herrschende "Harmonie" würden nur zum psychopathologischen Vor-Fall einer "Störung" dieser "Harmonie".

Die Dialektik zwischen Exzeß und Vernunft im Leben des Subjekts wäre also aufgehoben, da der Einzelne durch eine absolut zu setzende Kontrolle, Überwachung im perfektionierten Normenzwang, der bis zum Terror der Normenkontrolle gehen könnte, mit der herrschenden Vernunft zwangsweise "versöhnt" würde.

Und diese herrschende Vernunft, die sich als Terror des gesunden Menschenverstandes auswirkt, möchte dem Subjekt sein aufständisches Begehren austreiben. Aber dieser staatlich ausgeübte Exorzismus in der haßerfüllten Verfolgung des "Utopismus", in der Verfolgung "des Hungers nach mehr" (Bloch), wäre aber auch die Bedingung des chaotischen Ausbruchs der Unvernunft, die man gerade in der herrschenden Zweckmäßigkeit unter Verschluß halten möchte.

Diese Banalität des gesunden Menschenverstandes ist gerade *die* Gegenrevolution, ist gegen Utopie schlechthin gerichtet und im praktizierten Utopismusvorwurf erweist sie sich als der "Schwachsinn" nützlicher Vernunft — für die Herrschenden. Und diese Diktatur des Banalen[5], der Banalität einer "befriedeten Gesellschaft",

5) Die massenhafte Apathie der Jugendlichen ist die Antwort auf diese banale Alltäglichkeit; was dahinter rumoren könnte, will niemand wissen; man muß Georg Heym rufen hören: "Mein Gott — ich ersticke noch mit meinem brachliegenden Enthusiasmus in dieser banalen Zeit. Denn ich bedarf gewaltiger äußerer Emotionen, um glücklich zu sein. Ich sehe mich in meinen wachen Phantasien immer als einen Danton, oder als einen Mann auf der Barrikade, ohne meine Jakobiner-Mütze kann ich mich eigentlich gar nicht denken" (1960). Dieser Schrei wurde laut vor dem ersten Weltkrieg, als das wilhelminische Bürgertum in seiner Banalität und Leere zu ersticken schien.

147

der "offenen Gesellschaft" von Herrn Popper, erzwingt gerade den Unfrieden, provoziert die Gewalttätigkeit.

Die Dialektik des Lebens zwischen Exzeß und Vernunft treibt den Prozeß der Geschichte voran; das Leben vollzieht sich in Extremen: "Bei dem einen Extrem zeigt sich die Existenz grundsätzlich anständig und geregelt: Arbeit, Sorge um die Kinder, Wohlwollen und Treue regeln die Beziehungen der Menschen untereinander; am Gegenpol wütet erbarmungslos die Gewalttätigkeit: dieselben Menschen plündern und legen Feuer, wenn die Bedingungen günstig sind, sie töten, vergewaltigen und quälen. Der Exzeß widersetzt sich der Vernunft" (Bataille, op.cit., S. 183).

Dieser äußerste Gegensatz zwischen Zivilisation und Barberei enthüllt sich so schlecht im Bewußtsein des Menschen, weil in Wirklichkeit die Zivilisierten sprechen — und es sprechen immer die Herrschenden — während die "Barbaren" schweigen (siehe auch Bataille, op.cit., S. 183).

Barthes (1974) verweist uns darauf, daß sich die Herrschenden bei de Sade — wie überhaupt — dadurch auszeichnen, daß sie sprechen. Sprache — im öffentlichen Diskurs — ist der Ausdruck des Herrschens: wer spricht, ist immer schon zivilisiert, d.h. gehört zu den Herrschenden; und umgekehrt: wer nicht spricht, ist immer schon barbarisch, gehört zu den Unterdrückten. Da also Sprache nach Bataille ihrem Begriff nach der Ausdruck des zivilisierten, herrschenden Menschen ist, ist die Gewalttätigkeit still — aber auch das "geopferte", unterdrückte Begehren. Aber de Sade und auch Bataille weisen uns mit Recht darauf hin, daß die Herrschenden, die sich für zivilisiert halten, nur den Diskurs des Zivilisierten "führen", den Diskurs des Unzivilisierten, den Diskurs der Barbaren überlassen sie den Henkern. Und diese schweigen.

De Sade hat als erster der Gewalt, den Leidenschaften seine Sprache geliehen. Er hat das Schweigen der Unterdrückung der Gewalttätigkeit — in der Sprache der Herrschenden — aufgehoben in seinem Diskurs von der Gewalt: als dem unausrottbaren und souveränen Teil[6] des Menschen.

6) Der bürgerliche Souverän in seinem Autonomiebewußtsein muß sich hier zeigen lassen, daß sein eigentlich Souveränes die unterdrückten Leidenschaften sind. Es ist auch die Wendung Freuds gegen das bürgerliche Bewußtsein, wenn er aufweist, daß dieser Mensch — das bürgerliche Subjekt — noch nicht einmal "Herr im eigenen Hause" ist.

These: De Sade spricht — wie Nietzsche und andere — den Diskurs eines verzweifelten Liedes: es ist das Lied des Einsamen im Selbstgespräch der Nacht.

De Sade hat die Unaufrichtigkeit des herrschenden Diskurses aufgebrochen. Der herrschende Diskurs der Vernunft leiht der Gewalttätigkeit als einer Eigenschaft der ganzen Menschheit grundsätzlich keine Stimme, deshalb ist nach Bataille die ganze Menschheit durch Verschweigen zum Lügen gezwungen: die Sprache der Herrschenden, der herrschenden Vernunft fußt auf dieser Lüge — der zum Verschwinden gebrachten Sprache, der zum Schweigen gebrachten Leidenschaft.

De Sade hat — wie Nietzsche und andere — seine Existenz bis zu dem äußersten Punkt vorangetrieben, wo die Stimme, die sie der zum Verschwinden gebrachten Leidenschaft geliehen hatten, im leeren Echo[7] des über sie verhängten Schweigens verhallte.

De Sade, Nietzsche, Freud haben den abendländischen Diskurs vom Begehren, die Erfahrung der Überschreitung gegen den Diskurs von der Dialektik des Universums, der Erfahrung des Widerspruchs gestellt. Sie haben ihre Stimme, ihre einsame Stimme der Gewalt geliehen: das Schweigen der Nachtseite des Lebens[8] durchbrochen.

---

7) Aus dem öffentlichen Diskurs ausgeschlossen wurden sie als Verrückte eingesperrt, da der Exzeß ihres verrückten Diskurses den Herrschenden zu bedrohlich wurde. — Ich erinnere daran, daß sich Napoleon selber um die Einweisung von de Sade in die Heilanstalt Charenton sorgte.

8) Mit der Attitüde des Moralisten kann man darauf verweisen, daß Nietzsches "komplexhaft verleugnete Ohnmachts- und Abhängigkeitsgefühle nie verarbeitet, geschweige denn überwunden worden sind, in eine vollendete identifikatorische Anmaßung göttlicher Omnipotenz (eingemündet) sind, deren Brüchigkeit und Künstlichkeit... unverkennbar ist" (Richter, 1979, S. 56). Und dann kann man mit Genugtuung feststellen, daß der Rebellierende mit Einsamkeit geschlagen ist: "Es ist dies der Klageschrei des trostlos vereinsamten Narzißten"* (Richter, 1979, S. 57). Das heißt die Ausschließung aus der Gesellschaft derer, die "guten Willens" sind — und sprachlos das Böse tun —, ist hier ein notwendiger Akt herrschender Moral: Da kann man sehen, sagen diese Prediger, wohin es führt, wenn man sich gegen die gottgewollte Ordnung versündigt. Und dieses "man" ist es, das die Position anzeigt, auf der "man" steht: Es ist die Diktatur der Alltäglichkeit (Heidegger, 1957), der

*) Dagegen: "Nach der Lehre Platon's, die für die abendländische Metaphysik maßgebend wurde, beruht im Selbstgespräch der Seele mit sich selbst das Wesen des Denkens" (Heidegger, 1967, S. 101).

Ich habe zu zeigen versucht, daß Einsamkeit und Wollust, Wollust und Tod ein Zwillingspaar sind wie Dionysos und Apollo; und daß sie die zwei auseinandergerissenen, entfremdeten Seiten des Lebens sind.

Terror des Banalen in seiner vernünftigen Durchschnittlichkeit. Es ist also ausgezeichnet: dieses "man" als ein Nicht-Eingehen auf die Sachen, ein Nicht-Sich-Einlassen auf die Ent-Deckung und Er-Schließung des Daseins. So verbindet sich das "man" mit dem "Gerede" und "Geschreibe" (Heidegger, 1957, S. 126 f. u. 167 f.), das sich aus "Angelesenem" speist und diese "Bodenlosigkeit" wiederum — die zugleich die Wurzellosigkeit des Staats-Intellektuellen ist — bedingt bodenloses Gerede der Möglichkeit, alles zu verstehen, ohne vorgängige Zueignung der Sachen; d.h. ein solches Gerede verkehrt das Erschließen einer Sache zu einem Verschließen in der Alltäglichkeit des gesunden Menschenverstandes.

Zur Plattheit dieser Nietzsche Interpretation — von der Warte des gesunden Menschenverstandes — gehört es auch, Nietzsche für den Nazi-Faschismus "dingfest" zu machen, "daß das wahnhafte Moment (in seiner) Übermenschen-Philosophie in nichts anderem erwiesen werden konnte, als durch den groß angelegten Versuch des Faschismus, das Konzept auszuprobieren" (Richter, 1979, S. 60). In einem solchen Konzept sind alle Philosophien, vor allem die Philosophie des Begehrens, die auf Nietzsche, de Sade zurückgeht, aber auch die Philosophie der Geschichte von Hegel, die sich in Heideggers Lehre vom Tod vollendet, als Faschismus zu "würdigen": von Lacan über Foucault, Barthes, Klossowsky, Deleuze, Guattari, Lévi-Strauss — also der gesamte Strukturalismus einbegriffen — ganz zu schweigen von der italienischen Schule der Hegelianer und Nietzscheianer, sind alle als Faschisten zu denunzieren.

Der Anti-Intellektualismus erweist sich hier als kleinbürgerliche Kolportage: es ist der "bürgerliche Hohlboden", von dem Bloch immer so verächtlich spricht.

Hier ist noch nicht einmal der Rück-Gang auf die Sein-Schein-Diskussion in der Philosophie erfolgt: der Widerspruch zwischen dem Wesen und den Phänomenen; psychoanalytisch gesprochen: das Begehren erscheint nicht als das, was es ist. Mit anderen Worten: Zarathustra muß erst ent-deckt, er muß er-schlossen werden in seiner endlosen Abfolge von Maskeraden, an dessen Ende der gekreuzigte Dionysos als Wiederkehr des Verdrängten (siehe Ecce homo) erscheint: es ist die ans Kreuz geschlagene Schlange des Antichristen — der Ketzer (vgl. hierzu Heidegger, 1967, I, S. 93 f. und Bloch, 1977, S. 358 f.); es ist der personifizierte Antichrist, der ihm (Nietzsche) hier erscheint. Der Übermensch ist der über den "bürgerlichen Menschen" — den Nietzsche als den "Häßlichen" entlarvte, der Gott tötete — hinausgehende Mensch: es ist der ketzerische Mensch, den Nietzsche als Philosoph mit dem Hammer in seiner wütenden diagnostischen Tätigkeit, in seiner "Wühlarbeit unter den eigenen Füßen" (Foucault, 1974) entdeckte. Im Diskurs der "bürgerlichen Moral" ist dessen Stimme noch leise: aber, sagt Freud: "Die Stimme des Intellekts ist leise, aber sie ruht nicht, ehe sie sich Gehör verschafft hat." Sagt nicht Freud das gleiche vom unbewußten Wunsch: auch dessen Stimme ist leise, aber unzerstörbar, unzerstörbar und unbezwingbar ist das Begehren.

Wenn nun der Diskurs bis zu diesem äußersten Punkt vorangetrieben ist: dem Scheidepunkt der Entfremdung zwischen den Reichen der Sinnlichkeit und der Vernunft, spricht das Subjekt im Taumel seiner Einsamkeit der Verzweiflung, die — bei Nietzsche — ins Außer-Sich-Sein des Schweigens verfällt; oder das Sprechen verfällt hier wieder dem Schweigen angesichts des Grauens — wie in den antiken Mysterien: auch Ödipus auf Kolonos verhüllte sein Gesicht und verstummte, als er den Tod sah.

Wo steht nun der Analytiker an diesem Scheidepunkt zwischen der Borniertheit alltäglicher Vernunft und der Souveränität des Begehrens, in dem Freud *die* Wahrheit des Subjekts erkannt hat?

Soll er es dabei bewenden lassen, die Wahrheit des Begehrens im Jenseits des Lustprinzips als Sein zum Tode erkannt zu haben? Reicht es ihm zu, in den Chor auf Kolonos einzustimmen und zu rufen: "Es wäre besser, nicht geboren zu sein"? Bricht er den Diskurs über das Begehren mit Lacan an dem Punkt ab, wo Lacan sich in die Worte von Pascal kleidet und murmelt ... "daß alles eintritt in das universale Ruhen und Schweigen der Sterne" (Lacan, 1980, S. 297)?

Lacan bricht an der Stelle den Diskurs vom Begehren ab, wo ihn auch Freud jenseits von Ödipus, im Ödipus auf Kolonos abgebrochen hat, wo Ödipus — Freud — sich selbst, im Spiegel seiner verwünschten Nach-Geburt, seiner verfluchten Söhne selbst auslöschte. Ob Freud so auch gestimmt war gegenüber der Nach-Geburt seiner Schüler und Epigonen? Und kommt es nicht von ungefähr, daß Lacan kurz vor seinem Tode die von ihm gegründete Gesellschaft auflöste und die "Mitgliedsbücher" einsammeln ließ?

Hier lag es nahe, den Diskurs abzubrechen[9], als es "klar" wurde, was es mit dem "Tod" auf sich hatte. Für einen Moment schien

9) Der "Kulturpessimismus" Freuds hat nichts mit dem Weltuntergangsgerede der "Friedensapokalyptiker" gemein, die in der Gewißheit des zu erwartenden allgemeinen Endes bequem die Augen verschließen können vor den besonderen und vielen "kleinen" Apokalypsen dieser Welt (von Mittel-/Südamerika bis Afrika), an denen Hunderttausende erbärmlich zugrunde gehen. Der Kulturpessimismus Freuds gründet sich auf seine Theorie von der menschlichen Familienorganisation, die das Ende der menschlichen Art herbeiführen könnte, wenn nicht eine Veränderung dieses spezifischen menschlichen Sozialisationsschemas eintritt.

es mir nicht mehr möglich zu sein, wider den Stachel des Todes zu löcken. Aber diese "Anerkennung" des Todes hätte nichts mit dem Todes-Gerede gemein gehabt, das in der blinden Bejahung des Endes ein Jenseits als Erfüllung sehen muß, wo es im Diesseits am Leben und an Leben mangelte. Und predigt nicht jener Herr mit dem "Gotteskomplex" den Menschen Demut, weil es so unerträglich zu sein scheint, den "Hunger nach mehr"auszukosten?

Das Leben liegt vor dem Tod, und es sind die Leidenschaften, die zum Tode führen und erst das Erfahren dieser Leidenschaften erzwingt die Anerkennung des Todes. Die Leidenschaften machen blind im doppelten Sinne: sie treiben und drängen den Menschen gegen jede "Vernunft"; und indem sich unser Schicksal — wie das von Ödipus — "gelöst" hat, sind wir blind geworden: das heißt "sehend", anerkennend im Tod.

Was aber überschreitet dann den Tod: was ist der Stachel wider den Tod, in dem sich das Leben vollenden soll?

Die Vermittlung des dialektischen Widerspruchs von Tod und Leben ist nur über das Prinzip der Phantasie herzustellen. "Das Phantasieren ist jener Teil des Lebens, der als Noch-Nicht den Tod transzendiert, Gegenwelt des Todes ist" ... "Phantasie ist das Prinzip der Transgression selbst, der grenzenlosen Überschreitung des Bestehenden, der nicht-ökonomischen Verschwendung, konkret: des Verströmens, des Wahnsinns. Phantasie ist also die Transzendierung der Endlichkeit. Indem sie nämlich selbst den Tod antizipieren kann, transzendiert sie das Nicht-Mehr des Todes zum Noch-Nicht durch den Tod: das "Prinzip Hoffnung" (Bloch) ist paradoxerweise gerade verwickelt in das Noch-Nicht des Noch-Ausstehenden. Das Noch-Ausstehende treibt immer schon zum Einholen, und der Tod ist dabei insofern "Stachel im Fleisch des Lebens", Motor der vorwärtstreibenden Kräfte, weil das Wissen um die Endlichkeit zur sinnlichen Erfüllung drängt. Die Vergänglichkeit ist die Bedingung des Unvergänglichen: indem der Tod die Markierung des Endlichen ist, ist er gleichzeitig Signum der Endlosigkeit in der unendlichen Ruhe" (Pohlen et al., 1980, S. 90).

Und diese Entdeckung des Noch-Ausstehenden, des Noch-Nicht-Bewußten, dessen objektiv-reales Korrelat — nach Bloch — das Noch-Nicht-Gewordene, das Ungewordene der Welt ist, und die Welt des Experiments, in der ebenfalls etwas Noch-Nicht-Gewordenes versucht wird, ist die Welt der konkreten Utopie, ist die Welt als Experimentum mundi (vgl. Bloch, 1977).

Es verwickeln sich also in der Todesthematik zwei Seiten: "Es ist ein individuelles und ein allgemeines Schicksal. Das allgemeine drückt sich in der Gestalt des Nichts, des allgemeinen Stillstandes, im Zusammenbruch des Universums aus. Auf der anderen Seite ist der Tod in der Gestalt des persönlichen Nichts, mit dem Schrecken des Sterbens und dem Sprung ins Nichts" (Bloch, 1977, S. 135).

Die Gegenutopie zu dieser Gegenutopie, die der Tod darstellt, ist also das Noch-Nicht-Gewordene, das, weil es nicht vergehen kann, den Tod überschreitet im endlosen Prozeß der Geschichte.

Im Kampf, im Widerstand gegen den Tod bildeten sich alle Utopien der geschichtlichen Welt. Deshalb können auch die Schreckensrufe einer möglicherweise im Untergang begriffenen Klasse, der herrschenden Kleinbürger-Klasse in West und Ost nicht schrecken: sie sind der Gegenutopie, dem Tod verfallen, weil für sie nichts mehr auszustehen scheint, die Kategorie des Noch-Nicht als Muskel und Herz der Kategorie Möglichkeit (Bloch, 1978) für sie verschwunden ist. Vielleicht hat diese Klasse alles erschöpft, was für sie möglich ist; damit ist aber nicht — im Geschichtsprozeß — vergessen zu machen, was für andere möglich sein könnte.

Das Gerede von der Dichotomie zwischen den Herrschenden, die über unsere Köpfe hinweg aufrüsten und Krieg führen könnten und den Beherrschten, in deren Interesse kein Krieg liegen könnte, weil sie nicht zu der herrschenden Klasse gehören, gehört zu den typischen Verleugnungsstrategien gegenüber dem, was als unausgesprochenes Begehren der unterdrückten und beherrschten Massen zu entdecken wäre.

Daß gerade der Widerspruch zwischen den herrschenden Interessen und dem Begehren der Massen oder die Ausblendung dessen, daß das herrschende, unbewußte Begehren der Massen seine Exekution über den herrschenden Apparat sucht und findet und dadurch die Herrschenden zu bloßen Handlangern von Massensehnsüchten werden könnten, hat schon einmal — im Aufgang des Faschismus — zu einer verhängnisvollen Fehleinschätzung der geschichtlichen Situation geführt.

Die Massen sind damals nicht getäuscht worden (durch die herrschenden Interessen): sie haben den Faschismus herbeigesehnt (Wilhelm Reich, 1933). Und es wird noch zu zeigen sein, welche unbewußten und später bewußten Utopien die Massen beherrschten, die den Faschismus herbeigesehnt haben. Und es wird noch zu prüfen sein, welche unbewußten Sehnsüchte heute die Massen treiben könnten, den Krieg herbeizusehnen als Möglichkeit, das für sie Noch-Nicht-Gewordene in den Gang der Geschichte zu bringen. De Sade hat die Gesellschaft, unsere Gesellschaft, als eine ungeheuere Gefängnisgesellschaft beschrieben, in der der Einzelne als innerster Zelle des Gefängnisses in seiner Innerlichkeit als einer vollkommenen Einsamkeit eingekerkert ist.

Ich setze dies bewußt gegen die "offene Gesellschaft" von Herrn Popper, der gerade in seinem eifernden Haß gegen die "Feinde" der offenen Gesellschaft auch die letzten Zellenfenster (für die einzelnen Menschen) als Ausblick in einen möglichen Ausbruch zumauert.

Nicht nur, daß diese Einmauerung den Ausbruch zum Exzeß (in den Massen) treibt, sondern der Nahrungsentzug — als lebenstötendem Abschneiden vom Nahrungsstrom der Phantasie — im Zumauern des Ausblicks auf Zukunft, treibt den Exzeß zu einer neuen, vielleicht noch ungeheueren Konvulsion — über den Faschismus hinaus. Diejenigen, die als kleinbürgerliche Kritiker den Utopismus geißeln und statt von Gewalt von Agape reden, besorgen diesen Nahrungsentzug.

Und es wird noch zu zeigen sein, wie sich die Utopien der Nazi-Deutschen aus Quellen gespeist haben, die auch heute noch unabgegolten sind und die jetzt wieder die Massen berauschen könnten.

Die beschriebene, ungeheuere Homogenisierung und Synthetisierung der Gesellschaft als einer Gefängnisgesellschaft treibt zum Exzeß des Heterogenen von Krieg oder Faschismus.

4. Eine psychoanalytische Deutung der Gewalttätigkeit

4.1. Die allgemeine Friedlosigkeit

4.1.1. Die "Einschließung" des affektiven Lebens: ein Prozeß der Widerstands-Ohnmacht

Die Entfaltung des Themas vom Leben als einem sich widerstreitenden Prozeß zwischen Vernunft und Sinnlichkeit, Kultur und Triebnatur, Exzeß und Zweckmäßigkeit, wirft mich beim Suchen einer Antwort auf die Frage nach den Gründen der Friedlosigkeit auf das Begehren des Einzelnen zurück bzw. auf das Begehren des Einzelnen im Kollektiv. Es wird noch zu zeigen sein, in welcher Weise sich die Phantasmen der Einzelnen im Kollektiv zur Gewalt des Kollektivs zusammenschließen.

Wenn man von einer unveränderten Triebausstattung des Menschen ausgeht, dann gewinnen Überlegungen, wie sie Elias zur geschichtlichen Verwandlung des Affekthaushaltes angestellt hat, Bedeutung. Mitscherlich zitiert in seiner Verwendung dieses Begriffes ein Beispiel von Elias aus dem sechzehnten Jahrhundert, nach dem es in Paris Brauch war, am Johannesfest öffentlich und feierlich in Gegenwart des französischen Königs Katzen zu verbrennen. "Es handelt sich" — wie Elias meint — "um Vergnügungen, die die Gesellschaft sich verschafft, um Inkarnationen eines gesellschaftlichen Affektstandards, in dessen Rahmen sich alle individuellen Affektmodellierungen halten, so verschiedenartig sie sein mögen; wer aus dem Rahmen des gesellschaftlichen Triebstandards heraustritt, gilt jeweils als 'anormal'. So würde heute jemand als anormal gelten, der seiner Lust in der Weise des 16. Jahrhunderts, etwa durch die Verbrennung von Katzen, Befriedigung verschaffen wollte" (Mitscherlich, 1982, S. 135). Mitscherlich nimmt dies als Beleg dafür — wie es auch die Strafformen im Vergleich zeigten —, "daß die Wildheit aggressiver Äußerungen im ganzen des Lebensstils zurückgeht, mindestens stärker mißbilligt wird". Und er schließt daran die Hoffnung: ..."daß die Verwandlung des Affekthaushaltes dadurch weiter fortschreitet, daß es uns gelingt, die soziale Einpassung des Menschen in den früheren Phasen der Kindheit schonender, d.h. nicht mit einer falschen Toleranzideologie, sondern mit Einfühlung zu vollziehen, so daß sich die Bereitschaft, später auf aggressive Weise mit der Aggression umzugehen, weiter verringert" (Mitscherlich, op.cit., S. 136).

Daß die Wildheit aggressiver Äußerungen im ganzen des Lebensstils zurückgegangen ist, mindestens stärker mißbilligt wird, mag als Phänomen zutreffen; der Analytiker fagt sich aber, ob hier nicht — auch in dem interpretativen Vorgehen Elias' — ein Grundirrtum verborgen ist: vielleicht täuscht die so perfekt abgelaufene Zurichtung des Menschen zu einem zwanghaft selbstkontrollierten Subjekt — nach einem jahrhundertelangem Entsinnlichungsprozeß — nur eine Veränderung des Affekthaushaltes als geschichtlichem Wandlungsprozeß vor.

Dabei muß man sich vor Augen halten, daß "die moderne 'relativ isolierte Kernfamilie' und die höchste Arbeitsteiligkeit in der Berufswelt besonders scharfe Restriktionen der aggressiven Triebäußerungen erforderlich (machen); ohne daß demgegenüber so etwas wie ausreichende 'Ventilsitten' für deren Entlastung entwickelt worden wären" (Mitscherlich, op. cit., S.117). Und die ausgebildeten "Ventilsitten" wie Sportveranstaltungen oder Kriminalfilme können doch nicht im Ernst einzelne Menschen per Identifikation von ihrer chronischen Aggressionsstauung entlasten; selbst wenn diese Ventilsitten eine Beteiligung an den Aktionen erlauben würden — in Wirklichkeit werden aber die geringsten aggressiven Abfuhren drastisch sanktioniert. "Ihnen würde zufallen, den langsam entstehenden und zu periodischen Entladungen, sowohl beim Individuum wie im Kollektiv, drängenden aggressiven Triebüberschuß so merklich zu entlasten, daß keine Eskalation in die Zerstörungswut erfolgt" (Mitscherlich, op.cit., S. 118).

These: Vor dem Aufgang des Bürgertums wurde tatsächlich "geopfert": die Opfer kamen mit aktiver Beteiligung der Einzelnen in der Gesellschaft zu Tode.
Heute wird nicht mehr "geopfert": es sei denn unter den Bedingungen absoluter Heterogenität wie im Faschismus[10] und im Krieg.

10) Im Faschismus wurden sechs Millionen Juden geopfert.

"Ventilsitten" sind also keine Opferhandlungen mehr und erfüllen damit auch nicht mehr die notwendige Triebabfuhr im Affekthaushalt der Einzelnen.

Die Möglichkeiten, sich aggressiv zu befriedigen, sind in dieser Gesellschaft praktisch vernichtet. Es machen nicht nur die moderne, relativ isolierte Kernfamilie und die höchste Arbeitsteiligkeit in der Berufswelt besonders scharfe Restriktionen erforderlich, sondern darüberhinaus führen die Frustrationen, "die aus der Unmöglichkeit zur aktiven Beteiligung in den mechanisierten und rigiden Arbeits- und Organisationsstrukturen des Großbetriebs resultieren" (Mitscherlich, op.cit., S. 120), zu einer ständigen Aufladung des Aggressionspotentials. Und in diesem Zusammenhang, daß der Arbeitsprozeß immer unkörperlicher geworden ist und daß die Kommunikation zwischen den Menschen immer mehr eine Kopf-zu-Kopf-Kommunikation geworden ist, führt die umfassende Affektkontrolle zu einer Verstärkung des ohnehin schon hoch geladenen Aggressionspotentials.

Unmittelbare Spontaneität, Impulsivität, vor allem Triebhaftigkeit, die auch in dem System der vorhandenen Beziehungen noch möglich wären, sind unter enormen moralischen Sanktionsdruck gestellt. Dabei geht es nicht so sehr um explizite Verhaltensregeln, die den Menschen aggressive Triebbefriedigung, körperliches Zugreifen verbieten; vielmehr sind implizite Verhaltensregeln wirksam, die spontanes oder impulsives Verhalten kontrollieren und unter großen Sanktionsdruck stellen: es gilt als anormal, sich affektiv zu verhalten.

Nach Foucault (1974) sind heute alle Gegensätze, wie sie sich in früheren Gesellschaften in einer Reihe von Oppositionssystemen etabliert haben — zwischen Gut und Böse, Erlaubt und Verboten, Kriminell und Nicht-Kriminell, Reich und Arm, Mächtig und Ohnmächtig usw. — auf den einen, monotonen Gegensatz zwischen Normal und Anormal eingeebnet. Es gibt keine Oppositionssysteme mehr: "Alle diese Gegensätze, die für jede Gesellschaft konstitutiv sind, reduzieren sich heute in Europa auf den einfachen Gegensatz zwischen dem Normalen und dem Pathologischen. Dieser Gegensatz ist nicht nur einfach ... er bietet auch den Vorteil, glauben zu machen, es gäbe eine Technik, mit der sich das Pathologische auf das Normale zurückführen lasse. So sagt man angesichts eines Delikts, einer sexuellen Abweichung usw.: es ist ein pathologischer Fall. Diese Reduktion aller Gegensätze auf den Code des Gegensatzes zwischen Normal und Pathologisch läuft über das Gegensatzpaar Wahnsinn-Vernunft, das in unserer Kultur, wenn auch kaum sichtbar, wirksam ist (Foucault, op.cit., S. 10); d.h. alle Antagonismen in dieser Gesellschaft, alle Widersprüche zwischen den Subjekten und in den Subjekten werden eingeebnet auf den einen Gegensatz zwischen Vernunft und Unvernunft = Wahnsinn. Im Diskurs der Ordnung hat also eine Dichotomie stattgefunden zwischen der herrschenden Vernunft als dem Normalen und der unterdrückten Unvernunft als dem Unnormalen und Verrückten — das sind die Leidenschaften. Die Leidenschaften unterliegen damit einer verdoppelten Unterdrückung: sie sind bewußt im Begriff der Perversion 'aufgehoben' — wie der Sadismus als Inbegriff der Leidenschaften im Begriff und im Namen von de Sade 'aufgehoben' ist; und unbewußt sind die Leidenschaften als das Verrückte — schlechthin — in Verdrängung gehalten.

Und diese Zerschlagung aller Oppositionssysteme, der Verlust der Möglichkeiten für den Menschen, sich in differenter und differenzierender Weise als ein Anderer zu definieren im Diskurs der Ordnung, muß bei den Menschen zu einer ungeheuren aggressiven Aufstauung führen im Sinne einer kollektiven, chronischen Stauungsneurose. Die Symptome dieser 'Stauungsneurose' zeigen sich vor allem in einer zunehmenden Intoleranz gegenüber jedem Anders-Sein bzw. zeigen sich in einer unbedingten Vereinheitlichung im Integrations- und Harmoniezwang der Gesellschaft; sie zeigen sich in zunehmender aggressiver Reizbarkeit, Rigidisierung der emotionalen Reaktivität und damit Umstellungsunfähigkeit, Kälte und Betriebsamkeit in den menschlichen Beziehungen — bei zunehmender Psychologisierung als Ersatz für diese kommunikative Leere. Und diese Stauungsneurose zeigt sich vor allem in einer aggressiven Ausbruchsbereitschaft, so daß in gesellschaftlichen und wirtschaftlichen Spannungssituationen wie wir sie heute erfahren, deren Ablenkung auf kategoriale Projektionsfiguren erfolgt — wie sie die "Ausländer" repräsentieren, die für eine offene, rassistische Abfuhr ein willkommenes und bequemes Objekt sind.

Im Sinne dieses Diskurses von der Ordnung als einer 'Normalen', die gegen Anormalität steht, wird jeder zu jedermanns Gesundheitspolizisten. Es bedarf nämlich keines aufwendigen Gesundheitssystems — im Sinne einer psychosozialen Kontrolle[11] —, um das Verhalten zu regeln; denn im Diskurs der Ordnung, an dem jedermann teilhat, fällt der aus jedem Diskurs heraus, der sich anormal — d.h. auffällig im allgemeinsten Sinne — verhält.

Ein ungeheuerer Druck auf "Gesundheit", auf gesunde Gewöhnlichkeit, auf un-auffälliges, nicht-affiziertes Verhalten resultiert daraus: eine Diktatur der Alltäglichkeit und der Normalität beherrscht die Gesellschaft; eine Normalität, die an den Terror eines banalen und gewöhnlichen Lebens heranreicht. Indem also Abweichung nicht mehr als Opposition begriffen wird, wird Abweichung als solche nicht mehr (gesellschaftlich) anerkannt und verliert dadurch ihre Lebensform in der Gesellschaft. Und diese Form der Diktatur einer allgemeinen Normalität ist in einer Gesellschaft nur aufrechtzuerhalten durch eine an Terror grenzende Kontrolle, die eine perfektionierte Selbst- und Fremdkontrolle zur Voraussetzung hat. Und diese Niederhaltung aller Äußerungen des affektiven Lebens in der Gesellschaft — im Diskurs der unerbittlichen Ordnung — ist im unbedingten Zusammenhang zu sehen mit der Auftragsdimension der Gesellschaft an die Familie.

4.1.2. Die tödliche Zirkularität der biologischen Kernfamilie

These: Die Einrichtung der Familie ist die Bedingung der menschlichen Gesellschaft und sie ist der Tod dieser Gesellschaft.

Die "spezifische Prämaturation"[12] der Geburt des Menschen, die das Kind über die zwei ersten Lebensjahre hinaus einer völligen vitalen Ohnmacht aussetzt (Lacan, 1980, S. 51 f.), führt zu einer hilflosen Abhängigkeit des Kindes von den Eltern. Die Einrichtung der menschlichen Familie ist die Folge jener verfrühten Trennung, die das menschliche Neugeborene lebensunfähig ins Leben entläßt. Und die "Fürsorge" der Eltern wiederum bedingt, daß die Menschen-Kinder in einem Zustand hilfloser Abhängigkeit bleiben.

11) Diese psychosoziale Polizei sitzt nämlich in den Köpfen der Menschen.
12) Es ist das "extrauterine Frühjahr" (Portman) des Menschen.

Die "Fürsorge" der Eltern setzt sich heute in einer Familialisierung der gesamten Gesellschaft fort, die im "Für-Sorge-Komplex" alle gesellschaftlichen Beziehungen "fürsorglich" durchtränkt; d.h. das Subjekt wird von der Geburt bis zum Tod einer Erziehungsdiktatur ausgesetzt, die dem Menschen kein Abgetrenntsein, keine Absonderung und Unabhängigkeit mehr zugestehen möchte.

Allein die "Fürsorge" der Eltern in der traditionellen Familie — mit Aufrechterhaltung der Vaterimago — befreite das kindliche Subjekt von der Herrschaft des Realitätsprinzips, was eine frühe Blüte der kindlichen Sexualität und des Lustprinzips bzw. das Beibehalten des infantilen Lustprinzips besorgt: "So geschützt vor der Wirklichkeit durch die Fürsorge der Eltern träumt die kindliche Sexualität ... den Traum der narzißtischen Allmacht in einer Welt der Liebe und Lust" (Brown, 1962, S. 146)

Aber eine solche subjektive Erfahrung von Freiheit ist bedingt dadurch, daß das Menschenkind in so hohem Maße in einen Zustand objektiver Unfreiheit, objektiver Abhängigkeit von der elterlichen "Fürsorge" lebt. Und so erzeugt — nach Brown — die objektive Abhängigkeit von den Eltern im Kind ein passives Abhängigkeitsbedürfnis: das Bedürfnis geliebt zu werden; also das genaue Gegenteil seines Traumes von narzißtischer Allmacht: "So treibt die Institution der Familie die menschlichen Wünsche in zwei entgegengesetzte Richtungen und die durch diesen Widerspruch hervorgerufene Dialektik ist es, welche den Zustand herbeiführt, den Freud den Konflikt der Ambivalenz nennt" (Brown, op.cit., S. 146).

Dieser Widerspruch zwischen subjektiver Allmacht und objektiver Ohnmacht konstituiert sich durch jene frühe Trennung, die Lacan das spezifisch menschliche "manque à être" nennt: es ist "jene verfrühte Trennung, die das Kind bei der Geburt von der Gebärmutter löst und eine Not erzeugt, die keine mütterliche Sorge[13] ausgleichen kann" (Lacan, op.cit., S. 51). Und diese Frühgeburt des

13) Der "Hunger" des Kindes ist unstillbar: "Der Vorwurf gegen die Mutter, der am weitesten zurückgreift, lautet, daß sie dem Kind zu wenig Milch gespendet hat, was als Mangel an Liebe ausgelegt wird. ... Es scheint vielmehr, daß die Gier des Kindes nach seiner ersten Nahrung überhaupt unstillbar ist, daß es den Verlust der Mutterbrust niemals verschmerzt" ... Und "die Liebesansprüche des Kindes sind unmäßig, fordern Ausschließlichkeit, lassen keine Teilung zu" (Freud, Ges. Werke, Bd. XV, S. 130 f.).

Menschen, die ihn aus dem "parasitären Gleichgewicht des intrauterinen Lebens" mit der Mutter herausstürzt, erzeugt jenen "qualvollen Charakter des organischen Lebens" (Lacan, op.cit., S. 51 f.) — die Geburtsasphyxie, die Kälte des fehlenden Haarkleides, die Schwindelgefühle und anderes mehr —, die den Prototyp der Trennung, der Trennungsangst bilden: das Urbild des psychischen Traumas. In Fortsetzung dieses "Trennungskomplexes" stehen in endloser Reihe alle Trennungstraumata: vom "Entwöhnungskomplex" (Ablaktation), dem "Geschwisterkomplex" über den "analen Komplex" und dem "Kastrationskomplex": alle diese Imagines konfigurieren die Trennung und die Trennungsangst. Und das Urbild des psychischen Traumas — nach Freud —, die Mutter zu suchen, ohne sie finden zu können, ist die Grunderfahrung von Angst: die Furcht vor der Trennung von der beschützenden Mutter. "Und das schrecklichste psychische Trauma, die Kastrationsangst, ist wiederum Furcht, von der Mutter getrennt zu werden, das Mittel zu verlieren, das die Wiedervereinigung mit einem Mutterersatz im Geschlechtsakt möglich machen kann — meint Freud" (Brown, op.cit., S. 147).

Alle möglichen Trennungen von der Mutter werden — konfiguriert in den genannten Trennungskomplexen — als tödliche Bedrohung erfahren. Und aus Angst vor der Trennung sucht das Subjekt die Rückkehr in den Mutterschoß: installiert sich ein psychische Todesstreben, "ein Todeshunger", indem "das Subjekt in der Preisgabe an den Tod die Mutterimago wiederzufinden sucht" (Lacan, 1980, S. 52).

Es ist die Sehnsucht nach Wiederherstellung der ursprünglichen, spannungs- und konfliktlosen Einheit. Und wenn man "...in der Not der menschlichen Entwöhnung die Quelle des Todeswunsches" (bezeichnen will) ... so wird man im primären Masochismus das dialektische Moment erkennen, wo das Subjekt — durch seine ersten Spielakte — eben die Wiederholung dieser Not auf sich nimmt und die Not gerade dadurch sublimiert und übersteigt (Lacan, 1980, S. 57). Und "wirklich sind dem erkennenden Auge Freud's die ersten Kinderspiele so erschienen: die Freude des Kleinkindes, ein Objekt aus seinem Gesichtsfeld zu entfernen (im Fort-Da-Spiel mit der Garnrolle, die es hinter dem Vorhang "fort" verschwinden läßt und triumphierend im "Da" wieder hervorholt —

d. Verf.), um nach dessen Wiederfinden die Ausschließung endlos zu wiederholen, bedeutet eben, daß es die Leiden der Entwöhnung sind, die das Subjekt sich aufs neue zufügt, so wie es sie erfahren hat, aber über die es jetzt, da es in der Reproduktion aktiv ist, triumphiert" (Lacan, op.cit., S. 57 f.).

Der Widerspruch zwischen dem subjektiven Traum der Vereinigung und der objektiven Tatsache der Abhhängigkeit mit dem passiven Bedürfnis, geliebt zu werden, wie es die Libido bewirkt, ergibt den Antagonismus in der Dialektik von Vereinigung/Absonderung, Abhängigkeit/Unabhängigkeit (vgl. auch Brown, op.cit.): Tod/Töten und Leben/Wiederaufstehen, Absens und Präsens, Repräsentation des Absenten — wie sie in der ersten kognitiven Strukturierung des erwachenden Subjekts vollzogen werden — ersetzen das Reale durch das Symbolische.

Der "Todeshunger" — der nach innen gewandte Tod — ist die Preisgabe des Subjekts an den Tod in der Verschmelzung mit der Mutter-Imago, ist das Streben des Subjekts nach Wiederherstellung der verlorenen Einheit, ist die Nicht-Akzeptierung von Trennung, die als Abgetrenntsein von der Mutter mit Vernichtung und Auslöschung identisch gesetzt wird. Die Angst vor dem Verlust der Mutter, die als Tod gefürchtet wird, ist das treibende Moment des Strebens zum Tode — gleich der Rückkehr in den Mutterschoß.

So wird in einer endlosen Repräsentanzen- und Substitutionsverkettung eine endlose Abfolge von Objekten jeweils nur zum Ersatz für das eigentliche, das fehlende primäre mütterliche Objekt; d.h. das Objekt des Phantasmas setzt sich an die Stelle des Objekts des Realen, "vernichtet" das Reale, da es nur Stellvertreterfunktion hat. Die Liebesabhängigkeit von den Eltern, die Ausweitung der Liebe in der Liebesabhängigkeit (vgl. Brown), zieht eine immer größerwerdende Ausweitung des Todes nach sich: der Sehnsucht nach Unabhängigkeit (gleich Allmacht) und Trennung.

Der "Todeshunger" speist sich also aus der kindlichen Allmacht, dem das Realitätsprinzip ausgesetzt ist, im Traum der narzißtischen Allmacht in einer Welt von Liebe und Lust (Zusammenfallen von Welt und Ich: im Lust-Ich, d.h. Ungetrennt-sein); und speist sich aus dem passiven Abhängigkeitsbedürfnis, im Traum von der Wiederherstellung der ursprünglichen Einheit mit der Mutter (Zusammenfallen von Mutter und Kind: d.h. Ungetrennt-sein).

Diese Verdoppelung des "Todeshungers", diese Ausweitung des nach innen gewandten Todes ist bezeichnet durch eine Liebesabhängigkeit, die keine Trennung mehr zuläßt. Und diese Unfähigkeit zur Trennung, diese Verneinung der Dialektik von Vereinigung und Absonderung, Leben und Tod erotisiert den Tod, ruft die Sehnsucht wach, in das parasitäre Gleichgewicht des intrauterinvegetativen Lebens zurückzukehren, wo es weder Leben noch Tod gab (vgl. Lacan, op.cit.).

Die Anerkennung des Todes ist aber die Voraussetzung des Lebens. Die Trennung ist dem Leben unabdingbar, wenn wir nicht ein dem "Tode vermähltes Leben" als erotisierter Tod zu seinem letzten Ende in der Selbstauslöschung bringen wollen; d.h. wir "besorgen" den Untergang des Menschen, wenn wir die Einrichtung der Familie, der Freud den ganzen Hang zur spezifisch menschlichen Aggressivität zuschreibt, nicht grundlegend ändern wollen.

Denn die scheinbare Gewaltlosigkeit des nach innen gewandten Todes, wie er sich im "Todeshunger" nach Verschmelzung mit den Menschen und der Welt ausdrückt, diese "Gewaltlosigkeit des anfänglichen Selbstmordes" erzeugt die Gewalt des imaginären Brudermordes: der "Geschwisterkomplex" ist *die* Insertionsstelle der Nach-Außen-Wendung des inwendigen Todes, da der herausgetriebene Todeswunsch sich gegen den "Eindringling"[14], den "Usurpator" als Zerstörer der imaginierten Einheit wenden muß. "Nur darum zieht die Imago des nichtentwöhnten Geschwisters eine besondere Aggression auf sich, weil sie im Subjekt die Imago der Mutter-Situation und damit den Todeswunsch (den jetzt veräußerlichten, der Verf.) wiederholt" (Lacan, op.cit., S. 57).

Wenn nun der Einrichtung der menschlichen Familie — nach Freud — ein solcher Hang zur spezifisch menschlichen Aggressivität zuzuschreiben ist, und dies unter der Bedingung des Patriarchats, wie muß sich erst mit der Intensivierung der Liebesausweitung unter der Bedingung der kleinbürgerlichen Familie, unter der

14) Der "Eindringling" kann auch — bei fehlenden Geschwistern — von dem anderen Elternteil repräsentiert werden. Der Usurpator ist immer schon der Zerstörer der vorhandenen Mutter-Kind-Fusion und im "Geschwisterkomplex" wendet sich der tödliche Haß gegen den Nachfolger als dem personifizierten Hindernis der Verschmelzung: die Gewalt des immer schon drohenden, realen Brudermordes — entgegen Lacan — hat hier ihren Grund.

Reduktion der Familie auf die biologische Kernfamilie — am Ende des Niedergangs der Vater-Imago — die Intensivierung der Liebesabhängigkeit (von Eltern und Kind) als Intensivierung der Todesausweitung erweisen.

These: Die biologische Kernfamilie ist dysfunktional für die Erhaltung der Art: sie befördert durch die besondere Ausweitung der Liebesabhängigkeit eine besonders intensive Ausweitung der Todesbereitschaft.

Lévi-Strauss hat gezeigt, daß nicht die symmetrische ödipale Beziehung: Vater, Mutter und Kind, d.h. die biologische Familie der Kern der Gesellschaft ist, sondern nach seiner Strukturanalyse ist die ödipale Struktur von Verwandtschaftsbeziehungen asymmetrisch angelegt: der Onkel mütterlicherseits hat die Vorherrschaft. Es muß also die biologische Grundlage transformiert werden, damit sich Gesellschaft organisieren kann. Und das ursprünglichste aller Gesetze, das die menschlichen Beziehungen regelt, ist das Gebot der Exogamie und das Verbot der Endogamie: "Der ursprüngliche und unreduzierbare Charakter des Verwandtschaftselements ... ergibt sich tatsächlich unmittelbar aus der allgemeinen Existenz des Inzestverbotes. Dieses bedeutet, daß in der menschlichen Gesellschaft ein Mann eine Frau nur von einem anderen Mann erhalten kann, der sie ihm als Tochter oder als Schwester abtritt ... der Onkel mütterlicherseits ... ist unmittelbar (in der Verwandtschaftsstruktur) gegeben, er ist deren Bedingung" (Lévi-Strauss, 1967, S. 61).

Es sind also die Männer, die Frauen tauschen: gleichgültig, ob in einer Gesellschaft patrilineare[15] oder matrilineare Erbfolge organisiert wurde. In keiner menschlichen Gesellschaft haben je Frauen Männer getauscht: die menschliche Gesellschaft war immer patriarchalisch, d.h. durch systematischen Frauentausch definiert.

15) Alle Behauptungen über matriarchale Verhältnisse in der Frühzeit der menschlichen Geschichte haben einer Nachprüfung nicht standhalten können (Zinser, 1981.) Und es wird dort als schlichter Unfug bezeichnet, daß Engels wie Marx erst die klassenlose Gesellschaft der Zukunft dadurch hätten glaubhaft machen können, daß sie alles verfügbare Material über klassenlose Gesellschaften in der Vergangenheit zusammengetragen hätten — wie es von Borneman behauptet worden ist (Zinser, op. cit., S. 55).

Und die soziale Gruppe der Frauen (vgl. Lévi-Strauss, op.cit., S. 74 f.) sind die wesentlichen Werte (Wert-Objekte) in einer Tauschgesellschaft, nach deren Inzestregel die tödliche Zirkularität der biologischen Familie durchbrochen wird: Exogamie und Sexualtabu mit Blutsverwandten — zumindest mit der Schwester — sind die Grundlage der durch Sippenbeziehungen organisierten Gesellschaft. "Nicht die Familie als solche, sondern die strukturelle Beziehung zwischen den Familien konstituiert die Grundlage der menschliche Gesellschaft". ... "Der kontrollierte Akt des Tauschens ist der entscheidende Bruch, den der Mensch gegenüber der Tierwelt vollzieht. Durch ihn definiert sich die Menschheit. Die Ehe ist ein Archetypus des Tausches" (Mitchell, 1976, S. 429).

Dieser "sozio-kulturelle Bruch" mit der "tödlichen Symmetrie" der biologischen Familie repräsentiert sich in der Intervention des Onkels mütterlicherseits: der Bruder der Mutter gewährleistet — durch den Frauentausch — daß Gesellschaft entsteht.

In einer historischen Situation, in der Verwandtschaftsbeziehungen als Elemente gesellschaftlicher Organisation bedeutungslos geworden sind und statt dessen Klassenkonflikte die organisierenden Elemente der Gesellschaft geworden sind, erhält — paradoxerweise — die symmetrische ödipale Beziehung der biologischen Familie *die* gesellschaftliche Bedeutung. Die Kernfamilie wird heute ödipal extrem aufgeladen, in eine tödliche Zirkularität verstrickt, die für die heutige Gesellschaft weit bedrohlicher ist als die mögliche Zirkularität der "ehemaligen" Familie.

Diese patriarchale Ideologie der "natürlichen" biologischen Familie als "Heiliger Familie", die absolut "unnatürlich" ist, da sie in Widerspruch steht zur eigentlich ödipalen Verwandtschaftsstruktur des Patriarchats, dient der Aufrechterhaltung der immer noch bestehenden patriarchalen Ordnung, dessen Zerstörung sie aber besorgt; und zwar auf eine Weise, die gegen die Erhaltung der menschlichen Art gesichert sein könnte.

These: Der Liebesauftrag an die biologische Kernfamilie wird zu einem Todesauftrag: er ist ein Prozeß tödlicher Zirkularität.

Die biologische Kernfamilie ist bezeichnet durch eine gleich intensive Liebesabhängigkeit von Mutter und Kind, da — beim Niedergang der Vater-Imago[16] — die Mutter in die alleinige Gesetzesrepräsentanz gestellt wird. Und in diesem Moment — des Zerfalls der bourgeoisen Familie bei Verkleinbürgerlichung der Massen (Reich, 1933), die das maßgebende Modell der ödipalisierten biologischen Familie bedenkenlos leben —, ergehen zwei "Beauftragungen" an diese Familie:

16) Korrespondiert der Niedergang der Vater-Imago mit dem Untergang des "Bürgers" als selbständigem Produzenten? Die Veränderung der ökonomischen Verhältnisse ist zwar eine notwendige, aber nicht hinreichende Bedingung der Veränderung des Bewußtseins. Der alte Streit, ob eine Veränderung des Überbaus eine Veränderung der "Basis" unbedingt zur Voraussetzung hat, ist hier müßig.
Waren die Bürger "müde" und "bequem" geworden, als Produzenten zu herrschen oder war die Veränderung der Produktionverhältnisse zwangsläufig so fortgeschritten, daß die Entwicklung zur anonymen Kapitalgesellschaft unaufhaltsam war? Aries (1976) gibt zu bedenken, ob nicht Bewußtseinsveränderungen der Veränderung der Produktionsverhältnisse vorausgingen. (So wurde 1785 der Pariser Stadtfriedhof "cimetière des Innocents" innerhalb kürzester Zeit vor die Tore der Stadt verlagert, weil die Anwesenheit des Todes in der Gemeinde unerträglich geworden war — wie wenn der Tod jetzt das Leben vergiften könnte, wo er früher der Stachel des Lebens, der Sinnlichkeit war. Und indem der Tod aus dem Leben des Bürgers hinausverwiesen wurde, verlor auch die Kirche als Vermittlungsinstanz zwischen Leben und Tod für den Bürger ihre Bedeutung: der "Mehrwert" mußte jetzt nicht mehr in frommen Stiftungen angelegt werden, um sich die Bestattung in geweihter Erde zu sichern — mithin die Garantie für ein "Wohlergehen" im jenseitigen Leben. Der Bürger konnte jetzt für sich selbst und in sich selbst investieren.)
Analog ist der Prozeß in der historischen Entwicklung zur Kleinfamilie zu sehen: verhängt die herrschende Bourgeoisie — aufgrund der ökonomischen Notwendigkeiten im Produktionsprozeß — das kleinfamiliale Schema, weil dessen Ausgang wahllos manipulierbare Konsumenten bzw. beliebig manipulierbare Produktivkräfte sichert? Oder wurde von der verkleinbürgerlichten Masse dieses ödipalisierte Schema übernommen, um sich in der ökonomischen Abhängigkeit die Freiheit ihres passiven Konsums und die Freiheit ihrer subjektivistischen familialen Herrschaft zu sichern, da auf dieser Herrschaftsebene der bequem erreichbare Ersatz für scheinbar nicht erreichbare Freiheit und Herrschaft im gesellschaftlichen Feld leicht zur Hand ist?
Kommt die herrschende Bourgeoisie in der Privatisierung von Freiheits- und Glücksversprechungen dem Kleinbürgertum gesellschaftlich entgegen, indem die für das Bürgertum seit der französischen Revolution typischen Freiheits- und Glücksversprechungen jetzt der verkleinbürgerlichten Masse im Konsumobjekt als Surrogat angeboten werden, oder sucht die verkleinbürgerlichte Masse direkt, punktuell einlösbare Konkretion von Glücks- und Freiheitserwartungen in der Kleinfamilie?

1. *Liebesauftrag:* Der Auftrag nach Wiedergutmachung und Wiederherstellung von Unversehrtheit.

Die biologische Familie erhält die Aufgabe zugewiesen, einen Ort der Liebe, Geborgenheit, Nähe und Intimität zu sein für gesellschaftlich abhandengekommene Humanität; gleichzeitig soll die Familie der Ort der Wiederherstellung — sozusagen als Reparaturbetrieb — der humanen Versehrtheit sein; d.h. die gesellschaftlich verursachte Beschädigung soll wieder aufgehoben werden. Darüberhinaus ist die Familie der Ort der Regeneration und Reproduktion der Arbeitskraft.

Diese Aufgaben der Wiedergutmachung kann die Familie nur leisten durch Abtrennung von der Gesellschaft: die Trennung in Privat und Öffentlich wird unabweisbar notwendig. Und nur in dieser Isolierung ist Wiedergutmachung zu erfüllen. Die Familie wird zu einer Monade, zu einer Insel von Pseudohumanität — gesellschaftsfremden "Glücks" — in einer Vereinzelung des Glücksversprechens, das nur seinen Rekurs ins Privatistische suchen und finden kann; und sie verleiht der herrschenden Inhumanität wiederum ihre Legitimation, da Glücks- und Freiheitsversprechen auf das Reservat des Privaten verwiesen sind. Der privatistisch-familiale "Frieden" ist die Bedingung des öffentlichen Krieges aller gegen alle; der Krieg jener Alltäglichkeit, die von Vernichtungskonkurrenz, Machtgier und unersättlicherm Neid beherrscht wird.

Die Familie als Monade privaten Friedens, privatistischer Befriedetheit ist also in ihrer Isolierung die Bedingung des insgeheimen, öffentlichen Krieges.

Die Liebesabhängigkeit der Eltern, insbesondere der Mutter, die in der isolierten Kernfamilie von der Dyade mit dem Kind die Befriedigung all ihrer, für sie selbst abhandengekommenen Bedürfnisse erwartet — und die gerade aufgrund dieser Isolation aufgeladen und nicht erfüllt werden können — ist die Bedingung dafür, daß das Kind in totaler Liebesabhängigkeit gehalten werden muß. Denn die Mutter der kleinbürgerlichen Familie ist unbedingt darauf angewiesen, sich in dieser "Mutterliebe" selbst zu lieben und selbst zu bestätigen und darin zu herrschen, da sie sonst in der Gesellschaft keinen Ort hat, um Herrschaft auszuüben. Und in diesem Moment der Sicherung von Herrschaft über das Kind wird die Aufrechterhaltung des patriarchalischen Systems — vom Subjekt her — in der Kernfamilie besorgt.

Die grandiose Inkulpation der Mütter, in deren alleiniger Verantwortung das (Trieb-) Schicksal des Kindes gestellt wird — naiv-unreflektiert widergespiegelt in den Arbeiten von Miller (1979/80/81) — verhindert die Einsicht in den historischen Prozeß der Isolierung der biologischen Kernfamilie auf eine Dyade, die das "verhängte" ödipale Gesetz der herrschenden Bourgeoisie unsichtbar macht: Anti-Ödipus nicht bewußt werden zu lassen; denn "Ödipus" mit seinem Inzestverbot und seinem Exogamie-Gebot ist in der industriellen Gesellschaft überflüssig[17] geworden — vom objektiven Geschichtsprozeß her (vgl. auch Mitchell, 1976). Die Macht des gesellschaftlichen Gesetzes in "Ödipus" ist heruntergebracht auf die individualistische Formel einer das Triebschicksal bestimmenden Zweierbeziehung, von deren Versagen das Versagen des Subjekts abhängig gemacht wird, statt kritisch zu prüfen, was die Gesellschaft über "Ödipus" dem Subjekt versagt. Der Mensch wird "erst mit der Auflösung des Ödipuskomplexes in vollem Sinne Mensch" (Mitchell, op. cit., S. 436). Da nun Mutter und Kind in dieser dyadischen Konfiguration des "Ödipus" sich in gegenseitiger totalitärer Liebesabhängigkeit halten, wird der "Todeshunger" maßlos aufgeladen: der nach innen gewandte Tod endlos vervielfältigter Grandiosität, unermeßlicher Allmachts- und Verschmelzungsphantasien, produziert sich aus den miteinander verschränkten Abhängigkeits- und Unabhängigkeitsbedürfnissen. Die menschliche Familie, wie sie sich heute als Mittelschichtfamilie darstellt (vgl. Mitchell, op.cit.), schafft eine intensivere Art der Liebe, die eine intensivere Art des Todes ist. Die maßlos gewordene Liebe ist der maßlos gewordene "Todeshunger": die Gewalt der Liebe wird zur Liebe als Gewalt. Und auf dieser analen Stufe der psychosexuellen Differenzierung, wie sie maßgebend ist für die europäisch verfaßten Gesellschaften — und diese sind heute universell geworden —, wendet sich der lautlose, inwendige Tod allgemein

17) "Gäbe es die Familie nicht, so wäre im Kapitalismus die Wahrscheinlichkeit gering, daß die zum ersten Mal in der Geschichte der Zivilisation im großen Umfang gesellschaftlich zusammenarbeitenden besitzlosen Massen mit ihren Verwandten in Berührung kämen, und wenn dem so wäre, würde es nichts ausmachen" (Mitchell, 1976, S. 436).

nach außen, gegen die Welt, präfiguriert in der Umwendung der "Gewaltlosigkeit des anfänglichen Selbstmordes" nach außen in die Gewalt des imaginären Brudermordes (vgl. Lacan, op. cit.).

Auf dieser analen Stufe vollzieht sich die Nach-Außen-Wendung des inwendigen Todes als Umkehr von Passivität in Aktivität, in der sich das Subjekt — nach der psychoanalytischen Theorie — seine Unabhängigkeit durch "Protest" (Trotz) bestätigt. Diese endgültige Nach-Außen-Wendung des Todes gegen die Welt — als Aggression (vgl. auch Brown, op. cit.) — macht die spezifisch menschliche Aggressivität, vor allem die spezifisch europäische Aggressivität, letztlich die besondere Todesausweitung im Gefolge einer intensiveren Liebesabhängigkeit der kleinbürgerlich verfaßten Familie aus. Und dieser versessene Zwang, sich Unabhängigkeit durch Aktionismus und Aktivismus zu bestätigen, ist Aggressivität, wie sie Freud als die anal-sadistische bezeichnet hat. An diesem Punkt der psychosexuellen Entwicklung wird der Eros zu einem Prinzip aktiver Negativität (vgl. auch "negative Aktivität" bei Brown, op. cit.).

Die gesellschaftlich bedingte Rückverweisung der Liebesbedürfnisse auf die Familie, insbesondere auf die Dyade der Kleinfamilie, führt zu einer Inflation der Liebe in der Liebesabhängigkeit der Mutter-Kind-Beziehung. Und diese Maßlosigkeit der Liebe führt zur Isolation der Subjekte in der Kleinfamilie, bedarf aber gleichzeitig der Isolation der Kleinfamilie in der Gesellschaft. Der Widerspruch zwischen dem entfremdeten Leben in der Gesellschaft und dem gesellschaftlichen Auftrag an die Familie, die in der Gesellschaft entfremdeten Bedürfnisse in der Familie als "Heimat der wahren Bedürfnisse" zu leben, isoliert diese Familien als Monaden in der Gesellschaft. Der Liebesauftrag der Gesellschaft an die Familie verkehrt sich unter den aufgezeigten Bedingungen in einen Todesauftrag: die Liebesausweitung wird — unter den entfremdeten Bedingungen der Kultur — zu einer Erziehung in der Todesausschweifung. Die Zirkularität dieser Prozesse ist eine tödliche.

2. *Kontrollauftrag:* Die Aufgabe einer Erziehungsdiktatur zur umfassenden Triebkontrolle des Subjekts.

**These: Die Erziehungsdiktatur zur umfassenden Triebkon-
trolle ist eine Erziehung zum "Normopathen"; und
diese unablässig zwingende Erziehung zur Kontrolle,
die den Menschen kein Abgetrenntsein, keine Absonderung, keine Unabhängigkeit mehr zugestehen
möchte, bedingt eine extreme Abhängigkeit, strukturiert im erwachenden Subjekt ein grausames, selbst-
zerstörerisches und starres Über-Ich.**

Der Kontrollauftrag der Gesellschaft an die Familie führt zu einer
totalen Eingrenzung bzw. Integration in die Gesellschaft in schein-
barem Widerspruch zum ersten Auftrag, der die Familie von der
Gesellschaft isoliert. Im Kontrollauftrag befindet sich die Familie
in perfekter Integration durch ständige Überwachung in Verbund
mit den Überwachungsagenturen der sich im "Für-Sorge-Komplex"[18] niederschlagenden Kontrollinstanzen (von der ärztlich-
präventiven Kontrolle über Schwangerschafts-, Ehe- und Fami-
lienberatung, über Vorschul-, Schul- und Hochschulerziehung zur
Berufsbildung als Ausbildungskontrolle und in expliziteren Über-
wachungsinstanzen wie Jugend- und Familiengerichtsbarkeit und
anderes mehr).

Im Gegensatz zum ersten Auftrag an die Familie, der Isolierung
zur Bedingung hatte, ist die Bedingung des zweiten Auftrags der
ständig aufrechtzuerhaltene Zusammenhang mit den anderen Kontrollinstanzen der Gesellschaft. Und diese zwingende Integration
— durch die nötigende Kooperation mit den genannten Überwa-
chungsinstanzen — führt zur Verschärfung des Kontrollzwangs
der Eltern, besonders der Mütter.

Denn in deren Verpflichtung ist die moralische Erziehung heute fast alleingestellt. Die Männer werden — in der "vaterlosen Gesellschaft" — immer mehr zu Anhängseln, sozusagen zu "Sexualar-
beitern" der Mütter. Und die Mütter sind sozusagen die Frauen des

18) Diese "Für-Sorge" im "Für-Sorge-Komplex" ist "Über-Für-Sorge": es ist die
Für-Sorge der "overprotective mother", die jetzt zum gesellschaftsbeherrschenden
Prinzip geworden ist; psychoanalytisch gesprochen: es ist das Prinzip gewalttätiger
Liebe, die eine Reaktionsbildung auf den verdrängten Haß darstellt. Aber auch in
dieser Reaktionsbildung (einer grandiosen Mutterliebe) kehrt der mühsam unter-
drückte Haß in der bedrängenden Versorgung des Kindes wieder.

"strukturalen Patriarchen", der unsichtbar und un(an)greifbar sich in den anonymen Gesetzen der Gesellschaft repräsentiert.

Die Okkupation der Familienautorität durch die Frauen beim Niedergang der Vater-Imago ist nur eine scheinbare: die Familienautorität wird von den Instanzen des "Für-Sorge-Komplexes", der seine Agenten zur sozialen Kontrolle bis in die familientherapeutischen Institutionen organisiert hat, präokkupiert. Und die Mütter sind — in scheinbarer Okkupation der Familienautorität — nur noch Delegierte des "strukturalen Patriarchats".

Es hat also nur eine Verschiebung vom "sinnlich wahrnehmbaren Vater" auf den "entsinnlichten Vater" — den strukturalen Patriarchen — stattgefunden. Die Ersetzung des "sinnlichen Vaters" durch eine endlose Reihe von väterlichen Ersatz-Autoritäten versteinert das kleinfamiliale System und führt zu einer endlosen Familialisierung der Gesellschaft, die insgesamt durchtränkt ist vom "familialen Komplex"[19].

Die allgemeine Aufmerksamkeit, die heute in der Gesellschaft der Mutter-Kind-Dyade entgegengebracht wird, die ausgeprägte Sorge um diese Beziehung verdeckt das wirkliche Interesse an dieser, das ödipale System nur verschleiernden Organisation der Kleinfamilie.

Was heißt es nun, wenn die Sozialisation des Subjekts fast allein in die Verpflichtung der Mütter gesetzt wird:

Die ganzen affektiven Erwartungen des Kindes — all sein Wünschen — sind eingeengt auf die eine Person der Mutter; damit wird die Mutter zum Phantasma des grandiosen Objekts[20]: einer Figur von totalitärer Allmächtigkeit, aus dessen Bannkreis es kein Entrinnen mehr gibt. Im Gegensatz zur Objektvielfalt im "ganzen

19) Diese totalisierende Familialisierung der Gesellschaft, die zu einem Phantasma der "Großfamilie" wird, bedingt eine "Idealisierung" der tatsächlichen Unterdrückungsverhältnisse, der antagonistischen Interessen zwischen den Klassen. Und diese Phänomene sind an bestimmten Sprachverordnungen abzulesen: am Reden von "Sozialpartnerschaft", am Reden von der "Gemeinschaft", in deren Namen heute die Totalität der Gesellschaft bezeichnet werden soll.
20) Dieses Objekt von Grandiosität wird von "Selbst"-Theoretikern wie Kohut praktisch als "Naturkonstante" beschrieben, ohne zu sehen, daß dieses Phantasma ein "Reflex" der frühkindlichen Abhängigkeit ist und gleichzeitig Repräsentanz einer Mangelerfahrung — entgegen dem Objekthunger des Kindes.

Haus" der vorbürgerlichen Zeit und entgegen dem "großbürgerlichen Haus"mit seiner Vielzahl von Objekten. Die Beschränkung der frühkindlichen Objektbeziehungen auf dieses eine grandiose Objekt nährt den "Todeshunger" in den Verschmelzungswünschen aus Liebesabhängigkeit: der "Todeshunger" des Kindes ist danach die Negation des ungestillten Objekthungers — und das ist Lebens-Liebeshunger.

In der vorbürgerlichen und großbürgerlichen Zeit waren die affektiven Erwartungen des Kindes auf ein großes Kontinuum und auf eine vielfältige Abfolge affektiver Befriedigungsmöglichkeiten verteilt. Und dieser Vielfalt von "Besetzungsmöglichkeiten" (libidinöser Objekte) entsprach auch eine Vielfalt von unterschiedlichen Über-Ich Repräsentanten: der Varianz der Liebesobjekte korrespondierte eine Varianz der Über-Ich Objekte, mithin "bildete" sich im erwachenden Subjekt die Fülle der Liebe mit der Weite des Gewissens.

These: Die Reduktion der Sozialisation auf die eine Person[21] der Mutter bedingt eine emotionale und kognitive Verkrüppelung des Subjekts.[22]

1. In der einseitigen Fixierung des Entwicklungsprozesses auf die Mutter erleidet das Kind eine Einengung seiner Erfahrungsmöglichkeiten, eine Verkümmerung seiner Lernfähigkeit.

In der "Einzigartigkeit" dieser Beziehung zwischen Mutter und Kind lernt das Kind "einzigartig" an diesem Modell seine Welterfahrung zu machen. Das heißt: die Mutter steht als diese eine Person — sozusagen als Ideal-Ich oder Ich-Ideal — modellhaft für die Totalität der erfahrbaren Welt; mithin repräsentiert die Mutter die gesellschaftliche Welt bzw. ist sie der Zugang zur gesellschaftlichen Erfahrung.

21) Es soll damit nicht in Abrede gestellt werden, daß die Funktion der "Objektkonstanz" für das Kind bereitgestellt werden muß; d.h. eine freundliche "Empfangswelt", in der in verläßlicher Weise sich für das Kind die Befriedigung seiner Bedürfnisse wiederholt, mit anderen Worten: Befriedigungskonstanz gewährleistet ist.
22) Adorno und Reich haben auch auf die autoritär-faschistoide Charakterbildung in der kleinbürgerlichen Familie hingewiesen.

Die Beschränkung der Erfahrungsmöglichkeit auf die eine Person der Mutter als Modell von Welt bedingt — eben wegen dieser invarianten Beziehung an einem invarianten, notwendigerweise defizitären Objekt — eine Invarianz im möglichen Erfahrungsgewinn; bedingt Verlust von Neugierde an der Entdeckung, da eine invariante Beziehung die frühkindlichen Forschungen, Entdeckungsversuche absolut eingrenzt. Dagegen bedingen variante Objektbeziehungen und ein variantes Objektreservoir die Varianz der Entdeckerlust, die ihre Befriedigung an immer neu zu findenden Objekten erfahren konnte; wie es in der Objektvarianz der vorbürgerlichen und großbürgerlichen Zeit begründet war.

Das erwachende Subjekt wird durch dieses Lernen an *einem* Modell in der Zirkularität und Abgeschlossenheit des binnenregulierten, isolierten und sich selbst isolierenden kleinfamilialen Systems fixiert.

2. Die extreme Liebesabhängigkeit zwischen Mutter und Kind führt zu systematischen Lernstörungen beim Kind.

Die beschriebene Liebesabhängigkeit in dieser dyadischen Situation führt zu einer Beschädigung des für die bürgerliche Sozialisation typischen Schemas des Triebaufschubs; d.h. je größer die Liebesabhängigkeit ist, desto unerträglicher wird der Aufschub von Befriedigung, desto drängender wird punktuelle und ständig wachsende punktuelle Befriedigung — mithin systematische Zerstörung von Frustrationstoleranz, die in diesem Sinne Voraussetzung für Lernen ist, Voraussetzung dafür, Versuch-Irrtums-Strecken zu ertragen.

Reduziert sich also das Lernen am Modell nur auf dieses eine Modell der Mutter — in der Liebesabhängigkeit von diesem Objekt — dann wird jedes Fehlverhalten, jedes andere Verhalten der Mutter, das nicht den Erwartungen entspricht, zu einer Frustration, die immer sogleich den verheerenden Charakter einer Katastrophe hat. Denn die Mutter ist in diesem Ein-Personen-Modell von Welt mit der Totalität von Welt schlechthin identisch und Störungen in der Interaktion mit ihr könnten demnach den Charakter von "Weltzusammenbrüchen" annehmen. In einem solchen System werden vermutlich Lernstörungen derart gesetzt, daß "Fehler", d.h. Überraschungen und Enttäuschungen in der Befriedigungserwartung nicht ausgehalten werden können und damit als nicht korrigierbar erscheinen: Angst vor "Fehlern" können zu Meidungsverhalten führen, Durststrecken der Versuch-Irrtumswege überhaupt noch auszuhalten.

Aus der Sozialisation solcher dyadischer Erfahrungsbeschränkungen werden Menschen hervorgehen, die unbedingt jedes versucherische Wagnis meiden müssen. Der "eindimensionale Mensch" (Marcuse) wird hier erzeugt: der "letzte Mensch"[23], dem der Geist experimentierenden Lebens verlorengegangen ist.

3. Die Einschränkung der affektiven Befriedigung auf die Mutter-Kind-Dyade bedingt — beim Niedergang der Vater-Imago — die Bildung eines anonymen Dressatgewissens, eines grausam-starren Über-Ichs mit Dressatgehorsam.

Die Liebesabhängigkeit zwischen Mutter und Kind bedingt — eben wegen der Befreiung vom Realitätsprinzip — ein Wuchern von narzißtischen Allmachtsphantasien in einer Welt von Liebe und Lust.

Und hier organisiert sich ein unaufhebbarer Widerspruch zwischen Mutter und Kind: die Mutter lebt in ihrer Beziehung zum Kind eine Liebesabhängigkeit, die deshalb für sie zwingend ist, da sie für die in der Gesellschaft abhandengekommenen Befriedigungsmöglichkeiten von Liebe und Zärtlichkeit auf diese Befriedigung mit dem Kind zurückverwiesen ist und auch den gesellschaftlichen Auftrag dazu hat, Liebe hier zu leben, wo es sonst keine Liebe mehr zu leben gibt. Gleichzeitig bedroht aber das Wuchern der Allmachtsphantasien — in dieser Isolation der vom Realitätsprinzip befreiten Liebesbeziehung — die Mutter-Kind-Dyade, da die Bedürfnisse des Kindes, das Phantasma seines unstillbaren Begeh-

---

23) Der "letzte Mensch" ist ... "der Mensch des passiven Nihilismus, der nichts mehr glaubt, in dem die schaffende Gewalt des Menschenwesens erloschen und ausgebrannt ist, der im Grunde vegetiert, obgleich er über eine ausgebreitete Bildung verfügt, — der sich selbst keine Aufgabe mehr ist; der kein Mensch ist, dem nicht mehr das Feuer des Enthusiasmus in der Seele brennt. 'Man hat sein Lüstchen für den Tag und sein Lüstchen für die Nacht: aber man ehrt die Gesundheit'" (Nietzsche nach Fink 1960, S. 66). Und der "Über-Mensch", der die Hoffnung ist für den "letzten Menschen", ist der sich selbst übersteigende Mensch: es ist der Mensch des Überschwanges, des verschwenderischen Lebens.

174

rens, durch die "Einzigartigkeit" dieser Beziehung aufgeladen wird und gleichzeitig ist diese Beziehung mit dem Untergang bedroht. Denn die Mutter ist gezwungen, sich diesen einzigen Ort der Liebesbeziehung — als Phantasma vom nichtentfremdeten Leben — zu erhalten und das Kind seinerseits ist davon abhängig, diese Beziehungen nicht zu gefährden, da es keine andere gibt, so daß beide zur Aufrechterhaltung dieser dyadischen Figur eine immer umfangreicher werdende Triebkontrolle organisieren müssen: dem Anwachsen der Allmachtsphantasien korrespondiert das Anwachsen der Triebkontrolle. Und hier treffen sich das Moment der Triebkontrolle für die Mutter — als Selbstschutz vor den diese Liebesbeziehung gefährdenden, narzißtisch wuchernden Ansprüchen — mit dem gesellschaftlichen Auftrag an die Mutter, Triebkontrolle zu gewährleisten, um den Auftrag sicherzustellen, ein gesellschaftsfähiges Kind, d.h. ein zwanghaft kontrolliertes, anpassungsbereites Subjekt in die Gesellschaft zu entlassen.

Die Angst der Mütter — in dieser Liebesabhängigkeit — vor Trennung, das ist hier identisch mit Selbstauslöschung, scheint genau so groß zu sein wie die Angst der in dieser Weise sozialisierten Kinder vor Trennung, das ist Selbstvernichtung, so daß allein aus der subjektiven Angst vor Liebesverlust die Kontrolle bzw. die Triebkontrollmechanismen für beide als Selbstschutz quasi automatisch anwachsen müssen.

Die Angst vor Liebesverlust ist also — eben wegen dieser "einzigartigen" und "einzigen" Beziehung — das treibende Moment zur maßlosen Kontrolle. In der vorbürgerlichen oder großbürgerlichen Zeit machten die erwachenden Subjekte die Erfahrung von Beschränkung an der Beschränktheit vieler Objekte, die aber jeweils Hoffnung, d.h. Erwartungslust auf Triebbefriedigung offenstellten, da die mit Gewißheit zu erwartende Varianz von Objekten eine Varianz an Befriedigungsmöglichkeiten erwarten ließ. Und so war die Angst vor Liebesverlust, d.h. auch die Angst vor Getrenntsein und Selbstauslöschung in Grenzen zu halten.

Aus der Liebesabhängigkeit der Beziehung beider (Mutter und Kind) gerät eine solche Konfiguration in die Zerreißprobe: Anwachsen der Verlustängste ihrer selbstwegen — wegen der Maßlosigkeit des Begehrens, die Trennung, d.h. Selbstauslöschung bedingen könnte — und Anwachsen der Verlustängste der Mutter, von den veräußerlichten Vätern — den Vertretern des strukturalen Patriarchats — nicht geliebt zu werden, wenn sie ihrem Erziehungsauftrag zur Kontrolle nicht nachkommt. So vollzieht sich in der Mutter — in Wiederauflage der infantilen Angstsituation, die schützende Mutter verlieren zu können — eine Verdoppelung ihrer Angst: die Beziehung zum Kind als Ort ihrer Liebesbefriedigung zu verlieren, wenn sie diese Beziehung nicht unter Kontrolle halten kann und die Angst, die Liebe der "Väter" zu verlieren, wenn sie deren Kontrollerwartungen nicht erfüllt.

So erziehen "gehorsame" Mütter, die immer schon gelernt haben, sich als Kind wie als Erwachsener vor Liebesverlust zu schützen, in ihren eigenen Kindern "gehorsame", d.h. unterwerfungsbereite Subjekte.

Das Triebschicksal der Mütter, das ist ihre nicht vollzogene Trennung, die ihre Liebesabhängigkeit vom Kind bedingt, ist wiederum Triebschicksal ihrer Kinder: das Schicksal der über diese Kinder verhängten Angst vor Liebesverlust unter der Bedingung, daß "eigentliche" Liebe nur in dieser "einzigartigen" Beziehung – aufgrund des kleinbürgerlichen Sozialisationsschemas – "organisiert" wird – und nicht im Felde der Gesellschaft.

Das maßlose Anwachsen des inwendigen Todes, der seine Produktion dieser Liebesabhängigkeit verdankt, bedingt auch die Maßlosigkeit des nach außen gewandten Todes im Analsadismus, der aktiven Negativität; bedingt aber auch den moralischen Masochismus perfekter Gefälligkeit, um sich der Mutter — wie all den ihr nachfolgenden Objekten — unterwerfend zu versichern — als passiver Negativität.

Das in unserer Kultur der Mutter zugewiesene Attribut der "Mutterliebe" verdeckt die ihr in der Kernfamilie zugewiesene Rolle, ein anonymes Gesetz zu exekutieren, ein anonymes, sozusagen wertfreies Über-Ich in der Kleinfamilie zu organisieren.

Die Über-Ich-Figur, welche die Mutter repräsentiert, ist die einer allgemeinen Unterdrückung von Leidenschaften der Liebe wegen, die als Gewalt der Liebe Liebe als Gewalt inszeniert und — letztlich — nur die erbärmliche Abhängigkeit und Unmündigkeit der Subjekte idealisiert und verdeckt.

Die Mutter der Kleinfamilie ist der Prototyp des "anonymen Dressat-Gewissens" aus Verlustangst. Und die Idealisierung der mütterlichen Rolle in Art der "Mutterliebe" bringt das beschriebene Thema von der Liebesabhängigkeit zum Verschwinden, macht vergessen, daß Liebesabhängigkeit — aus Angst vor Liebesverlust — unterwerfungsbereite Gefälligkeit um jeden Preis sein kann, Preisgabe an jede herrschende Autorität: und das ist Widerstands-Ohnmacht.

Und in diesem Kontext: Verlust eines differenzierten Über-Ichs eines sich selbstbewußten Subjekts, wie es die alte Vater-Imago darstellte, wird deutlich, was die scheinbare Ablösung der alten Vaterherrschaft durch die Übernahme matriarchal sich drapierender Phänomene — wie die alles beherrschende Mutterliebe — zum Verschwinden bringen soll: eine Erinnerung an mögliche Widerstandskraft gegen die vorherrschende Entmündigung und Entsubjektivierung. Die alte Vater-Imago mit der Gewalt ihrer Unterdrückung war die Bedingung der Widerstandskraft des Aufbegehrens: in dem das im Unbewußten Unterdrückte und Niedergeschlagene immer schon seinen Aufstand suchte, konnte es seinen Weg nur finden über die Identifikation des unterdrückten Sohnes — in seiner Revolte — gegen einen starken Vater, dessen internalisierte Selbstmächtigkeit dem Sohn die Möglichkeit gab, Rebellion auch durchzuhalten und die Ziele seiner Rebellion auch einzulösen.

Die kleinbürgerliche Familie dagegen ist — am Ende des Niedergangs der Vater-Imago — in der Art, wie sie organisiert ist und wie sie von der Gesellschaft beauftragt wird, in zwei Systeme tödlicher Zirkularität verwickelt, die sich auseinander speisen und gegenseitig aufladen: der eine Kreislauf, der von Liebesabhängigkeit und Todesbereitschaft ernährt den anderen Kreislauf, den von Kontrolle und Unterwerfung; beide Systeme bedingen eine Ausweitung der Todesbereitschaft des Subjekts, die unentrinnbar zu sein scheint.

Der Liebesauftrag führt über die Inflation der Liebe zu einer Inflation des Todes mit einem besonderen analen Sadismus; und die Angst vor Liebesverlust führt zu einer Inflation der Liebesabhängigkeit, bei deren Eingrenzung die subjektiven Momente die treibenden Kräfte sind zur Erledigung des gesellschaftlichen Kontrollauftrages. Und diese Angst vor Liebesverlust treibt die intensive Unterwerfungsbereitschaft: als moralischem Masochismus, als masochistische Unterwerfungsbereitschaft unter den herrschenden Normenkodex.

Liebesauftrag und Kontrollauftrag der Gesellschaft an die Familie verwickeln sich mit einer Struktur dieser Kleinfamilie, die den verhängten Aufträgen entgegenkommt — im Sinne der organisierten Liebesabhängigkeit — und einer Aggressivierung der Subjekte Vorschub leistet.

These: Die Sozialisation der Subjekte in der biologischen Kernfamilie führt zu einer maßlosen Aufladung eines analen Sadismus und eines ihm korrespondierenden moralischen Masochismus. Der primäre Masochismus, der lautlos-inwendige Tod, der hier sich aus der Liebesabhängigkeit entwickelt, ist die Bedingung der Inflation des moralischen Masochismus als Preisgabe an die herrschende Moral, als passive Negativität schlechthin; und er ist die Bedingung der Inflation eines Sadismus als aktiver Negativität schlechthin.

Seine Abfuhr erhält dieser so organisierte anale Sadismus auf dem Wege des moralischen Masochismus in der beliebigen Unterwerfung unter gesellschaftlich präformierte Aggressionsziele: die Sozialisation des Kleinbürgers verlangt eine unbedingte (tödliche) Befriedigung an Aggressionsobjekten, die kategoriale Projektionsfiguren darstellen wie Juden, Kommunisten, Intellektuelle. Kategorial meint: die Projektionsfiguren sind zwar austauschbar, müssen aber als Entlastungsfiguren für grundlegende, ungelöste Trieb- und Konfliktspannungen eine hinreichende Voraussetzung dafür abgeben, daß sich an ihnen die tödliche Aggressionsabfuhr auch legitimieren läßt. Das heißt: in der biologischen Kernfamilie werden fundamental faschistoide Mechanismen[24] strukturiert.

---

24) Der Niedergang der Vater-Imago oder die fehlende Verinnerlichung einer starken Vater-Imago bedingt die Notwendigkeit einer äußeren Stabilisierung des Ichs durch eine veräußerlichte Vater-Imago. Diese Gegen-Imago des Vaters, die im Sinne einer projektiven Identifikation gebildet ist, ist das Zerrbild der Vater-Imago in der analen Ambivalenz von Macht und Ohnmacht. Im Zerrspiegel des "Juden" (als kategorialer Projektionsfigur) zeigt sich dem Kleinbürger der Vater, den er — wegen seiner "Abwesenheit" — haßerfüllt verfolgen und sehnsüchtig lieben muß: an der Doppel-Imago des "Juden", der sowohl allmächtig wie ohnmächtig ist, kann der Kleinbürger sich zugleich entlasten und stabilisieren.

Und diese Form familialer Sozialisation ist in Zusammenhang zu stellen mit der Gewaltmonopolisierung in den Händen weniger — unter Ausschluß der vielen, denen selbst die Ausübung kleinster Gewaltakte maßlos sanktioniert wird.

Unter solcher Betrachtung kann man das Anwachsen der Sehnsucht der Massen nach Zugriff und Ausübung der — jetzt noch im Monopol befindlichen — Gewaltpotentiale in dem zu erwartenden Kriege sehen; mit anderen Worten: der Krieg müßte von den Massen eigentlich herbeigesehnt werden, weil nur unter dieser Bedingung Gewaltanwendung (noch) möglich ist. — Diese Sehnsucht versteckt sich auch in der liebevollen Ausmalung der Apokalypse so mancher "Friedensbewegter".

Der Mensch ist — wie ich es im Sinne de Sade's dargestellt habe — in unserer Gesellschaft "eingeschlossen", "eingemauert" in seine Innerlichkeit als der innersten Zelle eines Gefängnisses, in der Monotonie einer Stimmung, nichts an sich selbst, nichts an der Gesellschaft verändern zu können, weil der Einzelne vom Nahrungsstrom einer das Phantasma speisenden Energie abgeschnitten ist.

Mitscherlich beklagt indirekt in seiner Idee des Friedens, daß beim Menschen — entgegen dem Tierreich — "keine Ritualisierung zuverlässig die tödlich wirksame Aggression eindämmt" (Mitscherlich, op. cit., S. 122). Wenn aber doch die spezifisch menschliche Triebhaftigkeit darin liegt, nicht an ein bestimmtes Verhaltensrepertoire verlötet zu sein — eben wegen der spezifisch-menschlichen Offenheit zwischen Triebquelle, Triebziel und Triebobjekt —, dann müßte doch gerade das Thema der biologischen Ritualisierung in das Thema der für den Menschen möglichen, gesellschaftlich-regelhaft festgelegten symbolischen Ritualisierungen überführt werden.

Mitscherlich konnte die für den Menschen mögliche und notwendige Ritualisierung von Gewalttätigkeit[25] in der Gesellschaft nicht bedenken. Denn die Tabuierung der Dimension religiöser Erfahrung hemmt den Rückgang auf Ritualisierungen, die immer

25) Diese "Ritualisierungen" von aggressiver Triebabfuhr vollziehen sich als Außer-Sich-Sein der Menschen — unter den Bedingungen der nachbürgerlich verfaßten Gesellschaft — im absolut Heterogenen: Kollektiv im Krieg und im Faschismus; privatistisch im Verrückten (vgl. Bataille, 1974).

schon religiöse waren. Die Scheu, sich mit dem "religiösen Problem" — wie es die Strukturalisten nennen — auseinanderzusetzen, hat immer schon — aus unterlassener Selbstaufklärung — Aufklärung verhindert. Und diese religiöse Ahnungslosigkeit der Aufklärer, wie sie Bloch geißelt, ist es auch, die ihnen den Blick verstellt für die Sehnsüchte der Menschen.

Die genannten Einschränkungen möglicher Abfuhr in den europäischen Industriegesellschaften führen in der europäischen Zivilisation zu den gleichen Problemen der "Friedlosigkeit", d.h. aggressiven Ausbruchsbereitschaft. Bei der Niederhaltung aller aggressiven Entäußerungsformen, bei der festgestellten Einebnung früher möglicher Extremvarianten von Lebensformen, die Opposition ermöglichten, kann heute für den Einzelnen "Frieden" doch nur bedeuten, was er dauernd schon als "Frieden und Ruhe", d.h. als Triebunterdrückung in unserer Gesellschaft erleiden muß.

Mitscherlich bemerkt mit recht, daß "Frieden" — in unbewußter Gleichsetzung — zunächst einmal heißen kann: permanenter Verzicht auf Aggressionsäußerungen zum Selbstschutz, permanente Unterdrückung solcher Gefühle. Und daraus wird Selbstaufgabe, Friedhofsfrieden (Mitscherlich, op. cit.), wie wir sie jetzt schon haben, oder Todesausschweifung in Krieg und Faschismus.

4.2. Die deutsche Friedlosigkeit bzw. die deutsche Gewalttätigkeit

Der Faschismus hält unser Denken "gefangen": allein schon das denkende Einlassen auf ihn als einer Lösungsmöglichkeit unseres Gefängnisdaseins wird als Ansteckung gefürchtet. Und wie ansteckend muß der Faschismus sein, wenn er solche Denkhemmungen bei psychoanalytischen Aufklärern setzt? Die moralische Verurteilung in uns vollzieht sich insgeheim als intellektuelle Verneinung der utopischen Möglichkeiten des Faschismus.

Ich behaupte: Der Faschismus ist als Drang zur Grenzüberschreitung ein allgemeines Problem in uns — bei der beschriebenen Verfaßtheit der europäischen Gesellschaft.

Der Nazi-Faschismus hat für uns Deutsche noch eine besondere Bedeutung: er steht nicht nur in der typisch deutschen Tradition einer nicht zu Ende gekommenen, sondern schon im Aufbruch zerschlagenen Revolution; er steht auch in der typisch deutschen Tradition einer religiös bestimmten Befreiungs- und Erlösungserwartung.

Im Sinne Batailles und Blochs frage ich nach der Überschreitung des Gegebenen, nach den Utopien und ihrer Konkretion im Nazi-Faschismus.

In zwei Orten der Utopie ist für mich das Wesen des Nazi-Faschismus zu fassen:

1. Das Subjekt und die Gesellschaft bzw. der Widerspruch zwischen beiden haben ihren neuen Ort im Blut- und Bodenmythos der Gemeinschaft; Gesellschaft und Staat sind überschritten in der Blutreinheit des Volkes in einem Blutstaat. Und das auf seine Blutreinheit zurückgeführte Subjekt ist das des heldisch-tragischen Heidentums.

2. Der zweite Ort der Utopie ist der Mythos von Heimat in der "Ostlandfahrt" des deutschen Bauern/Kriegers.
Ich gebe zu bedenken, daß Bloch[26] (1977) durch seine marxistisch genährte Moral dem Nazi-Deutschen nur eine mißbräuchliche In-

26) Ich wende hier — entgegen Bloch — seinen Utopiebegriff auf den Nazi-Faschismus als Mythos, der die religiösen Bedürfnisse der Massen ausdrückte, über das die Massen überfremdende Christentum hinaus. Die faschistische Mythologie führte die Massen in die Dimension religiöser Erfahrung zurück, die durch das Christentum verlorengegangen war; und gleichzeitig war diese religiöse Mythologie — als der Traum eines zu sich selbst befreiten Menschen — verbunden mit der heidnisch-imperialen Mythologie des Traumes eines zu sich selbst befreiten Volkes. — Bloch (1977) hat in "Erbschaft dieser Zeit" zwar all die verschlungenen Verbindungen dieser psycho-historischen Tradition der Deutschen analysiert, aber seine marxistische Parteinahme hat ihn nicht sehen lassen, daß der Nazi-Faschismus *das* "religiöse Problem" der Deutschen repräsentiert. Und psychoanalytisch gesprochen ist das "religiöse Problem" *das* Thema von den unterdrückten Leidenschaften, deren Unbezwingbarkeit sich in der Wiederkehr des Verdrängten erweist. (Fortsetzung S. 182 unten)

Anspruchnahme einer in der deutschen Geschichte noch nicht abgegoltenen Sehnsucht — als Betrug des Kapitals — zumessen wollte; sozusagen als einen mythologischen Betrug, der auf "ungleichzeitige Bestände", die diesen Betrug nährten, setze. Denn da der "revisionistische Schwindel der Sozialdemokraten" (Bloch, op. cit.) als eine Reform von Oben, die nichts ändert, bei den Massen nicht mehr verfing und auch die kommunistische Revolution in Ödnis und Mechanei versank, d.h. ihre Versprechungen auf Befreiung nicht eingelöst hat, fühlten sich die Massen in ihren religiösen Erwartungen, das "Land der Verheißung" zu erreichen, betrogen. Um so mehr mußten sie sich von unabgegoltenen Phantasmen faszinieren lassen. Es sind Phantasmen, die in der psycho-historischen Tradition der Deutschen Bestand haben — seit den Ketzerbewegungen und Bauernkriegen: die Ankunft des zu sich selbst befreiten göttlichen Menschen. Und hier liegt eine drängende psycho-historische "Erbschuld" der Deutschen, die sich nie zu sich selbst befreien konnten, sondern denen Befreiung immer nur von Außen verhängt wurde; um so drängender war die Last dieser einzulösenden "Erbschuld".

Mit seiner Irratio — dem Phantasma der Erlösung zu sich selbst — lief der Faschismus der Ratio des Kapitals zuwider: der Nazi-Mythos war eben nicht der "wünschbare Diener des Kapitals" (Bloch, op. cit.); eines Kapitals oder einer kapitalistischen Demokratie, deren Existenz nach Bataille (1974) auf Akkumulation beruht; einer Welt der Arbeit und Vernunft, einer Welt des Homogenen, der absoluten Normalität. Demgegenüber repräsentiert der Faschismus die Welt des affektiven Lebens, die Welt des Heteroge-

(26, Forts.) Bringt man den Faschismus auf seinen Kern zurück, dann ist er eine religiöse Erweckungsbewegung. Und diese zeitgeschichtliche Abgelöstheit des Faschismus macht es um so drängender, Kriterien dafür zu finden, ob eine Utopie eine des erneuernden Lebens ist oder eine des Todes. Reck-Malleczewen (1968) hat zu Beginn der Nazi-Zeit die Wiedertäufer-Bewegung als Krypto-Faschismus beschrieben, als ein Phänomen des entfesselten Kleinbürgertums und nicht — wie Bloch — als ein Phänomen der "Theologie der Befreiung"; das heißt, die "Irratio" des Kleinbürgers im Nazi-Faschismus ist eben nicht (nach Bloch) als bloßer Betrug an Unabgegoltenem zu deuten: die Entfesselung des Nazi-Menschen muß vielmehr gleich der Entfesselung des Kleinbürgers im Münster der Wiedertäufer auch als "Theologie der Befreiung" verstanden werden.

nen, der unproduktiven Verschwendung, des Übermaßes, der Gewalt, des Wahnsinns; mit einem Wort: die Welt des Unvernünftigen und Verrückten.

Diese "Orte" als Entwürfe der Nazi-Utopie verlangen eine nähere Beschreibung. Beide Orte: der Blut- und Bodenmythos und die Bluteinheit des Volkes in einem Blut-Staat und der Mythos vom Erwartungsland "Heimat als Ostlandfahrt" haben vielfältige Verwurzelungen.

Zunächst ist da die Entgrenzung im historischen Raum, der der Entgrenzung im geographischen korrespondiert: hier "ruft" frühes Mittelalter (vgl. Bloch, op. cit.); der große Staufer Friedrich II. hat die Tradition des deutschen Volks-Kaisers — wie er im germanischen Volkskönigtum vorgebildet war — wieder begründet. Und im Reich dieses Staufers sah sein Zeitgenosse, der Abt Joachim von Fiore, die sozial-chiastische Wende der Zeit. Der Mythos vom Volkskaiser hat sich in der Kyffhäuser-Sage fortgesetzt über die Bauernkriege, die Romantik der Befreiungskriege bis zum Nazi-Mythos vom Führer: als Retter und Erwecker. Wie Alexander der Große — fast tausend Jahre nach dem Kampf um Troja — 334 v. Chr. sich vor seinem Aufbruch zum Kreuzzug gegen die Perser an das Grab des Achill in Troja begab, so suchte Hitler[27] nach seiner "Machtergreifung" das Grab Heinrich des Löwen, des Welfen auf; das Grab des großen deutschen Ostkolonisators.

In Hitler durchkreuzen sich zwei große Linien mittelalterlichdeutscher Politik: auf der einen Seite die Ostlandfahrt als neuer

27) In der Person Alexander des Großen wie Hitlers repräsentierte sich ein historisches Bewußtsein der Völker über Jahrhunderte hinweg: d.h. in ihnen imaginierte sich die festgehaltene Hoffnung auf Befreiung, welche die Massen faszinierte und sie kriegs- und faschismusversessen sein ließ. Alexander, Dschingis-Khan, Napoleon und Hitler handelten also nicht, wie es Mitscherlich beschreibt, "aus einem Allmachtserlebnis" heraus, "dem ein suggestiv sehr starkes Ohnmachtserlebnis bei den Massen gegenüberstand" (Mitscherlich, 1982, S. 28). Umgekehrt ist davon auszugehen, daß die Massen von der Utopie fasziniert waren, die Alexander repräsentierte: als erste Menschen einen Blick auf die Grenzen der bewohnten Welt zu werfen, den Marsch zum Ostmeer zu wagen, wo die Welt in den Ozean fällt; und dieses Ende der Welt, wo für die Griechen Erde und Ozean zusammenfallen, wurde in der Antike hinter Indien gedacht und war im Symbolverständnis der Griechen der archimedische Punkt zur Ergreifung der Weltherrschaft.

Kulturgründung — germanischer Bauernkrieger-Zivilisation im grenzenlosen Raum des Ostens. Und auf der anderen Seite die Südlandfahrt als Aufbruch in die Gegenwelt: in das verheißungsvolle Land dionysisch-orphischer Befreiung. Hitler konnte und wollte das Grab des großen Staufers in Palermo nicht aufsuchen, denn der Duce, Mussolini, hielt den Süden und den Mittelmeerraum schon besetzt. Und der faschistische Geschichtsphilosoph Evola (zit. nach Schröder, 1978) phantasierte den Mythos von der Verbindung der beiden großen Adler: einer Utopie, nach der die ghibellinische Synthese von Nord und Süd — ghibellinisch steht gegen den von den Guelfen (Welfen) zur Zeit Friedrichs vertretenen Anspruch der Kirche auf ein übernatürliches Imperium — sich vollziehen soll als ein grandioses heidnisches Imperium. Und die Sache Friedrichs war nicht nur der jetzt wieder aufgebrochene deutsche Mythos einer Verschmelzung von Orient und Okzident — im Sinne des alten Römischen Reiches Deutscher Nation, dessen Höhepunkt der Staufer repräsentierte — sondern der Staufer war Volkskaiser, d.h. Retter des Volkes: er war der erste moderne Dezisionist (vgl. auch Schröder, 1978, Horst, 1979). Ein jeder Bürger hatte absoluten Rechtsschutz und Rechtssicherheit, wenn er sich auf den Namen Friedrichs berief: Friedrich war sozusagen das "gesetzlose Gesetz" aus dem Nichts; es war seiner souveränen Entscheidung überlassen, aus seiner Gewalt Recht zu setzen — ohne jede Ableitung von Höherem (in dieser Hinsicht griffen ihn die Theoretiker der Nazi-Rechtswissenschaft wie Schmitt unbewußt wieder auf).

Dieser Staufer war auch der Inbegriff des Ketzers, der Urheber des "bösen" Wortes von den drei großen Betrügern in der Geschichte: Moses, Mohammed und Jesus (Bloch). Und er war auch der große Antichrist, der während der verschiedenen Exkommunikationen und Bannflüche des Papstes auf den Kanzeln Schmähreden gegen den Papst und die verweltlichte Kirche hielt.

So wurde der Staufer zum Urbild des Retters und Befreiers aus christlicher Überfremdung, der nicht gestorben ist und im Berg auf die Zeit seiner Wiederkehr wartet.

Dieser archaische Erweckungsmythos (vgl. auch Bloch, 1977), der historisch auf die Figur des Staufers zurückgeht, ist verbunden mit dem revolutionären Traum vom "dritten Reich" — nach dem "ersten" des alten Testaments, der Lehre des Vaters, nach dem "zweiten", dem neuen Testament, der Lehre des Sohnes, kommt das "dritte Reich", dem das Ende der Welt vorhergeht — das totale Pfingsten: der Himmel fällt auf die Erde hernieder. Und hier verbinden sich die Sehnsucht nach sozialer und gesellschaftlicher Befreiung der Unterdrückten mit der religiösen Sehnsucht nach Erlösung in einem "heiligen Jerusalem" auf Erden.

Mit dem Mythos vom "dritten Reich" verband sich also die Erwartung der Massen: das Jenseits mit seiner christlichen Ablenkung des Blickes in eine nicht einholbare Zukunft auf sein Diesseits zu lenken: auf den Himmel *dieser Erde*; aber nicht am Ende aller Zeiten so zu werden wie Gott — mit Gott als dem Endpunkt der Geschichte zusammenzufallen —, nein, *hier* soll der Ruf (der Ketzer) lauten: eritis sicut deus (vgl. Bloch, 1977, Bd. 2). Es ist der Ruf der Wiedertäufer und aufständischen Bauern im 16. Jahrhundert, der in seiner Sehnsucht all die Momente des "dritten Reiches" wieder aufnahm: das Jenseits im Diesseits einzurichten.

Und Bloch brandmarkte — im Geist der Utopie — gerade das Nicht-Sein-Wollen wie Gott, das Sich-Abfinden mit irdischer Unzulänglichkeit als die allein echte Erbsünde. Thomas Münzer wußte, wovon er sprach, wenn er predigte: "Wie uns denn allen in der Ankunft des Glaubens muß widerfahren, daß wir fleischlichen irdischen Menschen sollen Götter werden durch die Menschwerdung Christi" (zit. nach Bloch, 1977, S. 60).

In diesen Erwartungen verbinden sich Wiedertäufer, Bauernrebellen, alle Ketzer: In Münster errichteten sie damals ihr "heiliges Jerusalem": es war die Herrschaft des Dionysos in der deutschen Ebene, heilige Gemeinde und Taumel der Wollust zugleich (vgl. Bloch, 1977).

Wiedertäufer und Bauern wurden unterschiedlos abgeschlachtet: aber diese "Saturnalien" waren nicht vergessen. Es ist daran zu erinnern: es war das jeweils am 17. Dezember in Rom begangene Fest des Saturns, des Gottes der Aussaat, an dessen Festtagen alle Klassengegensätze aufgehoben waren und die Verschwendung jedweder Lust Pflicht war. Diese Saturnalien als Überschreitung der Grenze zwischen Herr und Knecht, der Taumel religiöser Ekstase und wollüstiger Raserei hat die Ketzer den menschgewordenen Gott als innerstes Ebenbild ergreifen lassen. Die Entfaltung Gottes im Menschen hier und jetzt voranzutreiben faszinierte die Sehnsüchte der Massen in der Erwartung eines neuen "dritten Reiches", in der Erwartung des Nazi-Reiches: mit der Entgrenzung in der Geschichte und im Raum, in der Erneuerung der Ankunft des ewigen, des "tausendjährigen Reiches".

In dem Aufbruch nach Osten vermischten sich die historischen und religiösen Befreiungserwartungen der Deutschen, die — im Gegensatz z.B. zu den Franzosen, die gleich mehrere Revolutionen im Bauche hatten — sich bisher keine Revolution schmecken ließen. Und darin liegt die eigentliche, die unabgegoltene Erb-Sehnsucht und Erb-Schuld der Deutschen: ihr psycho-historisches Vermächtnis.

5. Der Blutmythos des Nazi-Menschen

Ich behaupte: Der Faschismus ist eine Utopie ohne Ziel — in der Geschichte; ein Traum von Geschichtslosigkeit, eine "Endzeitbewegung" als Bewegung an sich; aber er ist eine Utopie mit den Merkmalen einer wirklichen Utopie: dem Phänomen der Grenzüberschreitung, er ist die Konkretion einer Bewegung zum Tode.

5.1. Der Nazi-Mythos als Religion der Blutreinheit

Der Nazi-Mythos ist der Mythos von der Erneuerung des deutschen Blutes durch den Führer. Der Führer als Befreier ist der Erlöser von der Erbsünde: er ist die Inkarnation der Blutreinheit, über ihn als gemeinsamem Objekt, das sie — die Masse im Sinne Freuds Massenpsychologie — an Stelle ihres eigenen Ich-Ideals gesetzt haben, identifizieren sie sich in einer ursprünglichen Reinheit.

Der Führer als Ideal ist sozusagen der fleischgewordene "neue Adam" eines göttlichen Blutes ohne Schuld und Sünde. Und in der Abschaffung der Erbsünde, in der Überschreitung zu einem Zustand absoluter Reinheit, erreicht der Nazi-Mensch über den Führer den gott-gleichen Zustand vor dem Sündenfall, vor der Anerkennung der Leidenschaften und damit des Todes durch Adam und Eva.

Die Überschreitung der Erbsünde ist die Rückkehr des Menschen in einen Urzustand seiner Natur: seine Rückführung vor die Erbsünde ist die Wiederherstellung eines Menschen als "Natürlich-Gutem".

Und dieser ersehnte Urzustand von Ursprünglichkeit ist der Traum von der Rückkehr in einen absolut "geschichtslosen" Zustand: es ist die Rückkehr in eine "geschichtslose" Ruhe einer sündenfreien, d.h. einer Sphäre ohne Begehren. Hier wird das Erwartungsland des Nazi-Deutschen sichtbar: der Nazi-Mythos zielt in seiner Bewegung auf einen Zustand vollkommener Reinheit, außerhalb der Geschichte, die immer schon eine des Begehrens ist. Das Nazi-Erwartungsland ist das Land des Todes, der endgültigen Reinheit und des Schweigens — im Anhalten der Geschichte.

Diese aufrührerisch-aufrührende Bewegung der Nazi-Deutschen, die diese Sehnsüchte repräsentieren, ist eine Bewegung an sich; das will besagen: eine Bewegung, die Endzeit nicht im Sinne der Utopie nach vorne herstellen will, eine Utopie, die im Hier und Jetzt das "himmlische Jerusalem" herniederholen will, sondern eine Utopie nach rückwärts: eine Überschreitung hinter den Sündenfall zurück zu einem natürlichen Urzustand des Menschen.

Aber trotz dieses Rückgangs zeigt der Nazi-Mythos unverkennbar die Merkmale einer jeden wirklichen Utopie: und das sind die Phänomene der Überschreitung des Gegebenen. Und der Nazi-Faschismus zeigt weiter in der Zerschlagung überlieferter Formen der europäischen Kulturtradition, in seiner überraschend schnellen Auflösung des Christentums und in seiner ungeheueren Militärmaschinerie, welche Energien die Ausbruchsbereitschaft der Massen speisen können. Denn die vorangegangene Entleerung des Christentums, das keine Sehnsüchte mehr speisen konnte, da die Ketzer vernichtet waren, hatte das insgeheime Ketzertum dennoch nicht liquidieren können. Die ungebrochene Kraft der mythischen Bewegung, die Gewalt der freigesetzten Leidenschaften — im Nazi-Deutschland — manifestiert sich im jähen Wechsel zu einem Neu-Heidentum: der inbrünstigen Raserei einer Blutreligion.

Die Aufklärung dieser Blutreligion als biologischer Einkleidung transzendentaler Bedürfnisse steht noch aus. Das "religiöse Problem" — wie die Strukturalisten sagen — ist *das* Problem unserer

Zeit (nach dem "Tod Gottes" und dem "Verschwinden des Subjekts").

Und diese Dimension religiöser Erfahrung fehlt — als Aufklärungs- wie Selbstaufklärungsmoment — in der deutschen Aufklärung: besonders bei Analytikern. Die von Bloch so gegeißelte religiöse Ahnungslosigkeit macht sie sprachlos oder borniert vor den Phänomenen der Gewalt bzw. vor den darin verwickelten religiösen Aspekten.

Die Nazis haben die Biologie theologisiert; die Rassenlehre mit ihrem Ziel, den deutschen Volkskörper zu reinigen und alle krankhaften Erbanlagen auszumerzen, führte auch zu einer Theologisierung des Rechts, zu den Gesetzen zur Verhütung erbkranken Nachwuchses. Hier trieb der Mythos von der Wiederherstellung der Blutreinheit die Nazi-Menschen zur ständigen Blutsorge. Und diese Vollkommenheit des reinen Blutes verband sich wiederum mit der Vollkommenheit einer reinen Rasse von Geburt an; d.h. mit einer für jedermann eingeborenen Herrenrasse als Rasse der Blutreinen.

In diesem mythischen System ist der Antisemitismus — mit der rigorosen Ausmerzung der Juden — zur Wiederherstellung der deutschen Blutreinheit zu sehen: ein rigoroser Antichristianismus. Der Jude ist — in unbewußter Gleichsetzung — der Gott des alten Testamentes, der Gott der Erbsünde — mithin der Gott des "gefallenen Menschen". Dagegen stand der "neue Adam", den Hitler repräsentierte, als der Mensch der Reinheit in seinem natürlichen Urzustand: Über oder durch Hitler als dem Ideal der Vielen vereinigte sich in seiner Blutreinheit die Blutreinheit der Masse, aber auch die Bluteinheit der Masse.

Die Nazis hatten die Macht nur erobert, um Staat und Gesellschaft abzuschaffen und zurückzuführen auf eine Blutsgemeinschaft: die gesellschaftlichen Antagonismen und Widersprüche der

28) Dieser Mythos von der Volksgemeinschaft ist das Zusammenfallen aller Gegensätze: die Aufhebung des Gegensatzes von Subjekt zu Subjekt, von Subjekt zu Gesellschaft, von Rasse zu Rasse; die Aufhebung des Gegensatzes zwischen den Klassen, die Vereinigung aller Gegensätze über den idealen Typus des "Arbeiters" — des "Arbeiters der Stirn und der Faust". Der Nazi-Mythos von der Volksgemeinschaft gründet in diesem Ideal des "Arbeiters" in und an der Gemeinschaft, die eine absolute Gleichheit aller als eines Blutadels verbürgt.

Subjekte waren damit überschritten in der Zurückführung auf eine gemeinsame Blutreinheit als Einheit der Gemeinschaft[28].

Der Mythos der Blutreinheit — die "Aufnordung" spielt nur die Rolle eines mythologischen Ortes, da die Geographie genauso transzendental behandelt wurde wie die Biologie und alles andere — und die Wiedereinführung des Mythos vom heldenhaft-tragischen Leben verlangt auch die mythologische Fahrt mit den mythologischen Prüfungen des Helden und dem mythologischen Opfer.

5.2. Die Blutorgie der Nazis als Konsequenz einer Blutreligion

Die Wiedereinsetzung mythischer Erfahrung vom Nazi-Menschen ist durch eine Theologisierung der Biologie, des Rechtswesens und anderes mehr zu Wege gebracht worden. Diese Transzendentalisierung ist aber eine "kopflose", d.h. der Nazi-Mensch war sich des religiös-mythisch bestimmten Denkens nicht bewußt. Und aus dieser Bewußtlosigkeit der religiösen Bestimmung seines Denkens resultiert auch die Gewalttätigkeit seines Handelns in der von ihm veranstalteten Blutorgie.

In den Blutorgien des Nazi-Faschismus (in den Massenvernichtungslagern wie in den Massenschlachten) ist die Überschreitung auf den äußersten Punkt (des Exzesses) getrieben: in der massenhaften Auslöschung des Objekts.

Die Gewalttätigkeit des Nazi-Faschismus speist sich nicht nur aus der verborgenen religiösen Leidenschaft: im Rückzug auf einen Zustand der absoluten Reinheit, alles ungesunde Blut auszumerzen; die Gewalttätigkeit speist sich vor allem aus der verdrängten, rasenden Erotik einer religiösen Bewegung, die Sexualität unbedingt tabuieren mußte — denn Sexualisierung hätte Auflösung der "Bewegung" bedeutet.

Die Beziehung zwischen Eros und Religion läßt sich über Freuds Sexualtheorie klären, "Drei Abhandlungen zur Sexualtheorie". Danach sind vier Phänomene essentiell:

1. Sexualität ist Abweichung an sich, Abweichung vom Objekt und vom Ziel.

189

2. In der menschlichen Sexualität ist die Verbindung zwischen Trieb/Triebziel und Objekt aufgehoben — entgegen der Verlötung im Tierreich.

3. Im Zusammenhang damit ist das Phänomen der Sexualüberschätzung oder Grenzüberschreitung zu sehen: der Eros tendiert dazu, das Objekt in all seinen Kategorien (seelisch, geistig, körperlich) zu überschätzen. Liebe ist demnach eine Entleerung des eigenen Ichs zur Vergrößerung des Anderen; d.h. auch: Eros ist ein Phantasma, das den Anderen nicht als Person meint, sondern als Objekt der Entfaltung eines Phantasmas. Und die Sexualüberschätzung des begehrten Objekts, die Überfüllung des Objekts mit Libido, ist Bedingung der Grenzüberschreitung, weil die Kraft der Leidenschaften sich in der Überschreitung der Grenzen von Scham, Ekel, Moral erweist. Die treibende Kraft der Begierde, die sich als Sexualüberschätzung über ein unermeßlich phantasiertes Objekt ergießt, ist *das* Phantasma von der Maßlosigkeit des Begehrens, von der Unbezwingbarkeit der Wünsche.

4. In der Maßlosigkeit des Begehrens ist noch ein letztes Phänomen eingebunden: die Vernichtung des Objekts.

Dies äußert sich nach Freud auf allen Stufen der Libidoentwicklung: als oral-kannibalistisches Inkorporieren, anales Zerstückeln und phallisch-genitales Penetrieren und Auslöschen im Verschmelzen der Objekte.

Und in dieser Beziehung zwischen Subjekt und Objekt der Leidenschaft — in der immer möglichen Vernichtung des Objekts — liegt auch die Verbindung mit dem Religiösen: die Verbindung des Religiösen zur Erotik liegt eben im Thema des Opfers der libidinösen Gewalt. Die Erotik ist immer schon bezeichnet durch eine Beziehung zwischen Opferer und Opfer, die heute all zu leicht im banalen Thema von der Ausbeutung erschöpft wird. Aber diese gegenseitige Erfahrung zwischen Opferer und Opfer, wie sie früher als Erfahrung heiliger Erotik möglich war, ist der Verdrängung verfallen.

Der Zusammenhang zwischen Eros und Religion, der Zusammenhang zwischen religiöser und sexueller Ekstase ist heute zerrissen. Religiöse und sexuelle Inbrunst wurden früher nur als verschiedene Erfahrungsebenen des Göttlichen, das ist der Schrecken der Leidenschaften, erlebt. Bataille sagt: "Wer den religiösen Sinn der Erotik nicht sieht, dem entgeht ihr Wesen. Und wer umgekehrt das Band nicht sieht, das die Religion mit der Erotik verknüpft, dem wird auch das Wesen der Religion entgehen" (Bataille, 1981, S. 75). Beiden, der religiösen wie der erotischen Erfahrung, ist gemein, daß in beiden Ritualen zeremoniell die Grenzüberschreitung festgelegt ist. Das Verlassen der Regelhaftigkeit, nicht das Verstoßen gegen Regeln, sondern der Übergang in eine Region absoluter Regellosigkeit ist beiden gemeinsam. An den Festtagen, die früher das Jahr für die Gemeinschaft gliederten, war das unausdenkbar Verbotene erlaubt, war das Tabu aufgehoben in einer geforderten, kollektiv erforderlichen Grenzüberschreitung, die nur ausgehalten werden kann durch ein zeremoniell bestimmtes Ende der Überschreitung; d.h. der Übergang in jene Regionen der absoluten Überschreitung ist gesichert durch Rückkehr in die Regelhaftigkeit.

In den der Gemeinschaft religiös vorgeschriebenen Festen bis zu den Saturnalien im späten Mittelalter, den Satanskulten und Fastnachtsfesten ist in Festen das erlaubt, ja sogar geboten, was gewöhnlich ausgeschlossen ist. Was dem Eros und der Religion gemeinsam ist, ist diese Struktur von Bindung des Verbotes im Gewöhnlichen des Alltags und Aufhebung des Verbots im Ungewöhnlichen des Festes. Diese komplementäre Bindung macht nach Bataille (1974) die gemeinsame Struktur religiöser und erotischer Erfahrung aus: die Bindung des Verbotes im Gewöhnlichen des Alltags an die Aufhebung des Verbots im Ungewöhnlichen des Festes.

Daran kann man erkennen, daß Religion eigentlich, wie Bataille (op. cit.) es auch beschreibt, subversive Gewalt ist. Sie lehrt systematisch, periodisch die Grenzüberschreitung; in diesem Sinne ist Christentum die a-religiöseste aller Religionen (vgl. Bataille, 1974).

Die Entfesselung und die Raserei des Eros vollzog sich also in religiös bestimmten Gesellschaften unter der Bedingung der Rückbindung an die Regeln der Gemeinschaft.

Faschismus — auch als ketzerische Rebellion gegen ein verweltlichtes, entleertes Christentum — ist eine Rückkehr zum mythischen Denken, aber unter der Ratio des Kapitals und zwar in einer Zeit, der die Möglichkeit verlorengegangen ist, religiöse Rituale sozusagen als Gesellschaftsvertrag wieder einzusetzen.

Das Opfern in den Ritualen hatte seine Bestimmung in der Aufopferung von Geschenken — bis zu Menschenleben —, um die Götter zu besänftigen, um sich vor ihrer schrecklichen Heimsuchung zu bewahren. Es hatte aber auch gleichzeitig den Sinn der Teilnahme und der Erfahrung des "Schrecklichen", der Gewalttätigkeit: das Opfern war — psychoanalytisch gesprochen — eine im Ritual vorgegebene, zeitlich begrenzte identifikatorische Teilhabe und identifikatorisches Mitgenießen der schrecklichen Gewalt, der erotischen Raserei, die aber als die göttliche Gewalt im Menschen begriffen wurde — in mystischer Verschmelzung.

Der "Tod Gottes" — besser die Unbewußtheit Gottes, da Gott nicht tot, sondern unbewußt ist —, d.h. die Verdrängung des heiligen Eros ist die Bedingung der Wiederkehr des Verdrängten als purer Gewalttätigkeit, da Eros und Thanatos durch die Verdrängung getrennt, d.h. "entmischt" sind. Und diese pure Gewalttätigkeit — als Ausdruck des maßlosen Begehrens — lebt vom Verlust der religiösen Rituale, da es in der Gesellschaft keine anerkannten Regeln mehr für Überschreitung gibt. Daraus ist auch die maßlose Raserei mythisch bestimmter Gewalttätigkeit zu verstehen, wie er uns im Nazi-Faschismus entgegentritt, da der "heilige Eros" im Diskurs unserer Zeit keinen Platz mehr hat.

Dionysos war auf die deutsche Ebene herniedergestiegen, ohne daß Dionysos "erkannt" wurde: denn der Nazi-Mensch hatte kein Bewußtsein seiner mythisch bestimmten Raserei und so wurde sein "Opfergang" zu einer grenzenlosen Gewalttätigkeit. Heute muß der religiöse Mensch — verdrängt in jedem von uns — in seiner Unbewußtheit seine mythischen Abenteuer im KZ oder im Krieg bestehen und seine Opfer der Prüfung unterziehen, sich selbst der "Bewährung" stellen, wie sie die Ratio des Kapitals im Spätkapitalismus vorgibt: im Krieg; d.h. in der Sakralisierung eines Massenkrieges[29], in der sich die religiöse Inbrunst der Leidenschaften, von der wir abgespalten sind, nur noch als pure, grenzenlose Gewalttätigkeit entäußern kann.

29) Goebbels "feierte" den Krieg im Osten als "Opfergang" und "heilige Messe".

Schon vor dem ersten Weltkrieg wurde nach einem Gott[30] gerufen, erst recht in der Ödnis des Sozialdemokratismus der Weimarer Zeit. Und heute könnte dieser Ruf noch stärker werden, weil Ödnis und Mechanei maßlos geworden sind.

Der Nazi-Mythos und die ihm verbundene Gewalttätigkeit sind ein Lehrstück dafür, was es heißt, die Kraft des Utopischen, die subversive Gewalt des Utopischen zu verleugnen. An der Utopie entzündet sich der Widerstand der Beherrschten und an der Utopie entzündet sich der Widerstand der Herrschenden gegen das Aufbegehren der Unterdrückten: die Utopie ist die Front des gesellschaftlichen Prozesses. Und daran kann man ermessen, welche Bedeutung es für die Herrschenden haben muß, Agenten zur Hand zu haben, die mit Eifer die "Träumer" als Utopisten verfolgen.

Damit wird den Massen der Nahrungsstrom für das Phantasieren der Überschreitung entzogen und damit wird Hoffnung auf Veränderung liquidiert. Das heißt: die Liquidierung von Hoffnung ist die Bedingung eines verzweifelten Ausbruchs, der, wie zu zeigen versucht wurde, gerade in Deutschland immer nach rückwärts erfolgt: in die Ausschweifung des Todes und nicht in die Ausschweifung eines neuen, veränderten Lebens.

Deshalb muß sich gerade hier die Stellung des Intellektuellen in unserer Gesellschaft erweisen, ob er Partei nimmt für das Begehren, für eine Utopie der Erneuerung des affektiven Lebens oder ob er Partei nimmt für die Diktatur eines banalen Lebens in seiner alltäglichen Vernünftigkeit — und damit, trotz subjektiv guten Willens, objektiv-reaktionär Krieg und Faschismus mitbesorgt.

6. Schlußbemerkung

Der Psychoanalytiker muß sich entscheiden: Nimmt er Partei für den Geist experimentierenden Lebens und verläßt die alten "Grenzen", um neue Felder zu besetzen; oder bleibt er in den Grenzen

---

30) Ein neuer Gott für die Kleinbürger: "E n d l i c h e i n G o t t . Da wir den Friedlichen oft nicht mehr ergriffen, ergreift uns plötzlich der Schlacht-Gott, schleudert den Brand: und über dem Herzen voll Heimat schreit, den er donnernd bewohnt, sein rötlicher Himmel" (Rilke, 1974).

des Gegebenen: der Verwalter der Familie[31] zu sein — als der beschriebenen Struktur- und Ideologiefabrik (Reich) — und der Gesellschaft im Reparaturbetrieb der psychosozialen Arbeit seine Dienste anzubieten; das kann er auch tun. Nimmt man aber die beschriebenen Strukturbedingungen von Gewalt und Gewalttätigkeit ernst, so ist doch zu fragen, ob der Psychoanalytiker dann noch bedenken kann, was Psychoanalyse ist, wenn er nur gesellschaftsfähig bleiben will.

Will er nur gesellschaftsfähig, d.h. gesellschaftlich anerkannt sein als "Für-Sorger" des seelischen Elends — in der Sorge um den "inneren Frieden" des Einzelnen — und als "Für-Sorger" des gesellschaftlichen Elends — in der Sorge um den "gesellschaftlichen Frieden" —, dann könnte er nur den "falschen" Frieden besorgen.

Das ärgerniserregende Moment der Selbstaufklärung des Analytikers ist hier gefordert: das Moment, das aller Aufklärung (der anderen) voranzugehen hat. Und diese Frage nach dem Begehren des Analytikers ist die Frage danach, in welchem Namen er spricht; im Namen welcher Realität, im Namen welchen Gesetzes.

Was aber ist nun das Begehren des Analytikers: Wem will er dienen, wem zur Herrschaft verhelfen?

Wer seinen Herrschaftsanspruch nicht erfahren kann, wird auch nicht wissen, wem er dient. Wer den "Willen zur Macht", die schaffende Gewalt des Lebens zur Überwindung des Bestehenden — zerbrechend, was war und suchend, was noch nicht ist — moralisiert in der Abwertung des Herrschaftsbegehrens, muß die zwingende, den Menschen bezwingende Gewalt der Liebe als Frieden verklären. Diese Unaufrichtigkeit der "Friedens-Besorgten", Nicht-Herrschende zu sein, die in ihrem Reden über den Frieden die Gewalt des Subversiven vergessen machen, läßt sie gerade zu Dienern der herrschenden Moral — einer bezwingenden Befriedung, eines Friedhofsfriedens — werden. Sie sollten erinnern, was Freud als das Begehren der Psychoanalyse definierte: "Flectere si nequeo superos, acheronta movebo" — Wenn ich die Herrschen-

---

31) Familienpolitik, hier in der Maske der Familientherapie, ist immer schon der Ausweis des Konservativismus; durch sie soll die konservative Sexualökonomie, im Sinne der "Zwangsfamilie" und der "Zwangsmoral" von Reich, zur Sicherung des Bestehenden — das ist die moderne Zwangsgesellschaft — aufrechterhalten werden.

den nicht beugen kann, werde ich (ihnen) die Unterwelt bewegen (Freud, 1955, Ges. Werke II u. III).

Freud hat dem Subversiven zur Herrschaft verhelfen wollen: dem aufständischen Begehren nach Veränderung (in der Gesellschaft) seine Stimme geliehen.

Wenn der Analytiker ernst machen will mit der Erkenntnis, daß die biologische Kernfamilie *die* Produktionsstätte des Todestriebes ist, *die* Produktionsstätte tödlicher Gewalt, dann muß seine gesellschaftliche Arbeit darauf gerichtet sein, diese Triebkanalisierung, diese Kanalisierung der Liebesbedürfnisse in der Beschränkung auf die Kleinfamilie zu bekämpfen. Die Eingrenzung der Libido auf das Feld der Kleinfamilie muß durchbrochen und umgewendet werden in die Wiederbesetzung der "vergessenen" Lebensformen im Feld der Gesellschaft. Der Analytiker muß daran arbeiten, die gesellschaftlich nicht mehr notwendige Zernierung der Libido in "Ödipus" aufzulösen.

Das traditionelle Moment, das gegen jede Veränderung steht, ist das der "Familie": die im Über-Ich unbewußt niedergeschriebene familiale Bahnung der Liebesbedürfnisse und der Liebesbefriedigung ist die tödliche Zirkularität kleinfamilialer Libidofixierung, die der erneuernden Besetzung des gesellschaftlichen Feldes die Kraft raubt.

Dagegen steht die "konservative" Natur der Triebe, die Unbezwingbarkeit des Begehrens, das auf reale Einlösung drängt und damit — paradoxerweise — auf Veränderung des Gegebenen: das nie zu stillende Begehren strebt nach immer neuer Befriedigung, da eigentliche Befriedigung im gelebten Augenblick nicht zu erreichen ist. Denn alle tatsächlichen Objekte sind nur Ersatz für das Eigentliche und so treibt die eigentliche Unbefriedigung die Libido immer über die Grenzen des Gegebenen hinaus.

Und diese "konservative Natur" der Triebe ist das Movens aller Veränderung — im Widerspruch zum traditionellen Moment der Familie. Hier ist der Ort, an dem der Kampf geführt werden muß: gegen Widerstands-Ohnmacht, für ein neues Triebverhalten, für die Überwindung der Kleinbürger-Familie.

Aries, P.: Die Geschichte des Todes im Abendland. München, Hanser 1976

Barthes, R.: Sade, Fourier, Loyola. Frankfurt, Suhrkamp 1974

Bataille, G.: Der heilige Eros (L'Erotisme). Frankfurt, Ullstein 1974

Bataille, G.: Die Tränen des Eros. München, Mathes & Seitz 1981

Bloch, K. u. Reif, A. (Hrsg.): Denken heißt Überschreiten. In: memoriam Ernst Bloch 1885 — 1977. Köln, Europäische Verlagsanstalt 1978

Bloch, E.: Thomas Münzer als Theologe der Revolution. Gesamtausgabe Band 2. Frankfurt, Suhrkamp 1977

Bloch, E.: Erbschaft dieser Zeit. Gesamtausgabe Band 4. Frankfurt, Suhrkamp 1977

Brown, N. O.: Zukunft im Zeichen des Eros. Pfullingen, Neske 1962

Carter, A.: Sexualität ist Macht. Die Frau bei de Sade. Reinbeck b. Hamburg, Rowohlt 1981

Deleuze, G.: Gespräch zwischen Michel Foucault und Gilles Deleuze: Die Intellektuellen und die Macht, in: Foucault, M.: Von der Subversion des Wissens. Reihe Hanser 150, 1974

Devereux, G.: Baubo: Die mystische Vulva. Frankfurt, Syndikat 1981

Dieckmann, B. u. F. Pescatore (Hrsg.) Lektüre zu de Sade. Frankfurt, Roter Stern 1981

Fink, E.: Nietzsches Philosophie. Stuttgart, Kohlhammer 1960

Freud, S.: Gesammelte Werke Bd. X, XIII u. XV, 1955

Foucault, M.: Von der Subversion des Wissens. Reihe Hanser 150, 1974

Foucault, M.: Wahnsinn und Gesellschaft. Eine Geschichte des Wahns im Zeitalter der Vernunft. Frankfurt, 1978

Heidegger, M.: Sein und Zeit. Tübingen, Niemeyer 1957

Heidegger, M.: Vorträge und Aufsätze, Bd. I. Pfullingen, Neske 1957

Heidegger, M.: Vorträge und Aufsätze, Teil II. Pfullingen, Neske 1967

Heidegger, M.: Vorträge und Aufsätze, Teil III. Pfullingen, Neske 1967

Heym, G.: Dichtungen und Schriften, Bd. 3. Tagebücher Träume Briefe. Hrsg. Schneider, Karl Ludwig. Darmstadt, Wissenschaftl. Buchgesellschaft 1962

Horst, E.: Friedrich der Staufer. Eine Biographie. Düsseldorf, Claassen 1979

Lacan, J.: Das Ich in der Theorie Freuds und in der Technik der Psychoanalyse. Buch II (1954-1955). Das Seminar Olten, Walter 1980

Lacan, J.: Schriften III. Olten, Walter 1980

Miller, A.: Das Drama des begabten Kindes und die Suche nach dem wahren Selbst. Frankfurt, Suhrkamp 1979

Miller, A.: Am Anfang war Erziehung. Frankfurt, Suhrkamp 1980

Miller, A.: Du sollst nicht merken. Frankfurt, Suhrkamp 1981

Mitchell, J.: Psychoanalyse und Feminismus. Freud, Reich, Laing und die Frauenbewegung. Frankfurt, Suhrkamp 1976

Mitscherlich, A.: Die Idee des Friedens und die menschliche Aggressivität. Vier Versuche. Frankfurt, Suhrkamp 1982

Münster, A. (Hrsg.): Tagträume vom aufrechten Gang. Sechs Interviews mit Ernst Bloch. Frankfurt, Suhrkamp 1977

Pohlen, M. et al.: Die Unterwelt bewegen. Versuch über Wahrnehmung und Phantasie in der Psychoanalyse. Frankfurt, Syndikat 1980

Reck-Mallecewen, F.P.: Bockelson. Geschichte eines Massenwahns. Stuttgart, Goverts 1968

Reich, W.: Massenpsychologie des Faschismus. Zur Sexualökonomie der politischen Reaktion und zur proletarischen Sexualpolitik. Kopenhagen, Verlag für Sexualpolitik 1933

Reich, W.: Die sexuelle Revolution. Frankfurt, Europäische Verlagsanstalt 1970

Reich, W.: Frühe Schriften I. Köln, Kiepenheuer & Witsch 1977

Richter, H.-E.: Der Gotteskomplex. Die Geburt und die Krise des Glaubens an die Allmacht des Menschen. Reinbek b. Hamburg, Rowohlt 1979

Schröder, H.-E.: Gottfried Benn: Poesie und Sozialisation. Stuttgart, Kohlhammer 1978

Zinser, H.: Der Mythos des Mutterrechts. Verhandlung von drei aktuellen Theorien des Geschlechterkampfes. Frankfurt/M, Berlin, Wien, Ullstein 1981

Margarete Mitscherlich-Nielsen

Frauen und Aggression

Über Frauen und Aggression zu sprechen, kann mißverständliche Erwartungen hervorrufen. Darum möchte ich meinen Ausführungen einige klärende Worte voraussetzen, damit Aggression nicht gleich Krieg und fehlende Aggression gleich Frieden verstanden wird. Frauen und Frieden war in den letzten Jahren auch in der Frauenbewegung ein Thema, an dem die Geister der Diskutantinnen sich schieden. Natürlich wollte kaum eine der Frauen Angehörige einer militärischen Streitmacht werden, aber sie gaben doch zu bedenken, ob sie mit der Zuweisung in die Kategorie von "Friedensfrauen" nicht in die alte Rolle der kompromißbereiten, vermittelnden, dienenden Frau zurückgedrängt werden sollten. Frieden kann auch der Friedhofsfrieden einer unkritischen, kampflosen Hinnahme von Gewohnheitsunrecht werden, wie er solange den Frauen aufgezwungen wurde. Die ewige Widerkehr des Gleichen geht Hand in Hand mit der sich stets erneuernden gesellschaftlichen Herstellung von Unbewußtheit, d.h., was schon einmal bewußt war, wird wieder verdrängt und vergessen. Die männliche Welt der Krieger, der Sachzwänge, der Gesetzgeber, Geschäftemacher, der politischen und wissenschaftlichen Positivisten, der geschlechtlichen Doppelmoral soll nicht mehr kritisch in Frage gestellt werden. Aber auf den männlichen Zynismus, der in dieser Welt vorherrscht und der Frauen beispielsweise als Arbeiterinnen und Soldaten an der Kriegsmaschine teilhaben lassen will, um sie zu Komplizen zu machen, fallen Frauen, so hoffe ich, so leicht nicht mehr herein.

Das sollten nur einige einführende Bemerkungen sein, bevor ich mich auf mein Thema einlasse, das sich im wesentlichen mit psychoanalytischen Vorstellungen von weiblicher Aggression befaßt.

Gibt es überhaupt eine männliche und eine weibliche Aggression oder etwa einen männlichen und einen weiblichen Todestrieb? Fast alle Frauen und Männer, Kollegen und Nicht-Kollegen, denen ich die Frage nach der geschlechtsspezifischen Aggression stellte, haben sie bejaht. Schwieriger wurde es, wenn ich sie bat, mir näher zu beschreiben, was sie als typisch weibliche, was als typisch männliche Aggressivität ansahen.

In der Psychoanalyse wurde der Aggressionstrieb vor allem in seinen Interaktionen mit der sexuellen Entwicklung gesehen. Beißen, Spucken, sich einverleiben etc. charakterisieren die sogenannte infantil-orale Aggression. Mit der Sauberkeitsgewöhnung, der analen Phase, werden heftige Ausbrüche, zerstörerische Aggressivität als normal angesehen. Man spricht von analem Sadismus, wenn die Aggressivität nach außen gewendet, von masochistisch-analen Tendenzen, wenn sie nach innen gewendet wird. Schon in dieser Phase kann man bei Jungen und Mädchen unterschiedliche Verhaltensweisen beobachten, wie auch die Art der Erziehung geschlechtsspezifische Unterschiede aufzuweisen pflegt. Dem Jungen werden im allgemeinen Aggressionsausbrüche häufiger erlaubt als dem Mädchen, von dem man nicht erwartet, daß es seine sadistischen Tendenzen auslebt, sondern eher, daß es sie nach innen wendet, also einen sogenannten weiblichen Masochismus entwickelt. Beide, die sadistische, wie die masochistische Tendenz pflegen mit Lustgefühlen verbunden zu sein.

Der phallischen Phase werden Verhaltensweisen wie Herrschsucht, Prahlerei, Überheblichkeit, Unduldsamkeit, Rivalitätsaggression etc. zugesprochen. Das gilt allerdings vor allem für den Knaben, bei Mädchen ist es der Penisneid und die Eifersucht, die vorherrschen sollen. Ist die phallische Phase eine natürliche Entwicklungsstufe, die jedes Kind etwa zwischen dem 4. und 6. Lebensjahr durchmacht, oder ist sie als Abwehr von tiefsitzenden konflikterzeugenden Aggressionen und Liebeswünschen anzusehen?

In dieser Frage gab es schon früh keine Einigung in der Psychoanalyse. Ist die Phallokratie des Mannes eine Abwehr gegen Angst und Neid auf die Mutter? Ist der Penisneid Abwehr gegen ödipale Wünsche dem Vater gegenüber, gegen Haß auf die Mutter und deren Allmacht, oder auch nur das Pendant des Gebärneides der Männer, d.h. ein "Als-ob"-Neid, auf den Frauen oft pro forma eingehen, um den aggressiven und neidischen Mann zu beschwichtigen? Auf diese Fragen werde ich versuchen, eine Antwort zu geben.

Spätestens mit der phallischen Phase gab es einen deutlichen Unterschied in der psychoanalytischen Auffassung von weiblicher und männlicher Aggression. Mit dieser Phase verbanden sich auch weitgehend die Probleme des ödipalen Konfliktes. Aufgrund ihres Penismangels und ihrer Aggression der Mutter gegenüber wendet sich das kleine Mädchen dem Vater zu, beim Knaben ist es die Kastrationsangst, die seine Rivalitätsaggression eindämmt und seine inzestuösen Wünsche hemmt.

Mit der vorhandenen oder nicht-vorhandenen Kastrationsangst hängt nach psychoanalytischer Auffassung die Bildung und Strenge des Über-Ichs zusammen. Ihretwegen verinnerlicht der Knabe seine Aggressionen sowie die elterlichen, vor allem die väterlichen, Ver- und Gebote und baut damit ein entsprechend aggressives und nicht selten von moralischem Sadismus geprägtes Über-Ich auf. Die Strenge des Über-Ichs läßt sich dennoch nicht mit der Strenge der elterlichen Ge- und Verbote gleichsetzen. Elterliche Milde und Nachsicht erhöht offenbar eher die Angst vor folgenschweren Triebdurchbrüchen und tragen deswegen nicht selten dazu bei, daß sich ein besonders rigoroses Über-Ich bildet. Frauen dagegen verinnerlichen die elterlichen Vorschriften mehr aus Angst vor Liebesverlust denn aus Kastrationsängsten und der mit ihr verbundenen Aggression; sie entwickeln dementsprechend — nach psychoanalytischer Auffassung — nur ein "schwaches" Über-Ich. Sie halten sich mehr an die direkten Verbote, weniger an die projizierten, die dem Schutz vor der eigenen Triebgefahr dienen.

Ich bin mir dessen bewußt, daß ich mit dieser kurzen Zusammenfassung den komplizierten und oft verwirrenden Mechanismus der Über-Ich-Bildung, seinen genetischen Wurzeln, den sogenannten Vorläufern des späteren Über-Ichs nicht gerecht werde. Es geht mir aber in diesem Zusammenhang vor allem darum, Freuds Vorstellungen von der Geschlechtsspezifität dieser Gewissensinstanz darzustellen.

Die Antwort derjenigen meiner psychoanalytischen Kollegen, die sich an die Hypothesen Freuds über die psychosexuelle Entwicklung der Frau und deren Über-Ich-Situation halten, hätte meines Erachtens sein müssen: "Ja, es gibt einen Unterschied zwischen der männlichen und der weiblichen Aggression. Diejenige der Frauen wird, was die analen und phallischen Strebungen anbetrifft, mehr nach innen gewendet sein, mehr masochistische als sadistische Züge annehmen, indirekter sein, ihr Über-Ich ist "schwächer", leichter beeinflußbar, aber auch weniger zu Projektionen geneigt, Neid pflegt ihr Selbstgefühl tiefer zu unterminieren als das des Mannes, Eifersucht spielt bei ihr eine besondere Rolle, aber sie wird nicht mit einer entsprechenden Rivalitätsaggression verbunden sein, wie diejenige des Mannes, sondern verborgener sein und häufiger mit Vorwürfen einhergehen.

Ihr "schwaches" Über-Ich wird sie — so Freud — weniger zu Sublimierungen ihrer Triebe anspornen, d.h. nicht zu wissenschaftlichen und kulturellen Leistungen prädestinieren. Ihre Moral und Sittlichkeit wird sich nach äußeren Geboten, also nach den Vorschriften der Männer und der von ihnen dominierten Gesellschaft richten. Aber wegen der Affektnähe ihres "schwachen" Über-Ichs kann es bei Frauen zu plötzlichen ungehemmten Aggressionen kommen, die niemand erwartet hat und die natürlich doch erwartet werden, denn Schuldgefühle, wenn auch verdrängt, bestehen ihr gegenüber genug, wie sonst sollte man die untergründige Angst, das oft bereitliegende Entsetzen des Mannes vor den Affekten der Frau erklären können?

Für diese Angst der Männer, plötzlich mit heftigen Aggressionsausbrüchen von bisher gefügigen Frauen konfrontiert zu sein, gibt es im Laufe der Jahrhunderte viele Zeugnisse. Schiller, selber ein Revolutionär, der Autor der "Räuber" und schon seit 1792 Ehrenbürger der französischen Republik, schrieb z.B. über die Schlimmheit der Frauen in den Zeiten des revolutionären Aufstandes und des Umsturzes: "Da werden Weiber zu Hyänen und treiben mit Entsetzen Schmerz. Noch zuckend mit des Panthers Zähnen, zerreißen sie des Feindes Herz."

Bis heute scheint es den meisten Männern pervers, wenn Frauen sich an revolutionären Auseinandersetzungen beteiligen. Man war allgemein fassungslos, als sich herausstellte, daß sich die RAF mindestens aus soviel Frauen wie Männern zusammensetzte. Noch mehr als ihren männlichen Gesinnungsgenossen wurde ihnen perverses Verhalten und Unmenschlichkeit vorgeworfen. Die meisten von ihnen waren Töchter aus wohlsituierten bürgerlichen Familien, Frauen eines Milieus, von denen man gewohnt gewesen war, daß sie sich besonders gut anzupassen wußten. Die Terroristinnen fielen aus dem Rahmen eines bisher vorhersagbaren weiblichen Verhaltens so weitgehend heraus, daß dem offenbar nur mit Haß oder Hilflosigkeit begegnet werden konnte. Sie verließen ihre Männer und Kinder oder verzichteten weitgehend auf heterosexuelle Bindungen. Ähnlich fassungslos steht der Bürger der Tatsache gegenüber, daß lesbische Beziehungen zwischen Frauen eine wachsende Bedeutung gewinnen.

Natürlich mußte auch hier wieder nach einem Sündenbock gesucht werden. Wer sonst als die sich zunehmend bemerkbar machende, vom Bürgertum meist als abstoßend, unnatürlich oder doch zumindest als lächerlich abgewertete Frauenbewegung konnte denn an diesen schrecklichen und empörenden Entwicklungen schuldig sein? Auch die meisten Psychoanalytiker erleben Feministinnen als unnatürlich oder lächerlich und wollen möglichst nichts mit ihnen zu tun haben. Sie pflegen sie mit dem Stereotyp "phallische Frauen" zu etikettieren. Was Frauen an kämpferischer Haltung, an Selbstbehauptung, an Ehrgeiz oder auch Kreativität aufzubringen vermögen, wird leicht von Psychoanalytikern mit dem flächendeckenden Begriff "phallisch" vom Tisch gewischt. Mit diesem Klischee wird ihnen attestiert, daß sie in einer Welt der Illusion leben, da sie sich von der Phantasie, einen Penis zu besitzen, offenbar nicht lösen können.

Die psychoanalytischen Aussagen über Weiblichkeit verführen leicht zu Stereotypen über das "Wesen der Frau", in denen Frau-Sein sich mit der Vorstellung von einem Mangel verbindet. Eine Frau, die das nicht zu akzeptieren bereit ist, wehrt nach psychoanalytischen Vorstellungen die Realität zugunsten von Wunschvorstellungen ab. Sie hat, so sagt man, die genitale Stufe, d.h. die reife Weiblichkeit nicht erreicht.

Nachdem man die Feministinnen entsprechend in ein psychoanalytisches System eingeordnet hat, ist es klar, daß man sie nicht ernst nehmen kann, denn ihr Verhalten, ihre Leistungen, ihr Aufstand gegen eine von Männern bestimmte Gesellschaft beruht ja auf einer Nicht-Anerkennung der Realität. Nur der tatsächliche Besitz eines Phallus würde ihre Verhaltensweisen legitimieren, nur dann wäre es "natürlich", wenn sie sich gegen das Unrecht, mit dem sie täglich konfrontiert sind, auflehnen. Von dieser Sicht aus, ist nur "realitätsgerecht", wenn Frauen ihre Aggressivität, ihre kämpferische Haltung nach innen wenden, die Familie zum Ort ihrer Aktivitäten machen, sich für Mann und Kinder opfern oder in dienstleistenden Berufen ihre Liebeswünsche sublimieren. In zahlreichen Büchern haben Frauen mittlerweile darzustellen versucht, daß die Ansichten und Theorien Freuds über die weibliche Entwicklung, insbesondere diejenige über die anatomische "Minderwertigkeit" des Mädchens und den daraus folgenden Penisneid, den Bemühungen der Frau um Emanzipation und Gleichberechtigung in den Rücken fallen. Daß Freud mit den Ansichten seiner Gesellschaft über Aufgabe, Rolle und Wesenseigentümlichkeiten der Frau weitgehend übereinstimmte, ist allgemein bekannt. Als er sich mit dem Philosophen und Frauenrechtler John Stewart Mill beschäftigte und den Aufsatz von dessen Lebensgefährtin Harriet Taylor "Über Frauenemanzipation" übersetzte, schrieb er den oft zitierten Brief an seine spätere Frau Martha (1893): "Gesetzgebung und Brauch haben den Frauen viel vorenthaltene Rechte zu geben, aber die Stellung der Frau wird keine andere sein können, als sie ist, in jungen Jahren ein angebetetes Liebchen und in reiferen ein geliebtes Weib."

Warum aber hat Freud gerade diesen Aufsatz, der damals noch Mill zugeschrieben und schon 1851 von Harriet Taylor verfaßt wurde, zur Übersetzung ausgesucht? Es muß doch ein Thema gewesen sein, das ihn bewegte und das, wie der Brief an seine Frau zeigte, eine typisch männliche Reaktion bei ihm auslöste. Die Angst vor der Selbständigkeit der Frau, vor ihren Forderungen nach gleichen Rechten und Verhaltensweisen hatte offenbar auch Freud befallen. Wie sollte es auch anders sein.

Liest man Strindberg, der nur sieben Jahre vor Freud geboren wurde, erkennt man, welche Panik beim Mann die Vorstellung einer Frau auslösen konnte, die sich, ihr Leben, ihr Denken und ihre Sexualität nicht nur auf die Beziehung zum Mann ausrichtete. Strindberg, der sich einerseits für den Sozialismus und den Abbau der Klassenschranken in zahlreichen Schriften kämpferisch einsetzte, wehrt sich andererseits mit aller nur denkbarer Heftigkeit, keine Injurien scheuend, gegen die Gleichberechtigung der Frau und den Abbau der Geschlechterschranken. Gewiß handelt es sich bei Strindberg um einen sehr labilen, übersensiblen, zu paranoiden Ausfällen neigenden Mann; aber es sind doch gerade diese Hypersensitiven, die oft am deutlichsten zeigen, was in der Psyche ihrer Zeitgenossen vor sich geht.

In der Psychoanalytischen Vereinigung gab es in den zwanziger bis Mitte der dreißiger Jahre zahlreiche Auseinandersetzungen über die psychosexuelle Entwicklung der Frau. Dann schlief die Diskussion darüber fast ganz ein, und die Ansichten der in diesem Punkt Freud widersprechenden Analytiker verschwanden mehr oder weniger aus dem Bewußtsein der Analytiker. 1964 erschienen in Paris die von J. Chasseguet-Smirgel herausgegebenen Aufsätze über Psychoanalyse der weiblichen Sexualität. Die Autoren standen der Schule von Melanie Klein nahe. Etwa seit 1970 — mit dem Wiederaufleben der Frauenbewegung — begannen auch andere Psychoanalytiker, sich wieder zögernd mit der psychosexuellen Entwicklung der Frau zu beschäftigen. 1976 gab Blum im Journal of the American Psychoanalytic Association eine Sammlung von psychoanalytischen Arbeiten heraus, in denen z.T. durchaus neue Ansätze über die weibliche Psychologie vertreten wurden. 1975 und 78 gab es in der Zeitschrift Psyche zwei Hefte zum Thema Weiblichkeit. Dennoch kann man sich des Eindrucks nicht erwehren, daß diese Diskussionen, die andersartigen theoretischen Ansätze von Horney, Jones, Klein und später die von Chasseguet-Smirgel, Blum, Kleeman, Schäfer und vielen anderen, die sich auf vielfältige klinische Erfahrungen berufen, an unseren männlichen und weiblichen Kollegen bisher mehr oder weniger vorbeigegangen sind. Es wird in gleicher Unbefangenheit von Penisneid, von phallischer Frau, von "wahrer Weiblichkeit", von Kinderwunsch als Penisersatz etc. etc. gesprochen. Die Hypothesen Freuds über die weibliche Sexualität, die er selber keineswegs als endgültig ansah, scheinen für viele Analytiker mittlerweile eine gutgesicherte Theorie darzustellen. Diese Haltung als Abwehrmechanismus zu durchschauen fällt nicht schwer. Wer die Macht hat, stellt sich nicht gern in Frage. Theoretisch wissen Psychoanalytiker zwar, daß nur durch kritische Prüfung des eigenen Verhaltens, der eigenen Theorie Wahrheit sichtbar wird, und daß man sich nur durch deren Bewußtmachung von Vorurteilen und Zwängen frei machen kann, praktisch hindert sie das aber nicht daran, an Theorien, die ihnen bequem geworden sind und ihnen das Umdenken ersparen, festzuhalten.

Christa Rohde-Dachser[1] hat sich mit dem Problem befaßt, was es heißt, gleichzeitig eine Frau und eine Psychoanalytikerin zu sein. Diese ist einem Rollenkonflikt besonderer Art ausgesetzt. Als Therapeutin verhält sie sich rollenkonform, wenn sie Takt, Einfühlungsvermögen, Ruhe, Geduld und die Fähigkeit entwickelt, für den anderen aufnahmebereit zu sein und gleichzeitig Zugang zu den eigenen Gefühlen zu haben. Diese Fähigkeiten werden gleichermaßen vom männlichen Therapeuten erwartet, auch wenn sie in unserer Gesellschaft eher als weibliche angesehen werden. So scheint es, daß in der psychoanalytischen Therapie Männer wie Frauen ihre "Weiblichkeit" ausleben können. Es bleibt aber selbstverständlich, daß dieses Ausleben nur in beschränktem Maße möglich ist, denn auch von Psychoanalytikerinnen wird in ihrer Therapeutenrolle weitgehend eine Geschlechtsneutralität erwartet. In allen anderen Sektoren des psychoanalytischen Berufs, in der Verbandsrolle, in der Wissenschaftsrolle, werden dagegen Verhaltensweisen und Eigenschaften gefordert, die weitmehr einem männlichen Rollenstereotyp entsprechen. In diesen Bereichen findet man erwartungsgemäß prozentual nur wenige Frauen vor. Zudem verschärft sich der geschlechtsspezifische Rollenkonflikt bei Psychoanalytikerinnen durch die Internalisierung eines überwiegend negativen Frauen- und Muttersterotyps, das ihnen im Verlauf ihrer psychoanalytischen Sozialisierung nahegebracht wird. Noch etwas anderes kommt hinzu: "Der soziale Konflikt, dem Frauen überhaupt und berufstätige Frauen insbesondere ausgesetzt sind, wird von Psychoanalytikerinnen gemäß ihrer psychoanalytischen Ausbildung meist als inner-psychischer Konflikt angesehen. Klagen über soziale Ungerechtigkeiten — so Rohde-Dachser — werden als peinlich, weil als Eingeständnis des eigenen Versagens empfunden. Die diesem Deutungsmuster immanente Verleugnung objektiver Realitäten und ihre Koppelung mit eigenen Omnipotenzphantasien erwies sich als kaum hinterfragbar."

Ich muß jetzt einige Umwege machen, bevor ich auf mein Thema der weiblichen Aggression zurückkomme. Ich wende mich der von vielen Zeitgenossen übernommenen Vorstellung zu, die Frau habe sich vor allem um ihre Familie, um ihre Kinder zu kümmern, denn alles andere — sofern es nicht ökonomisch erforderlich ist — sei Ausdruck einer phallischen Abwehrhaltung. Vielleicht ist die Psychoanalyse wirklich im Begriff zu veralten, vor allem dann, wenn sie sich auf die Psychologie der sogenannten "Kernfamilie" beschränkt und dementsprechend in den letzten Jahrzehnten besonderes Gewicht auf die Analyse der Mutter-Kind-Beziehung legt. Das Interesse an der Bedeutung des Vaters und des ödipalen Konfliktes trat zurück, verbunden mit der nachlassenden Autorität des Vaters in der Familie und der Gesellschaft überhaupt. Obwohl Familie und Gesellschaft einander gegenseitig beeinflussen, wie es Freud in "Unbehagen in der Kultur" und in anderen Essays darstellte, bleibt offensichtlich, daß die Familie in ihrer Binnenstruktur zu dem herrschenden Prinzip der Vergesellschaftung in Opposition steht. Dennoch kann man, glaube ich, nach wie vor mit Hilfe der psychoanalytischen Untersuchung der vergesellschafteten Individuen auch etwas von der Gesellschaft selber und ihren historischen Veränderungen in weiten Bereichen begreifen.

Indem die Psychoanalyse ihr Interesse zunehmend auf die Mutter-Kind-Beziehung zentrierte, trug sie zur Erhaltung der Kernfamilie bei, stellte aber damit keineswegs nur eine Aufwertung der Rolle der Mutter versus der des Vaters her. Denn dadurch wurde die Frau noch mehr, als es bisher schon der Fall war, mit der Erziehung des Kindes alleingelassen. Sie trug jetzt alle Schuld, wenn dessen Entwicklung ungünstig verlief. Die Frau wurde mehr denn je an Haus und Kinder gebunden und ihr Selbständigkeitsbestreben wurde erneut eingedämmt. Ein guter Trick der Psychoanalytiker also, um quasi durch die Hintertür die schwindende Macht der Männer zu stabilisieren? Auf jeden Fall war nun die Berufstätigkeit der Frau mehr oder weniger mit Schuldgefühlen belastet oder sie wurde über so lange Zeit unterbrochen, daß die Frau als Konkurrentin für den Mann keine Rolle mehr spielen konnte.

Mit ihrer Betonung der zentralen Bedeutung der Mutter-Kind-Beziehung versäumte es die Psychoanalyse auch, sich mit den gesellschaftlichen Zusammenhängen von der Entstehung und der Bedeutung der Kernfamilie zu befassen, vielmehr maß sie dieser wahrscheinlich schon in Auflösung begriffenen Art des Familienlebens so viel Ewigkeitswert zu wie der psychoanalytischen Theorie von der psychosexuellen Entwicklung der Frau. Diese Ansichten über die zentrale Bedeutung der Mutter-Kind-Dyade wurden von den meisten Therapeuten unbefragt hingenommen, obwohl Psychoanalytiker wie zum Beispiel Margaret Mahler, René Spitz und manche andere, die die ersten Kindheitsjahre besonders sorgfältig untersuchten, sehr wohl auf die Gefahren einer zu lange fortgesetzten und intensivierten frühen Dyade aufmerksam machten. Neuen Vorschlägen für eine andere Art der Familiengestaltung, für die Bedeutung des Vaters, von Dritten überhaupt in den ersten Lebensjahren des Kindes, wurde nur sehr zögernd Aufmerksamkeit geschenkt.

Auch die Familientherapie, die zeigen wollte, daß ein ganzes System, die ganze Familie krank sei und nicht nur ein Individuum in dieser zusammengehörigen Einheit, tendiert dennoch dazu, der Mutter die individuelle Schuld an allen Problemen von Mann und Kindern zu geben. Konzepte wie die "schizophrenogene Mutter", die "Mutter als Schicksal" etc., stellen Aggressionen gegen die Mutter dar, die nur aus irrationalen, emotionalen Hintergründen stammen können. Für manche Theoretiker ist jeder Haß — der Frauenhaß der Männer, der Männerhaß der Frauen — letztlich nichts anderes als Haß auf die Mutter und deren Macht über das hilflose Kind. Dementsprechend fällt es Frauen, insbesondere psychoanalytisch geschulten Frauen zunehmend schwer, mit Macht umzugehen. Sie vermeiden es ängstlich, irgendwelche Positionen, die sie in Verbindung mit Macht oder Einfluß bringen könnten, zu übernehmen, was wahrscheinlich damit zusammenhängt, daß sie die psychoanalytischen Vorstellungen der Allmacht und Übermacht der Mutter, wie sie für das Erleben des Kleinkindes bestehen, als tatsächlich gegeben hinnehmen. Phantasie und Realität werden einander gleichgesetzt, mit der Folge, daß gesellschaftliche Wirklichkeit nicht mehr ungetrübt wahrgenommen werden kann.

Das wurde verstärkt erneut, was schon eh und je von Frauen erwartet wurde, daß sie ihre Aggressionen unterdrücken, masochistische Opferhaltungen entwickeln. Von Männern wird Aggression jedoch nach wie vor gefordert, sie sollen ihre Macht als Familienoberhaupt durchsetzen, Rivalitätsaggressionen im Beruf gekonnt einsetzen, Feinde hassen lernen, damit sie in den Krieg ziehen, morden, foltern, vergewaltigen können und vieles mehr. Dieses beobachtend schrieb Freud: "Verhinderte Aggression scheint eine

schwere Schädigung zu bedeuten; es sieht wirklich so aus, als müßten wir andere zerstören, um uns vor der Tendenz zur Selbstdestruktion zu bewahren. Gewiß eine traurige Eröffnung für den
Ethiker."[2]

Liest man diesen Essay Freuds "Das Unbehagen in der Kultur"
erneut, gerät man in Schwierigkeiten, wie man darin seine geschlechtsspezifischen Vorstellungen von der Entwicklung des
Über-Ich's einbringen soll. Wenn das Über-Ich vor allem eine Verinnerlichung der "väterlichen Autorität" darstellt, die nur der
Mann auf Grund seiner Kastrationsangst voll ausführt, so verbindet sich damit, daß dieser die eigenen Aggressionen heftiger gegen
sein eigenes Ich wendet als die Frau, d.h. er leidet mehr unter unbewußten Schuldgefühlen als sie. Dieses mit Strafbedürfnis einherge-
hende Leiden am Über-Ich ist etwas anderes als Masochismus, der
unbewußt mit Lust verbunden bleibt, obwohl beide Leidensfor-
men ineinander übergehen können. Das männliche Strafbedürfnis
führt zu einer Entmischung von Sexualität und Aggression, die
dem Todestrieb Ausbreitungsmöglichkeit verschafft. Der Masochismus der Frau dagegen stellt — so Freud — für die Frau auch sexuell mehr oder weniger die adäquate Lustform dar.

Da dem Mann mehr Aggressionen kulturell zugestanden werden, er weitergehend als die Frau dazu erzogen wird, sie auszuleben, sie aber gleichzeitig aufgrund seiner Kastrationsangst heftiger
unterdrücken, verinnerlichen und entsprechend projizieren muß,
werden auch seine gesellschaftsbestimmenden, verwandelten Aggressionen, seine Identifizierungen und Sublimierungen zu der Aggressivität der Gesellschaft beitragen. Die unausweichlich tragische
Situation, mit der uns Freud in "Das Unbehagen in der Kultur"
konfrontiert, die er auf den ödipalen Konflikt zurückführt, sieht
darum etwa so aus: Der vatermörderische kleine Knabe verinnerlicht seine Aggressionen dem Vater gegenüber, identifiziert sich
mit dessen tatsächlicher oder auch phantasierter Strenge, bildet ein
Über-Ich aus, das sich gegen das eigene Ich und Es wendet. Die destruktiven Aggressionen sind jetzt im Inneren des Individuums
und müssen in irgendeiner Weise wieder nach außen abgeführt
werden, um nicht zur Selbstdestruktion zu führen. In der günstigen
Weise geschieht das durch Sublimierungen jeder Art, in denen sich
Lebens- und Todestrieb verbinden. Aber ganz gleich, was dieser

Mensch tut, er bleibt seinen unbewußten Schuldgefühlen ausgeliefert, die unglückliches Bewußtsein, Unbehagen auslösen. So sehr diese Kultur in Form gesellschaftlicher Verbote im Individuum als Überich präsent ist, so sehr lebt sie wiederum von den Sublimierungen, den Sicherheits- und Anerkennungsbedürfnissen des Individuums. Seine sexuellen und aggressiven Ziele werden zugunsten einer stabilen Grundlage von individueller Identifikation mit der Gesellschaft und ihren Gesetzen eingeschränkt. Tragisch wird diese von Freud skizzierte menschliche Lage nicht dadurch, daß sexuelle Wünsche zugunsten gesellschaftlichen Zusammenhalts aufgegeben werden müssen, tragisch wird sie erst dann, wenn dieser Verzicht auf Lust und die Kontrolle der Aggression letztendlich zu einer Verstärkung der selbstdestruktiven Tendenzen führen, unbewußte Schuldgefühle und Strafbedürfnisse und damit Depressionen zur Folge haben, d.h. menschliches Glück oft genug unmöglich machen oder als notwendiges Entlastungsmanöver zu Projektionen auf Sündenböcke führen. Solche psychischen Mechanismen tragen im Laufe der Geschichte zu zahlreichen von Menschen gemachten Katastrophen und gegenseitiger Zerstörung bei.

In diesem Essay beschreibt Freud aber vor allem die psychoanalytische Auffassung der männlichen Über-Ich-Entwicklung in ihrem Zusammenhang mit gesellschaftlichen Tendenzen. Was die Frau mit ihrem Aggressionstrieb macht, bleibt weitgehend unerwähnt, denn das mit Aggression und Kastrationsangst so eng verbundene Über-Ich bildet sich bekanntlich bei der Frau nur unvollständig aus. Entsprechend ist sie allerdings auch der Projektionsneigung weniger verfallen als der Mann. Denn um sich seines Schuldgefühls zu entledigen, bringt er immer wieder die Umkehr des Geschehens zustande: er richtet die Aggression erneut nach außen und erleichtert sich das mit Schuldverschiebung und Vorurteilen; er projiziert Gefühle, die er in sich selbst verabscheut, auf andere, die dann, ohne seine Schuldgefühle zu erwecken, Opfer seiner Aggression werden können. Die beim Mädchen mehr aus Angst vor Liebesverlust denn aus Kastrationsangst verinnerlichten Gebote der Eltern können zur Bildung eines Über-Ichs führen, das objektbezogener ist als das des Mannes. Ihre "Moral" kann dann liebevoller, beweglicher und humaner sein, als die rigide affektisolierende der männlichen Welt.

Das weniger aggressive, von Liebe abhängigere Über-Ich des Mädchens wird allerdings in der Psychoanalyse keineswegs hoch bewertet, vielmehr soll gerade diese Entwicklung an ihrer angeblichen Kulturunfähigkeit schuld sein. Sie verinnerlicht, so heißt es dann, zwar auch ihre Aggressionen, aber anders als der Mann. Bei ihr fängt das schon in der analen Phase an, sie lernt die Lust am Leiden. Die Umsetzung der Aggression in Aktivität steht ihr nur als Mutter zu. Der Versuch zu erklären, warum das Mädchen bei "normaler Entwicklung auf seine Aktivität verzichtet", hängt mit der Vorstellung einer spezifisch weiblichen narzißtischen Kränkung zusammen.[3] "Die starke narzißtische Kränkung, die die genitale Benachteiligung für das weibliche Kind gegenüber dem männlichen Gespielen bedeutet, und die gleichzeitig auftretende Verfeindung mit der Mutter, die es für diese Benachteiligung verantwortlich macht, müssen bei dem Mädchen wohl der Anlaß werden, die aktive Liebe aufzugeben und sich in die passive Haltung hineinzubegeben; es muß sich lieben lassen, um die beeinträchtigte Selbstliebe zu steigern...". Imre Hermann[4] in einer kritischen Auseinandersetzung mit J. Lampl-de Groot widerspricht der Gleichsetzung von 'männlich und aktiv'. Er schreibt: "Ebenso wie das Weib nicht weniger aktiv, sondern anders aktiv im Sexualleben ist, so ist sie auch nicht weniger aggressiv als der Mann, sondern andersartig aggressiv." Er glaubt nicht, daß die Analyse einer Frau gelingen kann, wenn man ihr vorwirft, sie sei in ihrem Sexualleben (oder auch sonst in ihrem Leben, d.A.) 'männlich', wenn sie aktiv ist.

Anna Freud nimmt für die Aggression — einschließlich ihrer Fähigkeit zur Umwandlung in Aktivität — eine für die sexuelle Entwicklung entsprechende Phase an (s.a. Anna Freud, Wege und Irrwege in der Kinderentwicklung). Ihre Beschreibung der phasenspezifischen Entwicklung des Kindes entspricht schon in der sogenannten anal-sadistischen Phase mehr dem Verhalten des Knaben als dem des Mädchen. Die Bedeutung, die Spitz dem Erwerb des "Nein" für das Kind gibt, die Margaret Mahler der "Seperations-Individuation" zugesprochen hat, wird in der Erziehung des Knaben mehr berücksichtigt, als in derjenigen des Mädchens. Als typisch weiblich wird nicht nur die passive Aggressivität, der Masochismus, angesehen, sondern auch die angeblich besonders starke Neigung der Frau zu Neid und Eifersucht. Da ist es natürlich vor allem der Penisneid, der für ihre Entwicklung, für ihre Wendung zum Vater, die vorherrschende Rolle spielen soll. Darüber ist viel geschrieben und diskutiert worden. Ich möchte hier nur wiederholen, daß die meisten Analytiker übersahen, daß bei unserer Art der Erziehung das männliche Geschlechtsorgan als Symbol für die höher bewertete Männlichkeit schlechthin begriffen wird und es deswegen fast unmöglich ist, keinen Neid auf den Mann zu entwickeln. Daß der Mann auch untergründige Neidgefühle der Frau gegenüber hat, z.B. unter dem von Freud schon erwähnten Gebärneid leidet, darauf möchte ich später noch zurückkommen. Den kindlich direkten Neid auf das männliche Genitale, den man beim kleinen Mädchen beobachten kann, das als Onaniererlaubnis deutet, wenn dem Knaben gelehrt wird, beim Urinieren sein Glied anzufassen, sieht man im späteren Leben einer Frau nur noch selten. Sie hat ihn verdrängt, idealisiert dafür häufiger alles Männliche oder traut allein dem Mann zu, schuldfrei seine Sexualität genießen zu können, was, da es ihr selber nicht gelingt, natürlich Neid hervorruft.

M. Torok[5] vertritt wie auch andere Analytiker die Ansicht, daß für die Entwicklung des Penisneides der Penis als solcher keine Bedeutung habe. Sie sieht den Penisneid im Zusammenhang mit dem ursprünglichen Haß auf die Mutter, von der das kleine Mädchen sich anal beherrscht und in ihren masturbatorischen Aktivitäten behindert fühlt. Sie ist neidisch auf den Mann, weil dieser sich mit Hilfe seiner phallischen Identifikation von der Mutter und deren Herrschaft lösen kann und eben deswegen seine Sexualität offenbar ohne Schuldgefühle genießt. Dieser angeblich so freie Mann erträgt aber keine reife und kreative Frau. Er braucht das Gefühl, seine Frau sei unselbständig und ihm unterlegen, um seine eigene untergründig haß- und angsterfüllte Abhängigkeit von der Mutter auf sie projizieren zu können. Zu diesen Ängsten gesellen sich nicht selten Neidgefühle des Mannes. So ist der männliche Gebär- und Brustneid den Psychoanalytikern wohl bekannt. Sich diesen Neid bewußt zu machen, fällt jedoch dem Mann im allgemeinen schwer. Es ist für ihn leichter, ihn auf die Frau zu projizieren und sich mit ihrem "Penisneid" auseinanderzusetzen, als mit eigenen entsprechenden Gefühlen der Unterlegenheit und des Mangels. Dabei würde es ihm mit Hilfe der Identifikation mit der Frau leichter gelingen, seinen Neid zu bewältigen, als wenn er ihn durch fixierte Phallizität abwehren muß. Sich zu identifizieren kann oft eine konstruktive Lösungsmöglichkeit darstellen, um mit Neidgefühlen einem Objekt gegenüber fertig zu werden, das man sonst eliminieren müßte.

Nicht selten deutet der Analytiker aber bei seinen Patientinnen als Widerstand, was im Grunde seinem eigenen Widerstand zuzuschreiben ist. Bruno Bettelheim, Gregory Zilboorg, Andreas Benz und andere Psychoanalytiker, die sich ethnologischer Kenntnisse bedienen, haben festgestellt, daß die Männer mit ihrer Abwehr des Gebärneides sich um die befruchtenden Einflüsse, die von der Andersartigkeit der Frau ausgehen, letztlich selber bringen. Bruno Bettelheim in seinem Buch "Die symbolischen Wunden, Pubertätsriten und der Neid des Mannes"[6] vertritt die Meinung, daß männliche Pubertätsriten in primitiven Gesellschaften symbolisch dazu verhelfen, an der Fortpflanzung teilzuhaben. In den fortgeschrittenen Gesellschaften der europäischen Kultur fehlen solche Pubertätsrituale, in denen sich der Mann symbolträchtige Wunden selber zufügt, um seinen Neid auf die Macht und die Stärke der Frau mit Hilfe einer Identifikation mit ihr zu beschwichtigen. Allerdings scheint das auch keine Patentlösung zu sein, denn Bettelheim fügt hinzu, um die Sitte der Klitorisektomie zu erklären: "Wenn es stimmen würde, daß durch die Beschneidung und Subinzision die Männer versuchten und scheiterten, etwas der weiblichen Fruchtbarkeit Ähnliches zu erlangen, dann wäre leicht einzusehen, wie sie vielleicht wütend daran gehen würden, sich an den Frauen zu rächen." (S. 190) Bettelheim hält es nicht für ausgeschlossen, daß die Frauenfeindlichkeit der heutigen Gesellschaft auf ähnliche psychische Mechanismen zurückführen ist. Offenbar wird der Neid auf die Frau übermächtig, wenn sie nicht nur Kinder gebären kann, sondern sich auch an der gesellschaftlichen Öffentlichkeit beteiligt, im beruflichen und geistigen Bereich aktiv und kreativ teilnimmt.

Nimmt man die Internationale Zeitschrift für Psychoanalyse oder die Imago aus den dreißiger Jahren in die Hand, ist man erstaunt über die Lebhaftigkeit und klinische Nähe, mit der die Diskussion zu der spezifischen weiblichen Problematik geführt wird. Allein in den Bänden 1933/34 befassen sich ca. 14 Arbeiten mit der psychosexuellen Entwicklung der Frau oder auch mit den phallischen Abwehrmaßnahmen des Mannes. Lilian Rotter[7] hat in Anlehnung an Imre Hermann die Angst des Mannes vor der Frau darauf zurückgeführt, daß sie sexuelle Macht über ihn hat. Sie löst bei ihm Erektionen aus — oft nur durch ihre pure sichtbare Gegenwart —, die er nicht zu kontrollieren vermag. Schon das kleine Mädchen, so meint sie, sei sich ihrer sexuellen Macht über die Männer bewußt und baue ihr Selbstgefühl darauf auf, den Mann verführen zu können. Wenn es im sexuellen Spiel erlebt, daß es Erektionen erzeugen kann, erweckt das bei ihm das Gefühl, der Penis sei eigentlich seiner Kontrolle unterworfen und gehöre somit auch zum Körper des kleinen Mädchens. Penisneid würde nur dann auftreten, so Rotter, wenn die Frau das Gefühl entwickelte, den Einfluß auf Männer verloren zu haben. Diesem weiblichen Erleben entsprechend sehen manche Männer in der Frau die "Eigentümerin des Penis", der sie "bedient". Rotter und Hermann sehen auch in der Phallizität des Mannes eine Abwehrorganisation gegen Angst, von der Frau beherrscht zu werden. Der Mann fühlt sich narzißtisch bedroht, wenn er spürt, daß er seine Errektionen nicht unter Kontrolle hat. Ihm liegt deswegen daran, eine entsprechende sexuelle Macht auf Frauen ausüben zu können. Darum bedeutet es ihm viel, daß sie vor allem vaginal und nicht klitoridal erregbar ist. Auch die Homosexualität läßt sich gelegentlich darauf zurückführen, daß jetzt der Mann und nicht die Frau die Macht hat, andere Männer zu erregen. Unübersehbar bleibt, daß die allzu große Abhängigkeit des weiblichen Selbstwertes von der Fähigkeit Männer zu verführen, nicht gerade die Autonomie und Kreativität der Frau fördert.

Ein weiteres Phänomen, das man einen Pygmalion-Komplex nennen kann, beobachtet man oft bei Männern, die ihre unbewußte weibliche Identifikation und ihre geheimen Kinderwünsche zu realisieren versuchen und gleichzeitig ihre Macht über Frauen bestätigt wissen wollen. Sie befassen sich intensiv mit Kindern, jungen Frauen, fördern beispielsweise ihre Patientinnen, hauchen ihnen quasi neues Leben ein, nämlich ihre Erfahrungen und ihr Wissen, machen sie zu von ihnen erschaffenen, quasi neugeborenen oder auch erstmalig orgasmusfähigen Geschöpfen.

Ein interessantes Beispiel für einen "Pygmalion-Komplex" ist die Beziehung Sartre-Beauvoir. Beauvoir verzichtet darauf, Kinder zu bekommen, sie läßt sich voll auf Sartre ein, der die Ansicht vertritt, daß im Leben von Mann und Frau allein ihre "Werke" zählen. Sartre konnte schon seine erste Verlobte, Camille, davon überzeugen. Dadurch gelang es ihm, diese selbstbewußte, unabhängige und anspruchsvolle Frau seinem Bann zu unterwerfen. Mit der Produktion von geistigen Erzeugnissen sind Mann und Frau auf einer Ebene der Fruchtbarkeit vereint. Sartre, der sicherlich weitgehend weiblich identifiziert war, zog die Gesellschaft von Frauen der von Männern vor. Seine Sexualität war von dem Bedürfnis nach Zärtlichkeit geprägt. Dennoch gelang es ihm in den Beziehungen zu Frauen, von denen viele ihn bis zum Ende seines Lebens umhegten, immer im Mittelpunkt des Interesses zu stehen.

Analytiker wie Kestenberg, Galenson und Jacobson konnten aufgrund ihrer klinischen Erfahrungen feststellen, daß Knabe wie Mädchen häufig Phantasien äußern, ein Kind haben zu wollen. Auch von normalen männlichen Adoleszenten werden ähnliche Wünsche und Phantasien beschrieben. Der Wunsch nach einem Kind ist zeitlich früher zu beobachten als der nach einem Penis.

Der Gebär- und Brustneid, der Neid auf die allmächtige Versorgungsfähigkeit der Mutter, verbunden mit dem Haß, der durch die völlige Abhängigkeit von ihr entsteht, wird aber beiden Geschlechtern zugesprochen. Schon Freud (1905) stellte fest, daß das erste Problem, womit ein Kind sich beschäftigt, nicht die Frage des Geschlechtsunterschiedes, sondern das Rätsel sei, woher die Kinder kommen.

Erst wenn der Knabe entdeckt, daß er nicht in der Lage ist, Kinder zu gebären, beginnt er, besonderen Wert darauf zu legen, anders zu sein als die Mutter, worin ihn die Gesellschaft unterstützt. Infolgedessen mag die Entdeckung des Penisneids auch Ausdruck von männlichen Wünschen sein, die Frau so eifersüchtig auf die Anatomie und die damit verbundenen Fähigkeiten des Mannes zu machen, wie es der Mann auf die Frau ist. Schon deswegen mag er immer wieder betonen müssen, daß Neid und Eifersucht doch eigentlich vorwiegend weibliche Eigenschaften seien. Nur, manche Frauen fallen darauf rein. Sie unterscheiden dann nicht mehr zwischen Realität und Phantasie und sehen sich tatsächlich als besonders mächtig an, nur weil sie Kinder gebären und in deren hilflosen ersten Jahren als allmächtig erlebt werden; die Realität der Abhängigkeit und gesellschaftlichen Isolierung der an Haus und Kinder gebundenen Mutter wird von ihr selbst verdrängt; die eigenen unglücklichen Gefühle erlebt sie dann als Beweis ihrer Unfähigkeit, eine gute Mutter und Ehefrau zu sein.

Unsere Kultur unterstützt den Knaben in seiner frauenverachtenden Abwehrhaltung. Man verlangt von ihm besondere männliche Eigenschaften, d.h. er wird schon früh zu einem aggressiv-selbstbehauptenden, gefühlsunterdrückenden Verhalten angeleitet. Hier wird dem Selbstwertbedürfnis des Mannes eine falsche, von außen aufgezwungene Richtung gegeben, die die Identifikation mit der Mutter und die Einfühlungsfähigkeit in die Frau untergräbt. Dadurch aber vermehrt sich die tiefsitzende Angst des Mannes vor der Frau, er wird mit seinen Neid- und Schuldgefühlen ihr gegenüber nur fertig, indem er sie erniedrigt.

Auch Jones sah in der phallischen Phase weder beim Knaben noch beim Mädchen eine normale Entwicklungsstufe. Sie ist nach ihm ein neurotischer Kompromiß und hängt bei beiden Geschlechtern mit einer Abwehr der angsterregenden und Schuldgefühle auslösenden Wünsche den Eltern gegenüber zusammen. Knabe wie Mädchen möchten den Elternteil des gleichen Geschlechts kastrieren: der Knabe will den Penis des Vaters aus der Vagina vertreiben, das Mädchen will der Mutter den Penis des Vaters wegnehmen. Bei beiden entstehe, so Jones, durch Umkehrung die Angst, selbst kastriert zu werden (äußerliche Kastration beim Knaben, innerliche beim Mädchen).

Der Erforschung der prägenitalen weiblichen Identität wurde mittlerweile viel Raum gegeben. Als Grundlage dienen direkte Kinderbeobachtungen, die Arbeit mit Transsexuellen und Analysen schwangerer Frauen. Man kommt gemeinsam zu dem Resultat, daß zu Beginn des zweiten Lebensjahres eine Kern-Geschlechts-Identität entsteht. Sie fällt mit der Zeit der Loslösung von der Mutter zusammen, das Kind entdeckt seine Genitalien und zieht das Spiel mit ihnen dem Spiel mit anderen Körperteilen vor. Das kann jedoch noch nicht als Masturbation bezeichnet werden, ist aber ein entscheidender Schritt zur Bildung eines differenzierten Körperbildes. Die Loslösung von der Mutter kann nur dann gelingen, wenn das Kind die narzißtische Besetzung seines ganzen Körpers, die Genitalien eingeschlossen, geleistet hat.[8] Erst auf der Grundlage der primären Femininität (Stoller) kann für das Mädchen die ödipale

Phase beginnen, d.h. der Wunsch nach einer sexuellen Beziehung und einem Kind vom Vater. Dies muß nicht, wie Freud (1925) es angenommen hatte, durch die Erkenntnis des Mädchens, kastriert zu sein, eingeleitet werden. In der Sicht der weiblichen Entwicklung, wie sie in dem von Blum 1977 herausgegebenen Buch über die weibliche Psychologie zum Ausdruck kommt, kann kaum mehr die Rede sein vom Penisneid als der "Grundsäule der Weiblichkeit".

Freud meinte, daß Erziehung, Haltung der Gesellschaft und psychische Folgen ihres biologisch-anatomischen Schicksals der Frau gar nichts anderes übrigließen, als die Aggression gegen sich selbst zu wenden und dabei masochistische Leidenslust zu entwickeln. Ist also die weibliche Aggression immer mit einer masochistischen Haltung verbunden? Blum sieht die Fähigkeit, Schmerzen zu ertragen, als eine Fähigkeit des weiblichen Ichs an und trennt sie von der Lust am Schmerz, dem eigentlichen Masochismus. Aber so lange die gesellschaftlichen Strukturen sich nicht grundlegend ändern, wird man davon ausgehen müssen, daß das Arrangement der Geschlechter (Dorothy Dinnerstein, Stuttgart, 1979) die uns bekannten Züge beibehält.

Es gibt wohl keine Herrschaft, die nicht sadomasochistische Verhaltensweisen erzeugt und von ihnen getragen wird. Bewußtes oder unbewußtes "Herrschaftswissen" wie es schon von Adorno und Mitarbeitern über den "autoritären Charakter" beschrieben wurde, scheint darauf zu beruhen, daß Herrschaft nur aufrechterhalten werden kann, wenn sie sich auf verschleierte sadomasochistische Befriedigungen aufbaut. Dann verbindet sich die Lust am Erteilen von Befehlen mit der Lust, die Befehlshaber zu befriedigen, Gehorsam, Ordnung, Unterwerfung zu libidinalisieren. Das trifft natürlich nicht nur für das Verhältnis von Mann und Frau zu, sondern für jede auf autoritärer Herrschaft beruhende Gesellschaftsstruktur, ohne die es nicht möglich ist, Kriege zu führen. Was in der Gesellschaft im großen geschieht, setzt sich im kleinen in der Familie fort. Die Frau genießt das Lob und die Anerkennung des pater familias, läßt sich dadurch in die Haltung der Dienenden drängen, was aber gleichzeitig ihre Aggression erweckt. Nicht selten werden die Kinder als die Schwächeren Opfer dieser familiären Aggression, sie sind gezwungen, sich ihr zu unterwerfen. Lob und Tadel beherrschen die Erziehung oder leidende Vorwurfshaltungen vergiften das Familienklima. Im Binnenraum der Familie wird der idealisierte Vater oft gleichzeitig als ein von der Mutter überabhängiges Kind empfunden, das die eigenen Kinder als Rivalen behandelt. Obwohl auf die "Allmacht" der Mutter nicht selten mit Haß reagiert wird, macht die Aufkündigung der Mütterlichkeit rasend und erzeugt ohnmächtige Angst. Das Gefühl der Männer, Macht über diese angeblich so mächtige Frau zu gewinnen, bedeutet dann für manche, im Besitz einer Art Allmacht zu sein und Kompensation für die in der Makrogesellschaft erlittene Unbill und Hilflosigkeit zu erhalten. Wenn die Frau als Konkurrentin auftritt, kann das unter solchen psychischen und gesellschaftlichen Umständen nur als Erniedrigung erlebt werden.

Eine sadomasochistische Beziehung ist immer eine Zweierbeziehung. "Man kann nur einem Herren dienen", so heißt es. Wenn man aber dennoch mehreren Herren oder Damen dient, wenn man deren Forderungen und Wertvorstellungen gegeneinander abwägt, ist die Voraussetzung dafür gegeben, sich von dem Zwang zur Unterwerfung zu befreien. Das schließt auch immer Aggression ein, ohne sie gibt es offenbar keinen Fortschritt im Sinne einer Bewußtseinserweiterung und größeren Freiheit im Umgang mit sich selber und anderen. Je selbstverständlicher ein Kind lernt, mit mehreren Menschen Kontakt herzustellen, verschiedenartige zwischenmenschliche Beziehungen zu internalisieren, um so besser ist es gegen die sadomasochistische Verkettung gefeit. Es lernt langsam Meinungen, Wünsche, Verhaltensweisen zu respektieren, die nicht die seinen und nicht die seiner Eltern sein müssen. Nur wer sich für immer neue Möglichkeiten des Lernens, Verstehens und Fühlens offenhält, führt — wenn es so etwas überhaupt gibt — ein sinnvolles Leben. Um einem Kind die Entwicklungsstufe der Weltoffenheit zu vermitteln, bedarf es einer entsprechenden Erziehung und einer Gesellschaft, die der Frau die Teilnahme am öffentlichen Leben erleichtert — nicht nur als Wahlpropaganda —, sondern tatsächlich bereit ist, mit ihr in eine offene Auseinandersetzung zu treten. Als Frau "Nein" sagen zu lernen, sich Aggressionen und Selbstbehauptung zu erlauben, ist unabdingbar, um sich aus einer sadomasochistischen Situation mit und als Mutter, mit dem Mann, mit der Gesellschaft zu befreien.

Maya Nadig und Mario Erdheim haben den Begriff des "sozialen Todes" und dessen psychische Folgen in die psychoanalytische Diskussion eingebracht. Sie meinten damit, daß erst mit der Durcharbeitung sozialer und beruflicher Niederlagen und der Aufgabe von Macht- und Größenwünschen, die mit dem ungelösten ödipalen Verhältnis zum Vater zusammenhängen, eine innere produktive Auseinandersetzung mit diesen Phantasien und Bedürfnissen beginnen kann und einen Zugang zum Unbewußten ermöglicht. Sie haben das am Beispiel Freuds dargestellt, der sich mit seiner gesellschaftlichen Isolierung konfrontieren mußte, und dem es mit Hilfe der Selbstanalyse gelang, seine Melancholie zu überwinden, sich seiner bisher unbewußten Größenphantasien bewußt zu werden und die damit verbundenen Rollenklischees, unter deren Zwang auch er stand, aufzudecken. Seine Selbstanalyse war offenbar die Voraussetzung dafür, daß er sein großes Buch über den Traum schreiben konnte.

Wie steht es nun mit den Frauen? Erleiden sie ihren "sozialen Tod"? Wo liegen ihre Kindheitskonflikte und Machtwünsche, wo werden sie durch Rollen, die mit Prestige verbunden sind, zu einer eingefrorenen Charakterhaltung verführt? Für die Frau liegt die Gefahr nahe, sich als Teil des karrieregebundenen Mannes zu erleben und dadurch seine Größenphantasien zu zementieren. Dann bleibt auch sie an Rollenstereotypen gefesselt, wie desjenigen der aufopfernden Ehefrau, die sich dem Aufstieg des Mannes widmet. Viele Frauen sind aber gesellschaftlich von vornherein so wenig existent, daß sie mit dem "sozialen Tod" gar nicht erst konfrontiert werden. In die gesellschaftliche Machthierarchie wenig integriert, fällt es ihnen leichter als dem Mann, ihre Größen- und Allmachtsphantasien aufzugeben. Je bewußter das geschieht, um so eher können sie ihre sozialen und kulturspezifischen Rollen auf ihren Sinn hin prüfen und ertragen, daß bisherige Werte und Identitätsstützen ins Wanken geraten.

Der "soziale Tod" und seine Bewältigung, die schrittweise Lösung von bisherigen Größen- und Machtvorstellungen, hat viel Ähnlichkeit mit dem, was bisher in der Psychoanalyse als Trennungs- und Trauerarbeit bezeichnet wurde.

Aber dem "sozialen Tod" wird man nicht nur passiv ausgesetzt, man kann sich ihm aktiv stellen, indem man sich aus alten Konstellationen befreit, sich neue Umgebungen aussetzt, in denen andere Ideale, Rollen, Wertvorstellungen etc. Geltung haben als die, die einem bisher Sicherheit und Identität schufen. Das ist es auch, was heute von manchen Frauen versucht wird, die sich von der Familie lösen, eine Gruppensolidarität aufbauen, die Spielregeln der bisherigen patriarchalischen Gesellschaftsstrukturen mißachten und neue Formen des Zusammenlebens ausprobieren. Dazu brauchen sie Mut, Humor und sicherlich auch eine gute Portion Aggression.

Anmerkungen:

1. Rohde-Dachser, Christa, Frauen als Psychotherapeuten, das Janusgesicht einer Emanzipation und die Folgen. Unveröffentlichtes Manuskript
2. S. Freud, GW, Bd. XV, S. 112; XXXII, Vorlesung: Angst und Triebleben.
3. Jeanne Lampl-de Groot, Zu den Problemen der Weiblichkeit, I. Z. Psa. 19, 1933, S. 318-415
4. Imre Hermann, Die Verwendung des Begriffs 'aktiv' in der Definition der Männlichkeit, I. Z. Psa. 1934, S. 261-263
5. M. Torok, Die Bedeutung des Penisneides bei der Frau, in: Psychoanalyse der weiblichen Sexualität, Hrsg. J. Chasseguet-Smirgel, S. 192-222
6. Bruno Bettelheim, Die symbolischen Wunden, Pubertätsriten und der Neid des Mannes, New York, 1954; München, 1975
7. Lilian Rotter, Zur Psychologie der weiblichen Sexualität, I. Z. Psa. 1934, S. 367
8. s.a. H. Blum, Female Psychology, Contemporary Psychoanalytic Views, I.U.P., New York, 1977

Chaim F. Shatan

Militarisierte Trauer[1]
und Rachezeremoniell

> "...Rache:
> zu heilen diesen tödlichen Schmerz."
> (Shakespeare, Macbeth, IV, 3, 214/5)

In diesem Vortrag stelle ich einen Teil meines Versuchs vor, eine psychodynamische Theorie des Kampfes, des Tötens, der Kampfsüchtigkeit, sowie deren Rollen in der Entwicklung des männlichen Charakters zu formulieren.

Einleitung: Empathie und Geschichte

Als Psychoanalytiker glaubte ich die Varianten der Empathie zu kennen. Das war vor dem Mai 1970. Nun aber brachten die Geschehnisse in My Lai, die Erschießung von Studenten an der Kent State University (Ohio) und der Studentenstreik an der New York University viele Vietnam-Veteranen in unsere subventionierte psychiatrische Klinik. Vierzig Therapeuten arbeiten freiwillig mit ihnen in Intensivgruppen. Unsere Sitzungen unterschieden sich von den üblichen völlig: sie konnten drei, fünf, ja acht Stunden dauern, ohne Unterbruch, und dies Woche für Woche. Wir lernten die unglücklichen Odysseen der Veteranen kennen, und wir nahmen teil an ihren juristischen, kulturellen, sozialen und politischen Aktivitäten.

Sechs Monate lang suchten mich Kampf-Alpträume heim — obwohl ich noch nie einen Kampf erlebt, geschweige daran teilgenommen hatte. Von da an konnte ich einen Kriegs-"Vet" sogleich erkennen — und spüren, was er durchgemacht hatte. "Aus dem Bauch" wußte ich, daß ich mit einem Ex-Marine oder einem andern Kriegsveteranen, etwa einem Fallschirmspringer, sprach; und ohne Umschweife unterhielten wir uns wie alte Kameraden. Irgendwie war ich in sie hineingekommen, in ihnen drin, und wußte, da sie ja zu "meinen Leuten", den Kriegsveteranen, gehörten, wie es in ihren Herzen und Köpfen aussah.

Ganz ähnliches geschieht in der Gesprächstherapie der Intensivgruppen: eine *symbiotische Regression* findet statt, welche zu einer *Rekonstruktion der enggefügten, traumatisierten Kampfeinheit*, zu einer Heilungsgemeinschaft führt. In einer solch engmaschigen Situations-Textur erreicht das intuitive Erfassen von "Gefühlen aus dem Bauch"* — von unbewußt geteilten Emotionen — oft Höhepunkte.

Diese Sitzungen haben mich gelehrt, daß das, was ich *in mir selbst* erfuhr, durchaus ein grobes emotionales Barometer für die Erfahrungen der andern Person — ohne daß sie sie in Worte zu fassen brauchte — sein konnte. Ich versuche zu *fühlen*, was "zwischen den Zeilen" gesagt wird. (Dasselbe gilt Überlebenden aus Konzentrationslagern — ihnen vermochte ich allerdings erst nach vier Jahren Arbeit mit den Kriegsveteranen zuzuhören.)

Von da wagte ich den Sprung in die Geschichte. Als absoluter Ignorant kann ich Risiken eingehen, welche Historiker nicht eingehen dürfen. Ich lenkte mein Augenmerk auf die amerikanischen Truppen in den philippinischen Kriegen und auf die verwundeten Soldaten, die sich von den Schlachtfeldern des Bürgerkrieges wegschleppten. Meine Ahnung geht dahin, daß ich, durch Empathie, mich zurück- und hineinfühlen kann in die Erfahrungen und Emotionen, welche die US-Soldaten über alle Zeiten hinweg verbinden[2]. Ich kann mich auch irren, denn meiner Sicht menschlicher Interaktion mangelt es an wissenschaftlicher Strenge und Verifikation; und doch: sie basiert auf "Gefühlen aus dem Bauch", auf Anekdotischem, auf unvermittelten Reaktionen, auf *Totems*, etwa dem Emblem der "Savage Arms", einer Gewehrfabrik bei Springfield**, Massachusetts; als gigantische Zielscheibe gestaltet,

* In Japan spricht man von "Hara-gai" ("Bauch-Sprechen"). Auf englisch spricht man von "gut feelings".

** "Springfields" (benannt nach dem Herstellungsort) waren die amerikanischen Gewehre, die vom Bürgerkrieg (1861) bis zum Ersten Weltkrieg (1917) verwendet wurden.

221

mit dem Profil eines Indianerhäuptlings im Zentrum, führt es uns vor, daß der größte Sport in Amerika die *Menschenjagd* war. Die Identität des Opfers — der amerikanische Indianer — wurde in das Totem seines Mörders integriert.

I. Ziel meines Vortrags

Lassen Sie mich zuerst ein paar zentrale Mythen von Männlichkeit und Macht, dem "absoluten Aphrodisiakum", neugruppieren. Dann möchte ich untersuchen, wie Kampf-Schmerz zum *Racheze-remoniell* kanalisiert wird.

Militarisierte Männlichkeit: In "Pseudomännlichkeit, Pseu-doehre"[3], dem ersten Teil meiner Arbeit "Eine psychodynamische Theorie des Kampfes", habe ich die *tyrannischen* Verhältnisse be-schrieben, welche die Rekruten töten lehren — mit bubenhaftem Enthusiasmus und unter Abtötung der Gefühle. Im folgenden frag-te ich mich, welche Wirkung dieser Prozeß auf das Verhältnis zu Frauen habe. Ein Veteran, zum Beispiel, setzte den Kitzel der Ge-fechtshatz gleich mit jenem der Unterjochung von Frauen ("ficken wie'n Mordskerl, macho-dreckig — als ob man 'ne Frau bestraft; oder den Feind").

II. Die Erzeugung von Pseudomännlichkeit

Bevor ich auf militarisierte Trauer-Rituale eingehe, möchte ich die drei Phasen der Militarisierung, die Pseudomännlichkeit im Kampf (und in der Kampfausbildung) erzeugen, zusammenfassen:

    a) Ent-Individuation in der Kampfgrundausbildung
    b) Veränderte Realitätswahrnehmung und Entmenschlichung
       in der Kampfphase
    c) "Wahrnehmungsdissonanz"[4] und "blockierter Schmerz"[5]
       nach der Rückkehr.

(Siehe Darstellung, Seite 224 zitiert nach PSYCHE, 6-XXXV, 1981[4])

Diese Tabelle[4] scheint wohl dogmatisch, doch versucht sie die Auswirkungen von fünfunddreißig Jahren modernen, industriali-sierten Kampfes, gekrönt vom Antiguerillakrieg des Vietnam-Jahrzehnts, wiederzugeben. In Millionen von formbaren Jugendlichen wurden in dieser Zeitspanne, so glaube ich, bleibende Persönlichkeitsveränderungen bewirkt. Die Kampfgrundausbildung stellt einen massiven Eingriff in jene gesellschaftlichen Prozesse dar, welche Werte hervorbringen und vermitteln. "Trainings-"Unfälle", oft tödlich, sind an der Tagesordnung — werden aber in den Reglementen und Handbüchern verschwiegen (und auch sonst normalerweise vertuscht). Für mich sind sie vorsätzliche, wenn auch ungeschriebene, ja essentiell wichtige Aspekte des "Trainings". Wie denn auch ein Fallschirmspringer-Sergeant nach einem Trainingsunfall sagte: "Deswegen sind wir doch in der Armee — Risiko und so..."[3]

A. Ent-Individuation in der Kampfgrundausbildung — "Truppen schikanieren"

Institutionalisierte Brutalität, konstante Deprivation und Gewöhnung ans Erdulden fördern De-Individuation und psychologische Regression. Regression an frühere Stufen der Entwicklung begünstigt Abhängigkeit, Verlust von Selbstachtung und Unterwerfung. Diese bestärken

1. blinden Gehorsam und
2. reflexartige *taktische* Reaktion auf jede Art von Bedrohung.[3]

Im Marine Corps wird die Kampfgrundausbildung vom Drill Instructor (D.I.), dessen Autorität unangefochten ist, geleitet. Fritz Redl charakterisierte ihn treffend als "Über-Ich in Uniform"[6]. Er ist die lebende Verkörperung von Harry Guntrips Beschreibung eines "bösen Introjekts"[7]. Mit gleicher Intensität kommt dies zum Ausdruck in Bühnenstücken wie David Rabes "Die Grundausbildung des Pavlo Hummel'"* und Dokumentarfilmen wie Fred Weissmanns "Grundausbildung".

Nachfolgend einige Beispiele von Drillinstruktoren-Verhalten in Marine-Trainingslagern für Rekruten.** Mit ohrenzerreißendem Schrei befiehlt ein muskelbepackter Sergeant die eben erst angekommenen — und natürlich unvorbereiteten — Neulinge zur Sammlung.

* David Rabe ist ein Vietnam-Veteran. Heute gehört er zu den besten Theaterautoren, die über den Krieg schreiben.

** Der Name für den Rekruten/Neuling bei den Marines ist "boot" (Stiefel).

Darstellung II: *Durchdringung der Realitätsmembran*

Die Phasen der Umformung und Wiedereingliederung vor (I), während (II) und nach (III) dem Vietnamkrieg

I. INDUKTION Phase der Kampfgrundausbildung (vor Vietnam)	Entwurzelung	**NEUES REALITÄTSPRINZIP** Die MILITÄRISCHE Realität überlagert die ZIVILE Realität	Regression und Selbstaufgabe	**IDENTIFIKATION MIT DEM ANGREIFER** (Ausbilder): Kampfpersönlichkeit ersetzt die zivile Identität
II. KAMPFPHASE Antiguerillakrieg in Vietnam	DURCHDRINGUNG DER REALITÄTS-MEMBRAN	**TAKTISCHE ORIENTIERUNG** veränderte Realitätswahrnehmung	Gefühls-immunisierung	Neue militärische Identität: **UMFORMUNG DER PERSÖNLICHKEIT**
III. RÜCKKEHR Phase nach dem Kriegseinsatz (nach Vietnam)	ZURÜCK DURCH DIE REALITÄTSMEMBRAN	**WIEDEREINGLIEDERUNG** »Wahrnehmungsdissonanz«	Wiedergewinnung der Gefühle und Wiedermenschwerden	**MASSIVE PSYCHISCHE SPÄTTRAUMEN** »Kriegsteilnahmesyndrom« (Nach-Vietnam-Phänomene)
24—48 Stunden »Wiedereintritt«	(vorübergehende) Euphorie	»blockierter Schmerz«	»Flash-back«	25 Jahre später: gewaltsame Tode — »Kriegs-kinder«

"Okay! Ihr hoffnungslose Herde Scheißkerle, auf zwei Glieder Sammlung! Und weg mit euren Scheißzigaretten! Und Klappe zu, verdammt noch mal!" Während die Rekruten sich auf zwei Glieder zusammenscharren, fährt der Sergeant drohend fort:

"Ihr seid jetzt im ... Marine Trainings-Lager, Leute, und wir werden versuchen, aus euch Marines zu machen — obwohl mir, wenn ich euch nur schon sehe, das große Kotzen kommt... und haltet eure verdammte Klappe oder ich schnapp sie euch zu, daß sie zu bleibt!"

Während des Unterrichts schießen Instruktoren plötzlich mal in die Wand, in den Boden, den Tisch.

Dies wäre die Einleitung zum Kapitel "Truppe schikanieren". Mit der Zeit erzeugt solche Schikane eine *Kampfeinheit*, d.h. *eine symbiotische Körperschaft älterer Jugendlicher mit einem fließenden, unstabilen Über-Ich.* Ein solches bestätigt kräftig die "natürliche Dominanz" psychopathischer Führer[8] — Führer ohne Gefühl (Affekt) und ohne Mitleid, aber mit dem Finger immer am Abzug. Wie in einem Kult entstehen primitive Glaubenssysteme, die den Segen, von einem gefürchteten und bewunderten Super-Sergeant abhängig zu sein, zum Inhalt haben. Die Verheißung, die der Führer darstellt, hat für seine Gefolgsleute beinah magische Qualität — besonders wenn er in Vietnam anständig "Blut gerochen", "im Blut gebadet" hat. Gegen Untergang scheint er immun — und so wird er auch angesehen. Jedenfalls sorgt er dafür, daß das Leben seiner Leute unter einem Zauber steht — dem des Schutzes gegen Vergeltung der eigenen Bosheit im Kampf. Andere Mitglieder der Einheit verkörpern die verschiedensten regressiven oder fantastischen Gruppenfunktionen oder Spannungen; besonders typisch ist dies für Elite-Einheiten und -truppen, etwa den Fallschirmspringern, den Green Berets oder den Rangers.

Man könnte annehmen, daß der Einfluß des "Über-Ichs in Uniform" zu spät im Leben der jungen Männer wirksam wird; es muß aber daran erinnert werden, daß dieser Zeitpunkt eine kritische Stufe in der Bildung ihres Charakters darstellt und daß die Kampfgrundausbildung ihr Leben geradezu ausmacht: Siebzehn Stunden am Tag, siebenundsiebzig Tage lang (dreiundsechzig in Kriegszeiten), d.h. zwölf- bis fünfzehnhundert Stunden eines Drucks, der für den Menschen unerbittlicher weder vorstellbar noch zu erfinden ist. Im Experimental Volunteer Army Training Program wird die Kampfgrundausbildung euphemistisch "Trainer-Schüler-Dialog" ("trainer-trainee interface")[9] genannt — und der Drill Instructor heißt offiziell "Berater".

B. *Sexualität und Kampfgrundausbildung*

Treibende sexuelle Kräfte und Interessen sind zur Zeit der Kampfgrundausbildung abzulenken, damit sie weder das Training noch später den Kampf selbst stören. Eine angewendete Methode stellt die 1. *Totale Trennung vom weiblichen Geschlecht* dar; diese macht die ungerichteten sexuellen Triebkräfte der Jugendlichen nutzbar für das Ziel des Tötens und kanalisiert sie zu einer *künstlichen Gruppenmännlichkeit*, jener pseudomaskulinen Aura, die Drill-Instruktoren und Vietnam-Veteranen "John Wayne Image" nennen. Von den Veteranen wird es folgendermaßen charakterisiert: Der Mann nimmt Abschied von seinem Mädchen; davonreitend winkt er ihm nach und küßt dabei sein Pferd. Während der Kampfausbildung werden die Soldaten oft von den Drill-Sergeants mit der Frage angespornt: "Okay — und wer von euch ist John Wayne?"

In der Kampfgrundausbildung nützt legitimierte Gewalt sadomasochistische und onanistische Vorstellungen aus; diese drehen sich vor allem um Eroberung und um Verschleuderung von Manneskraft. Zentral sind dabei reflexartiges Handeln und Handeln ohne Gnade.

2. *Erotisierung der Gewalt* Erotisierung der Gewalt fördert die Kampf-Süchtigkeit. Der Drill Instructor wird auf seine Waffe, dann auf seine Genitalien zeigen, um feierlich folgendes zum besten zu geben: "Meine Waffe ist dies / Mein Gewehr ist das / Die ist zum Killen / Und der macht Spaß". Die übernatürliche Zerstörungskraft der Waffe erhöht die *libidinöse Lust* an ihrem Besitz. Um noch ein Ritual — bei den Marines — zu zitieren: der Soldat geht mit seiner Waffe schlafen, nachdem er folgendes Gebet gesprochen hat "Gott segne das Marine Corps / Gott segne meinen Sergeant / Gott gib uns Krieg".

C. *"Identifikation mit Aggressoren"*[10]

Indem er sich nach dem Bild seines Verfolgers, dem Trainer, formt, erlangt der Rekrut langsam Eingang in die "Eingeweide", ins Innere der Macht, des allumfassenden Corps* nämlich. Die Zerstörung seiner zivilen Identität macht ihn erst bereit, den *Lohn* der Unterwerfung zu empfangen. Dieser besteht aus

1. *korporativer Kraft*, gewonnen aus dem völligen Eintauchen in eine totale Institution,
2. *Entlastung* von normalen Überich-Zwängen,
3. Erlaubte *Grausamkeit* gegen andere und sogar
4. Illusion der Allmacht, des *Siegs über den Tod* (genährt von Ahnen-Kult). Dazu gehört, daß Leichen als Deckung gebraucht werden**, oder die SS-Losung "Stehn auf dem Grab der anderen".[12]

III. Die Kampfphase — von der Ent-Individuation zur Wandlung

Traditionelle Krieger, herausgeputzt mit dem Staat der Pseudomännlichkeit, treten in ein Kampfgeschehen à la Vietnam ein, das durch Entmenschlichung, autorisierte Gewaltanwendung und prinzipiell militärische Realitätswahrnehmung charakterisiert ist.

A. Entmenschlichung und Brutalisierung
Entmenschlichung beruht auf Terror und Gegenterror; sie wirkt nur, wenn Opfer und G.I.s beinahe gleich betroffen sind. Die *Brutalisierung* der Soldaten (durch kleine Steigerungen der Greuel und Massaker) hilft diesen Prozeß in Gang bringen.

Am letzten Trainingstag müssen sich die Marines in einem Attrappen-Dschungel einem unübertrefflichen Akt mutwilliger Grausamkeit unterziehen, der allgemein als "Kaninchen-Trick" bekannt ist. Viele Einheiten besitzen ein Maskottchen, meist ein Kaninchen, das sie sehr gern haben. Nun doziert der kampferprobte Sergeant Überlebenstaktik angesichts des zu erwartenden Kriegsgreuel; dazu streichelt und krault er das Kaninchen.

Ohne Vorwarnung bricht er ihm plötzlich das Genick, reißt ihm die Haut ab und den Bauch auf, schmeißt die Eingeweide sei-

---

* "Corps" meint immer das United States Marine Corps (U.S.M.C.).

** "Jeder, der einmal im Krieg war, weiß, daß eine Leiche ausgezeichnete Deckung bietet."[11]

nen Leuten ins Gesicht und befiehlt ihnen, die Überreste zu rösten und zu essen[13].

B. Autorisierte Gewaltanwendung

Dieses Prinzip erlaubt eine Ausdehnung, d.h. eine Verwässerung, der Verantwortlichkeit für Gewaltanwendung: gegen oben und unten in der Befehlshierarchie, sowie auf die zivilen Organe sowie auf die Unterstützung der amerikanischen Bevölkerung*. Ist *Gewaltanwendung von der Gesellschaft legitimiert*, wird das Morden leicht, und die Greueltaten eskalieren.

C. Wandlung — Das "Militärische Realitätsprinzip"

Das Endprodukt all dieser Veränderungen ist die *Wandlung* der Persönlichkeit. Auch die Realitätswahrnehmung ist völlig verändert: sie ist nun *prinzipiell militärisch*, nicht nur beim einzelnen, sondern auch bei der symbiotischen Kampfeinheit, die sich als *ein* Organismus versteht.[4] Die militärische Realität verwischt Ich-Grenzen und bringt zivile Realität zum Verschwinden. Zivile Realität wird ersetzt durch Belagerungs-Mentalität und paranoide Kampfhaltung; beide sind lebensnotwendig in einer vom Tod geprägten Realität. Arten des Affekts, der Tat, des Erkennens — fühlen, handeln und denken — müssen momentgebunden, reflexartig, taktisch und kurzfristig sein, nicht langfristig.

Am eindrücklichsten zeigen uns die Sinneseindrücke bei einem Überfall aus dem Hinterhalt, "wie es wirklich ist".

Ein Überfall dauert oft nur 15 Sekunden: 15 Sekunden, in denen die Dunkelheit, die Stille und die Isolierung von einem Augenblick zum nächsten zu einem Nichts werden, und zwar durch Vorahnung, durch Maschinengewehrsalven und Feuergarben, durch Explosionen und Überflutung mit erschreckenden und alarmierenden Wahrnehmungen, durch Schweißausbrüche, bei gleichzeitigem Frösteln bis ins Mark. Etwas trommelt mit schweren pulsierenden Schlägen einen betäubenden Rhythmus. Du kommst nicht dazu zu erkennen, daß es dein eigenes Herz ist, das gegen deinen Brustkorb schlägt. Während die Frösche

---

* Diese wurde im Vietnamkrieg — im Gegensatz zum Ersten und Zweiten Weltkrieg und dem Koreakrieg — enorm ausgedehnt.

weiterquaken und die Grillen weiterzirpen, erlebst du nur deine verkrampfte Angst und das Gefühl, daß die "Zeit verdichtet" ist und sich weigert, weiterzugehen. Da gibt es keine Vergangenheit und keine Zukunft. Jede Sekunde ist wie ein getrennter Zeitabschnitt. In dem Moment bist du unfähig, dich "mit deinem Auge oder deinem Verstand" auf irgend etwas zu "konzentrieren", und deine ganze Welt fühlt sich an, als ob sie "durch eine Membran entglitte" (Kingry, 1970-1972). Die alte Realität ist nur noch eine Linie, ein Gewebe; das auseinandergerissen worden ist und keine Orientierungspunkte mehr hinterläßt. Jetzt fühlst du dich selbst unwirklich, denn um dich herum ist nur ein Blutbad. Der Tod kommt von überall und von nirgends. Der Tod ist jetzt die Realität. Um dich wieder wirklich zu fühlen, um am Leben zu bleiben, mußt du lernen, die Allgegenwärtigkeit des Todes zu akzeptieren, indem du ihn in dich selbst hineinnimmst wie ein neues "Introjekt" und dein Selbstgefühl mit Unheil und Destruktivität vergiftest. Nur dann können die innere und äußere Realität wieder eins werden. Sonst paßt deine innere Wahrnehmungswelt nicht zu der Umwelt, dem großen Feld des Leidens, das dich umgibt, und du wirst das Opfer einer Sinnesverwirrung.

Das alles in 15 Sekunden... (aus PSYCHE, 6-XXXV, S. 566, 1981[4])

IV. Die Nach-Kriegs-Phase

Die Phase nach dem Kriegseinsatz wird charakterisiert durch: Rückkehr, "Wahrnehmungsdissonanz" und "blockierten Schmerz". Während des Vietnamkrieges bestimmte der Computer die Rückkehr jeder einzelnen "Einheit", d.h. jedes Soldaten; bei der Abfahrt nach Vietnam erhielt er sein DEROS (date estimated for return from overseas — Bestimmtes Datum für die Rückkehr aus Übersee). In diesem ersten computerisierten Krieg ein DEROS zu haben, besaß auch eine negative Seite; Verluste, etwa, waren nicht eingeplant; Unsicherheit und Streß wurden dadurch noch verschärft.

A. Heimkehr ("zurück durch die Realitätsmembran")
Für den zurückgekehrten Soldaten ist zivile Realität nicht mehr in

Übereinstimmung mit militärischer zu bringen. Es kommt vor, daß Veteranen zivile und militärische Zeitbezüge simultan wahrnehmen. Erzeugt wird "Wahrnehmungsdissonanz".

B. Wahrnehmungsdissonanz

Wahrnehmungsdissonanz — mit partieller Dissoziation oder "Flashback" (Rückblende) — ist das dramatischste Phänomen der Nachkriegs-Phase. Das Realitätsprinzip des Hinterhalts war der Tod gewesen. Nur paranoide Wahrnehmung ("erst schießen, dann schauen") erlaubte es den Soldaten, das Geschehen so blitzschnell zu 'erfassen', daß ihnen die nötige Überlebenschance garantiert schien. Ist diese paranoide Haltung — mit ihrer autonomen Über-Erregbarkeit — einmal eingeprägt, kann sie nur schwer wieder rückgängig gemacht werden.

Irreversibilität von Wahrnehmungsdissonanz kann in Verbindung gebracht werden mit einer *Alarm-Reaktion*[14] im autonomen Nervensystem, gefolgt von chronisch endokriner und autonomer Adaption an Kampf-Streß — eine "Störung der Streß-Reaktion"[15]. Mit dem Rücken zur Wand stehen ist ein einsehbarer Aspekt paranoider Kampf-Mentalität. "Normalerweise" lösen Kämpfen und Töten diese Spannungen. Das Zivilleben verlangt, daß solche Impulse unterdrückt, ja 'versiegelt' werden, doch drängen sie nach Ausdruck als "Symptome" und "Syndrome".

Eines der Hauptsymptome besteht in einer fast phobischen Aversion gegen Nähe (Intimität). Ein auffallendes Syndrom stellt die *Kampf-Süchtigkeit* dar: die Erotisierung der Kampfeinheit führte zur Erotisierung des Kampfes und der Zerstörungswut. Wiedereintritt in die Armee, Söldnerwesen (siehe das Magazin "Soldier of the Fortune"[16]) und zwanghaftes oder repetitives Wiederdurchleben von Kampfsituationen ("Flashbacks") können vorkommen.

So verbrachte ein Veteran zwanghaft manchen frühen Morgen auf einem steilen Felsen nahe der Autobahn; mit seinem Zielfernrohrgewehr nahm er die Passagiere der vorbeifahrenden Autos aufs Korn — allerdings drückte er nie ab. Eine Aufnahme in ein Veteranenhospital wurde ihm verweigert, weil er schon zwei Jahre, bevor dieses Symptom auftrat, aus der Armee entlassen worden war.

Ein weiterer Veteran war völlig durcheinander, als er zum ersten Mal auf dem Times Square in New York stand; während die

Massen an ihm vorüberwogten, ergriff ihn Panik. Er sagte sich: "He, diese New Yorker sehen alle gleich aus. Wie weiß ich, wer mein Freund oder mein Feind ist?" Dann schüttelte er sich und sagte: "Komm schon, das ist Times Square, U.S.A. Die sind alle deine Freunde." Obwohl er über diesen "Flashback" hinweggekommen war, erlitt er dann doch einen akuten Anfall von Angst, der ihn zu den Gesprächstherapiegruppen der Organisation "Vietnam Veterans Against the War"* (Vietnam Veteranen gegen den Krieg) führte.

C. "Blockierter Schmerz"

Das moderne Militär mißbilligt Schmerz und Zärtlichkeit. Die Industrialisierung des Kriegs schränkt Verbrüderung auf dem Schlachtfeld genauso ein wie am Fließband. Schmerz über den Verlust eines Kameraden kann sowohl die "Kampfkraft" wie den Überlebenswillen der symbiotischen Kampfeinheit beeinträchtigen. Aber Kämpfer sind auch Menschen. Der Tod hat zwei Gesichter: Verlust und Veränderung — und beide verlangen nach Lösung. Training und Kampf können wohl menschliche Trauer unterdrücken, aber ausrotten können sie sie nicht. So bleibt denn des Soldaten Trauerarbeit ungetan, der "Schmerz über seine Wunden"[5,17] unausgedrückt, seine Schuld ungesühnt. Der nicht ausgetragene Schmerz des Kämpfers ist *"blockierter Schmerz"*, in dem eine nie abgeschlossene Vergangenheit eingekapselt ist und die Heimkehr des Soldaten des Sinns beraubt.

Es schmerzt, sich über plötzliche persönliche Verluste zu äußern. Es mag noch mehr Schmerz bereiten, *Verluste von Institutionellem* (Militärischem, Ideologischem) anzuerkennen: den Verlust teurer Werte, den Verlust des Glaubens an die Ideologie seines Lands (wofür es eintrat) und den Verlust der eigenen Mission.

Eine der schmerzlichsten Nachkriegs-Störungen ist der Zweifel, ob man wieder in den Besitz der Fähigkeit, Liebe, Vertrauen und Zärtlichkeit zu empfinden, kommen könne — was Hand in

* Die V.V.A.W. war die größte Veteranen-Kriegsgegner-Organisation, die — als Höhepunkt 1972 — 70.000 Mitglieder zählte. Sie organisierte Gesprächstherapiegruppen, Workshops, Besuche des Congress, Publikationen, Demonstrationen und vieles mehr, was psychologisch wie gesellschaftspolitisch eine heilende Wirkung besaß.

Hand geht mit der Unfähigkeit zu trauern, Zuneigung anzunehmen, erotische Gefühle wieder zu entwickeln oder Kinder aufzuziehen. (Weder Kaserne noch Schlachtfeld haben den Veteranen darauf vorbereitet, Kinder zu haben und mit ihnen umzugehen — besonders mit kleinen aggressiven Jungen.[18] * Trotzallem klammert sich der Ex-Kämpfer an die blinde Überzeugung, daß das "heroische" John Wayne-Image militärischen Pseudoruhms seine Männlichkeit aufrechterhalte. Noch kann er glauben, daß ein Harter-Kerl-Mythos und der ganze Kodex des Ahnen-Kults lebensnotwendig seien. Dieser Konflikt zwischen essentieller Notwendigkeit zu trauern und der drohenden Gefahr, "schwach zu erscheinen", führt zu blockiertem Schmerz.

V. Militarisierte Trauerrituale — "Vergießen unvergossene Tränen Blut?"

An dieser Stelle möchte ich untersuchen, wie Kampf-Schmerz kanalisiert wird. Ich stelle die Frage, ob eine solche Transposition mitverantwortlich ist für Kampf-Süchtigkeit, für die Entstehung von Kriegskindern und vielleicht sogar für die endlose Fortsetzung des Kriegs. Doch bin ich noch lange nicht im Besitz der Antworten.

A. Frauen als Träger der Emotion und das Männlichkeitsideal (eine psychohistorische Hypothese)

Verlust und Trauer besitzen eine wohlausgebildete Sprache der ausdrucksvollen Gesten, der Rituale, der Gebräuche. Lassen Sie mich eine psychohistorische *Hypothese* vortragen: seit geschichtlicher Zeit hat die mediterran-westliche Kultur die Differenzierung des emotionalen Ausdrucks nach Geschlecht befördert.** Ich meine, daß Impulse des Ernährens, Pflegens, Erziehens, daß Zärtlichkeit und Trauer zum Bereich der Frauen und Kinder wurde. Solche traditionellen Wege des Ausdrucks wurden für die Männer immer we-

---

* Besteht da die Gefahr, daß eine Generation von "Kriegskindern" entsteht, welchen die "Wunden ihrer Väter" vererbt werden? (Siehe Shatan, "Kriegskinder — Kinder des Kampfes, der Verfolgung, der Katastrophe"[19]; Publikation, Frankfurt a/M, in Vorbereitung)

** Eine Nebenhypothese besagt, daß die Zehn Gebote des Alten Testaments und die griechischen Mythen Eingang gefunden haben ins Unbewußte dieser Völker.

niger und waren ihnen schließlich ganz versperrt. Das Bild der *Männlichkeit* konzentrierte sich auf die Organisation aggressiver Impulse und aggressiven Verhaltens und gipfelte im Ideal des Kriegers. Mit der Evolution einer kriegerischen Männlichkeit lösten sich die Männer immer mehr von ihren Gefühlen für Nähe, Zuneigung und Verlust — dafür *militarisierten* sie sie. Wie sich Schmerz zum *Rachezeremoniell* verhärtete, so ersetzten Suche nach Sündenböcken die Trauer und Blutvergießen die Tränen. Das *kollektive* Überleben der Kampfeinheit — trotz Wechsel und Tod — bewies, daß sie eine unsterbliche Entität darstellte, ein Meta-Organismus, der die Existenz seiner Glieder transzendierte. Wiedergeburt in Uniform war symbolische Unsterblichkeit — und notwendiges Vorspiel zu dieser Metamorphose war die Trennung vom weiblichen Geschlecht, besonders von den Müttern, und die Verachtung der Frau.

B. Psychologische Regression und Militarisierung

Psychologische Regression gehört zum Wesen der Militarisierung. Regression erleichtert das Umpolen emotionaler und erotischer Beziehungen. Da Schmerz und Liebe zu den extrem antikriegerischen Empfindungen zählen, hat *Symbiose* mit dem allumfassenden militärischen Verband Priorität vor jeglicher *Paarbindung*: denn Liebesbindungen zu Kameraden sind Schmerzpotentiale. Solche Bindungen sind "unmännlich" — wie aus den Schimpfwörtern des Drill Instruktors zu ersehen ist ("Schwule", "Tunten", "Schwuchteln", "warme Brüder", "Zierbengel" u.a.m.).

Kann *eine* Triebfeder der "Kampfbereitschaft" paranoide Veräußerung von Wut sein? Sie würde dem Leiden und der Deprivation entgegenwirken und Sterblichkeit wie Trauer verneinen.[20] Sagt der Kampfschrei versteckt aus "vernichte alle Zivilisten, die uns so lassen, wie wir sind: entwurzelt und abgetrennt von ihnen"?* Kann dies zu einer Erotisierung der Zerstörungswut führen?

Das Militär weiß genau, weshalb am Beginn der Ausbildung die Entwurzelung steht und warum das Rekrutenalter nicht höher als

---

* Siehe, z.B., die "Dear John" (Lieber John)-Schwarzen-Bretter auf Schiffen oder in Kampf-Basen (Tanay: "Das Dear John Syndrom im Vietnamkrieg"[21]).

17, 18 oder 19 liegen darf, denn da bietet sich die *letzte* Chance, wirkungsvoll in die Organisation und Aggression der Jugendlichen einzugreifen; dank der Unstabilität, welche ihre Entwicklungsstufe charakterisiert, kann die *"Liquidation"* einer der größten Errungenschaften der Zivilisation, des Überichs, stattfinden.

VI. Beispiele militarisierter Trauer

Literarische und historische Zeugnisse, sowie klinische Fälle, die militarisiertes Trauern zum Inhalt haben, sind zahlreich vorhanden.

A. Militarisiertes Trauern in Kriegszeiten

Drei Fälle möchte ich vorstellen: einer steht weltweit für die Greueltaten in Vietnam; der zweite war die Schlagzeile einer Nacht; aus dem dritten, einer Tragödie, wurde ein Theaterstück.

1. My Lai: Als Captain Medina (Leutnant Calleys Kommandant) am Grab des beliebten Kameraden Sergeant Cox eine (Lob-)Rede hielt, machte er aus der Abdankung einen Furiose-Aufruf zur Rache, der Calleys Company in Stimmung für die My Lai-Massaker[22] brachte. Im Ritual militarisierten Schmerzes, in der symbolischen Suche nach Wiederherstellung vergießen unvergossene Tränen Blut.*

2. Sergeant Coughlin: Im Jahr 1980 betrat eines Nachts Sergeant John Coughlin einen Friedhof bei Boston, wo zwei seiner Kameraden die letzte Ruhe gefunden hatten. Da durchlebte er nochmal den Verlust seiner Einheit im hohen "Dschungelgras" vor zehn Jahren, als er — dreimal verwundet — als einziger überlebte. War es nur Zufall daß er seine Waffe nun auf die erleuchteten Fenster der Polizeistation in der Nähe richtete? Nur die ungewöhnliche Intuition der Polizisten, welche die Rolle von Sergeant Coughlins Zug spielten, damit sie ihn entwaffnen konnten, verhinderte, daß dieser Flashback zu einem weiteren ungewollten Selbstmord wurde.[3]

3. Das Gary Gilmore Syndrom: Schon mancher Kriegsveteran hat versucht, wieder bei seinen toten Kameraden zu sein, indem er sich niederschießen ließ[5,23,24]. Sergeant Dwight Johnson, Träger der höchsten Ehrenauszeichnung, hatte Erfolg[5,23]. Nun ist er die

---

* Was die My Lai-Gemetzel erklären hilft, sie aber keineswegs entschuldigt.

234

Hauptfigur in einem Theaterstück über Vietnam-Heimkehrer. Solomon und Horowitz sprachen in solchen Fällen vom "Gary Gilmore Syndrom".[24]

B. Rachezeremoniell in der Literatur
In der Literatur gibt es viele Beispiele für militarisierte Trauer — und ebenso viele gibt es für ihre Variante, das *Rachezeremoniell*. Träger schlechter Nachrichten zu sein war schon immer eine undankbare Aufgabe; der "Schmerzbote"* wurde nicht selten zum Sündenbock — und manchmal fand er auch den Tod.

1. Lermontovs "Ein Held unserer Zeit"[25]: In diesem Werk beschreibt Lermontov eine zärtliche Freundschaft zwischen einem jungen Husar und einem alten Hauptmann. Ihr oberflächliches und kurzes Wiedersehen — Jahre später — quält den Hauptmann; denn kaum hatten sie sich gegenüber gestanden, galoppierte der junge Kavallerist auch schon wieder weg — dabei aber warf er seine literarischen Notizbücher dem alten Krieger, der sich eben an seinem Pferd zu schaffen machte, um einem schmerzlichen Abschied auszuweichen, in die Hände. Der Erzähler jedoch sieht Tränen aufsteigen in den Augen des alten Mannes, und er fragt ihn: "Was machst du nun mit diesen Heften?" Des Hauptmanns Stimme wird schroff: "Vielleicht brauch ich sie zum Patronenstopfen". *Er treibt seinen Schmerz ab*, indem er das zärtliche Abschiedsgeschenk in eine Kriegswaffe verwandelt. Mit seinem intensiven Bedürfnis zu trauern — für ihn "unmännliche Schwäche" — kommt er nur zurande, indem er in die militärische Gewohnheit, Verlust und Verletzung zu negieren, zurückfällt. Auch er kümmert sich, wie John Wayne, nur um sein Pferd — und verdrängt auf diese Weise seine "weibischen Gefühle".

2. Shakespeare's Sündenböcke: "Rache: zu heilen diesen tödlichen Schmerz": Mancher Shakespeare'sche Unglücksbote fürchtet um seine Sicherheit — ja um sein Leben. In "Macbeth" findet sich eine bemerkenswerte Ausnahme in der Figur des *Macduff*[26].
Bei der Nachricht, seine ganze Familie sei hingemetzelt wor-

---

* Den "Schmerzboten" werde ich in einer anderen Arbeit behandeln.

den, erleidet der zutiefst getroffene Macduff einen eigentlichen Schmerz-Krampf. Er ruft aus: "Meine lieben Kleinen, alle? Sagtet Ihr alle?" Und als Malcolm, der Kronprinz, in ihn dringt, "dagegen anzukämpfen wie ein Mann", antwortet Macduff:

"Das werde ich:
Doch muß ich es auch fühlen wie ein Mann*.
Ich muß einfach erinnern, daß es solche Dinge gab —
Und sie waren mir das Teuerste auf Erden."

Doch Malcolm will den schwer Getroffenen in Kampfstimmung bringen, und so rät er:

"*Medizin* wollen wir machen *aus unsrer großen Rache:
Zu heilen diesen tödlichen Schmerz...*"
"Sei dies der Schleifstein Eures Schwertes: Laßt Schmerz
Zu Zorn sich wandeln; stumpft Euer Herz nicht ab, macht's
rasend."

Macduff will nun endlich nicht mehr länger "*ein Weib mit meinen Augen spielen*", sondern sich dem Tyrannen stellen. "Nun, *das* tönt *männlich*", antwortet der hocherfreute Malcolm.

Da aber Macduff seinen Schmerz äußert — und ihn so für sein Wesen und Sein akzeptiert —, kann auch der Bote, obwohl er eine Last schrecklicher Nachrichten abgeladen hat, unbehelligt wieder weggehen. Ist es möglich, daß Macduff keinen Sündenbock brauchte, weil er sich erlaubte, seinem Schmerz über den Verlust uneingeschränkt Ausdruck zu geben? Oder kann man hier vielmehr einen Renaissance-Wandel von "Fühlen wie ein Mensch" zu militarisierter Trauer beobachten? Wenn des Menschen "Rache tödlichen Schmerz heilt", werden dann die Tränen des Kummers nur den Frauen und die Schwerter nur den Männern zugestanden? "Stumpft Euer Herz nicht ab, macht's rasend" — damit es nicht bricht.

An anderer Stelle fragt *Macbeth* Seyton, seinen Adjutanten: "Was ist das für ein Lärm?" Die Antwort, "Es ist *das Geschrei von Frauen*", wird als ausreichend betrachtet. Geschrei von Frauen ist gleichbedeutend mit dem Wehgeschrei der Trauer. Was ist heute

---

* Hervorhebungen von mir.

236

aus dem "Fühlen wie ein Mensch" geworden? Des menschlichen Gefühls beraubt sein — wie das im Kampf(-Training) der Fall ist — heißt, sich auf die Stufe der Tiere stellen. Ist das "Geschrei von Männern" — das entmenschlichte — *Schlachtengeheul* geworden?

Militarisiertes Fühlen resultiert im Zivilleben etwa in folgendem Kompliment, welches ein Mann einer Frau, quasi als höchsten Ritterschlag, "verpaßt": "Sie denken wie ein Mann". Damit ist gemeint, daß die Frau den emotionslosen Umgang mit Statistiken, Zahlen, Daten und (Kriegs-) Verlusten gemeistert hat, also mit bloßen "Fakten" umgehen kann. Die Männer werden hingegen immer noch dazu erzogen, *"emotionalen* Fakten" aus dem Wege zu gehen.

C. Militarisierte Trauer in der klinischen Praxis

Das Phänomen militarisierter Schmerz kann auch im Zivilleben gefunden werden. Im folgenden ersten Fall fügt ein Mann imaginären anderen, anstatt sich selbst, Schmerzwunden zu.

Fall 1 — Schreine und Patronentaschen: Ein Mann, der schon sehr früh seinen Vater verloren hatte, gründet mit 23 eine eigene Familie. Nach drei Jahren stirbt seine Mutter an Krebs. Nun wird er Mitglied eines Schützen-Vereins; seine Waffe versorgt er stets im Schrank seiner Mutter. Er ist sich nicht bewußt, daß, außer dem Schießen im Stand, seine ganzen (para-)militärischen Aktivitäten — das liebevolle Auseinandernehmen und Reinigen des Gewehrs — im Zimmer seiner Mutter stattfinden. Hier ist es kahl und dunkel — wie in einem Heiligtum. Nach den Schießübungen fühlt er sich verjüngt. Zärtlich stellt er jeweils sein Gewehr in den Schrank, den einst die Tote benützte. Er will keinen Schmerz für seine toten Eltern empfinden — aber wird "plötzlich" zum Rassisten, bereit, der Flut von Sündenbock-Schwarzen und -Hispanics in New York den Garaus zu machen.

Sein "Schrein" enthält leere Munitionskisten und Patronentaschen aus Leder. Sie haben "zufällig ein praktisches Format", die sich zur Lagerung der Papiere seiner Eltern eignet — der Geburts- und Heiratsurkunden, der Belege, der Liebesbriefe, Arztrechnungen und alten Photos. Sie sind seine Heilige Schrift und seine Ikonen — und alle in Munitionskisten und Patronentaschen. Erst als er sich (in der Therapie) mit all dem wirklich auseinandersetzt, merkt er, daß seine militärischen Zeremonielle nur dazu dienen, die Trauer *für* und den Haß *gegen* seine Eltern, die ihn verließen, loszuwerden. Und erst jetzt kann er seinen "vereisten", "blockierten" Schmerz *ausgraben* und dem Leben erlauben, seinen weiteren Lauf zu nehmen. Er war sich nicht bewußt, daß ein Zusammenhang zwischen Schießen und schmerzlichem Verlust bestand. Doch nun verliert er jegliches Interesse an Gewehren, wird friedfertig und fürsorglich. Gelegentlich richten Menschen ihre Trauer-Rache gegen sich selbst — wie es früher üblich war und heute noch zu beobachten ist (Babylon, Papua).

Fall 2 — Das Kainszeichen: Eine sehr religiöse, fromme Frau ist verzweifelt, weil sie in Fantasien immer wieder den Tod ihrer Eltern durchlebt — was ihr aber erst völlig bewußt wird, als die beste Freundin ihrer Mutter stirbt. Sie erlebt die Tagträume vom Tod ihrer Mutter besonders Ich-fern. Immer wenn sie über den zukünftigen Tod ihrer Mutter spricht oder ihn sich denkt, erscheint in der Mitte ihrer Stirn, zwischen den Augenbrauen, ein flammendroter Fleck, von dem sie aber nichts weiß. Sie, die im Geist der Kirche von England und der Zehn Gebote erzogen worden ist, fühlt nun, nach der Entdeckung ihrer "Schuld", Kummer, Qual und Scham. Sie selbst assoziiert den Fleck mit dem "Kainszeichen"; es kennzeichnet sie als Mörderin — wenn auch nur der Absicht nach.

Fall 3 — Fleischwunden: Zwei Monate nach dem Tod seiner Mutter zeigt Jonathan Mark immer noch kein Zeichen der Trauer über den Verlust — so auch die übrige Familie. Zur Zeit ist der 20-jährige Jon, ein sehr begabter Bildhauer, Kunststudent. Als er mit einer Motorsäge arbeitet, rutscht das Blatt aus und trennt den oberen Teil seines rechten Daumens ab. (Jon ist Rechtshänder.)

Was steckt hinter diesem "symbolischen" Opfer? Er ist wütend über seine tote Mutter, weil sie die letzten zwei Jahre, und nun auch den Rest seines Lebens, kaputt gemacht hat. Irgendwie fühlt er aus dem Bauch, "daß, wenn er sich nur erst selbst verletzt, sie für ihn bluten muß". Er beginnt eine Therapie.

VII. Diskussion — "Normaler Schmerz", "Militarisierte Trauer" und Männlichkeit

Welche Beziehung besteht zwischen militarisierter Trauer und "normalem" Schmerz? Klinisch gesehen hat Schmerz viele Gesichter. Trauernde weinen, schlagen ihre Brust, ringen die Hände, reißen sich an den Haaren, zerreißen ihre Kleider und fügen sich sogar (Fleisch-)Wunden zu — was uraltem Trauer-Verhalten entspricht. Der Schmerz selbst jedoch — die affektive Reaktion auf Verlust und Veränderung —, ist in der modernen westlichen Welt größtenteils *internalisiert* worden. Die allmähliche Trennung von der verlorenen Person, dem verlorenen Ideal oder dem verlorenen Glauben findet in den Tiefen der Persönlichkeit statt. "Normalerweise" "schlagen" Trauernde nicht "aus", d.h. externalisieren ihren Schmerz nicht.

Nach dem Alten Testament befahl Moses* den Isrealiten, eine Menge neuer Trauer-Rituale anzunehmen[28]. Ein bemerkenswertes Gesetz verbot, sich Wunden zuzufügen: dafür sollten die Trauernden ihre Kleider zerreißen. Selbstverstümmelung wurde ersetzt durch ein eigentliches Symbol für die psychischen Wunden, welche die Trauernden erlitten. Eine so radikale Veränderung des emotionalen Ausdrucks, ein solcher Wandel des affektmotorischen Verhaltens — von konkreter zu abstrakter Ersatzhandlung — hatte eine neue und umfassendere *Internalisierung* der Konflikte zur Folge, welche sich in uns allen nach einem Verlust von uns Nahestehenden bilden. Wir dürfen annehmen, daß Moses dieses Verbot aussprach, weil Selbstverstümmelung ein übliches Ritual innerhalb der frühen Trauerverarbeitung darstellte. (Die zeitgenössische Anthropologie hat uns mit Kulturen bekanntgemacht, in denen solche Gebräuche bis heute die Norm sind). *"Trauerarbeit"* vollendet diesen neuerdings internalisierten Prozeß, obwohl wir uns fragen sollten, ob die Trauer jemals wirklich "vollendet" wird.

* Moses war einer der ersten Gemeinde-Psychiater. In Leviticus, Kapitel 21, verbot er den Trauernden unter den Kindern Israels, sich den Kopf kahl zu scheren, den Rand des Bartes zu stutzen und *"sich am Leibe Einschnitte zu"*[28] machen. In Kapitel 20 wird in Paranthese der Kindermord verboten: Moses machte ihn zum Kapitalverbrechen. Wörtlich heißt es: "Wer... eines seiner Kinder dem Moloch hingibt, soll getötet werden." Die hohle, feueratmende Kolossalstatue, zugleich Altar, stand im Hinnom-Tal, wo die Gläubigen ihm unablässig Kinder opferten, d.h. die "Opfer" in seinen Schlund warfen. Kein Wunder wurde das Hinnom-Tal (GeHinnom) gleichbedeutend mit Hölle oder Gehennah.

A. Pathologischer Schmerz

Er erscheint in vielerlei Gestalt; hier wird kein komplettes Verzeichnis der Formen, die er annimmt, angestrebt. Freud beschrieb in seiner Analyse der Melancholie die exzessive Internalisierung von wirklichem oder symbolischen Verlust[30]. Diese verhindert Heilung von oder Adaption an Schmerz-Wunden. Andere Formen pathologischen Schmerzes bestehen im, wohl aus dem Unbewußten stammenden, Impuls, sich selbst oder anderen (Fleisch-)Wunden zuzufügen. Hier müssen auch militarisierte und unvollendete Trauer, symbolische Wunden und Heilungszeremonielle genannt werden.

1. Militarisierte Trauer: Nach dem ersten Triumph, noch am Leben zu sein (da so viele doch den Tod fanden), kann der Kriegs- oder Holocaust-Überlebende eine *Überlebens-Schuld* entwickeln[25]. Daß er diese Tode nicht verhindern konnte, wird ihm zur Qual. Er wird sich mit den Zerstörern, den Schuldigen, identifizieren, wie es Sergeant Dwight Johnson tat[5,23,2]. Er wird glauben, daß er selbst Zerstörer und so auch schuld war am Tod seiner Kampfkameraden oder seines "Feindes" oder der Mitinsassen im Vernichtungslager. Vieles wird während Jahren, und oft permanent, verdrängt.

Die seelische Erschütterung, verursacht durch Tod und Tote, kann jedoch einen anderen Verlauf nehmen. *Militarisierte Trauer externalisiert* die gewaltigen Impulse der Überlebensschuld, des Hasses und der Aggression gegen Tote (welche die Überlebenden "im Stich ließen"). Normalerweise müßte solche Wut gegen Tote Schuldgefühl, Scham und Depression erhöhen. Doch wird ihre Kraft umgepolt: scheinbar, um die "geheiligten" Toten zu ehren. Die abgelenkten Triebe und Emotionen werden wieder fokussiert, dann verwandelt zum Rachezeremoniell, dessen Ziele *Substitute für die Toten* darstellen, Sündenböcke, die unbewußt als die eigentlichen Quellen des Schadens an der symbiotischen Einheit angesehen werden.

Der Schaden besteht im Bruch einer engen Beziehung, in der Auflösung einer gesellschaftlichen Bindung, in der Verletzung einer politischen Körperschaft oder in der Zerstörung einer — familiären oder militärischen — Gruppe.

2. Unvollendete Trauer: *Viele Menschen sind unfähig, ihre Trauer voll auszuleben*. Ihre Abhängigkeit vom verlorenen Objekt oder der verlorenen Sache bleibt wie ihre *Bindung* an diese, bestehen[30]. Die Unfähigkeit, der Qual und dem Leiden, die ein Verlust bereitet, zu begegnen, ist für keine besondere klinische Gruppe typisch. So beschreibt Rosenbaum[31] einen Patienten, der "keinerlei Schmerz oder Trauer zeigte, als er mit einem wichtigen Verlust konfrontiert wurde, dafür aber eine paranoide Haltung entwickelte" — jenen Typus paranoider Veränderung, welche das Wesen militarisierter Trauer ausmacht.

Die vielleicht grundlegendsten Verluste finden Form in *"symbolischen" Wunden*. Denn sind wir menschlichen Wesen nicht eigentlich symbol-schaffende Tiere? Mancher Veteran empfand, daß sein Glaube an das amerikanische Wertsystem verletzt worden war. Andere glaubten, daß die Niederlage ihrer Ehre, ihrer Männlichkeit und ihrem "gesunden Wettbewerbsdenken" einen schweren Schlag versetzt habe.

Das Militär betrachtet den Kampf als eine "Lebenstatsache". Deshalb mißbilligt es Mitleid und Fürsorge. Die Grundausbildung hemmt auch jegliche Trauerarbeit[5]. Können denn Prozesse, welche militarisierter Trauer ähneln, sich auf Gruppenebene oder gar nationaler Ebene ereignen? Kann der Verlust von Territorium (Rheinland, Danzig), der Verlust eines Reiches oder der Verlust von sechs Millionen* erlebt werden als symbolische Traumata, welche Blutrache im Großen stimulieren? Eine Parallele dazu wäre die Erfahrung vieler Kampfsoldaten: daß oft nur der Kampf Lösungen bringt für Spannung, Verlust und Kummer, daß oft nur dieser das Bedürfnis, "Schuld zu bezahlen", indem man verwundet wird, oder das Bedürfnis, andere oder sich selbst zu verletzen, befriedigt. *Der Kampf dauert aber nach dem Kampf noch fort*: Ursache ist das Erlebnis seiner Intensität und die Unmöglichkeit, im zivilen Alltag die durch den Kampf erzeugten Spannungen abzubauen.

Kurz, Kampf(-Training) und Antiguerillakrieg hemmen, ja *verhindern* Mitleid und Schmerz. Dafür fördern sie eine paranoide

---

* Noch nach 1948, dem Jahr der Unabhängigkeit, marschierte die isrealitische Armee im Stechschritt — ein weiteres Beispiel für "Identifikation mit den Aggressoren".[10]

Haltung[31], deren Hauptmerkmal die Rachejagd auf äußere wie innere Ziele ist.

3. *Heilungszeremonielle*: Seit jeher haben öffentliche und private Trauerrituale sowohl gesellschaftliche *Zusammenschlüsse* wie das *Heilen* der Wunden des Verlusts begünstigt und erleichtert. Das Schwinden solch tiefverwurzelter Bräuche hindert nun Gruppen wie Nationen daran, sich mit diesen Bedürfnissen auseinanderzusetzen[32].

Vor 350 Jahren riet Sir Francis Bacon[33], der Kanzler Elizabeths I, zu einem bestimmten Prozedere beim Entlassen der Truppen: zu Ritualen nämlich, welche demobilisierte Soldaten daran hindern sollten, Unruhen oder gar Bürgerkrieg zu entfachen. "Ein paar Würdigungen und ein paar Spitäler für Kriegsversehrte" seien ungenügend; viel mehr riet er den Herrschern Europas dringend zu Wiederbelebung solch alter römischer Festlichkeiten wie "Triumphzüge,... Lobeshymnen und Belohnungen"[34]. Im Vietnam-Jahrzehnt wurden nur zurückgekehrte Kriegsgefangene und ein paar Vermißte öffentlich geehrt.

Vietnam-Veteranen mußten ihr eigenes anti-heroisches Kriegsdenkmal in Washington errichten — und auch dies ohne Regierungsbeitrag. Für Tausende von Veteranen und deren Familien wurde die Enthüllung dieses Monuments zu einer verspäteten Heimkehr — ein tiefgehender therapeutischer Akt. Diese ganze Woche lang war der Präsident *nicht* in Washington.

B. Männliche Identität und Zärtlichkeit

Die Heimkehr-Erfahrung der Vietnamveteranen wirft Licht auf einige Aspekte *männlicher Identität in den USA*. Ist, zum Beispiel, militarisierte Männlichkeit eine institutionalisierte Karikatur der Entwicklung des *männlichen* Amerikaners im allgemeinen? Beide spielen nämlich die *"weichen"* Gefühle der Zuneigung, der Paarbindung herunter, während sie *"harte"* Gefühle wie "Pflicht, Ehre, Nation", Gehorsam, "gesunden Wettbewerb" und Siegen hervorheben.

Ein solches Bild, ein solches Ideal der Männlichkeit — noch auf der Basis von legitimierter Gewalt — mag ein fehlerhaftes Sozialgefüge spiegeln. In den USA gibt es nun *dreißig Millionen* Veteranen;

in ihnen enthalten ist auch die größte Zahl arbeitsloser Kriegsveteranen der Welt — was wiederum eine auffallende Parallele zur Situation gerade nach dem amerikanischen Bürgerkrieg abgibt. Wurden Charakter und Anpassungsfähigkeit der Veteranen deformiert und gestört nach potentiell totalitären Mustern?[18,35] Und: Weder Schlachtfeld[18] noch Kaserne[35] bereiten diese Leute auf eine Elternschaft vor.

Sollten wir nicht alle, die unfähig zu trauern sind, im Auge haben?[36] Zusammenkünfte ehemaliger Elitekampftruppen schießen wie Pilze aus dem Boden*; und da werden nicht bloß Kriegserlebnisse ausgetauscht. Nein, da werden realistische Kampfsituationen, alte wie neue, inszeniert; da werden Söldner rekrutiert, als sei das die natürlichste Sache der Welt. Es gibt auch ein florierendes Söldner-Magazin, "Soldier of Fortune — The Journal of Professional Adventurers"[16] (Soldaten des Glücks — Die Zeitschrift der professionellen Abenteurer), dessen Herausgeber Kommandant der US-Army-Zuchthäuser in Milwaukee, Wisconsin, war.

Ich frage mich, wer das Magazin und dessen Organisation jährlicher Zusammenkünfte von Kampfsüchtigen finanziert; ursprünglich war es eine Vierteljahresschrift mit einer Auflage von 15.000; heute erscheinen monatlich 125.000 Stück. Das Blatt sponsert nicht nur die jährliche Söldner-Tagung, es verherrlicht auch alles Destruktive, verbindet Pornographie mit Nazi-Symbolen und Gewalt und warb jeweils — ohne ein Blatt vor den Mund zu nehmen — auf seiner letzten Seite für die Rhodesische Armee.

Sollten wir nicht ein sehr waches Auge haben auf das Anwachsen von Gesellschaftsgruppen, welche "militarisierte Trauer" praktizieren? Sind solche Phänomene nicht frühe Warnsignale, welche die Rufe nach Gewalt, Kampf, vielleicht sogar nach Diktatur und Krieg vorhersagen?

C. Zusammenfassung —
Beziehung zwischen Trauer und Ersatzaggression
Militarisierte Trauer ist eine *emotionale Ersatzbefriedigung*, eine Kompromissbildung, welche in der *Verleugnung* von Schmerz und

---

* z.B. V.S., O.S.S., — V.S. war der Vorgänger des O.S.S. (Office of Special Services — dem Amt für spezielle Dienste). Das O.S.S. war wiederum Vorgänger der C.I.A. (Central Intelligence Agency).

Trauer wurzelt. Sie stellt keine Sublimierung dar. Auf ihrem Höhepunkt kann sie dem Individuum oder dem Kollektiv Erlösung, Freude, Rausch und sogar Gefühle der Allmacht vermitteln. Als Psychoanalytiker wissen wir jedoch, daß Substitution nur temporäre Befriedigung bringt. Verleugneter Jammer fordert sein Recht. Sicherheit, die nur von Mal zu Mal erworben wird, muß immer wieder erworben *und erweitert* werden, damit die Illusion der Befriedigung aufrechterhalten wird. Ersatz kann die narzißtischen Wunden, seien sie alt oder neu, nicht heilen, sowenig wie pathologische Depression Wunden heilt. "Nur trauern um Verlust, um zu entscheidender Zeit geschehenen Verlust, kann zu wirklicher Heilung führen" (A. Miller).[37]

Dies könnte vielleicht zur Beantwortung zweier Fragen führen, welche an dieser Tagung immer wieder gestellt wurden: "Welches sind die innerpsychischen Kräfte, die es den Herrschenden immer wieder ermöglichen, ganze Heere in Bewegung zu setzen?" und "Unter welchen Bedingungen kommt es zu aggressiven Durchbrüchen, beim Individuum, bei der Masse?"

"Und dann ist da dieser ganze *Trauer-Druck* ... In Amerika sprechen wir höchst selten vom Zweiten Weltkrieg. *Sie* (die Russen) *aber sprechen vom Krieg, als sei er gestern gewesen.*"* Larry Rivers[38].

VIII. Zusammenfassung und Ergebnisse — Militarisierung und männliche Reife

Ich habe gezeigt, daß viele Faktoren den Menschen zu militarisierter Trauer und zu Rachezeremoniellen praedisponieren. Ich versuchte, diese Pänomene in einen psychohistorischen Rahmen zu stellen. Wenn mir dies gelang, dann wäre es nun nötig, Alternativmodelle für das Mannwerden vorzuschlagen.

A. Militarisierte Trauer — neu überdacht
Empathie für die Vietnam-Veteranen lehrte mich, wie stark und mächtig die formenden Einflüsse des Grundtrainings (BCT — Basic Combat Training), des Antiguerillakriegs und deren Folgen sind.

---

* Hervorhebung von mir.

Als Psychoanalytiker konzentrieren wir uns auf *frühe* formende Einflüsse, wissen aber, daß die Entwicklung da nicht endet. Kampftraining ist gerade deshalb in der späteren Adoleszenz wirksam, weil sie durch eine fließende, unstabile Charakterstruktur gekennzeichnet ist. Viele Jugendliche müssen immer noch zurande kommen mit pubertären Illusionen und müssen versuchen, amorphe infantile und sexuelle Fantasien, Wünsche und Bedürfnisse zu integrieren. Ich wiederhole: Es ist die letzte Chance des Militärs, wirksam in die Integration und Organisation männlicher aggressiver Impulse und männlichen aggressiven Verhaltens einzugreifen.

Im amerikanischen Mythos der "Pseudomännlichkeit", im "John Wayne Image", erscheint Gewalt legitimiert, während erotische Zärtlichkeit heruntergespielt wird. Kampf(-Training) und Guerillakrieg hindern den Soldaten Trauer zu erleben. Als These steht *militarisierte Trauer* für die Umformung von blockiertem Schmerz zu Rachezeremoniellen — My Lai, Romane, Klinikerfahrungen illustrieren sie.

Soldaten sind wegen folgender Faktoren für solche Entwicklungen praedisponiert: 1) Entwurzelung, Trennung vom weiblichen Geschlecht; 2) Identifikation mit den Aggressoren (den Trainern); 3) paranoide Kampf-Haltung; 4) Lohn der (Selbst-)Aufgabe; 5) Erotisierung der Gewalt; mystische Atmosphäre des Ahnenkults und 7) "blockierter Schmerz".

Nach jedem amerikanischen Krieg war ein Anwachsen legitimierter ziviler Gewalt zu beobachten. Da sie zu Wesen der Pseudomännlichkeit gehört, ist die Rolle, die sie bei den Kontrollfunktionen sozialen Verhaltens spielt, nicht ernst genug zu nehmen. Wenn uns "human engineering" stört, dann ist es notwendig, daß wir uns um wirksamen Widerstand gegen Zwangsindoktrination bemühen. Und dies mag ein berufsspezifischer Beitrag zur Friedensforschung sein.

B. Das psychohistorische Problem
Ich habe vorher einen *psychohistorischen* Ausblick gewagt. Steht es denn nicht in unserer Macht, irgendetwas zu tun gegen die Umpolung des männlichen Charakters *weg* von "weichen", zärtlichen und fürsorglichen Impulsen und *hin* zu einer "harten" Disposition, deren Fokus die Aggression ist? Wie kam es, daß Ausdrucksfä-

higkeit und Zärtlichkeit zum Bereich der Frauen wurde? Können wir nicht Alternativmodelle finden, welche diesen Bereich auch zum männlichen machen?

C. Alternativmodelle für männliche emotionale Reife

Zentral für ein neues Verständnis von Männlichkeit ist das Teilen — das *Teilnehmen und Teilhaben an Gefühlslagen*, an Gefühlen zwischen Männern, deren Wege zur Männlichkeit auch ganz *verschieden* waren. In den USA lernen schon die kleinsten Knaben, die Devise "Jeder Bub kann Sieger sein" ("Jeder Bub kann Präsident werden") dem emotionalen Zentrum ihres Selbstverständnisses einzuverleiben. Könnten wir die Devise "Jeder Bub kann Sieger sein" nicht durch "Jedes Kind kann spielen" ersetzen?

Mit diesem Slogan machte mich ein *skandinavischer Lagerleiter* bekannt[39]. Wenn ich skandinavische Sozialwissenschaftler bitte, mir solche Haltungen zu erklären, wissen sie nicht, was sagen; letztlich geben sie immer zur Antwort: "das ist eben unsere Geschichte". Vielleicht haben sie doch recht.

Zufälligerweise sah ich im "Stern"-Magazin vom 30. März 1983 folgende Passage in einem Artikel von Hans Magnus Enzensberger mit dem Titel "Schweden — ein Modell?"[40]:

"Aber das ist nur eine Seite der Medaille. Auf der andern Seite nämlich hat die Staatsmacht im großen und ganzen klug und tüchtig geschaltet. Die Bürokratie mag übermütig sein, aber sie ist nicht korrupt. *Und sie hat* seit Menschengedenken einen Sport *aufgegeben*, der in andern Ländern gang und gäbe ist: die *bewaffnete Menschenjagd*".

Dies ist natürlich keine wissenschaftliche Beweisführung, doch wird die gegenseitige Durchdringung von psychischen und sozialen Texturen aufgezeigt.

Ja, Geschichte und Vererbung schränken uns ein. Aber innerhalb der Grenzen können doch neue Modelle gefunden werden. Entscheidungen über die emotionale Entwicklung des Individuums, Entscheidungen über die gesellschaftlichen Formen des Umgangs mit Bindungen und Verlusten können und sollen getroffen werden. Neue Trauersitten, neue Jugendrituale, *neue männliche Initiationsriten* können entwickelt werden. Wir fangen ja heute schon an, die Abgründe zwischen den emotionalen Bereichen, die dem einen Geschlecht zugewiesen und dem anderen verweigert sind, zu überbrücken. Kann Entwicklung denn nicht weitergehen — über die Rolle der Frau als Hüterin und Bewahrerin der Gefühle und über die Rolle des Mannes, der angesichts von Schmerz den harten Kerl* spielen muß, hinaus? Und als unverbesserlicher Utopist muß ich fragen: kann denn ein solch neues Ethos nicht mithelfen, das System der Kriege, das eigentlich eine bloße menschliche Erfindung ist, zu Fall zu bringen? Können wir uns nicht frei machen vom Reflex der "Rache: zu heilen diesen tödlichen Schmerz"? Können wir nicht dieser Tradition zutiefst irrationalen, immer wiederkehrenden rituellen Mordens ein Ende bereiten?

Zürich, 24. April 1983
Übersetzung: Hans Jürg Kupper

Anmerkungen:

1. Doctorow, E.L.: "Ragtime", a novel. Random House, New York, 1975.
2. Smith, J.R. "United States War Neuroses, 1860-1980", unpublished dissertation in partial fulfillment of requirements for Doctor of Philosophy degree in Clinical Psychology, Duke University, Raleigh, North Carolina, 1981.
3. Shatan, C.F.: "Bogus Manhood, Bogus Honor: Surrender and Transfiguration in the U.S. Marine Corps." a) Psychoanalytic Review, 64:4; 585-610. 1977. b) in Psychoanalytic Perspectives on Aggression, Goldman, G.D. and Milman, D.S., eds., Kendall/Hunt, Dubuque, Iowa, 1978.
4. Shatan, C.F.: "Through the Membrane of Reality: 'Impacted Grief' and 'Perceptual Dissonance' in Vietnam Combat Veterans." a) Psychiatric Opinion, 11:6; 6-15. 1974. b) Translated as " 'Zivile' und 'militärische' Realitätswahrnehmung. Über die Folgen einer Absurdität." Psyche, 6-XXXV; 557-572. Jg. 1981, Frankfurt am Main.

* In den englischsprachigen High Schools von Montreal lasen die Knaben im Schuljahr 1937/8 Shakespeares "Henry V", während die Mädchen "Wie es euch gefällt" lesen mußten. Zur Zeit des Zweiten Weltkrieges beschäftigten sich in Rußland die Knaben mit den Kriegs- und die Mädchen mit den Friedens-Teilen von "Krieg und Frieden". Als der Autor 1938 von einer schmerzhaften Operation im Royal Victoria Hospital in Montreal genas, ermahnte ihn ein Veteran des Ersten Weltkriegs: "Du mußt härter werden, Bub, du mußt härter werden". Allerdings wurden auch vier kanadische Psychiater, die von 1949-53 am New Yorker Hillside Hospital arbeiteten, von Eltern minderjähriger männlicher Patienten immer wieder mit der verzweifelten Frage bestürmt: "Wieso lernt mein Bub nicht kämpfen?". Die Kanadier erstaunte die groteske Frage genauso wie die Tatsache, daß nicht nur die Väter, sondern gerade auch die Mütter die Fragenden waren.

5. Shatan, C.F.: "The Grief of Soldiers: Vietnam Combat Veterans' Self-Help Movement." a) American Journal of Orthopsychiatry, 43:4; 640-653. b) *Translated as* "Die Trauernde Seele des Soldaten: Die Selbsthilfe-Bewegung der Vietnamveteranen" *in* Unsere Bundeswehr? Zum 25jährigen Friedensanalysen, Vol. No: 25; 271-299. Suhrkamp, Frankfurt am Main, 1981.

6. Redl, F.: "The Superego in Uniform", *in* Sanctions for Evil, Comstock, C. and Stanford, N., eds., Jossey-Bass, San Francisco, 1971.

7. Guntrip, H.: "Good and Bad Introjects in Psychoanalytic Treatment." Presentation to William Alanson White Psychoanalytic Society, New York, 1971.

8. Gault, W.B.: "Some Remarks on Slaughter." American Journal of Psychiatry, Vol. 128; 450-454. 1971.

9. Taylor, J.E., Michaels, E.R., and Brennan, M.E.: "Draft Technical Report: The Development and Implementation of the Experimental Volunteer Army Training Program (EVATP)." HumRRO (Human Resources Research Organization), Alexandria, Va., 1971.

10. Freud, A.: "Identification with the Aggressor." *in* The Ego and the Mechanisms of Defense, International Universities Press, New York, 1946.

11. Kingry, P.: "The Monk and the Marines," a novel. Bantam Books, New York, 1974.

12. Neumann, P.: "Other Men's Graves: The Diary of an SS Officer." Wiedenfeld and Nicolson, London, 1958. Published in French as "SS", Editions France, Empire, Paris, 1958.

13. "The Rabbit Story": Personal communications from seven Vietnam veterans who did not know each other, and who trained and fought at different times during the Vietnam War.

14. Selye, H.: "Guide to Stress Research," Van Nostrand Reinhold, New York, 1982.

15. Horowitz, M.: "Stress Response Syndromes," Jason Aronson, New York, 1976.

16. "Soldier of Fortune — The Journal of Professional Adventurers," Omega Group, Ltd., Boulder, Co., 1974 —.

17. Shatan, C.F.: "Post-Vietnam Syndrome," The New York Times, May 6, 1972.

18. Haley, S.: "Guerrilla Warfare and the Magic Years." Presentation at "War Babies" Symposium, Xth International Congress of Child and Adolescent Psychiatry (C. Shatan, M.D., Chair), Dublin, 1982.

19. Shatan, C.F.: "War Babies — Children of Warfare, Persecution and Disaster," American Journal of Orthopsychiatry, 45:2; 289. 1975.

20. Levy, C.: "ARVN as Faggots: Inverted Warfare in Vietnam." transAction, October, 1971.

21. Tanay, E.: "The Dear John Syndrome during the Vietnam War." Diseases of the Nervous System, 37:165-167. March, 1976.

22. McCarthy, M.: "Medina," Harcourt Brace Jovanovich, New York, 1973.

23. Colt, T.: "Medal of Honor Rag," a play. 1973. *See also* Nordheimer, J.: "From Dakto to Detroit: Death of a Troubled Hero," The New York Times, May 26, 1971, p. 1.

24. Solomon, G. and Horowitz, M.
25. Lermontov, M.: "A Hero of Our Time," a novel. Vintage, New York, 1968.
26. Shakespeare, W.: "Macbeth," a play. Cited from Nelson and Hill: Poems and Plays of William Shakespeare, Houghton Mifflin, Cambridge, Mass., 1947.
27. Shakespeare, W.: "Macbeth," a play. idem.
28. The Bible (Old Testament): Book III: Leviticus, Chapter 21, Verses 1-5.
29. Niederland, W.G.: Workshop presentation on "The Guilt and Grief of Vietnam Veterans and Concentration Camp Survivors." IVth International Psychoanalytic Forum (C. Shatan, M.D., Chair), New York, 1972.
30. Freud, S.: "Mourning and Melancholia," 1912, *in* The Standard Edition of The Complete Psychological Works of Sigmund Freud, Vol. *XIV*; 253-268. Hogarth Press, London, 1957.
31. Rosenbaum, M.
32. Gorer, G.: "Death, Grief and Mourning," in the Death and Dying series, Kestenbaum, R., ed., Arno, New York, 1977.
33. Bacon, F.: "Of the True Greatness of Kingdoms and Estates," *in* The Essays of Francis Bacon, Northrup, C., ed., Houghton Mifflin, New York, 1908, p. 100.
34. Scullard, H.H.: "Festivals and Ceremonies of the Roman Republic," Part III: Triumphs, Ovations, and Funerals, Pages 213-221. Cornell University Press, Ithica, New York (Thames and Hudson, Ltd., London, 1981.)
35. Lyon, W.A.: Presentation at American Orthopsychiatric Association Annual Meeting, Boston, Mass., 1966.
36. Mitscherlich, A. and Mitscherlich, M.: "The Inability to Mourn," *translated* from German. Basic Books, New York, 1976.
37. Miller, A.: "Prisoners of Childhood," Chapter 2, Page 43. Basic Books, New York, 1981. (*Translated* from "Das Drama des begabten Kindes," Suhrkamp, Frankfurt am Main, West Germany, 1979.)
38. Rivers, L.
39. Aas, E.: Personal Communication, Stockbridge, Mass., 1975.
40. Enzensberger, H.M.: "Schweden — ein Modell?" ("Sweden — a Model?") Der Stern, Heft *13*; 72-84. March 24, 1983.

Dorothee Jüngst

Vergeltung müßte nicht sein.

Versuche zur Aufhebung unversöhnlicher Standpunkte am Beispiel der Antigone des Sophokles

In drei Dramen des Sophokles lernen wir Mitglieder der Familie des Ödipus kennen, die aufgefordert werden, Entscheidungen zu treffen und Standpunkte zu beziehen. In der Regel handelt es sich dabei um Entscheidungen, die unmittelbar mit der Klärung und Festigung von Macht- und Herrschaftsverhältnissen zu tun haben. Bei diesen Entscheidungen verfolgen die einzelnen Mitglieder der Ödipusfamilie sehr ähnliche Bedürfnisse und Interessen, die sich aber als entgegengesetzte, ja sogar als unversöhnliche Standpunkte äußern, da es den Verstrickten nicht klar wird, was jeweils bestimmend sein soll. Ganz konkret geht es dabei um die Erhaltung oder Zerstörung von Leben, um Krieg und um Frieden.

Ich möchte nun zunächst kurz die Rahmenhandlung von "Ödipus auf Kolonos" und "Antigone" darstellen und im Anschluß daran anhand von vier Beispielen zeigen, um welche Entscheidungen es sich jeweils handelt, wie die Mitglieder aus der engeren und weiteren Familie des Ödipus damit umgehen, welche Interessengegensätze auftreten und welche Standpunkte sich schließlich durchsetzen können.

Ödipus, ehemaliger König und Herrscher von Theben, verließ nach seiner Entdeckung, daß er seinen Vater umgebracht und seine Mutter geheiratet hatte, mit seiner Tochter Antigone die Heimat. Die beiden Söhne Eteokles und Polyneikes erbten die Herrschaft über Theben gemeinsam, gerieten aber untereinander in Streit, da Eteokles nicht, wie vereinbart, die Macht an seinen Bruder abtreten wollte. Polyneikes floh nach Argos und sammelte dort ein Heer, um gegen Eteokles und gegen seine Heimatstadt zu ziehen. Die Eroberung mißlang, und Polyneikes und Eteokles töteten sich im Zweikampf. Thronerbe in Theben war jetzt Kreon, der Bruder von Jokaste und Schwager von Ödipus. Kreons erste Amtshandlung bestand darin, für Eteokles ein Staatsbegräbnis anzuordnen, während Polyneikes unbestattet bleiben sollte. Antigone setzte sich über Kreons Befehl hinweg und beerdigte Polyneikes. Sie wurde bei diesem Dienst an ihrem Bruder ertappt und von Kreon zum Tod verurteilt. Haimon, Kreons Sohn und der Bräutigam von Antigone versuchte, seinen Vater umzustimmen, aber ohne Erfolg. Erst dem Seher Teiresias gelang es, Kreon zu einer Begnadigung von Antigone zu bewegen. Doch da ist es schon zu spät: Antigone hatte sich erhängt, und Haimon war ihr in den Tod gefolgt. Auch Eurydike, Kreons Frau nahm sich das Leben. Zurück blieb Kreon.

1. Beispiel: Ödipus und Kreon

Im ersten Beispiel "Ödipus und Kreon beschäftigt" uns die Auseinandersetzung zwischen Ödipus und seinem Schwager. Die beiden treffen in Kolonos aufeinander, wo Ödipus auf dem Weg in die Verbannung an einem ruhigen, geheiligten Ort Aufnahme gefunden hat. Stadt und Land von Theben, die in der letzten Zeit von Pest und Aufruhr heimgesucht worden waren, droht eine weitere Zerstörung, da Polyneikes seinen Angriffskrieg gegen Eteokles plant. Zur Wahrnehmung des Friedens in Theben soll Ödipus auf Wunsch der Bevölkerung in die Heimat zurückkehren, daher sucht Kreon im Interesse der Stadt und auch im Interesse der Familie des Ödipus diesen in Kolonos auf:

> Man schickt mich alten Mann zu diesem Mann
> Ihn heimzubitten in des Kadmos Land
> Und nicht von *einem* kommt der Auftrag, nein,
> Vom ganzen Volk, da ich als stammverwandt
> Mehr als ein andrer seine Leiden litt.
> O ärmster Oidipus, erhöre mich,
> Komm heim! ...

> (Sophokles, Oidipus auf Kolonos,
> 735-741)

Ödipus aber behandelt Kreon wie einen Eindringling und weigert sich auf Kreons Bitte einzugehen:

Du kamst hierher mit ganz verstelltem Mund,
Mit spitzer Zunge, doch dein Reden bringt
Dir wenig Heil, nur Unheil ohne Maß.
Ich weiß, ich kann dich nicht belehren. Geh
Laß uns in Frieden, denn wir leben hier
bei allem Unglück doch nicht ohne Glück!

(Sophokles, Oidipus auf Kolonos,
794-799)

Ödipus unterstellt Kreon Unwahrhaftigkeit und Opportunismus
und will sich weder mit der Stadt noch mit der Familie aussöhnen.
Obwohl Kreon nochmals einen Versuch unternimmt, bleibt Ödipus stur, so daß Kreon schließlich die Geduld mit seinem starrköp-
figen Schwager verliert, zunächst aber immer noch weiter bemüht
ist, die Staatsinteressen zu vertreten. Doch hier in der Fremde
kämpft Kreon auf einsamem Posten. Mit Waffengewalt glaubt Kreon sein Interesse durchsetzen zu können und muß sich deshalb von
Theseus, König von Athen und Beschützer des Ödipus, den Vorwurf einhandeln, fremdes Hoheits- und Gebietsrecht verletzt zu
haben.

Dialogunfähigkeit und Egozentrismus auf der Seite von Ödipus, mangelndes Durchhaltevermögen bei der Verfolgung von
Staatsinteressen auf der Seite von Kreon, gepaart mit Rechthaberei
und Machtstreben auf beiden Seiten, führen in eine Konfliktsitua-
tion, in der die Gegensätze zwischen dem individuellen Bedürfnis
und Interesse, welche Ödipus vertritt, und den kollektiven und gesellschaftlichen Bedürfnissen und Interessen, die von Kreon vertreten werden, schließlich mit den Waffen gelöst werden sollen.

Es soll hervorgehoben werden, daß das Treffen zwischen Ödipus und Kreon auch ganz anders hätte ablaufen können. Die Möglichkeit für eine vernünftigere Lösung war nämlich durchaus vorhanden. Schon Ödipus' Tochter Ismene hatte ihren Vater darauf
vorbereitet, daß neues Leid über Theben kommen würde, falls Ödipus nicht bereit wäre, zurückzukehren. Ödipus hatte also durchaus
die Gelegenheit, sich auf den Besuch seines Schwagers vorzuberei-
ten und das Für und Wider seiner Rückkehr ernsthaft durchzuden-
ken. Wäre es ihm um das Wohl der Stadt gegangen, so hätte der

Krieg zwischen seinen beiden Söhnen nicht einmal stattfinden müssen.

2. Beispiel: Ödipus und Polyneikes

Auch im zweiten Beispiel "Ödipus und Polyneikes" ist es eine *Frau*, dieses Mal Antigone, die nach alternativen Lösungen sucht, um das tödliche Schicksal von ihrer Familie abzuwenden. Im Mittelpunkt der Auseinandersetzung zwischen Ödipus und Polyneikes steht der Konflikt zwischen *Vater* und *Sohn*. Polyneikes möchte gewaltsam die Herrschaft über Theben an sich bringen und ist zur Durchsetzung seiner Machtinteressen auf den Segen und die Verzeihung seines Vaters angewiesen. Deswegen kommt auch er, ehe er sich zum Kampf rüstet, nach Kolonos. Nur durch Antigones Vermittlung gelingt es Polyneikes überhaupt, bei seinem Vater vorzusprechen. Aber auch in dieser Begegnung werden unversöhnliche Standpunkte eingenommen. Ödipus ist nicht gewillt, den Fluch, den er über seine Söhne verhängt hat, jeder solle den anderen im Kampf umbringen, zurückzunehmen. Er, der inzwischen zu der Auffassung gelangt ist, daß sein Schicksal weitestgehend vorherbestimmt gewesen sei und er mit dem eigenen Willen daran wenig zu ändern vermocht hätte, hat jetzt die Gelegenheit, mit *seinem* Willen wenigstens das Los seiner Söhne zu ändern. Vergeltung müßte nicht sein! meint Antigone zu ihrem Vater. Aber wie schon Generationen vor ihm, ist auch Ödipus so im Schicksalsdenken befangen, daß er sein Schicksal jetzt willentlich erfüllen will und an eine neuartige und verheißungsvolle Wendung seines und des Lebens seiner Familie gar nicht glauben kann.

Das gleiche gilt auch für Polyneikes. Mehrmals fordert Antigone ihn auf, sich vom Krieg gegen Eteokles zurückzuziehen und sich nicht dem Fluch zu beugen, den Ödipus über seine Söhne verhängt hat, da dieser sowieso vor dem gesunden Menschenverstand nicht zwingend sein würde. Stolz, Angst, sein Gesicht zu verlieren, und Fatalismus sind stärker als Antigones Appelle an die Vernunft. Polyneikes beharrt auf seinem Anspruch, als Erstgeborener der rechtmäßige Thronerbe zu sein (Sophokles, Oidipus auf Kolonos, 1293) woraus er das Recht ableitet, gegen Eteokles, der sich für den befähigteren Herrscher hält, Krieg zu führen. Mit diesem Machtproblem ist Polyneikes so beschäftigt, daß er keinerlei Phantasie dafür entwickelt, was er anderen Menschen antut und wie rücksichtslos er mit ihnen umgeht. Vgl. Elrod, S. 18. Indem Polyneikes unwidersprochen den Fluch seines Vaters hinnimmt, verharrt er in der Position des gehorsamen Sohnes und glaubt nicht an sein Wirkungsvermögen als *Subjekt*, Geschichte zu machen. Vgl. Elrod, S. 16. Machtstreben, Rachsucht und Fatalismus verhelfen auch hier der Irrationalität zum Sieg und führen zu einem Vergeltungskrieg, der — wie schon im ersten Beispiel gezeigt wurde — nicht zwingend hätte sein müssen.

In den nun folgenden zwei Beispielen geht es nicht mehr unmittelbar darum, *wer* unter *welchen* Umständen die Macht übernimmt, sondern *wie* Macht verstanden und ausgeübt wird, und *was* sich ändern müßte, um das Leben von Menschen zu erhalten.

3. Beispiel: Antigone und Kreon

Nach dem Tod der beiden Ödipussöhne existieren in Theben keine männlichen Nachkommen im regierungsfähigen Alter mehr, die neues Unheil über die Stadt bringen könnten. Kreon übernimmt die Thronfolge. Nach allem, was vorgefallen ist, ist seine Ausgangsposition nicht einfach. Er darf sich keine Schwächen erlauben und muß dafür sorgen, daß endlich wieder Ruhe und Ordnung in die von Pest, Aufruhr und Krieg heimgesuchte Stadt einkehren. Als Kreon das Bestattungsverbot über Polyneikes ausspricht, glaubt er, wollen wir annehmen, im besten Interesse des ganzen Volkes zu handeln und die Götter sowie die Gesetze hinter sich zu haben. Als Oberhaupt des Staates hält es Kreon für seine Pflicht, dem Angreifer Polyneikes nicht die gleichen Ehren zu erweisen wie dem, der sich für Stadt und Land eingesetzt hat. (Sophokles, Antigone, 191-210)

Antigone hat sich vor Kreon wegen ihres Ungehorsams zu verantworten. In ihrer Rechtfertigung gibt sie folgende drei Gründe an:

1. daß sie die ungeschriebenen Gesetze der Götter höher bewertet als die von Menschen verkündeten (Naturrecht). (Sophokles, Antigone, 450-455)
2. beruft sie sich auf ihre Verwandtschaftsbeziehung und

auf ihre Verpflichtung gegenüber dem toten Bruder.
(Sophokles, Antigone, 511)

und 3. führt sie ihre Aufgabe an, bei Familienmitgliedern
Streit zu schlichten:
Nicht um Feind, nein, um Freund zu sein,
ward ich geboren. (Sophokles, Antigone, 523)

Antigone gibt damit zu erkennen, daß sie sich von der Rachsucht
und dem Vergeltungsdenken, das unter den männlichen Mitgliedern ihrer Familie so bestimmend war und ist, distanziert und einen Weg der Aussöhnung und des Verständnisses gehen möchte.
Außerdem vertritt sie eine allgemeingültige anthropologische Aussage, daß der Tod die Menschen gleichmache. Da die Familie zerstört ist, wird sie notwendigerweise ihr Leben selbst in die Hand
nehmen müssen. Sie geht darin so weit, daß sie nicht nur die eigene
Todesart, sondern auch den Zeitpunkt ihres Sterbens selbst bestimmt.

Dabei gelten auch für Antigone Normen und Gesetze, die zwar
nicht mit den gegenwärtig herrschenden übereinstimmen, für Antigone aber nicht weniger verbindlich sind. Indem sie "familien-
rechtlich" vorgeht, stellt sie somit Kreons Auslegung des geltenden
Gesetzes in Frage und handelt daher staatsfeindlich.

Es ist möglich, daß Kreon erfaßt hat, daß eine gewisse Überzeugungskraft von Antigone ausgeht. Aber ihr Beispiel darf gerade
jetzt, wo er dabei ist, die neuen, unter ihm entstandenen Ordnun-
gen zu festigen, nicht zu einem Präzedenzfall werden. Staatsinteressen zwingen Kreon objektiv dazu, seinen Standpunkt durchzusetzen, auch wenn es ihm anfänglich leid tut, das kollektive Interesse
an der Familie dafür aufzugeben. Anfänglich versucht Kreon noch,
Antigone entgegenzukommen. Da Antigone sich aber voll zu ihrer
Tat bekennt, kann er sich keine Nachsicht leisten. Ordnung muß
sein! Auch paßt es ihm nicht, daß sich bei ihr der Stolz und die Ei-
genwilligkeit derer aus dem Geschlecht des Ödipus melden. (Sophokles, Antigone, 473-479) Kreon hat es satt mit diesem Teil der
Familie, die so viel Unheil über die Stadt gebracht hat.

Antigone verfügt über keine Handlungsweisen und Machtmittel, um ihre Standpunkte durchzusetzen. Aber sie vertritt ihre Position klar, entschieden und mit allen Konsequenzen. Sie tritt vor

Kreon als Frau auf, die keinerlei Unterlegenheitsgefühle zeigt. (Schmidt, S. 110) Ihr Selbstbewußtsein und ihre Entschlossenheit lassen Kreon sogar unsicher werden, so daß er sich genötigt sieht, immer wieder zu betonen, daß er sich von keiner Frau beherrschen lassen wird, obwohl Antigone Kreon als Herrscher überhaupt nicht in Frage stellt. (Sophokles, Antigone, 484-485, siehe auch 525)

4. Beispiel: Kreon und Haimon

Kreon steht auf dem Standpunkt, daß die von ihm neu geschaffene Ordnung eine staatstragende Funktion besitzt und er in Übereinstimmung mit den Bedürfnissen und Interessen der Einwohner Thebens handelt, wenn er Antigone verurteilt. In dem vierten Beispiel "Kreon und Haimon" macht Haimon seinen Vater auf dessen Irrtum aufmerksam, in der Hoffnung, Kreon werde merken, daß er eine falsche Politik betreibt:

> Dein Blick ist erschreckend für den Mann im Volke
> bei solchen Worten, die du nicht magst, wenn du sie hörst.
> Mir aber ist es möglich, im Dunklen zu hören,
> wie sehr die Stadt dies Mädchen bedauert,
> daß von allen Frauen die unschuldigste
> schimpflich zugrunde gehen soll für die rühmlichste Tat: ...
> (Sophokles, Antigone, 690-695)

Haimon will nicht bestreiten, daß sich die Menschen an die jeweils geltenden Gesetze und Verordnungen halten sollten (Sophokles, Antigone, 685-686), aber in diesem Fall solle man die Vernunft walten lassen. Vergeltung müßte nicht sein! Wie will Kreon gerecht herrschen, wenn er die Bedürfnisse und Interessen seines regierten Volkes nicht einmal ernst nimmt und einsame Beschlüsse faßt. Haimon geht es um die Sache; einerseits will er seinen Vater, den er liebt, vor einem folgenschweren Irrtum abhalten, andererseits möchte er seine Braut vor dem Tode retten. Er sucht keinen Streit, aber er wünscht sich, daß die politischen Entscheidungen seines Vaters von vernunft- und verstandesmäßigen Überlegungen getragen werden und nicht von Ressentiments. Haimon steht auf dem Standpunkt, es sei die Wurzel allen Übels, wenn nur eine und keine andere Meinung gelte. (Sophokles, Antigone, 705-706). Kreon jedoch läßt sich von seinem Sohn nicht belehren und will sich von ihm nicht führen lassen:

> In meinem Alter soll ich also Vernunft denn
> lernen von einem, der so jung an Jahren?
>
> (Sophokles, Antigone, 726-727)

Kreon merkt gar nicht, daß sein Sohn ihm helfen will, und glaubt, Haimon sei ausschließlich mit Antigone im Bunde. Er ist jetzt auch ganz eindeutig auf seine persönliche Macht aus:

> Dann will die Stadt uns sagen, was wir zu befehlen haben?
> und:
> steht es denn einem anderen als mir zu, über dieses Land zu befehlen?
>
> (Sophokles, Antigone, 733 und 736)

Während Kreon gegenüber Antigone im Interesse der Bevölkerung Thebens noch eine annehmbare Rechtsposition vertreten hat, vertritt er jetzt den Standpunkt des Alleinherrschers und verbohrten Individualisten. Für diese Verrücktheit muß er zahlen. Als sein eigentlicher Retter tritt nun der Seher Teiresias auf, der unmißverständlich klarstellt, daß die alten, von Antigone vertretenen Gesetze im Interesse Kreons, seiner Familie und im Interesse Thebens nach wie vor rechtsgültig sind. Mehr aus Notwendigkeit, um seine Haut zu retten und um Theben vor weiterem Unglück zu bewahren, übernimmt nun auch Kreon den Standpunkt: Vergeltung müßte nicht sein!

Sowohl Ismene und Antigone als auch Haimon vertreten vor ihren Vätern die Stimme der Vernunft. Alle drei haben sich ansatzweise in Krisensituationen vom Schicksalsdenken gelöst. Besonders Antigone versucht als Frau, Werkmeisterin ihrer eigenen Geschichte zu sein und erweist sich darin den Männern in ihrer Familie eindeutig überlegen. Haimons liebevolle Besonnenheit, Menschlichkeit und Bezogenheit schaffen ihm große Achtung unter dem Volk. Doch die beiden verfügen im Gegensatz zu der von Teiresias ausgehenden Autorität über keine Machtmittel, ihre Standpunkte wirksam durchzusetzen. Von ihren Gesprächspartnern der älteren männlichen Generation werden sie jeweils nicht ernstgenommen und sehen sich bis zur äußersten Konsequenz zur Handlung gezwungen. In dieser Schicksalsgemeinschaft greifen beide voreilig, überstürzt und selbstdestruktiv in den Verlauf der Geschichte ein.

Anmerkungen

Sophokles, *Oidipus auf Kolonos*. Übersetzung und Nachwort von Ernst Buschor. Stuttgart: Philipp Reclam Jun., 1979.

Elrod, Norman, "Ödipus und seine Familie oder die Kinder des Ödipus unter besonderer Berücksichtigung seiner beiden Söhne Eteokles und Polyneikes". Vorgetragen am 14. November 1978 in der Kantonalen Psychiatrischen Klinik Wil/St. Gallen.

Sophokles, *Antigone*. Griechisch/Deutsch. Übersetzt und herausgegeben von Norbert Zink. Stuttgart: Philipp Reclam Jun., 1981.

Schmidt, Ernst Günther, "Das Menschenbild bei Aischylos und Sophokles" in *Der Mensch als Maß der Dinge*. Studien zum griechischen Menschenbild der Zeit der Blüte und Krise der Polis. Herausgegeben von Reimar Müller. Berlin: Akademie-Verlag, 1976.

Eugen Mahler

Christliche Botschaft und Apokalypse — Ein psychohistorischer Prozeß ohne Zukunft?

Einleitung

Sowohl in den Ländern der NATO als in denen des Warschauer Paktes leben wir Menschen heute in einem durchorganisierten Abwehrsystem gegen äußere und innere Feinde — in Systemen, die ihre eigenen, biologischen und psychosozialen Lebensgrundlagen zerstören, und die zu ihrem "Schutz" vielfache Vernichtungspotentiale aufgebaut haben.

"Überrüstung" macht *Überkontrolle* notwendig, und von den Atomköpfen der Raketen bis zu den Mikroprozessoren der Kontrollorgane besteht ein sich immer mehr perfektionierender Totalzusammenhang, der Gewalt, Aggression und Destruktion zwar gerade noch zu binden vermag, sich andererseits aber ins Unvorstellbare und zugleich immer Pannenanfälligere steigert, und den es in Richtung eines sogenannten "machbaren und gewinnbaren Atomkrieges" drängt.[1]

Die feindlichen Lager brauchen sich dabei gegenseitig. Würde nämlich der — aus welchen Gründen und Befürchtungen heraus auch immer — notwendige, oder notwendig scheinende Zwang zur Modernisierung der Rüstung und zum Aufstocken der Vernichtungspotentiale wegfallen, so würde dies allem Anschein nach nicht nur als Erleichterung oder Befreiung erlebt werden können, sondern es käme eine jetzt überdeckte Angst vor einem inneren Zerfall zum Vorschein.

Tatsächlich würden ja wohl die Macht- und Unterdrückungsmechanismen sowie die gegen die Biosphäre gerichteten industriellen Selbstzerstörungsprozesse im jeweils eigenen Lager deutlicher sichtbar werden. Gälte die Drohung mit dem bösen Feind nicht mehr, so entstünden viele Aggressionsherde zwischen konkurrierenden Interessengruppen und Teilsystemen, und es gäbe in beiden Lagern keine so einfachen Begründungen mehr, um innovative und revolutionäre Ansätze zu unterdrücken.

So gesehen hätten wir nur die Wahl zwischen einem geordneten Marsch in eine schleichende oder sofortige Vernichtung oder wir wären mit dem Verzicht auf die großen Zerstörungs- und Abwehrpotentiale einem Chaos von unübersichtlichen "Klein"-kriegen und Destruktionsprozessen ausgeliefert.

Eine Gesamtvernichtungsordnung — und in einer solchen leben wir paradoxerweise gerade noch — macht von Verdrängungs- und Verleugnungsprozessen abgesehen auch deshalb so bemerkenswert wenig Angst, weil es sich eben um eine, wenn auch mit Gewalt und Übermacht durchgesetzte, Ordnung handelt. Demgegenüber ist die latente Angst vor dem Zerfall der Großsysteme so, als sei damit ein Sinnverlust oder gar ein Zerfall der eigenen individuellen Person verbunden, die ja auch in sich selbst Teilpersönlichkeiten und gegensätzliche Antriebe zu vereinen hat. Psychoanalytisch und massenpsychologisch gesehen sind Angst, Mißtrauen, Aggressionsbereitschaft, Kränkung, Wut, Zerstörungslust, Aufopferungssehnsucht und Todeswunsch neben Liebesfähigkeit und Kreativität nicht nur seelische Eigenschaften in uns selbst, die wir in Richtung auf ein Feindbild zu ordnen vermögen — die Bösen sind die "anderen", die Feinde, die "Guten" sind wir selbst — sondern auf der kollektiven Ebene bündeln sich unsere eigenen Triebstrukturen gegenwärtig zu einem kollektiven Triebschicksalsverhängnis.

Die materialisierten und hochtechnisierten Abwehrsysteme sind somit Angstabwehrsysteme, und der oft zitierte Industrial-Military-Komplex, in dem sich Naturwissenschaftler, Militärstrategen, Ideologen, Industrielle, Konzerne, Bankiers, Juristen, Massenpsycho-techniker mit Politikern vereinen, ist nicht nur das Werk einer verrückten und verbrecherischen Oligarchie, sondern diese Entwicklung nährt sich — wie ein Krebsgeschwür — aus dem Ursaft unserer menschlichen Angst- und Aggressionsgeschichte.

Diesen Nährboden können wir der verhängnisvollen Entwicklung nicht entziehen, solange die psychohistorischen Zusammenhänge nicht genügend erkannt und aufgearbeitet worden sind.

Albert EINSTEIN sagte:

"Die Atomkraft hat alles verändert, außer unserer Art zu denken. So treiben wir in eine beispiellose Katastrophe. Wir benötigen eine grundsätzlich neue Art zu denken, wenn die Menschheit überleben soll".

Ob es eine grundsätzlich neue Art des Denkens — hinzuzufügen wäre des Fühlens und Handelns — auf individueller und kollektiver Ebene geben kann, die das Überleben auch heute noch ermöglicht, diese Frage fordert die Psychoanalyse dazu heraus, ihre Beiträge zu leisten. In diesem Sinne verstehe ich unsere Tagung. Es ist das Verdienst der Initiatoren, für diese Arbeit ein internationales Forum zustandegebracht zu haben.

Am Ort meines Wirkens an der Gesamthochschule Kassel leite ich seit Jahren ein Forschungsseminar, das sich mit psychoanalytischen Konzepten zur Idee des Friedens beschäftigt. Mein Vortrag heute kann keine Übersicht über diese Arbeit geben. Ich will Ihre Aufmerksamkeit aber auf ein Problem lenken, auf das wir immer wieder gestoßen sind, ein Problem, das eigentlich eine Selbstverständlichkeit darstellt.

Es handelt sich um die Tatsache, daß unsere Art des Denkens, Fühlens und Handelns, unsere Erziehung, unsere Bildung eingebettet sind in die Geschichte des christlichen Abendlandes. Damit sind wir — gläubig oder nicht — verbunden mit einer Kirche, die unsere Ängste in der Welt, unsere Liebeswünsche und Tötungsantriebe seit fast 2000 Jahren ritualisiert und verwaltet, ohne daß wir dadurch bisher friedensfähiger geworden wären.

Liegt dies an unseren Triebstrukturen und an unserem Aggressionspotential, und daran, daß wir auf die Dauer in keiner geeigneten Weise zu sozialisieren sind, wie dies z.B. Sigmund FREUD in "Das Unbehagen in der Kultur"[2] angenommen hat, oder liegt der Fehler auch in der Art der "Verwaltung" und daran, daß bestimmte uns selbstverständlich scheinende Grundannahmen unseres christlichen Abendlandes in sich so problematisch und wahnhaft sind, daß sie sich nicht dazu eigen, zu einer Befriedigung auf Erden beizutragen, sondern unter Umständen sogar das Gegenteil bewirken?

Christliche Botschaft

Dieser Verdacht mag befremden; wünscht die Christenheit doch Frieden Auf Erden und den Menschen ein Wohlgefallen — und hat nicht gerade Jesus Christus in seiner Bergpredigt thesenhaft und entschlossen neue Friedenskonzepte propagiert? Mit seinem Begriff der *Feindesliebe* hat er so zum Beispiel *Verstehensprozesse* den Vorzug gegeben gegenüber Feindbild-Projektionen und kriegerischen Handlungen, und müßte darüberhinaus die Bergpredigt heute nicht vielmehr das folgende bewirken: (ich phantasiere!:)

"Wie durch ein Wunder stellen alle führenden Politiker nicht nur die Fehler der anderen, sondern auch die eigenen fest. Von Generalen und Rüstungsindustriellen lassen sie sich nicht mehr beeindrucken. Das Geschäft mit der Angst läuft nicht mehr! Vielmehr fangen sie an, sich um den körperlichen und seelischen Zustand der Menschen und um das Leben auf der Erde zu sorgen. Bestehende Machtstrukturen könnten aus Gründen der äußeren und inneren Sicherheit nicht sofort, aber doch schrittweise zu Gunsten von lebensfreundlicheren Ordnungssystemen aufgegeben werden. Das Geld, das bisher in den Ausbau und die stete "Verbesserung" und das Wachstum von Rüstungspotentialen gesteckt wurde, kann der Friedensforschung und dem Friedensdienst auf der ganzen Welt zugute kommen! Vorhandene Erkenntnisse und bestehende Konzepte — etwa des "Club of Rom" oder die Studie "Global 200" — dienen dem neuen politischen Werk als Grundlage. Es gibt eine neue Art von Arbeit und Arbeitsplätze im Dienste der Lebensqualität und im Dienste des Lebens auf der Erde überhaupt. Vor der Bedrohung durch die Atombombe sind ohnehin alle Menschen gleich, wie schon EINSTEIN sagte. Es bedarf auch nicht mehr der Geburt eines einzelnen Heilandes; vielmehr braucht uns jedes neugeborene Wesen und wird von uns als Mysterium des Lebens erkannt, geliebt und bewundert. Wir alle sind verantwortlich für jedes Neugeborene, für seine Zukunft und für die Zukunft noch vieler Generationen sowie für die Gegenwart und Zukunft jeglicher Kreatur. Der gefährlichen Bevölkerungsexplosion wäre dann auch mit vernünftigen Konzepten zu begegnen, anstatt mit der Bereitstellung von Vernichtungspotentialen. —"

Ende der Phantasie!

Und doch: eigentlich wäre es nichts weiter als eine einfache menschliche Botschaft, kein Wunder, sondern nur logisch, vernünftig und selbstverständlich und entspräche einem Weg, um aus einer sonst für alle und alles Leben tödlichen Fehlentwicklung herauszukommen.

Gott, Vater und Gewalt

Ob sich indessen mit einer christlichen Botschaft im Sinne der Bergpredigt und entsprechend meiner oben dargestellten Phantasie auch reale Politik machen ließe, dies haben Politiker — von Otto von BISMARCK bis Helmut SCHMIDT — in bekannten Zitaten und Schriften verneint. Vielleicht ist ja auch das Leben, Wirken und Streben des Jesus von Nazareth nur das Beispiel eines gescheiterten Versuches, Haß und Gewalt mit Liebe überwinden zu wollen, wobei sich der Menschen- und Gottessohn ja nicht nur gegen den unmenschlichen und ausbeuterischen Mißbrauch weltlicher Herrschaft wandte, sondern er stellte auch bestimmte Charakterzüge und Prinzipien seines göttlichen und alttestamentarischen Vaters in Frage. Dieser hatte ja bekanntlich eine handfeste Beziehung zur Gewalt und war bisweilen auch eines sehr jähen, heiligen Zornes fähig gewesen, bevor es den Menschen gelang, auch ihn in einem Wechselprozeß in die Gesetze des Alten Testaments einzubinden. Zuvor hatte er ungeniert den Menschen und die ganze lebendige Schöpfung wieder verfluchen und eine Total-Vernichtung androhen können, so zum Beispiel vor der Sintflut mit den Worten:

"Ich will die Menschen, die ich geschaffen habe, vertilgen von der Erde, vom Menschen bis zum Vieh, bis zum Gewürm, bis zu den Vögeln unter dem Himmel. Denn es reut mich, daß ich sie gemacht habe..." (1. Mose 6.7)

Wenn wir die Bibel nicht als ein außerweltliches Gotteswort, sondern als ein altes, aber nichtsdestoweniger gewichtiges, von vielen Autoren über Jahrhunderte hin verfaßtes, mehrfach umgeschriebenes Menschenwort nehmen, dann kommt hier unter psychoanalytischen Gesichtspunkten eine frühe *Selbstbestrafungsphantasie* der

Menschheit zum Vorschein, die auch natur- und erdgeschichtliche Katastrophen wie die Sintflut zu Strafaktionen macht, und die schließlich in jene Vision mündet, in der ein Autor JOHANNES das Ende der Welt in einer Offenbarung prophezeit, die wir als Apokalypse kennen. Er sagt dort unter anderem:

> "Und der Engel nahm das Räuchergefäß und füllte es mit Feuer... und schüttete es auf die Erde, und der dritte Teil der Erde verbrannte, und der dritte Teil der Bäume verbrannte, und alles grüne Gras verbrannte, ... und die Menschen wurden versengt von großer Hitze, ... und das Meer ward wie das Blut eines Toten, und alle lebendigen Wesen im Meer starben.... Viele Menschen starben von den Wassern, denn das Wasser war bitter geworden, ... andere erlitten monatelange Qualen, wie von Skorpionen, wenn sie Menschen stechen..., und die Menschen werden den Tod suchen und begehren zu sterben.... Weh, weh, weh denen, die auf Erden wohnen."

Warum uns Strafe und Verdammnis drohen, ist aber nicht klar zu ersehen. Zunächst sollte man denken, daß wir so hart gestraft und verdammt werden, weil *wir*, die *Nachfahren Kains*, im Verlauf der Geschichte und trotz des Gebotes: "Du sollst nicht töten" soviel gemordet und Kriege geführt haben!

Dies ist im Kontext der Bibel aber von Anfang an nicht eindeutig so! GOTT hat zwar den *Ackermann* Kain verflucht und gestraft, nachdem dieser den ursprünglichen Gott gefälligeren *Hirten* Abel eifersüchtig, gekränkt und aus einer Geschwisterrivalität heraus erschlagen hatte. Gott der Herr hat Kain dann aber seine Strafe in einem Gnadenakt nicht nur erlassen, sondern er hat ja bekanntlich ein Zeichen an ihn gemacht, "daß niemand ihn erschlüge, der ihn fände!"

Mit diesem Kainsmal, dem Kennzeichen des Jähzorns und der besonderen Aggressivität auf der Stirne, wurde *Kain* nicht nur zum *ersten von oben abgesegneten Abschreckungsstretegen der Weltgeschichte*, sondern er ist zugleich der Begründer einer seßhaften und Besitz schaffenden Lebensform.

Tatsächlich hat es in der Früh- und Vorgeschichte ja blutige Auseinandersetzungen zwischen Ackerbauern und Hirtenvölkern gegeben. Die aggressive Rolle fiel dabei gelegentlich auch den Nomanden zu, die so zum Beispiel im vorgeschichtlichen Griechenland friedliche, allerdings matrimonial vergesellschaftete Bauern überfallen und ihrer Kultur beraubt haben sollen.[3]

Eine von A. MITSCHERLICH stammende Überlegung[4] im Hinblick auf die Ursprünge der menschlichen Aggressivität paßt genau in den biblischen Kontext:

"Es sieht so aus, als wären die Ur- und vorgeschichtlichen Menschen Sammler ähnlich friedlicher Art — wie die heutigen Menschenaffen — gewesen. Erst mit der Entwicklung des Besitzes beginnt jene Tragödie, die von der neidvollen, rivalisierenden Aggression gespeist ist, die uns so vertraut ist, und die bis in die verborgensten Winkel unserer Sozialwelt eindringt.

Vielleicht beziehen alle sozialistischen Gesellschaftsentwürfe aus dieser Hoffnung auf Befreiung von Neid und Ausbeutung, mit anderen Worten von Rivalitätsaggression, ihre tiefste Attraktion."

Zurück zur Bibel: Dort wird ein *Urenkel Kains* erwähnt, der Tubal-Kain: "von dem sind hergekommen alle *Erz- und Eisenschmiede.*" Auf diese konnte sich der Enkel Kains, LAMECH, berufen, wenn er sich brüstete:

"Kain soll siebenmal gerächt werden, aber Lamech 77mal!" (1. Mose 4. 24)

Also mit Hilfe von neugeschaffenen Waffen und mit Hilfe der Söhne und Enkel damals schon 77fache Abschreckung!

Ich will die Entsprechung jetzt nicht auf die Spitze treiben; immerhin meinen aber Bibel- und Geschichtsforscher, Kain, der von Gott gestrafte und zugleich geschützte Mörder, sei ursprünglich wohl eine Personifizierung des Stammes der *Keniter* gewesen. Diese Keniter waren auf der Stirne tätowiert, besonders kriegerisch und haben in den JAHWE-Kriegen Israel unterstützt, waren also offenbar eine der ersten Gottesstreitmächte.

Das Blutvergießen verbietet Gott somit nicht in jedem Falle und trotz des Gebotes "Du sollst nicht töten" werden Missionskriege oder sogenannte "gerechte Kriege" moralisch wie folgt unterstützt:

"Wenn Ihr nun auszieht zum Kampf, so soll der Priester herzu-

treten und mit dem Volk reden und zu ihnen sprechen: Israel,
höre zu! Ihr zieht heute in den Kampf gegen Eure Feunde. Euer
Herz verzage nicht, fürchtet Euch nicht und erschreckt nicht,
und laßt Euch nicht grauen vor ihnen, denn der Herr, Euer
Gott, geht mit Euch, daß er für Euch streite mit Euren Feinden,
um Euch zu helfen…" (5. Mose 20,4)

Die komplexen, widersprüchlichen psychohistorischen Zusammenhänge, in denen im Verlaufe der Geschichte weltliche und
kirchliche Macht in sogenannten Concordaten zusammenwirkten,
versucht K.R. EISSLER wie folgt zu charakterisieren[5]:

"…Kriege spielen in der Geschichte des Westens eine größere
Rolle als in anderen Kulturkreisen…"

"Es ist sehr fraglich, ob sich das Christentum ohne Gewaltmaß-
nahmen in Europa ausgebreitet hätte, und ich glaube, man
braucht nicht zu zögern, die Christianisierung Europas als eine
Kulturtat anzusehen. Es scheint aber, daß wir in unserer Zivilisation einen Punkt erreicht haben, an dem Kriege nur mehr kul-
turzerstörende und keine kulturfördernde Wirkung zeugen."

(E. Bloch hat dem vergleichbar von Kampf und Krieg gesprochen,
wobei ein "geburtshelferischer Kampf" neuen, notwendigen Entwicklungen zum Durchbruch verhelfen könne, während der Krieg
nur blindlings zerstöre. A. MITSCHERLICH hat die Unterschei-
dung aufgegriffen (Zur Idee des Friedens und menschliche Aggressivität) und er ordnete den lebensnotwendigen Kampf der Aggression, den Krieg der Destruktion zu, wobei er die Bedingungen "der
immer wiederkehrenden Verwandlung" des einen in das andere be-
nennt.)

K.R. EISSLER äußert sich weiter zum Problem der sogenannten
Verteidigungkriege und kommt zu dem Schluß:
"daß die Verteidigung eine Rationalisierung jenes Wiederho-
lungszwanges ist, der westliche Völker *generationsweise* in Kriege stürzte. Wenn aber Kriege in unserer Kultur psychologisch
nicht nur Folgen starker Aggression sind, sondern unbemerkt in
der, der *kollektiven Sittlichkeit zugrundeliegenden Tradition, die
durch das* Charisma der *Heiligkeit* vor Kritik geschützt wird,

verankert sind, dann stehen wir in unserem Kampfe um einen Dauerfrieden auf verlorenem Posten, und man müßte die derzeitige Unvermeidbarkeit des Krieges anerkennen."

Nach EISSLER ist das in den Wiederholungszwang führende Motiv ein unbewußter Tötungswunsch der Väter den Söhnen gegenüber. Die Opferung des Sohnes für höchste Güter, für Ideale und für das Vaterland erhält nach K.R. EISSLER in der in Gottes Auftrag *gehorsam* beinahe erfolgten Opferung seines Sohnes Isaak eine vorbildliche Rationalisierungsgrundlage, und erst recht durch die Opferung des Gottessohnes selbst.

Hinzuzufügen ist: mit dem im christlichen Abendland allgegenwärtigen Bild des Gekreuzigten — dessen sehr vielschichtige psychohistorische und symbolische Gesamtaussage jetzt nicht diskutiert werden soll — hat sich uns von klein auf aber sicher das folgende eingefleischt:

Im Konfliktfall muß der Sohn, der an der Idee oder der Illusion einer besseren, liebevolleren, friedlicheren und freieren Welt hartnäckig festhält, zugunsten der herrschenden weltlichen Verhältnisse geopfert werden, oder er hat sich selbst zu opfern.

Vergessen wird dabei der Widerstand, den Jesus selbst gegen die Herrschenden und gegen die Religionsväter seiner Zeit gelebt hat, ein Widerstand, der sich jedoch jetzt unter völlig anderen, und doch vergleichbaren Bedingungen in West und Ost weltweit in der Friedensbewegung reaktiviert. So meint Dorothea SÖLLE: die Menschen zur Zeit von Christi Geburt hätten in einer "Pax romana" gelebt, und wir würden heute in einer "Pax amerikana" leben[6].

In der westlichen Welt stehen Kirche und Gott auf der Seite der Herrschenden — seit der Konferenz der katholischen Bischöfe in den USA und dem jüngsten Hirtenbrief der deutschen Bischöfe ist dies nicht mehr eindeutig so — während sie im Osten, zum Beispiel in der UdSSR oder in Polen, auf der Seite der Unterdrückten sind.

Ronald REAGAN sieht im Sowjetstaat die "Incarnation des Bösen" und er vertritt damit eine Kreuzzugsideologie im Dienste der nuclearen Hochrüstung.

In Wahrheit geht es in einem (selbst)-mörderischen Duell um Leib und Seele der Massenmenschen zugunsten eines kommunistischen oder eines kapitalistischen Systems. Während sich die kommunistische Welt dabei lediglich auf eine rein diesseitige Ideologie beziehen kann, die sich auf die Dauer aber gerade dadurch leichter bekämpfen und revidieren lassen müßte, kann sich der Westen (oder konnte sich bis vor kurzem) auf Gottes Gerechtigkeit berufen, auf einen Gott, der es einerseits erlaubt und der dazu aufgefordert hat, sich die Erde untertan zu machen, und der zugleich erklären läßt, daß die Erde ein Jammertal und flüchtiger Aufenthaltsort für den Menschen sei, während es allein auf das ewige, jenseitige Leben ankomme.

Selbst wenn dies im Ernst und wörtlich niemand mehr glauben sollte, so herrscht doch eine das Diesseits und das Leben im Grunde verachtende, Bodenschätze, Pflanzen- und Tierreich in Besitz nehmende und ausbeutende Tendenz vor zugunsten eines rücksichtslosen, zerstörerischen Geschäftsegoismus mit einer "nach mir die Sintflut"-Haltung. Im Hinterkopf bleibt dann aber doch noch der Glaube an einen "lieben Gott", der möglichst mit den Erfolgreichen und Starken sein soll, ohne dessen Willen nichts geschehen kann, und der deshalb alles auch irgendwie wieder richten wird; es sei denn, er würde selbst in apokalyptischer Wut die Welt vernichten. Dann geschieht aber SEIN Wille, und wir Menschen sind die Verantwortung los!

Es bleibt den Großmächten noch, für die "Europäisierung des atomaren Risikos" zu sorgen. Auch dafür ließen sich in der Apokalypse schon Hinweise finden, denn es ist dort vom "3. Teil der Erde", vom "3. Teil der Bäume" die Rede, aber auch davon, daß "sie töteten den 3. Teil der Menschen".

Nach der Offenbarung des Johannes werden einige Auserwählte, nämlich die "Versiegelten" überleben, denen er ein eigenes Kapitel gewidmet hat. Dem entsprächen dann heute die Privilegierten, die in "Atombunkern" überleben wollen.

Mit Hilfe einer speziellen Auslegung der Jesu-Worte: "Mein Reich ist nicht von dieser Welt" und "gebt Gott, was Gottes und gebt dem Kaiser, was des Kaisers ist hat sich bisher die Kirche von allen Mächtigen dieser Welt in Anspruch nehmen lassen. "Gott mit uns" war auf den Koppelschlössern der Soldaten des 1. und 2. Weltkrieges eingeprägt und selbst Josef Goebbels konnte in seinem Aufruf zum "totalen Krieg" die Soldaten in den Endkampf ziehen lassen "wie in einen Gottesdienst". Im weiteren ist vor dem Abwurf der 1. gegen Menschen eingesetzten Atombombe vor dem Abflug des Atombombers das folgende Gebet gesprochen worden:

> "Allmächtiger Vater, der Du die Gebete jener erhörst, die Dich lieben. Wir bitten Dich, denen beizustehen, die sich in die Höhen Deines Himmels wagen und den Kampf bis zu unseren Feinden vortragen. Behüte und beschütze sie. Wir bitten Dich, wenn sie ihre befohlenen Einsätze fliegen, mögen sie, so wie wir, von Deiner Kraft und Deiner Macht wissen und mögen sie mit Deiner Hilfe diesen Krieg zu einem schnellen Ende bringen. Wir bitten Dich, daß das Ende dieses Krieges nun bald kommt, und daß wir wieder einmal Frieden auf Erden haben..."

Wie dieser Friede dann für die Betroffenen ausgesehen hat, haben wir inzwischen aus zeitlicher und räumlicher Distanz in Filmen und auch mit Hilfe von Fotos erfahren können.

Dem Mißbrauch von Gottes Wort im Dienste des Bösen, im Dienste von geplantem und angedrohtem Völkermord haben die Geistlichen nun entschieden entgegengewirkt. Darin liegt eine große Hoffnung. Ohne moralische Berechtigung wird es sehr viel schwerer werden, den Menschen weitere Vernichtungswaffen aufzuzwingen.

Patriarchat und Matriarchat

Die eingangs gestellte Frage, aufgrund welcher Schuld wir in der Apokalypse so absolut gestraft, verdammt und vernichtet werden müssen, ist noch offengeblieben. Nach dem Vorhergegangenen können es Morde und Kriege allein nicht sein, zumal diese in Übereinstimmung mit Gott begangen bzw. geführt werden konnten, auch wenn sogenannte "gerechte Kriege" im Namen von Jesus Christus nicht denkbar sind. Sein Bergpredigt-Standpunkt wird aber jeweils zugunsten einer himmlisch-irdischen Ordnung außer Kraft gesetzt. Während Jesus auch nur Wert auf freiwillige Anhängerschaft legt, gibt es für Gott-Vater, der im Falle der Reue sonst alle Sünden vergibt, nur ein Verbrechen, das er gnadenlos — bis hin zur Apokalypse — verfolgt, nämlich den Abfall von ihm.

Der *Allmächtige* hat dabei eine geradezu *kleinlich* anmutende

Angst davor, man könne neben ihm noch andere Götter haben. Historisch ist dieses Mißtrauen verständlich, hat sich doch die monotheistische Religion nur schwer, und oft nur mit Gewalt — gegen Zauber und Dämonen sowie gegen weibliche und mütterliche Gottheiten durchsetzen können. Im Verlauf dieses Prozesses war die neue Religion andererseits aber bemüht, Anteile früherer Religionen in sich aufzunehmen, zum Beispiel Jahreszeit- und Fruchtbarkeitsmythologien. Ein ordnendes und Grausamkeit abmilderndes Prinzip herrscht dabei vor. So setzt sie an die Stelle von Menschenopfer Tieropfer, und im Heiligen Abendmahl wird der Leib und das Blut Christi nur noch symbolisch in Brot und Wein an die Jünger und bis heute an die Gemeinden verteilt.

Das Tischtuch des heiligen Abendmahles und das Leichentuch Christi decken damit auch jene dunklen vor- und frühgeschichtlichen Bereiche zu, die S. FREUD in "TOTEM und TABU" (Band IX, 1912) ausgeleuchtet hat, in denen nicht ein Sohn, sondern ein Urvater getötet und gemeinsam verspeist worden war, und jene, auf die Heide GÖTTNER-ABENDROTH in die "Die Göttin und ihr Heros" (Frauenoffensive 1980) hingewiesen hat, mit Riten und Mythen, in denen eine Priesterin bzw. Göttin ein männliches Menschenopfer im Dienste der Fruchtbarkeit alljährlich verlangte.

Im Hinblick auf diese weiterführende, archaische Antriebe überwindende Tendenz, mit der Schaffung von Riten und Gesetzen im Dienste einer stabilen Brudergemeinschaft, preist E. FROMM ("Ihr werdet sein wie Gott", 1980, rororo Sachbuch) auch allein schon das Alte Testament, das er als eine "revolutionäre Schrift" im Sinne der

"Befreiung des ... Menschen von inzestuösen Bindungen, von Blut und Boden und von der Unterwerfung unter Götzen und vor der Sklaverei von mächtigen Herren zur Freiheit des Individuums, der Nation und der ganzen Menschheit...."

versteht, wobei er außerdem in Nebensätzen die heutige goldene Kalbs- und Götzenfunktion der multilateralen Großkonzerne entlarvt.

Die Angst vor dem Rückfall aber in archaische Urzustände und die Angst davor, die Menschen könnten aus einer progressiven Pflicht entweichen und regressiven Wünschen folgend zu den

Frauen, Müttern, Muttergottheiten und Mutterkulturen zurückkehren, zieht sich nach meinem Eindruck durch die ganze Heilige
Schrift, durch unsere Gesangbücher und Gebete, durch den Prote-
stantismus und Puritanismus und kennzeichnet in vielen Schattie-
rungen die Kultur des christlichen Abendlandes überhaupt. Dabei
muß ich Ihnen die Nachweise jetzt aus Zeitgründen schuldig bleiben. Erinnert sei nur an Schul- und Erziehungspraktiken, wobei
die Männergesellschaft mit Ordnungs- und Hygienevorschriften
sich am liebsten auch schon gleich zwischen das Neugeborene und
die Mutter drängen will.

Aus einer anfänglich notwehrähnlichen Situation heraus im
Dienste eines sicherlich zu begrüßenden psychohistorischen Fortschritts haben wir nun aber eine ungeheuer *grausame*, bis in die in-
timsten Bereiche reichende Abwehrstruktur entwickelt, die in viel-
facher Gewandung und Färbung nicht überwunden ist, sich vielmehr zu einer Charakterstruktur verfestigt hat, und die sich auch
auf einer kollektiven Ebene modernisieren und perfektionieren
läßt. Diese gewinnt immer dann die Oberhand, wenn wir uns be-
drängt und infragegestellt fühlen und wir anfangen, andere, An-
dersartige, Andersgläubige, Fremde, Ausländer, Hexen, Juden,
Kommunisten zu diffamieren, zu verfolgen und unter Umständen
zu vernichten.

Im Angesicht unserer Geschichte macht uns das dazu in der Bibel dargelegte Grundmuster schaudern. Dort heißt es:

"Wenn Dich Dein Bruder, Deiner Mutter Sohn, oder Dein
Sohn oder Deine Tochter oder Deine Frau in Deinen Armen
oder Dein Freund, der Dir so lieb ist wie Dein Leben, heimlich
überreden würde und sagen: 'laß uns hingehen und anderen
Göttern dienen, die Du nicht kennst noch Deine Väter, von den
Göttern der Völker, die um Euch her sind, sie seien Dir nahe
oder fern, von einem Ende der Erde bis ans andere, so willige
nicht ein und gehorche ihnen nicht! Auch soll Dein Auge nicht
ihn schonen und es soll Dich seiner nicht erbarmen und Du
sollst seine Schuld nicht verheimlichen, sondern Du sollst ihn
zum Tode bringen.
    Deine Hand soll die erste wider ihn sein, ihn zu töten, und
danach die Hand des ganzen Volkes! Man soll ihn zu Tode stei-

nigen, denn er hat Dich abbringen wollen von dem Herrn, Deinem Gott..." (5. Mose 13, 7-12).

Um was es damals ging, zeigt die folgende Stelle noch deutlicher:

"Und hingeht und dient anderen Göttern und betet sie an, es sei *Sonne oder Mond* oder das ganze *Heer des Himmels*, was ich nicht geboten habe, und es wird Dir angezeigt, und Du hörst es, so sollst Du *gründlich danach forschen*. Und wenn Du findest, daß es gewiß wahr ist, daß solch ein Greuel in Israel geschehen ist, so sollst Du den Mann oder die Frau, die eine solche Übeltat begangen hat, hinausführen..... und Du sollst sie zu Tode steinigen...." (5. Mose 17, 3-6).

Die mythologische Beziehung zu Mond und Sonne gehörten zur altägyptischen Religion, — und der Mond und seine Phasen bestimmten die Mythen der alten Mutterkulturen.

Wie groß die Angst vor der Macht der Frau und Mutter und vor der Wiederkehr aller zu ihr gehörenden Gottheiten, Mythen und Kulte war und mit welch dementsprechender Wortgewalt die Diffamierung und Bewunderung der Frau in der Johannes-Apokalypse Ausdruck findet, mag die folgende, aus verschiedenen Zitaten zusammengesetzte Passage zeigen:

"Ich habe ... wider Dich, daß Du das Weib.... duldest, die da spricht, sie sei eine Prophetin, und lehrt und verführt meine Knechte, Unzucht zu treiben und Götzenopfer zu essen. Ich habe ihr Zeit gegeben, daß sie sollte Buße tun, sie will aber von ihrer Unzucht nicht lassen..."

"Sie ist gefallen .... und ist eine Behausung der Teufel geworden, und ein Gefängnis aller unreinen Geister und ... aller verhaßten Vögel. Denn von dem Zorneswein ihrer Hurerei haben alle Völker getrunken, und die Könige auf Erden haben mit ihr Unzucht getrieben, und die Kaufleute auf Erden sind reich geworden von ihrer Üppigkeit..."

"Komm, ich will Dir zeigen das Gericht über die große Hure, die an vielen Wasser sitzt ... und die da wohnen auf Erden sind trunken geworden von dem Wein ihrer Unzucht .... Und ich sah ein Weib sitzen auf einem scharlachfarbenen Drachen, der hatte sieben Häupter und zehn Hörner und auf seinen Häupten sieben Kronen und sein Schwanz fegte den 3. Teil der Sterne des Himmels hinweg und warf sie auf die Erde... Und das Weib war bekleidet mit Purpur und Scharlach und übergoldet mit Gold und edlen Steinen und Perlen und hatte einen goldenen Becher in Hand, voll Greuel und Unflat ihrer Hurerei, voll lästerlicher Namen....

Und an ihrer Stirn war geschrieben, ein Name, ein Geheimnis, das große Babylon, die Mutter der Hurerei und aller Greuel auf Erden, und ich sah das Weib trunken von dem Blut der Heiligen und von dem Blut der Zeugen Jesu, und ich verwunderte mich sehr, da ich das Weib sah...''

Theologen von Luther bis heute ist auch der Text der Apokalypse unverständlich geblieben, und er scheint auch nicht zur Bibel zu passen. (Die Erklärung, daß nicht Babylon, sondern Rom unter Domitian gemeint gewesen sei, scheint keine genügende Erklärung, zumal viele Attribute wie Hörner, Füllhorn, Gürtel, Becher u.v.a. erscheinen, Gegenstände und Zeichen, die zu Mutterreligionen gehören).

Die Väter der Bibel haben — vielleicht wegen der deftigdichten Sprache — den Text aber nicht fallenlassen, wie es mit vielen anderen Bibelstellen geschehen ist, die man nur in den sogenannten "Apokryphen" wiederauffinden kann. Die Offenbarung des Johannes haben sie, so scheint es mir, wie Märchenerzählen weitergegeben, die auch Texte ihres Reizes wegen weitergaben, ohne sie eigentlich zu verstehen. Hätte man sie verstanden, viele Märchen wären einer Zensur zum Opfer gefallen.

Der Psychoanalytiker erkennt in der Offenbarung des Johannes die Macht der "Wiederkehr des Verdrängten" (S. FREUD, Band XIII, "Das Ich und das Es").

Das sexuell überhitzte Gemüt des Propheten und Dichters Johannes bringt dabei alles an Zeichen, Symbolen und Gestalten aus vergangenen, unterdrückten und aufgelösten Mutterkulturen und Mutterreligionen wieder zu Vorschein, was zuvor die Väter der Bibel mit eisernem Besen unter die Teppiche ihrer Tempel und Kirchen gekehrt hatten, und was die Kirche später im Mittelalter auf den Scheiterhaufen wieder hatte loswerden wollen in der sogenannten "heiligen Inquisition", der ja Millionen Frauen zum Opfer gefallen sind.

In der Vision des Johannes vernichtet umgekehrt eine zur Hure gemachte, archaische und übermächtige Frau, eine Priesterin oder Göttin, Jesus und alle Heiligen, indem sie sie verschlingt. Damit wird die ganze biblische Geschichte, also der ganze Inhalt der Bibel wieder rückgängig gemacht! Auch die Schöpfung, die in der Bibel ein Willensakt von Gott-Vater ist, wird revidiert; denn es erscheint:

> "ein großes Zeichen am Himmel: ein Weib mit der Sonne bekleidet, und den Mond unter ihren Füßen, die schrie in Kindsnöten und hatte große Qualen bei der Geburt."

Was gehen uns heute nun aber die Widersprüche der Bibel, die Ängste und sexuellen Komplexe der Urväter der Bibel und der Priester an:

> Immerhin soviel, daß nicht nur das Christentum, sondern darüber hinaus alle herrschenden Weltreligionen heute männlich strukturiert sind ebenso wie alle herrschenden weltlichen Gesellschafts-, Macht- und Militärorganisationen.

Folgen wir E. BORNEMANN, so haben sich die Patriarchate mit dem Wissen um die Vaterschaft etabliert. In der Mutterkultur sei dieses Wissen noch nicht vorhanden gewesen. Der Zyklus der Frau, Geburt, Tod und Wiedergeburt, waren vielmehr von Mondphasen und anderen Naturereignissen bestimmt.

Die ägyptische Mythologie und Religion, vor der die Kirchenväter besonders gewarnt haben, rätselt in eindrucksvollen Bildern daran herum, ob Fortpflanzung, Leben, Tod und Wiedergeburt weiblichen oder männlichen Gestalten zuzuordnen sind. Es ist wie ein von magischen Bildern bestimmtes Forschen und Agieren im Vorfeld des Wissens. Wenn dem aber so war, dann waren die *Anfänge des Patriarchats* auch *mit den Anfängen des causal-wissenschaftlichen Denkens verknüpft*, in dem Ursache und Wirkung wahrgenommen und untersucht werden können, im Gegensatz zum *magisch-animistischen Denken* der vorausgegangenen

Fruchtbarkeits- und Jahreszykluskulturen, das Zusammenhänge aus dem Naturerleben heraus affektiv und assoziativ herstellt.

Die Vorherrschaft des causal-wissenschaftlichen Denkens mit der Möglichkeit der naturwissenschaftlichen Untersuchung und der Nachprüfbarkeit der Zusammenhänge zwischen Ursache und Wirkung ist die *Stärke*, aber auch die *Schwäche* des Patriarchats, denn die *zweite Denkform* steht nicht auf eigenen Füßen, sondern sie hat sich phylogenetisch ebenso wie ontogenetisch auf der ersteren aufgebaut. Dazu war sie von vornherein mit Argwohn, Eifersucht und Angst verbunden. Die Sicherstellung der neuen Erkenntnis im Hinblick auf eine persönliche und verantwortungsvolle Vaterschaft bedurfte neuer sittlicher Normen, die im Falle des christlichen Abendlandes mit Entmündigung und Unterdrückung der Frau einhergegangen sind.

Gott-Vater ist also nicht das A und das O, nicht der Anfang und hoffentlich nicht das Ende, sondern die monotheistische Religion hat sich auf vorausgegangenen, unterdrückten, weiblich geprägten religiösen Vorläufern aufgebaut. Zur Durchsetzung der neuen Religion waren aber alle Mittel recht, selbst Denunziation, Verleumdung, Steinigung, Totschlag, Mord und Krieg.

Das Problem des Verhältnisses der frühen Mutterkulturen zum Patriarchat und das Problem des sogenannten Geschlechterkampfes und Hasses mit Unverträglichkeiten zwischen Mann und Frau wird nach den vorausgegangenen Überlegungen zu einem Grundproblem unseres — für Männer und Frauen *gemeinsamen — innerseelischen Zustandes, weil in unserer christlich-abendländischen Kultur* eine so harte Unverträglichkeit zwischen Denken und Fühlen bestehen kann, mit Trennungen und Spaltungen zwischen beiden bis zu Feindseligkeit, wie seinerzeit zwischen dem Clerus und den als Hexen gebrandmarkten Frauen, verbunden mit der Angst vor einem Ich-Verlust, sobald den Frauen — sprich den Gefühlen — nachgegeben wird, gerade wenn diese die Gewalt der Wiederkehr des Verdrängten gewonnen haben.

Die Angst vor den Frauen und der Haß auf die Frauen hängt mit der Angst vor der Mutter und dem Haß auf die Mutter zusammen, weil es offenbar so schwer erträglich ist, als etwas ganz Winziges im Mutterleib entstanden zu sein, wie in einem allmächtigen, göttlichen Wesen, mit einer Angst und einem Haß um so mehr, als der Wunsch fortbestehen könnte, regressiv in die warme, allumfassende Geborgenheit wieder zurückzukehren.

Mit den Phantasien um die Mutter haben die Männer sicherlich mehr und vor allem andere Probleme als die Frauen. Psychoanalytisch spielt dabei der sogenannte und schamhaft wenig genannte Gebärneid den Frauen und Müttern gegenüber die entscheidende Rolle. Was die Männer gebären, gebären und erfinden sie mit dem Kopf:

> Gott-Vater hat das ganze Weltall — so die Schöpfungsgeschichte in der Bibel — wie in einem Willensakt aus seinem Kopf hervorgebracht. Gott-Vater Zeus, der sich noch mit einer Vielzahl männlicher und weiblicher Mitglieder der Götterfamilie auseinandersetzen mußte, läßt wenigstens die Pallas-Athene aus seinem Kopf entspringen, so, als habe auch er das Gebären nicht allein den Frauen überlassen wollen.

Aus unserem Kopf haben wir Werkzeuge und die Technik erfunden. Die *Fähigkeit zur Kopfgeburt* hat die Frau natürlich genauso — nur hat sie von Anfang an wahrscheinlich keinen so krampfhaften, keinen so neurotischen und kompensatorischen Gebrauch davon machen müssen. Die Bibel traut ihr sogar zu, die von Anfang an Neugierigere und Wachere gewesen zu sein, denn sie war es, die den Adam veranlaßt hat mit ihr die Frucht vom Baum der Erkenntnis zu essen. Er läge möglicherweise sonst noch immer im Paradiese oder wäre ohne technische Erfindungen, deren Notwendigkeit sie zuerst erkannt haben mag, in der nächstbesten Eiszeit umgekommen.

Es gibt anthropologisch Annahmen und Beweise dafür, daß die Entwicklung von Werkzeugen und die Entwicklung der Sprache mit dem Hereinbrechen von Eiszeiten gekoppelt war. Die Vertreibung aus dem Paradies ist somit nicht nur ein individualentwicklungsgeschichtliches Ereignis, etwa die Geburt als Vertreibung aus dem Paradies oder das Verlassen der Kindheit als Vertreibung aus dem Paradies, sondern stammesgeschichtlich kann es sich dabei um eine Eiszeit gehandelt haben. Das Bild des Paradieses wäre dann eine stammesgeschichtliche Erinnerungsspur aus der Zeit davor.

Leider kann ich aus Zeitgründen auf narzißtische Abwehrstrukturen hier jetzt nicht eingehen. Ebenso, wie es einen spezifisch weiblichen Narzißmus gibt, gibt es wahrscheinlich einen theoretisch noch nicht umfassend herausgearbeiteten, spezifisch männlichen Narzißmus mit dem Wunsch, aus Angst und Minderwertigkeitsgefühlen heraus Gott-ähnlich sein zu wollen, verbunden mit einer technisch-orientierten Charakterstruktur, die mit dem Haß auf die Mutter den Haß auf alles Lebendige verbindet.

Technik im Dienste der Regression

Das zuletzt Genannte wird in der heutigen Entwicklung besonders deutlich. War die Technik zunächst sicher ein Fortschritt im Dienste des Lebens und Überlebens angesichts der Übermacht der Natur und im Angesicht von Naturkatastrophen und Klimaveränderungen, so macht die Technik heute ihre größten Fortschritte nicht mehr aus einer ihr sonst eigenen Nüchternheit und Sachlichkeit heraus und zur Realitätsbewältigung, sondern im Dienste von Phantasien, die ich hier als *phallischen Todeskult* und als *materialisierte Jenseitssehnsucht* apostrophieren möchte. Erlauben Sie mir dazu einige Bemerkungen: Es erscheint mir wie ein *phallischer Todeskult* und wie ein Rückfall in vorchristliche Zeiten, wenn die Raketen nicht irgendwo verborgen lagern, sondern wenn sie in Ost und West bei Militärparaden stolz der Menge vorgezeigt werden. Die Wunderwerke der Raketentechnik verheißen dann Allmacht und Stärke für den, der sie besitzt. Sie sind zugleich Todes- und Vernichtungsdrohung gegenüber dem Feind. Sie dienen darüberhinaus der Einschüchterung aller Menschen, auch im eigenen Lager.

Wurde in früheren Kulturen und Kulten einem Phallus, einem Fetisch oder einer Schlange Allmacht magisch zugeschrieben, so hat sich diese jetzt materialisiert — allerdings ausschließlich in der Form einer "Allmacht im Negativen"[7].

Sollte sich darüberhinaus eine Verbindung zwischen Todestrieb und dem oben erwähnten Gebärneid der Männer ergeben, so könnte eine stilisierte Kurzantwort der Männerwelt der Frauenwelt gegenüber heißen:

"Gebären können wir nicht! Was immer Ihr aber unter Schmerzen und in langen Zeiten aus Euren Schößen hervorgebracht habt, im Einklang mit der seit Millionen Jahren lebensspendenden Mutter Erde, das können wir heute in Augenblicken zerstören!"

Bei der inzwischen erreichten "Allmacht im Negativen" sind wir auf der anderen Seite aber auch heute noch nicht in der Lage, auch nur ein einziges Grashälmchen künstlich herzustellen, das nach unseren Plänen lebendig wachsen könnte. Die damit verbundene narzißtische Kränkung, eben doch nicht wie Gott zu sein, und die Kränkung darüber, mit großen und kleinen Konflikten in der Welt nicht mehr zurechtzukommen, mündet in die Vision einer grandiosen Selbst- und Lebensvernichtung, die vielleicht gar nicht als Tod, sondern unbewußt als Auflösung und Rückkehr ins Universum empfunden wird. Alle technischen Voraussetzungen dazu sind geschaffen, mit denen der Todestrieb sich global durchsetzen könnte.

Diese technischen Errungenschaften, im Hinblick auf die Allmacht der Vernichtung, sollen nun aus Vernunftsgründen einfach wieder aufgegeben werden!? Die schönen Raketenkultobjekte sollten sich die Großmächte in den Abrüstungsverhandlungen gegenseitig wieder entwinden können?

Soviel Angst die Rüstungsarsenale auch uns Männern machen müßten, noch größer scheint die Angst zu sein, sich ihrer wieder zu entledigen.

A. MITSCHERLICH sagt dazu:[8]

"Das Gefühl, der Möglichkeit kollektiver, aggressiver Äußerungen beraubt zu sein, wird unbewußt als ein äußerst bedrohlicher, schutzloser Zustand aufgefaßt..."

Worauf Mitscherlich anspielt, ist, daß wenigstens in bestimmten Anteilen, die Entwaffnung für den Mann und die männliche Welt so etwas wie Kastration bedeutet. In diesem Zusammenhang bekommen die Worte A. HAIGs eine ganz andere, von ihm bewußt sicherlich nicht gemeinte Bedeutung:

"Es gibt wichtigere Dinge als den Frieden und Schlimmeres als den Krieg!" ...

nämlich die Kastration! Es geht also gar nicht um "lieber rot als tot", oder "lieber tot als rot", sondern um "lieber tot als kastriert". Der Phallus ist dabei nicht Lust- und Zeugungsorgan, sondern ein Insignum der Macht und der Zerstörungslust.

278

Zur materialisierten Jenseitssehnsucht

Wenn ich außerdem vorher von einer materialisierten Jenseits-sehnsucht sprach, so wird diese oft auf den Mattscheiben der Welt zelebriert. Diese Riesenraketen erheben sich mit Donner und Rauch auf einem Feuerstrahl in den Himmel, um die Erdenschwere zu überwinden. Dies geschieht nicht nur innerhalb einer nüchternen Weltraumforschung. Nationales Prestige ist daran geknüpft, aber auch Himmelfahrtsphantasien, und so etwas wie eine vergebliche Hoffnung, doch noch von der Erde und ihren Naturgesetzen loszukommen, verzweifelte, alle Kräfte und allen Reichtum aufzehrende Versuche, die in die schmerzlich-wehmütige Erfahrung münden, daß es für uns und unser Leben im unermeßlichen Weltenraum kein größeres Wunder geben kann, als ausgerechnet unseren alltäglichen Heimatplaneten, der als "blauer Planet" mit seiner Atmosphäre und Biosphäre von außen gesehen noch immer ein Paradies im sonst tödlichen All ist und auch weiterhin sein könnte.

Zur Dialektik der Zukunft

Bleibt uns diese einzige Heimstatt im All erhalten, oder zerstören wir diese selbst, längst vor dem Ablauf der astronomischen Uhr?

Persönlich glaube ich, daß ich mich mit der Endlichkeit und Naturabhängigkeit des eigenen Lebens abfinden kann. Ganz unerträglich ist mir aber der Gedanke daran, daß wir Heutigen die Lebensgrundlagen unserer Kinder und Kindeskinder zerstören, und dies, wie ich meine, aus einer Verblendung und einem irrwitzigen Größenwahn heraus.

Wenn nicht ein Wunder geschieht, gibt es keine Rettung — darin sind sich alle Experten einig. Ein Wunder wird es auch nicht geben, es sei denn, wir vollbringen dieses selbst.

Von dem Willen, mit aller Entschlossenheit gegen die tödliche Fehlentwicklung anzugehen, sind wir aber noch weit entfernt. Ich erfahre im Gegenteil in Seminaren, in Selbsterfahrungsgruppen, von Leuten auf dem Lande oder in der Großstadt, daß das Daseinsgefühl: "NO FUTURE" nicht mehr nur zu manchen Jugendlichen in sogenannten Randgruppen gehört, sondern dieses Gefühl und diese Lebenseinstellung ist unter der Oberfläche weit verbreitet. Freiweg und wie selbstverständlich wird doch oft geäußert:

"Der nächste Krieg kommt bestimmt.....
der spielt sich auf unserem Boden ab.....
es wird ein Atomkrieg sein....
die Raketen werden stationiert werden....
wir gehen dabei alle drauf.....
alle diese Vorbereitungen dienen dem 'ewigen Frieden'....
was sich da über unseren Köpfen zusammenbraut, dagegen können
wir nichts tun...... oder: dagegen können wir nichts mehr tun!!....."

Die Kluft zwischen den Machern und den Betroffenen ist dabei so groß, die Zerstörungspotentiale so unbegreiflich, als sei dies alles nicht mehr Menschenwerk, und so, als sei die ganze Entwicklung in Gottes oder in Teufels Hand.

Mit dieser Einstellung hat sich auch Horst Eberhardt RICHTER auseinandergesetzt ("Die psychologische Wirkung der Atomkriegsdrohung", 2. intern. Kongr. "Ärzte zur Verhütung eines Atomkrieges, Frankf. Rundschau, 22.4.82) Ulrich SONNEMANN spricht in diesem Zusammenhang von der Notwendigkeit einer "Sabotage des Schicksals", Robert JUNGK weist darauf hin, daß man retroperspektiv immer nur von einer, inzwischen abgelaufenen, Zukunft sprechen kann; prospektiv wären aber noch mehrere Zukünfte denkbar, je nachdem, wie wir uns heute entscheiden! (mündliche Mitteilung)

Ist unser Denken aber frei und änderbar, etwa in dem von EINSTEIN gewünschten Sinne? Bleibt uns ein Spielraum, oder sind wir festgefahren in vorgegebenen Schablonen und Opfer unseres Triebschicksals?

Dazu drängen sich viele Fragen auf. Verwirklicht sich in dem atomar höchst gerüsteten Bollwerk BRD gegen die Gefahr aus dem Osten womöglich nachträglich noch eine aus der Endphase des 2. Weltkriegs stammende Wunschphantasie?

Bereiten wir so bereitwillig unseren eigenen Tod und die Opferung zwischen den Machtblöcken vor, weil wir entgegen etwa einer "Weitermachen"-Philosophie doch ein uneingestandenes, unbewältigtes Schuldgefühl und ein unbewußtes Strafbedürfnis haben? Dieser ganze Fragenkomplex bedarf weiterer Bearbeitung. Mit ihrem Buch "Die Unfähigkeit zu trauern"9 haben Margarete und Alexander MITSCHERLICH dazu einen Anstoß gegeben.

Ohne eine psychoanalytische Aufarbeitung als Beitrag zur viel zitierten, aber nicht bewerkstelligten Vergangenheitsbewältigung, haben wir keine Garantie dafür, daß die sich durchsetzende Politik umsichtig und klug die Gegenwartsprobleme bewältigen kann und will, sondern es ist zu fragen, ob nicht gerade unser Verhalten auch die Weltmächte dazu verführt hat, auf unserem Territorium den begrenzten mach- und angeblich gewinnbaren Atomkrieg zu planen.

In einer abschließenden Bemerkung möchte ich zu der Eingangsfrage zurückkehren, inwieweit wir uns in einem psychohistorischen Prozeß befinden, in dem die Phantasie des Untergangs älter ist als unsere jüngste Geschichte.

Möglicherweise spielt dabei gerade die Phantasie der Apokalypse, als das Ende der Welt im Bewußtsein eines jeden mehr oder weniger vorhanden, eine verhängnisvolle Rolle, im Sinne einer "sich selbst erfüllenden Prophezeiung"[10].

In der Tat lebt die Bibel von ihren Propheten und deren Vorhersagen, die um so mehr den Charakter von sich selbst erfüllenden Prophezeiungen haben, als die eingetretenen Ereignisse stets mit der befriedigten Feststellung kommentiert werden: "...auf das erfüllt werde, was geschrieben steht...".

Auch Jesus befand sich in dieser Tradition, und er sagte zu Beginn seiner Bergpredigt: "Ich bin nicht gekommen... das Gesetz oder die Propheten aufzulösen, sondern zu erfüllen..."

Nichtsdestoweniger legt er das Gesetz und die Propheten neu aus, führt sie auf ihre ursprüngliche Bedeutung zurück und er wendet sich so nicht nur gegen die Schriftgelehrten und Pharisäer, sondern er stellt darüber hinaus Anweisungen aus dem Alten Testament auf den Kopf. Nach dem Matthäus-Evangelium beginnt er jeden Kernsatz mit seiner Bergpredigt mit dem Appell: "... Ihr habt gehört, daß gesagt ist... ich aber sage euch..."

So lautet auch die vielzitierte Stelle von der Feindesliebe: "Du sollst Deinen Nächsten lieben und Deinen Feind hassen". Ich aber sage euch: Liebet eure Feinde; segnet, die euch fluchen; tut wohl denen, die euch hassen..." (Matth. 5, 43, 44).

Es ist wie ein Aufruf zum gewaltlosen Widerstand mit der Hoffnung, so dem mörderischen Wiederholungszwang von Kriegshandlungen entgegenwirken zu können.

Die Bergpredigt ist aber auch schon zu ihrer Zeit nicht begeistert aufgenommen worden, sondern es heißt:

"...da Jesus diese Rede vollendet hatte, entsetzte sich das Volk über seine Lehre, denn er lehrte mit Vollmacht, und nicht wie die Schriftgelehrten...".

Jesus war also dem Volke ebenso ein Ärgernis wie den Pharisäern und Schriftgelehrten, und er war ein Ärgernis für die römische Besatzungsmacht. Im Verlauf des Prozesses, der ihm gemacht wurde, verlangte das Volk stürmisch seinen Tod!

Daß der gekreuzigte, tote Christus in der Religion und in den Phantasien der Menschen dennoch lebendig blieb, ist sicher nicht nur als religiöses Mysterium anzusehen. Vielmehr spricht dieser Umstand dafür, daß ein Konflikt von damals fortbesteht bis heute, ein Konflikt, der sich entgegen dem Mysterium der Erlösung bis heute nicht hat lösen lassen. Es wäre vermessen, diesen Konflikt wie einen Focus benennen zu wollen, etwa als Vater-Sohn-Konflikt oder als Angst der Männerwelt vor den Frauen oder als ein Konflikt zwischen Herrschenden und Beherrschten, wie zwischen Eltern und Kindern oder wie zwischen Reich und Arm.

Sicher ist aber der mörderische und selbstmörderische Ost-West-Konflikt mit all seinen Inhalten nur vorgeschoben und hat sich längst relativiert.

Die herrschenden Politiker und Militärstrategen sehen sich ja auch in beiden Lagern einer an Zahl und Überzeugungskraft zunehmenden Friedensbewegung gegenüber.

Der Konflikt aber zwischen denjenigen, die glauben, der Friede sei nach wie vor nur zu gewinnen und zu erhalten durch eine Politik der Stärke bis hin zur atomaren Abschreckung und denjenigen, die meinen, sie könnten dieses Ziel mit Gewaltlosigkeit und Verständigungsbereitschaft erreichen, spiegelt sich in einer Parabel wieder, die F.M. DOSTOWJEWSKI in seiner Novelle "Der Großinquisitor"[11] gegeben hat. Diese scheint mir beispielhaft, gerade auch für die aktuelle Friedensdiskussion, und ich möchte mit ihrer Hilfe nun auch versuchen, zu einem Abschluß zu kommen:

"...In unermeßlichem Erbarmen kommt er zu ihnen noch einmal in derselben menschlichen Gestalt, in der er einst 32 Jahre lang unter den Menschen gewandelt war, vor 1 1/2 Jahrtausenden. Er steigt hinab auf die glühenden Plätze der südlichen Stadt, wo gerade erst tags zuvor im Beisein des Königs, des Hofes, aller Granden und Kirchenfürsten und der reizendsten Damen der Hofgesellschaft vor den Augen der zahlreichen Einwohnerschaft Sevillas vom greisen Kardinal/Großinquisitor fast ein volles hundert Ketzer ad majorem gloriam dei auf einmal verbrannt worden war. Er ist ganz still und unbemerkt erschienen, aber alle — sonderbar ist das — alle erkennen IHN!"

Das Volk ist sofort zum Aufstand bereit und zerstreut die für die nächste Inquisition vorbereiteten Scheiterhaufen. Der Großinquisitor erkennt ihn auch. Er beugt sich aber nicht, sondern er läßt ihn, Christus, sofort verhaften. Nachts schleicht er sich heimlich zu ihm in den Kerker. In einem langen Monolog rechtfertigt er sein Handeln. Er wirft Christus vor, die Menschen nicht geliebt zu haben und nicht zu lieben; er hätte ihnen sonst nicht soviel aufgebürdet. Die Menschen seien in ihrer großen Mehrzahl keine Heiligen! Die Kirchenoberen hätten deshalb inzwischen die Tat Christi verbessert, indem sie an die Stelle des freien Entschlußes zur Liebe — Wunder, Geheimnis und Autorität gesetzt hätten. Auf den Versucher damals in der Wüste nicht gehört zu haben, sei außerdem ein großer Fehler von Christus gewesen, der heute nur mühsam korrigiert werden könne.

"Hättest du das Schwert und den Purpur des Kaisers angenommen, so hättest du die Weltherrschaft begründet und der Welt den Frieden gegeben. Denn wahrlich, wer sollte wohl sonst über die Menschen herrschen, wenn nicht diejenigen, die ihr Gewissen und ihre Brote in die Hand nahmen? Und so nahmen wir das Schwert des Kaisers, da wir es aber nahmen, verwarfen wir natürlich dich und folgten ihm. Oh, es werden noch Jahrhunderte des Unfugs, ihres freien Verstandes, ihrer Wissenschaft und Menschenfresserei vergehen; denn wenn sie ihren babylonischen Turm ohne uns beginnen, werden sie mit Menschenfresserei enden."

Der Großinquisitor gesteht also den Pakt mit dem Teufel ein, den Christus ausgeschlagen hat und begründet so die Inquisition im Dienste einer Ordnung, ohne die es die Kirche Christi längst nicht mehr gäbe. An anderer Stelle freilich muß er bekennen, daß auch er für sich und die Menschen Liebe und Glauben gesucht, aber nicht gefunden habe.

Für beide Gestalten könnte ich mir *je zwei Charakterstudien* vorstellen:

Für den Großinquisitor:

1. — entweder ist der Großinquisitor ein politischer Realist, der widerwillig die Verbrennung von Ketzern auf sich nimmt in der Sorge um Ordnung und Frieden, so sieht er sich selbst ... und frei nach H. SCHMIDT hätte er als Christ in der politischen Verantwortung gestanden (H. SCHMIDT: "Als Christ in der politischen Entscheidung")

2. — oder er ist ein liebesunfähiger, machtgieriger Zwangscharakter, der mit den besten Rationalisierungen in der "heiligen Inquisition" seine geheimen sadistischen Wünsche befriedigt, und die Menschen in Abhängigkeit und Infantilisierung zwingt.

    Diese Charakterstruktur könnte ich mir bei einigen Militärstrategen vorstellen.

Für Christus:

1. — entweder ist er ein Träumer und Illusionist, der Liebe predigt und die Realität verkennt, und so nur Unglück bringt, wie der Großinquisitor es behauptet, und so erscheint vielen die Friedensbewegung, oder

2. — er ist ein Mensch mit einer reiferen, freieren Persönlichkeitsstruktur, der das wahnhaft-mißtrauische Machtdenken des Großinquisitors und die Machtgläubigkeit der Menschen hinter sich gelassen hat, und der seine Hoffnung auf die Entwicklungsfähigkeit des Menschen zu einer reiferen und freieren Lebensform setzt.

In Dostowjewskis literarischem Beispiel gibt es zwischen dem Großinquisitor und dem Christus keine Einigung.

Christus hört sich den langen Monolog des Großinquisitors

schweigend an. Er widerspricht ihm nicht. Das Gebäude, das der Großinquisitor mit sich, mit der Welt und den Menschen aufgebaut hat, stimmt in sich. Das hat auch Christus so verstanden! Dennoch wartete der Großinquisitor auf einen Einspruch oder auf eine Verurteilung durch Christus. Als der Großinquisitor schließlich seinen Rechtfertigungsmonolog beendet, tritt Christus auf ihn zu und küßt ihn. Die blutleeren Lippen des 90jährigen Greises beben! Diesem weist Christus die geöffnete Kerkertür und ruft ihm nach: "Kehre nie wieder zurück!" "Der Kuß aber brannte auf seinem Herzen; er blieb aber bei seiner Idee."

Versuchen wir, die oben angedeuteten Persönlichkeits- und Charakterstrukturen in die aktuelle Situation zu transponieren, so hätte wir es mit einem politischen Realisten und "Verantwortungschristen" (im Schmidt'schen Sinne) zu tun, im weiteren mit einem zwangskranken, paranoischen, herrschsüchtigen Sadisten und Rüstungswahnsinnigen, mit einem Idealisten oder "Gesinnungschristen" (wieder im Schmidt'schen Sinne) und schließlich mit dem "neuen Menschen", der zu neuem Denken, Fühlen und Handeln und zu einer neuen Einstellung zur Welt fähig wäre.

Wie könnten wir uns nun diese 4 Personen in einer Podiumsdiskussion zum Thema "Friedenssicherung und Sicherung des Lebens auf der Erde" vorstellen?

Könnten diese sich miteinander verständigen oder würden sie völlig aneinander vorbeireden?

Vielleicht liegt die Hoffnung doch bei dem "neuen Menschen", bei einer neuen Generation, die weltweit und international heranwächst, Menschen, die als Frau und Mann partnerschaftlich miteinander umzugehen gelernt haben, die als Eltern eine partnerschaftliche Beziehung zum Kind verwirklichen, und Menschen, die auch reifere Partner für unsere Erde sein könnten — ein Gebot der Selbsterhaltung heute, eine Selbstverständlichkeit hätte es eigentlich schon immer sein müssen.

Veränderungen in diesem Sinne erleben wir. In kleinem Rahmen tragen wir zu dieser Veränderung auch in unserer Berufspraxis bei durch Einzel-, Familien- und Gruppentherapien und Gruppenarbeit. Veränderungen brauchen aber Zeit. Falls diese Psychosoziale Veränderung aber anhält und wächst, fühlen sich dann die alten Patriarchate in Ost und West nicht von der Wurzel her bedroht, so sehr, daß sie eher alles in die Luft jagen, als solche Veränderungen zuzulassen?! — Und was geschieht, wenn es nicht nur darum geht, sich gegen eine veraltete, verkrustete und wahnhaft gewordene Ordnungsmacht zu wenden, sondern wenn es darum geht, selbst ein Ordnungssystem für große Menschenmassen zu erfinden. Kommen dann nicht die alten Mechanismen und Sadismen wieder?

Offene Fragen — die sich aber nicht in der Theorie erschöpfen, sondern die in einer neuen Art von Massenbewegung lebendige Gestalt angenommen haben!

Ein Fernsehkommentator war am 10.6.1982 davon beeindruckt, nachdem er auf der einen Rheinseite in Bonn das NATOfest, und auf der anderen die Friedensdemonstration besucht hatte. Er kam sich so vor, als sei er in zwei voneinander völlig verschiedenen Welten gewesen! An beiden Ufern sei es zwar um die Erhaltung des Friedens gegangen, jedoch mit konträren Konzepten: wer den Frieden wolle, müsse auch heute noch zum Krieg rüsten — so meinten die einen, — "Frieden schaffen ohne Waffen" die anderen. In Zukunft müsse man es dem einzelnen Bürger selbst überlassen, ob er den "links- oder rechtsrheinischen Weg zum Frieden" gehen wolle — ein freilich etwas sibyllinischer Ratschlag...

Während übrigens auf dem NATOfest — kaum anders als bei den Politikern des Warschauer Paktes — blaue Anzüge, weiße Kragen und Krawatten das Bild bestimmten — die Gesellschaftskleider der Frauen waren nicht so einheitlich — war das Bild am anderen Ufer des Rheines bunt.

Im übrigen passen die großen Friedensdemonstrationen — z.B. die am 10.10.1981 und die am 10.6.1982 in Bonn — nicht in das Schema der bisherigen Massenpsychologie.

Es war ja kein Führer da, dem gehuldigt worden wäre! Die einzelnen exponierten Sprecher waren gar nicht so wichtig! Die Massen waren auch keinesfalls fanatisiert! Für jeden einzelnen Teilnehmer waren die Fahrt und die Demonstration mit Strapazen und Kosten verbunden! Es war eine vor dem 10.10.1981 unvorhersehbar reife Leistung der 300.000-köpfigen Menschenmasse am 10.10.81, und erst recht der 500.000-köpfigen Menschenmasse am 10.6.1982, die dazu in räumlich beengtem Rahmen und bei größter Hitze agieren mußte — ich sage absichtlich 300.000- und 500.000-köpfige Menschenmasse, weil der Mensch in der Masse bekanntlich ja sonst seinen Kopf verliert — es war also eine reife Leistung dieser Menschenmassen, so diszipliniert und gelassen, manchmal aber auch heiter und lustig, andere sehr ernst, in jedem Falle aber mit Nachdruck und rhetorischen und künstlerischen Fähigkeiten ihren Willen kundzutun, mit bildnerischen Fähigkeiten und Wortschöpfungen, die sich auf den Transparenten zeigten, mit Merksätzen, Songs und mit Straßentheater. Ich hatte den Eindruck, daß keiner einfach "nur so mitgelaufen" war! Jeder war orientiert, jeder wußte, was er wollte. Im übrigen war zu spüren, wie auf dieser Ebene über Sprachen- und nationale Grenzen hinweg — und am 10.6.82 auch deutlich über die deutsch-deutsche Grenze hinweg — unmittelbar zwischenmenschliches Verstehen möglich werden kann. Eine dementsprechende Massenpsychologie ist noch nicht geschrieben. Sie ist vielleicht auch nicht vordringlich. Zunächst einmal sind wir froh, daß es diese Bewegung gibt, was nicht ausschließt, daß wir uns Sorgen und Gedanken um ihren Fortbestand und ihre politische Wirkungsmöglichkeit machen.

Im Parlament versuchen jetzt die Grünen, Einfluß auf die Politik zu gewinnen.

Zurück zu der oben phantasierten imaginären Podiumsdiskussion: vielleicht könnten sich der Realpolitiker, der Idealist und der "neue Mensch" miteinander verständigen. Der paranoide Rüstungspolitiker wäre vielleicht nicht fähig, neue Einsichten zuzulassen. Er würde alles daransetzen, den Rüstungswahnsinn als alleinherrschende Realität auch weiterhin durchzusetzen.

Dennoch ist auch dieser uns nicht gar so fremd! Wir selbst sind oft kränkbar, chronisch mißtrauisch und würden — wenigstens in Wutanfällen — unsere Feinde am liebsten töten! Etwas von ihm haben wir also auch in uns! Er wäre sonst auch isoliert, würde auf seinem Wahn sitzenbleiben und verlöre die Macht.

Die christliche Religion selbst hat etwas von ihm. Dies versuchte ich aufzuzeigen. War sie ursprünglich ein Fortschritt, so ist sie aber über lange Zeiten hinweg nicht lebendig und neugierig geblieben. Sie war — und ist es noch weitgehend — in ihren Dogmen erstarrt! Sie war stets auf Abwehr ausgerichtet, gegenüber den früheren Religionen, gegenüber dem sogenannten "Aberglauben", gegenüber Zauberei, gegenüber Hexerei oder Ketzerei, und sie hat ihrerseits keine neuen naturwissenschaftlichen Erkenntnisse zulassen wollen, wenn diese ihrem Weltbild widersprachen. Sie stemmte sich also zugleich gegen das Alte und gegen das Neue! Sie hat sich selbst zur allgemeingültigen Wahrheit für alle Zeiten machen wollen. Das ist ihr Fehler! Sie ist dabei sich zu erneuern, und sie gibt neue Orientierungshilfen. Insgesamt sind wir aber noch weit davon entfernt, das Christentum als das Erbteil unserer Geschichte in einer vernünftigen, liebensfähigen Menschlichkeit aufgehen zu lassen, sondern wir sind insgesamt noch immer illusionär, sehnen uns nach einem ewigen Leben und nach einem Jenseits, weil wir noch nicht dazu fähig sind, uns im Diesseits als Menschheit gerecht und liebevoll einzurichten.

Wenn wir aber schon dem christlichen Abendland angehören, dann haben wir auch das Recht, einzufordern, was möglicherweise der lebendige Jesus einst gewollt hat.

Mein Wunsch dabei wäre anders als der von Caspar *Weinberger*, der gesagt hat, wir wollen mit der Hochrüstung bewirken, daß die Sowjetunion nicht mehr mithalten kann, in der Hoffnung, daß dann "der russische Koloß mit einem Winseln und nicht mit einem Knall zusammenbricht".

Ich würde mir vielmehr wünschen, daß dies für die Militärblöcke beider Seiten zuträfe! Wir werden uns auf der Welt erst richtig wohlfühlen können, wenn wir die Rüstung wie eine abgestorbene Haut ablegen können, die einem vergangenen, psychohistorischen Entwicklungsstadium angehört. Welcher Reichtum und welche Geldmittel würden dann auch zur Verfügung stehen, um die auf der Erde entstandenen Schäden zu reparieren! Hunger und materielle Not bräuchte es in keinem Teil der Welt mehr zu geben! Dies scheint naiv. Dennoch ist es notwendig zu dieser Art einer "universellen Fähigkeit zur Besorgnis" (Nedelmann, S. 397)[13] zu gelangen, um die "Orgie des gegenwärtigen Irrationalismus" (Rost)[14] zu überwinden.

1. Robert Jungk, Der Atomstaat; vom Fortschritt in die Unmenschlichkeit, Kindler
2. S. Freud, Das Unbehagen in der Kultur, G.W., Bd. XIV
3. E. Bornemann, Das Patriarchat. Ursprung und Zukunft unseres Gesellschaftssystems, Fischer 1979
4. A. Mitscherlich, Die Idee des Friedens und die menschliche Aggressivität, Suhrkamp

5. K.R. Eissler, Zur Notlage unserer Zeit, PSYCHE, XXII. Jahrgang 9, 9.-11. Heft, S. 645 f.

6. Dorothea Sölle, Frieden, die Weihnachtsgeschichte in unserer Zeit, Hrsg. Walter Jens, Kreuz Verlag

7. G. Anders, Die Antiquiertheit des Menschen, Beck-Verlag, 1956

8. A. Mitscherlich, ebd.

9. M., A. Mitscherlich, Die Unfähigkeit zu trauern, Piper 1967

10. P. Watzlawick, Die erfundene Wirklichkeit, Piper 1981

11. F.M. Dostowjewski, Der Großinquisitor, in: Die Brüder Karamasoff, Piper

12. H. Schmidt, Als Christ in der politischen Entscheidung. GTB Siebenstern

13. C. Nedelmann, Zur Vernachlässigung der psychoanalytischen Kulturtheorie. PSYCHE 36 (1982)

14. D. Rost. Psychoanalyse u. Zeitkritik. Unveröffentlichtes Manuskrift. Erscheint demnächst in Fragmente. Hrsg: Wissenschaftliches Zentrum II, Gesamthochschule Kassel

Post Scriptum

Emilio Modena

Warum Krieg?
Ein weiterer psychoanalytischer Versuch

Der Versuch, im Rahmen eines kurzen Nachwortes die vielen Diskussionen zu rekapitulieren, die im Rahmen des Projektes "Krieg und Frieden aus psychoanalytischer Sicht" des Zürcher Psychoanalytischen Seminars in den letzten 1 1/2 Jahren mit Peter Passett und den Mitgliedern der Arbeitsgruppe und darüber hinaus rund um die Tagung vom 23./24. April 1983 stattgefunden haben, müßte notwendig scheitern. Nicht nur wegen des Umfanges des verarbeiteten Materials und der Spannweite einer Fragestellung, die von den Problemen der Triebtheorie ausgehend auf der einen Seite die Biologie streift, auf der anderen Seite — bei der Analyse konkreter Kriegsereignisse — in die Soziologie und Ökonomie ausmündet, sondern vor allem, weil die meisten Standpunkte kontrovers diskutiert worden sind. Eine "Unité de doctrine" hat sich nicht eingestellt, war auch nicht intendiert; wohl aber war das Klima der Solidarität, in welchem sich im großen und ganzen diese Auseinandersetzungen abspielten, wohltuend, Ausdruck eines echten Engagements für den Frieden. So hatten wir stets das Gefühl, im Sinne Albert Einstein's ("Der Mensch findet nur dann einen Sinn in seinem kurzen und gefährlichen Dasein, wenn er sich der Gesellschaft widmet") nützliche Arbeit zu leisten. Die folgenden Ausführungen erheben weder Anspruch auf Vollständigkeit oder Objektivität noch wollen sie das Seminar als ganzes auf eine bestimmte Linie festlegen — sie sind im Gegenteil Ausdruck eines ganz persönlichen, eines subjektiven Lernprozesses, welcher gleichwohl ohne eben jene Diskussionen und Auseinandersetzungen nicht zustande gekommen wäre. Insofern können sie in gewissem Masse auch als Ausdruck eines kollektiven Lernprozesses gelten.

1. Tabu: Die Faszination des Bösen oder "es muß wieder Krieg werden, dann kommen bessere Zeiten"

Wir hatten uns in der Arbeitsgruppe zu Beginn des Winter-Semesters 1982/83 vorgenommen, in bester psychoanalytischer Tradition[1] ein Experiment am eigenen Leibe durchzuführen: Angeregt durch eine Polemik in den Medien über die freie Zugänglichkeit von sog. Hard-Porno-Kassetten mit krudesten Darstellungen von Horror/und Gewalt/Szenen, wollten wir uns gemeinsam einen solchen Video-Film ansehen, um danach über unsere dabei ausgelösten Emotionen zu reden. Die Absicht war, mehr Auskunft über den Umgang mit sadistischen Fantasien zu gewinnen. Ein einziger Teilnehmer hatten von vornherein abgelehnt, bei der Visionierung mitzumachen. Allein, als am vereinbarten Abend die Horror-Kassette auf dem Tisch lag und der Video-Laden Zürich zur Vorführung bereit war, hatte sich einige Kollegen krank gemeldet, einige andere Anwesende konnten sich nicht mehr zur Teilnahme überwinden, sodaß schließlich neben Pierre Passett und mir nur noch eine einzige Kollegin (von einem Dutzend Teilnehmern!) mitmachen wollte. Daraufhin entzog auch ich mich — wie ich heute weiß — mit einer Rationalisierung der selbst gewählten Aufgabe (ich erklärte, drei Leute könnten das Experiment nicht stellvertretend für die Gruppe vornehmen). Das Scheitern des Experiments bestimmte mich immerhin dazu, zu versuchen, meine personliche Motivation etwas besser zu klären. Da ja "das Persönliche politisch ist" (Slogan der Frauenbewegung), will ich nachfolgend ein Bruchstück meiner Selbstanalyse mitteilen.

1941 — mitten im Krieg — in Neapel geboren, habe ich doch nie den Krieg bewußt miterlebt. Ich mußte nie um mein Leben rennen. Die Sirenen, die Todesangst, die Bombeneinschläge, die Übermacht der Besatzungstruppen, der Hunger, der Widerstand, die Partisanen, die Hinrichtungen, an all das kann ich mich nicht mehr erinnern, es ist meiner Kindheitsamnesie anheimgefallen, unbewußt geworden. Familienmythen haben sich darum herum gerankt, Deckerinnerungen, Bilder von zum Teil wahnhafter Gewißheit, wie von einem Sammetband zusammengehalten von der wohlklingenden Stimme meiner Mutter.

Daß wirklich so etwas wie der Krieg gewesen sein muß, das merke ich allerdings am starken gefühlsmäßigen Appell, den Szenen von Gewalt, Erörterungen über den Krieg, Berichte von Heldentaten und Massakern unfehlbar auf mich ausüben. Es sind widersprüchliche Gefühle, ein Konglomerat aus Angst und Neugier, aus leiser Lust, Ekel und Abscheu. Die positiven Gefühlsanteile — die libidinöse Besetzung bei der Ausübung von Macht — sind allerdings erstmals gegen Ende meiner persönlichen Analyse und dann vor allem im Verlauf meiner Selbstanalyse der letzten Jahre bewußtseinsfähig geworden. Vorher hatte ihnen ein ziemlich strenges, vom sozialistischen Humanismus der Elterngeneration geprägtes Über-Ich mit hundertprozentigem Erfolg die Schwelle zum Bewußtsein verboten. Aus dieser Gefühlsambivalenz heraus war es mir lange ein Rätsel, "wie es wirklich ist" (mit der Aggression). Ich kann mich erinnern, wie mich in der Adoleszenz die Beschreibung von Gewaltszenen z.B. in De Costers "Ulenspiegel und Lamme Goedzak" fast ebenso erregten und zugleich befremdeten, wie etwa die ersten Passagen sexuell/erotischen Inhalts, die ich zu Gesicht bekam; wenn z.B. ein Geuse einem gefesselten Offizier bei lebendigem Leib das Herz herausreißt, hineinbeißt, ausspuckt und abschätzig urteilt "das Zeug schmeckt ja bitter!" ... oder an die Erschütterung nach der Lektüre von Frantz Fanon[2], wonach der Kolonisierte sich erst wirklich befreit fühlt, wenn er im Kampf das Blut eines Weißen eigenhändig vergossen hat. — Konnte es wahr sein, daß sich Leute für den Krieg begeisterten, daß all die Greueltaten, die historisch verbürgt sind — und von denen auch die Zeitgeschichte nur so wimmelt — wirklich von Menschen vollbracht worden waren, gezwungenermaßen oder gar aus sadistischer Freude?

Ich begann De Sade zu lesen und stellte dieselbe Mischung aus Anziehung und Ekel, aus Abscheu und insgeheimer Lust fest; ebenso bei der Lektüre einer Monografie über Gilles de Rais, den berüchtigten "Ritter Blaubart", welcher im 15. Jhdt. mit seiner Privatarmee entscheidend zum Sieg der französischen Krone gegen die

Engländer beigetragen und sich dann auf seine Güter an der Loire zurückgezogen hatte, wo er im Laufe der Jahre hunderte von jungen Leuten "friedlich" zu Tode quälte ... Erst als er sein immenses Vermögen durch einen unglaublich ausschweifenden Lebensstil und eine Verschwendungssucht die ihresgleichen suchte, fast ganz durchgebracht hatte, wurde er für seine Verbrechen zur Rechenschaft gezogen, eingekerkert und hingerichtet, wobei er es durch demonstratives Bereuen noch fertigbrachte, selbst aus seiner Hinrichtung ein Riesenfest zu gestalten.[3]

Ich gelangte (auch unter Beizug der Erfahrungen mit den Patienten) zur Schlußfolgerung, daß die innerpsychischen Abwehrkräfte gegen die Triebwünsche und narzißtischen Bedürfnisse der anal/sadistischen Phase zu den stärksten seelischen Kräften überhaupt gehören. So sind normalerweise sado/masochistische Wünsche, sowie nackte Machtgelüste (also solche, die sich nicht hinter irgendeiner Ideologie oder Institution verstecken können), tief unbewußt. Da die anale Phase zugleich auch die Phase der Loslösung und Individuation ist (Mahler), kann man stark vereinfachend sagen, daß in dieser Phase alles "gut" ist, was die Mutter/der Vater von einem verlangen, "böse" aber, was ich gegen ihren Willen selber will. Das Kind muß also phasenadäquat die innere Freiheit entwickeln, böse zu sein, damit ein starkes und gesundes Ich entstehen kann. Wo dies aufgrund der realen Verhältnisse — z.B. im Krieg — oder einer allzu strengen Erziehung nicht geschehen kann, entstehen die verschiedenen narzißtischen Störungen oder perverse Entwicklungen. Der unterdrückte Sadismus kann sich dann entweder gegen die eigene Person wenden (und damit Anlaß für depressive Entwicklungen oder psychosomatische Störungen werden), oder im Schutze der gesellschaftlichen Institutionen (wie Familie, Schule, Ämter etc.) unbewußt ausagiert werden.

"Die Gewalt des Gilles de Rais ist die Gewalt einer Epoche" — schreibt Ernesto Ferrero — "zu Beginn des 15. Jhdt. erlebt Frankreich die schlimmste Krise seiner Geschichte ... auch wenn aus der Fäulnis des zerfallenden Feudalsystemes wie aus einem überdüngten Feld der moderne Zentralstaat, die erste absolutistische Monarchie in Europa hervorgeht". 500 Jahre später, am Ende eines ganz anderen historischen Zyklus, erscheint mir das Schicksal des Gilles

293

de Rais paradigmatisch: Nur der wahrhaft Mächtige, der Superreiche hat in Friedenszeiten die Möglichkeit, seinen Sadismus ungestraft auszuleben[4]. Was aber geschieht mit dem Sadismus des kleinen Mannes? Mir fallen dazu ein: Pogrome, Vergewaltigungen, geschlagene Kinder; der massenhafte Konsum von Horror/Kriegs/ und Gangsterfilmen, das geile Bedürfnis nach "Sex and Crime", aber auch der Spitzensport[5]. Wahrscheinlich aber muß sich der Arme größtenteils mit einer Reaktionsbildung begnügen, masochistisches Leiden steht ihm näher als sadistisches Genießen; er hat auch als Dienender und Abhängiger am Arbeitsplatz, als Unterprivilegierter in der Gesellschaft, endlich als Soldat reichlich Gelegenheit dazu.

Helmut Kopetzky[6] hat die erschütternde Geschichte der deutschen Kriegsfreiwilligen — der sog. "Kinder-Korps" — im 1. Weltkrieg nachgezeichnet. "August 1914: Das Kaiserreich wogt, tanzt, taumelt im Kriegsfieber. Es spiegelt sich im Glanz der Paradehelme, schießt Salut und schreit Hurra! Wirft Strohhüte in die Luft. Läßt die Helmbüsche wehen, die Stiefel knallen und die Glocken läuten. *Kurt S., damals Kriegsfreiwilliger* 'auf den Straßen der Stadt gab es nur den großen Jubel: Jetzt können wir zeigen, wer wir sind! Jetzt geht's vorwärts! (...) Ich entsinne mich deutlich, vor Ausbruch des Krieges mehr als einmal das Wort gehört zu haben: Es muß wieder Krieg werden, dann kommen bessere Zeiten'..."

Es gab allerdings auch einen massenhaften, organisierten Volkswiderstand gegen den Krieg. In der letzten Juniwoche 1914 gingen in ganz Deutschland Zehntausende auf die Straße für die Völkerfreundschaft und gegen den Krieg. Aber nachdem am 31. Juli der Belagerungszustand verhängt worden ist, sackt die Anti-Kriegsbewegung jäh zusammen. "Die Untertanen seiner Majestät — auch die Führer der Sozialdemokratie, auf deren Aufruf zum Widerstand manche Arbeiter gehofft hatten — fügen sich in ihr Schicksal: 'Der Arbeitsmann gibt Herz und Hand, wenn in Gefahr das Vaterland' (Postkarten-Spruch)" (Kopetzky). In den anderen europäischen Ländern ist es nicht anders. Die Kriegsbegeisterung wurde natürlich vom Staat ebenso kräftig gefördert, wie der militante Pazifismus verfolgt wurde, zudem waren die Mittelschichten — und gerade die Mehrheit der Intellektuellen — dabei führend in Erscheinung getreten (vgl. den "Geist von 1914").[7] Trotzdem weisen die zitierten Beschreibungen und die Tatsache der Hunderttausende von Kriegsfreiwilligen in allen kriegführenden Staaten, ebenso wie das schnelle Zusammenbrechen der Friedensbewegung daraufhin, daß die Volksmassen Europas im Krieg etwas ganz besonderes suchten. Was? War es die Befriedigung dessen, was Sigmund Freud in "Jenseits des Lustprinzips" den "Todestrieb" geheißen hat?

2. Tabu: Freud's Hinken oder "was man nicht erfliegen kann, muß man erhinken".[8]

Medard Boss hat Freud kritisiert[9], weil sich sein Denken in den Kategorien der Naturwissenschaft bewege, und er infolgedessen der menschlichen Existenz nicht gerecht werden könne. Doch soll man Prometheus schelten, nur weil er die Götter[10] nicht besiegen konnte? Ich denke, Freud's Genie bestand gerade darin, ausgehend vom naturwissenschaftlichen Denken des 19. Jahrhundert's in Ansätzen ein qualitativ neues Denksystem geschaffen zu haben, welches in seiner rohen dialektisch/hermeneutischen Fundierung gerade das Wesen des Menschlichen einer wissenschaftlichen Untersuchung zugänglich machte und, ausgehend von der therapeutischen Praxis — von der Couch aus —, einen Ausblick auf das Gesellschaftliche aus der Perspektive des vergesellschafteten Individuums eröffnete. Also die notwendige Ergänzung zu Marx, dessen politökonomisches Weitwinkelobjektiv eher geeignet ist, massenhafte Prozesse, das Unbewußte in der Geschichte zu erfassen. Die Epigonen aber sind mir ein Ärgernis, jene, die jeden Furz des Meisters ins Museum stellen und anbeten, jene Freudisten und Stalinisten[11], die mit ihrem Dogmatismus den Fortschritt hemmen und, wo sie an der Macht sind, rücksichtslos verhindern. So erscheint mir heute noch die Auseinandersetzung mit Freud's "Jenseits des Lustprinzips" (1920) wichtig, muß einmal mehr[12] die wissenschaftliche Unzulänglichkeit der Todestrieb/Hypothese aufgezeigt werden, stehen hinter ihr in der psychoanalytischen Bewegung doch noch so einflußreiche Kräfte wie etwa die Klein'sche und Lacan'sche Schule[13]. Die psychologistische Vorstellung eines aus der biologischen Matrix herauswirkenden, auf Überwältigung und Destruktion hinzielenden, zum Tode drängenden Triebes ist nämlich eine der stärksten Waffen konservativer und faschistischer Kriegs / Apologeten geblieben. Sie erklärt denn auch scheinbar überzeugend, jedenfalls für ein einfaches Kausalitätsbedürfnis zureichend, das makabre Wunder von Langemark und ähnliche[14].

In der Arbeitsgruppe des Psychoanalytischen Seminars Zürich kam es bei der Diskussion von "Jenseits des Lustprinzips" im Herbst/Winter 1982 überraschend zu einer stark affektiv gefärbten Polarisierung der Meinungen in pro und kontra Todestrieb, die trotz großem Zeitaufwand und Beizug verschiedenster Quellen und anders als bei anderen kontroversen Themen, nicht überwunden werden konnte. Wir haben das Problem in langwierigen Diskussionen so verstanden, daß es sich dabei um ein ideologisches — um nicht zu sagen religiöses —, nicht aber um ein wissenschaftliches, welches verifizier/oder falsifizierbar wäre, handelte und fanden uns darin in Übereinstimmung mit dem Autor, der den Leser früh schon warnt, alles Nachfolgende sei Spekulation, "oft weit ausholende Spekulation" (S. 23) und schließlich (S. 64) zugesteht "ich verkenne nicht, daß der dritte Schritt in der Trieblehre, den ich hier unternehme, nicht dieselbe Sicherheit beanspruchen kann wie die beiden früheren...". Wir haben uns zweitens darauf einigen können, daß es letzten Endes für die Praxis der Psychoanalyse einerlei ist, ob es allenfalls einen Todestrieb gibt oder nicht, weil es ja bei der Arbeit auf die Triebschicksale ankommt, nicht auf den Trieb selbst. Es kommt also darauf an, wie in der Sozialisation des heranwachsenden Kindes die biologische Matrix im Netz der Objektbeziehungen gebrochen wird[15], wie sich unter dem Einfluß des Sozialen die psychischen Strukturen und Instanzen aufbauen, welche Abwehr- und Anpassungsmechanismen gegen den Trieb und seinen Abkömmlingen aufgerichtet werden[16]. Reaktionär im politischen Sinne wäre dann jenes Verfahren zu nennen, welches kurzschlüssig vom Trieb auf die Gesellschaft extrapoliert, jener Psychologismus, der den Krieg schon immer aus dem Todestrieb heraus erklären wollte, aber auch die Frauenbewegung aus dem Penisneid, die Jugendbewegung aus dem Ödipuskomplex etc. hervorgehen ließ[17].

Beim Lesen von "Jenseits des Lustprinzips" wird klar, daß die Todestrieb-Idee schon zum voraus feststand, der Autor tastet sich gewissermaßen in mehreren Anläufen an sie heran, versucht sie plausibel zu machen. Ich will versuchen, in einer knappen Zusammenfassung die logische Struktur der oft schwierig zu lesenden Arbeit zu verdeutlichen.

1. Schritt: Durch Einführung des ökonomischen Gesichtspunktes ist die Freud'sche Triebmechanik vollendet. Das Lustprinzip läßt sich nun geradezu in einer physikalischen Formel darstellen:

$$\frac{E}{t} = k \cdot L$$

Da dem seelischen Apparat die Tendenz innewohnt, die in ihm vorhandene Erregungsmenge möglichst niedrig (oder wenigstens konstant) zu halten, ist eine Ab- bzw. Zunahme (E/t) der Erregung (der nach Freud ungebundenen Energie) mit Lust bzw. Unlust (L) korreliert. k wäre dann eine vererbte, biologisch verankerte, empirisch zu messende Konstante (sie wird von Freud allerdings nicht explizit postuliert, ich ergänze sie Exempli gratia). Auch das Realitätsprinzip läßt sich durch Variation der Zeiteinheit als Modifikation des Lustprinzips zwanglos unter dieser Formel subsumieren.

2. Schritt: Nun gibt es Vorgänge im Seelenleben, die nicht unbedingt nach dem Lustprinzip funktionieren. Freud nennt die wiederkehrenden Angstträume bei den traumatischen Neurosen (womit der Bezug zum 1. Weltkrieg — Kriegsneurosen! — implizit hergestellt ist; vgl. auch den Beitrag von Reichmayr in diesem Band), das Kinderspiel (wobei im gewählten Beispiel der Vater des Kindes auch wieder in den Krieg gehen muß) und den Wiederholungszwang. Während das Kinderspiel und die Vorgänge bei den traumatischen Neurosen als Prozesse verstanden werden können, die der Reparation eines überwältigten psychischen Apparates dienen, also dem Lustprinzip nicht prinzipiell widersprechen, ihm höchstens dazu verhelfen, seine

Herrschaft wiederherzustellen, kann der Wiederholungszwang nach Freud nur zum Teil analog dazu erklärt werden.
"Es ist kein Zweifel, daß der Widerstand des bewußten und
vorbewußten Ich's im Dienste des Lustprinzips steht, er will ja
die Unlust ersparen, die durch das Freiwerden des Verdrängten
erregt würde, und unsere Bemühung geht dahin, solcher Unlust unter Berufung auf das Realitätsprinzip Zulassung zu er-
wirken" (S. 18) — Aber: "Angesichts solcher Beobachtungen
(das Wiederholen schmerzlicher Erfahrungen, E.M.) aus dem
Verhalten in der Übertragung und aus dem Schicksal der Menschen werden wir den Mut zur Annahme finden, daß es im Seelenleben wirklich einen Wiederholungszwang gibt, der sich
über das Lustprinzip hinaussetzt" (S. 21). Freud spricht von einem "Schicksalszwang".

3. *Schritt*: Da "das Bewußtsein ... anstelle der Erinnerungsspur"
(S. 25) (entsteht) und als System Bw an der Grenze von außen
und innen gelegen ist, richtet sich der Reizschutz nach außen,
zur Außenwelt hin, während er "nach innen zu ... unmöglich"
(ist). Der Mangel eines Reizschutzes gegen Störungen von innen hat zur Folge, daß diese die größere ökonomische Bedeutung haben und Wirkungen erzielen, "die den traumatischen
Neurosen gleichzustellen sind". Die Quellen der inneren Erregung sind die Triebe, deren Regungen dem Primärvorgang folgen und über frei bewegliche Besetzungen verfügen. Jenseits
des Lustprinzips gibt es eine primäre Funktionsweise des seelischen Apparates, deren Aufgabe es ist, die Erregung zu binden.
"Es wäre dann die Aufgabe der höheren Schichten des seelischen Apparates, die im Primärvorgang anlangende Erregung
der Triebe zu binden" (S. 36). *Auf welche Art aber hängt das
Triebhafte mit dem Zwang zur Wiederholung zusammen?*" (S.
38).

4. *Schritt*: *Die Antwort liegt in der Annahme der konservativen
Natur* alles Lebenden, ein Gedanke, den Freud zwar selbst "be-
fremdlich" und "mystisch" findet, dessen Evidenz er sich aber
nicht entziehen kann[18]. "Ein Trieb wäre also ein dem belebten
Organischen innewohnender Drang zur Wiederherstellung ei-

nes früheren Zustandes ..." (S. 38) *"Das Ziel alles Lebens ist der Tod"* (S. 39). Die Entwicklung in der Onto/ und Phylogenese ist folglich nicht das Werk der Triebe, sondern Folge von Einwirkungen aus der Außenwelt. Die Triebe täuschen den Eindruck von Kräften, die nach "Veränderung und Fortschritt" streben, nur vor. Die Sexualtriebe sind ebenso konservativ wie die anderen, "aber sie sind es in stärkerem Maße" (S. 42), sodaß ein Triebkonflikt entsteht, der die Lebenserscheinungen, den individuellen Weg zum Tod, erklärt. "Es ist wie ein Zauderrhytmus" (S. 43); während die "Ich-Triebe" vorwärts zum Tode drängen, drängen die Sexualtriebe zurück und verlängern dadurch die Existenz! Dabei kommt das Paradoxe zustande, daß man sich energisch gegen Gefahren wehrt ... Es ist halt ein unintelligentes "rein triebhaftes" Geschehen ...

5. Schritt: Unter Rekurs auf die Biologie kann Freud die Annahme von der konservativen Natur der Triebe nicht falsifizieren; die Biologie vermag die Anerkennung des Todesbetriebes nicht "glatt (zu) beseitigen" (S. 53), woraus das Recht abgeleitet wird, weiter an der Hypothese festzuhalten. Trotz dem "mißlichen" Umstand, "... daß uns die Analyse bisher immer nur in den Stand gesetzt hat, libidinöse Triebe nachzuweisen" (S. 57), muß entsprechend der Polarität von Liebe und Haß eine Polarität von Lebens- und Todestrieben bestehen. "Wie soll man aber den sadistischen Trieb, der auf die Schädigung des Objektes zielt, vom lebenserhaltenden Eros ableiten können? Liegt da nicht die Annahme nahe, daß dieser Sadismus eigentlich ein Todestrieb ist, der durch den Einfluß der narzisstischen Libido vom Ich abgedrängt wurde, sodaß er am Objekt zum Vorschein kommt?" (S. 58). Der Wunsch ist auch hier der Vater des Gedankens: Die frühere — empirisch abgestützte — Triebtheorie wird auf den Kopf gestellt und ein *primärer Masochismus* postuliert. "Der Masochismus wäre dann in Wirklichkeit eine Rückkehr zu einer früheren Phase ... eine Regression" (S. 59).

6. und letzter Schritt: Es bleibt noch die Herkunft der Sexualtriebe zu klären, welche durch die sexuelle Vereinigung immer wieder neue "Vitaldifferenzen" einführen, "die abgelebt werden müssen" (S. 60). Da die Biologie auch dafür keine überzeugende Erklärung zu bieten hat, Freud aber die "Annahme von Todestrieben nicht fahren lassen will..." (S. 61), "... muß man ihnen von allem Anfang an Lebenstriebe zugesellen". Wo die Biologie versagt, ist doch der Mythos zur Hand: Nach Plato hat Zeus das "Mannweibliche" entzweigeschnitten, von daher stammt die Sehnsucht nach Wiederherstellung eines früheren Zustandes (auch in den indischen Upanishaden finden sich ähnliche Gedanken). Wie dem auch sei, der konservative, regressive Charakter der Triebe hat zur Folge, "... daß soviele Vorgänge sich unabhängig vom Lustprinzip vollziehen" (S. 67). Der seelische Apparat hat die Aufgabe, die Triebregungen zu "binden", den Primär- in den Sekundärvorgang überzuführen, selbst wenn dabei Unlust entsteht. "Die Bindung ist ein vorbereitender Akt, der die Herrschaft des Lustprinzips einleitet und sichert" (S. 67). Das Lustprinzip aber steht selber im Dienste einer Funktion, "den seelischen Apparat überhaupt erregungslos zu machen" (S. 68), d.h. "das Lustprinzip scheint geradezu im Dienste des Todestriebes zu stehen..." (S. 69).

Es ist offensichtlich, wie Freud das ganze ihm zur Verfügung stehende Wissen, das klinische Material ebenso wie das Biologische und Mythologische daraufhin prüft, was allenfalls daran für seine Todestrieb/Hypothese brauchbar wäre, wobei er logische Bocksprünge vollführt, die aus der Sache heraus nicht nachvollzogen werden können[19]. Immerhin ist die Fragestellung — wie ist der Wiederholungszwang zu erklären? — korrekt. Wenn es ihm nicht gelingt, auf der Grundlage des psychoanalytischen Erfahrungsgutes eine befriedigende Antwort zu finden (sie wäre zu suchen etwa in der lebenslangen Dialektik von Ich und Es, in der prinzipiellen Unveränderbarkeit des Unbewußten, welches solange es unbewußt bleibt in der Tat wie ein inneres Schicksal des Individuums funktioniert), liegt es gerade an seinem grundsätzlich mechanistischen Denken. Zusätzlich unterscheidet er beim Eingehen auf die Biologie nicht klar zwischen Trieb und Instinkt[20].

Während der Trieb immer eine auf ein bestimmtes Ziel hin gerichtete Kraft darstellt, die den ganzen Organismus, Soma und Psyche, zur Erreichung des Triebzieles in Dienst nimmt und selber der

Selbst/oder der Art-Erhaltung dient, ist ein Instinkt ein hereditär fixiertes, im neurovegetativen und neuromuskulären Apparat materiell verankertes Verhaltensrepertoire, das den einzuschlagenden Weg bei der Triebbefriedigung festlegt[21]. In der menschlichen Spezies ist das Fehlen eines Instinktmusters geradezu paradigmatisch. Wie Hartmann und andere[22] erkannt haben, übernimmt beim Menschen die Ich-Organisation die Aufgabe, die im Tierreich den Instinkten zukommt. Darüber hinaus ist die Psychoanalyse *methodologisch* (auch unter Einschluß der Kinderanalyse) nicht in der Lage, über die Triebfundierung konkrete Aussagen zu machen. Was wir beobachten können, sind nur immer Triebabkömmlinge und Triebschicksale. So ist bis heute nicht entschieden, ob es einen angeborenen Aggressionstrieb gibt, oder ob die Aggression nur immer die Antwort auf ein Frustrationsgeschehen darstellt[23]. Immerhin liegt die Annahme eines eigenen, vom Sexualtrieb unterscheidbaren Triebes nahe[24], und Spitz hat dafür das schöne Bild der "Trägerwelle" gefunden[25]. Dabei muß klar unterschieden werden zwischen der Aggression (adgredi: Ich schreite voran) als notwendige Lebenskraft, die zur Bemächtigung des (eventuell widerstrebenden) Objektes dient, und der Destruktion des Objektes, die als Wunsch erst bei Versagen der Bemächtigungsstrategien des Subjektes auftritt und dann sekundär einem Rachebedürfnis entspringt[26]. Biologisch gesehen ist allerdings die Annahme eines Triebes zum Tode widersinnig, wirken doch alle Naturkräfte in Richtung auf die Lebensverlängerung. Der Tod ist normalerweise ein *physiologisches* Geschehen, kein triebhaftes. Wo er aktiv gesucht wird, ist es entweder das Resultat eines Triebkonfliktes (auch das ist eine biologische Tatsache: Die Arterhaltung geht vor der Erhaltung des individuellen Lebens, vgl. Brun), oder aber Ausdruck einer ganz besonderen Wunscherfüllung.

Der Selbstmord ist bei schweren depressiven Entwicklungen die letzte Möglichkeit des Ich's, sich eines unerträglichen Leidenszustandes körperlicher oder psychischer Art zu entledigen. Dabei können überwertige moralische Gebote, aber auch grundlegende Ich-Bedürfnisse erfüllt werden. Da liegt der Schlüssel zum Verständnis des auf den ersten Blick befremdenden Verhaltens des Soldaten. Die Frage lautet: Welche Wünsche, welche Bedürfnisse können nicht anders als im Krieg befriedigt werden? Dabei muß die gesellschaftliche Wirklichkeit in einem bestimmten historischen Moment in Rechnung gestellt werden.

Freuds Hinken, das Hinken der Psychoanalyse beim Versuch ihrer Anwendung auf das Soziale, ist unheilbar, gewissermaßen ein Geburtsgebrechen. Sie kann nur immer Prozesse erfassen, die der Individualpsyche angehören oder aber aus der Interaktion zweier Menschen entspringen, ist aber prinzipiell dazu ungeeignet, Gruppenprozesse oder massenhaftes Geschehen zu verstehen. Die Übertragung von Vorgängen aus ihrem Beobachtungsfeld auf die Gesellschaft krankt daran, daß das Ganze immer mehr ist als die Summe der Einzelteile. Von der dyadischen Beziehung des frühesten Lebensabschnittes zur Triade ist ja schon im Seelenleben des einzelnen Individuums ein qualitativer Sprung vonnöten, der die psychische Organisation grundlegend verändert (Übergang von der prägenitalen oder Borderline-Organisation zur genital/ödipalen Funktionsweise). Beim Eintritt in die außerfamiliäre soziale Realität in der Latenzzeit und später in der Adoleszenz entsteht wiederum eine neue Qualität. Die innere Organisation des vergesellschafteten Individuums und die gesellschaftliche Organisation in welcher dieses Individuum seinen Platz findet, sind zweierlei. Darum müssen sich Psychoanalytiker, die sich mit soziologischen und politischen Fragen beschäftigen, notwendigerweise eine Gesellschaftstheorie aneignen, sonst können sie kaum etwas verstehen und werden Opfer des Psychologismus; wo der psychoanalytische Psychologismus in organisierter Façon (wie in den meisten psychoanalytischen Verbänden) gepflegt wird, können die abstrusesten, politisch reaktionärsten Vorstellungen entstehen und sich hartnäckig halten — vgl. den Beitrag von Frau M. Mitscherlich-Nielsen in diesem Band —, die in einem überraschenden Gegensatz zu den sonst fortschrittlichen, materialistisch/dialektischen Konzepten der Psychoanalyse stehen. Dasselbe gilt für die Anwendung der psychoanalytischen Methode zu Forschungszwecken: Ob in der Ethnopsychoanalyse fremde Völker untersucht werden sollen, oder ob sich das Interesse des Forschers in der eigenen Kultur auf das Verständnis von bestimmten Bevölkerungsgruppen richtet (die Jugend, die Frauen, die Arbeiter[27]), verbietet sich ein naives Vorgehen. Nur unter Beizug einer Gesellschaftstheorie, und vorzugsweise des Marxismus[28], können sinnvolle Resultate erzielt werden.

Übrigens fehlt der Psychoanalyse aus sich selbst heraus auch eine Sozialethik. Nur partiell können ethische Verhaltenmaßregeln aus den Geboten der Kur gewonnen werden, wie etwa aus der Abstinenzregel. Im übrigen kann der Analytiker nur entscheiden, was normal oder krank ist, was gut oder böse ist, wenn er sich auf außeranalytische moralische Kategorien stützt. Er kann dabei sehr wohl bei bestimmten Patientengruppen, wie Deliquenten, Süchtigen oder Perversen, aber auch bei großer kultureller oder sozialer Distanz zum Analysanden in Schwierigkeiten geraten. Ich kann Patienten, deren soziales Handeln mir zutiefst widerspricht oder das ich nicht verstehe, nicht analysieren.

3. Tabu: Wenn der Frieden zum Kriege wird oder "si vis pacem, para pacem"[29]

Wir haben in der Arbeitsgruppe des öfteren diskutiert, welche Wünsche, welches Begehren der Massen die Herrschenden immer wieder in den Stand setzt, Krieg zu führen. Ich gehe dabei von einer Klassenanalyse aus, wonach ein bestimmter Krieg durchaus im Interesse einer herrschenden Klasse steht, die die Macht hat, ihn durchzusetzen. Erklärungsbedürftig bleibt dann dennoch das Verhalten der unterdrückten Klassen, die — wie gezeigt worden ist — nicht nur zum großen Teil passiv mitmachen, sondern oft sogar mit Begeisterung zu Felde ziehen — obschon sie dabei materiell scheinbar nichts zu gewinnen haben.

Es sind die im weitesten Sinn unerträglichen Lebensbedingungen, die man überwinden möchte. Dabei spielen sowohl materielle Faktoren im landläufigen Sinn, wie schlechte Wohn/ und Arbeitsverhältnisse, mangelhafte Ernährung etc. ebenso eine Rolle, wie seelische Faktoren. Hier sind es vor allem *frustrierte symbiotische und narzißtische Bedürfnisse*. Um die Problematik zu verdeutlichen möchte ich einige Beispiele anführen:

Ich hatte kürzlich anläßlich eines Flottenbesuches in einem Mittelmeerhafen Gelegenheit, mit einem englischen Unteroffizier zu reden, der im Falkland-Krieg dabei war. Ihm war völlig bewußt, daß es dort nicht um die nationale Ehre Großbritanniens, sondern um die Sicherung reicher Erdölvorkommen ging. Er hatte sich zwar freiwillig bei der Marine gemeldet, um der Arbeitslosigkeit zu entgehen (er hatte keine Berufslehre gemacht), hatte aber nicht im Entferntesten damals damit gerechnet, daß Krieg werden könnte. Als der Falkland-Konflikt entbrannte und die Royal Navy nach den Malevinen abgeordnet wurde, hätte er desertieren müssen, was ihm zu riskant erschien, zumal er nicht mit einer ernsthaften Gefährdung für Leib und Leben rechnete. So blieb er auf seiner Einheit. Von einem bestimmten Zeitpunkt an, als es dann wirklich ernst wurde, und er mehrmals in Lebensgefahr geriet, war an Flucht real nicht mehr zu denken. Post festum wollte er den Dienst quittieren, sobald er wieder in Britannien angekommen wäre. Seine zivilen Zukunftsaussichten erschienen ihm aber kaum erstrebenswert.

Ein anderes Beispiel entnehme ich der Western/Filmkultur: Die Figur eines ritterlichen Revolverhelden, des besten Schützen weit und breit. Als er sich am Ende der Geschichte entscheiden muß, in der Stadt zu bleiben, wo er eine schöne Frau heiraten könnte, oder aber allein in eine ungewisse und lebensgefährliche Zukunft zu ziehen, entscheidet er sich für das Letztere. Seine Begründung: Soll ich etwa (als Besitzloser) als Kommiß im Detailwarenladen um die Ecke oder als einfacher Knecht dienen, oder gar als Arbeiter ins Bergwerk gehen, um eine Familie zu ernähren? Und er zieht stolz in seiner wunderschönen Marshall-Uniform hoch zu Roß und mit blitzendem Colt in die aufgehende Sonne. — "Lieber tot als rot", fällt mir dazu ein, lieber ein kurzes und gefahrvolles, aber aktives und von Abenteuern ausgefülltes Dasein, als das Leben der Mühseligen und Beladenen; wer möchte schon Proletarier sein?

Ich habe einen Patienten, einen Lastwagenfahrer, der seit Jahren an einer schweren, therapeutisch refraktären Schlaflosigkeit und an Rückenschmerzen leidet. Er hatte zuvor eine Frau kennengelernt, eine Prostituierte, die sich unsterblich in ihn verliebt hatte. Sie bot ihm nicht nur im Bett Vergnügen, die er bei seiner Ehefrau vergeblich begehrt hatte, sie hielt ihn auch aus und führte ihn ins Milieu ein ... Kurzum, er genoß ein paar Jahre lang das Leben eines Fürsten — bis seine Ehefrau ihn vor ein Ultimatum stellte. Er entschied sich im letzten Moment für die Familie, nachdem der Sohn bereits wegen Schulversagen und Unerziehbarkeit in ein Heim hatte gesteckt werden müssen; doch seither kann der Mann kaum mehr schlafen und leidet. Sowohl der englische Unteroffizier, als auch der Westernheld, entscheiden sich *bewußt* dafür, die Kriegsgefahr auf sich zu nehmen, um besser zu leben. Es sind zwei proletarische Charaktermasken des Soldaten. Auch mein Patient wäre vermutlich eine leichte Beute der Kriegspropaganda ("Krieg ist schön")[30], könnte er sich doch durch die Teilnahme an einem Feldzug der Qual der täglichen Arbeit und dem Pantoffel seiner Frau entziehen (mit der er übrigens nur noch äußerst selten und lustlos vögelt), ferner den mühevollen Auseinandersetzungen mit dem pubertierenden Sohn. Vermissen würde er neben einer gewissen Bequemlichkeit (das Abendessen wird gekocht und die Wäsche besorgt) wohl nur noch die zärtliche Beziehung zur jüngeren Tochter. Wir sollten nicht vergessen, daß solche Lebensschicksale nicht etwa vereinzelt vorkommen, sondern Legion sind.

Außer den bewußten Motiven wirken allerdings auch machtvolle unbewußte Seelenkräfte in dieselbe Richtung: Vom Gesichtspunkt der Triebentwicklung aus gesehen ist es in erster Linie der Sadomasochismus, von der Entwicklungslinie des Narzißmus aus sind es das Macht/und Prestigebedürfnis und die Größenphantasien. Daneben vermute ich auch orale Wünsche und Phantasien: Das rauschhafte Verschmelzen mit dem Objekt und kannibalistisch / vampiristische Phantasien[31]. Auf phallischer Ebene mögen Vergewaltigungs-Phantasien eine Rolle spielen. Dabei ist für die Kriegsbegeisterung nicht maßgeblich, ob diesen Partialtrieben oder narzißtischen Wünschen im realen Kriegsgeschehen auch wirklich Befriedigung verschafft würde (wir haben allen Grund anzunehmen, daß dies für die Mehrzahl der Soldaten nicht der Fall ist, die werden in Friedens- wie in Kriegszeiten düpiert), was zählt, ist die unbewußte Erwartungshaltung, die ein lustvolles Quälen und Morden verspricht, ein Leben als Übermensch, mindestens aber das Abstreifen aller im Zivilleben lästigen Rücksichtnahmen. Das Über-Ich wird quasi von Staats wegen außer Kraft gesetzt. Dieses Begehren würde auch erklären, warum so viele so schnell bereit sind, in der Masse die Person des Führers an die Stelle des eigenen Ich/Ideals zu stellen (vgl. Freud's "Massenpsychologie und Ich/Analyse"[32]. Der Führer verspricht einem ja gerade die Erfüllung jener Triebwünsche und narzißtischen Bedürfnisse, wozu man selber nie in der Lage wäre.

Wir haben also die Anwort für die Kriegsbegeisterung der unterdrückten Massen in den bewußten und unbewußten Phantasien gefunden, denen der Krieg Befriedigung verspricht und zum Teil auch verschafft. Warum aber vermag der Tod die Leute nicht zu schrecken? — *Weil er verleugnet wird*. Hier gilt das, was Paul Parin für den Atomkrieg ausgeführt hat (vgl. seine Arbeit in diesem Band). Man kann sich im allgemeinen den eigenen Tod nicht wirklich vorstellen, dabei spielt es keine Rolle, ob es der Atomtod ist, oder irgendein gewöhnlicher Tod. Man hat ja dafür keine Erfahrungsgrundlage, es sei denn der Schlaf; fremdes Sterben vermag man immerhin identifikatorisch an Tieren, den durch die Massenmedien vermittelten Bildern, literarischen Erzählungen oder dem Tod naher Angehöriger mitzuerleben. Doch im allgemeinen haben erst ältere Menschen damit genügend Erfahrungen sammeln können, und auch sie sind vor der Verleugnung des Sterbens nicht gefeit; dafür stehen die zahllosen Schwerkranken, welche begierig alle Möglichkeiten der modernen Medizintechnik in Anspruch nehmen, um wenigstens noch ein paar Monate weiterzuleben. Jene, die den Arzt ohne an ein Weiterleben nach dem Tode zu glauben darum bitten, Schluß zu machen, sind denn noch immer eine kleine Minderheit. Wenn es wirklich ums Sterben geht, versagt oft auch der religiöse Glaube — im übrigen immer noch ein wirkungsvoller kollektiver Wahn, der zu nichts anderem dient, als gerade der Verleugnung des Todes. Knut Boeser hat dazu eine interessante Beobachtung mitgeteilt (vgl. seinen Beitrag in diesem Band), wenn für die Dreharbeiten eines Filmes über Maria Theresia — für die Darstellung der Schlacht bei Mallwitz — sich viele freiwillig meldeten, um den Heldentod zu "sterben", während niemand gerne eine Leiche darstellen wollte. Die Kriegspropaganda aller Zeiten hat dies berücksichtigt, indem sie die *Größenerlebnisse* im Kampf verherrlicht (vgl. den Beitrag von Klaus Horn in diesem Band), den Katzenjammer nach der "Feuertaufe" aber wohlweislich verschweigt.

Die Agitation der Friedensbewegung hat im allgemeinen immer gerade das Gegenteil gemacht, wenn sie den potentiellen Kriegern das Leichenelend des Todes präsentierte. So konnte allerdings noch kein einziger Krieg verhindert werden. Eine wirksamere Arbeit für den Frieden (vgl. auch den Beitrag von H.E. Richter in diesem Band) müßte sich möglichst tabufrei für die sadomasochistischen Bedürfnisse und für die Machtansprüche der Massen, sowie ihren Größen/und Verschmelzungsphantasien interessieren (vgl. den Beitrag von Manfred Pohlen in diesem Band und vgl. auch A. Mitscherlich: "Man muß zur menschlichen Lebenswirklichkeit die Lust an Krieg, Verbrechen, Grausamkeit, Heimtücke ebenso hinzurechnen wie Friedfertigkeit, Ehrlichkeit, Vertrags- und Freundschaftstreue, Rücksicht und Vorsicht, Liebeslust"[33]), d.h. sich vorurteilsfrei einer Gewaltdiskussion stellen.

Die Wiederaneignung der enteigneten Aggression oder von der Notwendigkeit einer strukturellen Gegengewalt

Wenn es wahr ist, daß sich im Verlauf der Geschichte eine "Verwandlung des Affekthaushaltes"[34] vollzieht, derart, daß heute offene Gewalt und Grausamkeit allgemein verurteilt werden (im Gegensatz zum 16. Jhdt. z.B., wo am Johannestag in Paris zur allgemeinen Ergötzung einige Dutzend Katzen öffentlich verbrannt wurden), so ist das trotzdem meiner Meinung nach kein "Hoffnungsschimmer"[35]. Was sich im historischen Prozeß wirklich geändert hat, sind zum einen die technischen Möglichkeiten — in Vietnam wurden und in El Salvador werden nicht Katzen, sondern Menschen zum Beispiel mit Napalm aufs Grausamste verbrannt —, zum anderen die Herrschaftstechniken in den Metropolen (weniger in der Dritten Welt). Hilfreich zum Verständnis dieser Prozesse ist das Konzept der "strukturellen Gewalt" von Galtung (1975)[36]. "Im Gegensatz zur personalen Gewalt (der offenen Gewalt, E.M.), gibt es bei der strukturellen keinen direkt sichtbaren Akteur. Sie ist die stille Gewalt eines sozialen Systems mit ungleicher Machtverteilung und äußert sich unter anderem in der Unzulänglichkeit von Nahrungsmitteln, Schulen, Arbeitsplätzen, ärztlicher Betreuung, von Rollen, Ämtern, Vereinsmitgliedschaften usw. für bestimmte Teile der Bevölkerung (z.B. für rassische Minderheiten, Frauen, Bürger ohne Parteibuch), sowie in materiellen und psychologischen Zwängen zur äußerlichen und geistigen Uniformierung". Die Gewaltförmigkeit einer Gesellschaft bemißt sich nach der Differenz des potentiell Möglichen und des effektiv Geleisteten: Wenn z.B. eine Krankheit objektiv nicht heilbar ist, trifft für das Sterben daran niemanden eine Schuld, wenn sie aber technisch gesehen zu heilen wäre, ist die Unterlassung Totschlag, die Verweigerung der Hilfe Mord. So gesehen leben wir in einer der mörderischten Epochen der Geschichte.

Wenn sich also die Hoffnung auf eine Befriedung der menschlichen Aggressivität im zivilisatorischen Prozeß bis heute als Trugschluß erwiesen hat, so heißt das dennoch nicht, es müßte immer so bleiben. Das menschliche Aggressionspotential könnte durchaus für zivilisatorische Aufgaben genutzt werden, wie z.B. in China die Armee vor dem Sturz der "Viererbande" systematisch für die Landwirtschaft eingesetzt wurde, oder meinetwegen in Europa zur Bekämpfung von Waldbränden (oder etwa für die friedliche Eroberung des Weltalls) etc. Es gilt zu Erkennen, daß die Verkehrung der Aggression in Destruktion gesellschaftlich produziert wird — unter der Weltherrschaft des Monopolkapitals notwendig produziert wird[37]. Andererseits ist anzunehmen, daß selbst nach der Überwindung des Monopolkapitalismus im Weltmaßstab (noch nie war Marxen's Prognose "Sozialismus oder Barbarei" so aktuell wie heute), es viele Generationen benötigen wird, bis sich die veränderten gesellschaftlichen Bedingungen in der Individualpsyche niedergeschlagen haben. Für die Zeit des Übergangs müssen wir uns aber fragen, was wir — so wie wir nun einmal sozialisiert worden sind — tun können.

Aus psychoanalytischer Sicht hat meiner Meinung nach A. Mitscherlich die Leitlinie klar formuliert: "Produktives Schuldgefühl (und nicht bloß quälendes) kann erst entstehen, wo die Lust an der Zerstörung innerlich voll erlebbar wird. Erst dann kann man darangehen, sich von ihrer überrumpelnden Herrschaft zu befreien"[38]. In dieser Richtung weist auch das Manifest von Ulrich Sonnemann[39], welcher die Wiederaneignung der abgespaltenen sadomasochistischen Wünsche in der Erotik fordert, damit sie sich nicht mehr im Krieg entladen müssen (wer fühlt sich nicht an den Slogan der 68er Bewegung in Berkeley erinnert "Make love, not war!"). Darüberhinaus geht es meiner Meinung nach darum, *Gegengewalt zu produzieren*, also das Gewaltmonopol des Staates zu brechen. Ich rede nota bene nicht einer neuen RAF das Wort, obschon die Frage der Bewaffnung der Opposition angesichts einer herrschenden Klasse, die vor keinem Gewaltakt zurückschreckt, sehr ernst zu nehmen ist. Es wird wohl darum gehen, in der Friedensbewegung und darüberhinaus in der sozial-revolutionären Bewegung überhaupt bewußt jene Elemente von Gewalt aufzunehmen, die die Bewegung insgesamt stärken können. Entsprechend dem Begriff der "strukturellen Gewalt" wäre vom Konzept einer *strukturellen Gegengewalt* auszugehen, die daraufhin zielen muß, alle jene Freiräume für die individuelle und kollektive Entfaltung zurückzuerobern, die sich der monopolkapitalistische Staat in den letzten Jahrzehnten angeeignet hat. Dabei muß notwendigerweise jenes Aggressionspotential freigesetzt werden, von welchem die verwalteten Individuen enteignet worden sind. Es wird dabei die Aufgabe der politischen Linken sein, diese Aggressionen zu kanalisieren und gezielt einzusetzen. Wo eine Organisation fehlt, die dieser Aufgabe gewachsen ist, verpufft die Energie weitgehend wirkungslos, auch wenn dabei sehr viel Glas zerbrochen wird (wie in den Jugendunruhen 1980/81 in Zürich).

Ein Menschenteppich z.B. ist nicht einfach "gewaltfrei", was das bürgerliche Winterthurer Schwur-Gericht anläßlich der Verhandlung wegen der 1982er Demonstrationen gegen eine großangelegte Waffen-Verkaufsausstellung in der Stadt richtig erkannt hat, als er die Demonstranten der Nötigung schuldig sprach. Weitere Beispiele sind der nächtliche Kampf der Sprayer gegen die "Ordnungskräfte" um die Inanspruchnahme freier Betonflächen für alternatives Gedankengut oder gezielte Verkehrsbehinderungen, Go-Ins etc. Den Frieden wirklich wollen, ihn allen Ernstes vorbereiten, kann nur heißen, ihn gewaltsam gegen die zum Krieg treibenden Kräfte und den bürgerlichen Staat durchzusetzen. Nur die Zerstörung des falschen Friedens (Pohlen), des Klassenfriedens also, kann den offenen Krieg verhindern.

Nun höre ich den Einwand, angesichts der Gefahr des Atomkrieges sei eine solche Losung selbstmörderisch, entspringe gerade einer "Verleugnung der Gefahr" (der Selbstvernichtung der Menschheit), die eines Psychoanalytikers unwürdig sei; vielleicht sollte ich noch ein Stück Analyse machen? Ich habe im Verlauf des letzten Jahres viele Stunden damit verbracht, gerade diese Frage zu klären. Ich weiß ja, daß ich aufgrund meiner narzißtischen Charakterstruktur manchmal zu Verleugnungen neige. Ich weiß auch, daß es Leute in einflußreicher Stellung gibt, die subjektiv bereit wären, auf den Atomknopf zu drücken[40]; ich habe schließlich auf einem Plakat der Berliner Schaubühne am Lehniner Platz die verschiedenen einschlägigen Bemerkungen der Reagan-Administration gelesen und in der Presse entsprechende Berichte über NATO-Geheimdokumente zur Kenntnis genommen und auch die zahlreichen Berichte von Fehlalarmen studiert — doch habe ich auch in New York zum Beispiel die Verwaltungspaläste der Multinationalen Gesellschaften gesehen und das Wohlleben der Oberschicht beobachtet. Da ist keine Spur von Todessehnsucht oder Todesseeligkeit festzustellen, im Gegenteil: Viel Lust bei der Ausübung der Macht. In ihrem oft grenzenlosen Zynismus[41] wären diese Leute wohl dazu im Stande, einen Atomkrieg auszulösen, aber nur wenn sie sicher sein könnten, ihn zu überleben, und wenn sie sich darüberhinaus auch einen klaren Gewinn ausrechnen könnten. Und gerade das ist im Atomzeitalter nicht mehr möglich. Das Gleichgewicht des Schreckens hat mindestens den großen Krieg mit Wasserstoffbomben unmöglich gemacht, natürlich nicht den Krieg schlechthin. Das von den USA ausgehende Wettrüsten hat meiner Meinung nach andere Ursachen und Ziele: Es fördert ebenso kräftig ein Wirtschaftssystem das schon immer mit einer großen Arbeitslosenrate rechnete und dessen Produktionskapazitäten chronisch unausgelastet sind, wie es die sozialistischen Volkswirtschaften empfindlich schädigt und an der Erreichung eines höheren Lebensstandards für die Bevölkerung hindert. Schließlich hat das Wettrüsten und die permanente Drohung mit dem Atomkrieg eine terroristische Wirkung auf die Völker der Welt, insbesondere aber auf diejenigen Westeuropas. Eine Revolution in Italien zum Beispiel — so wird gedroht — könnte zur Vernichtung Europa's eskalieren. Soll man da nicht lieber "friedlich" bleiben? Ich für meinen Teil möchte es lieber weiter mit dem Dichter-Revolutionär Georg Büchner halten, welcher schon im Juli 1834 vor seiner Flucht in die Schweiz im "Hessischen Landboten" kurz und prägnant "Friede den Hütten — Krieg den Palästen" forderte. Aus psychoanalytischer Sicht wünschte man sich eine Friedensbewegung, die etwas weniger Angst, dafür umso mehr Wut mobilisieren würde, eine Linke, die ihre Machtanspsrüche offener zur Schau trüge.

Anmerkungen

1. Ich meine damit die von S. Freud mit der "Traumdeutung" begründete Tradition der Selbstanalyse. Es gibt letztlich nur zwei sichere Quellen für das psychoanalytische Wissen: Die Analyse von Widerstand und Übertragung und die Analyse der Gegenübertragung.

2. Meine Ambivalenz Problemen der Gewalt gegenüber kommt noch heute darin zum Ausdruck, daß ich erst den Namen des Autors Frantz Fanon gesperrt hatte, dann das mir vorliegende Buch "Für eine afrikanische Revolution" (Frankfurt a.M. 1982; Titel der Orginalausgabe: "Pour la révolution africaine", Paris 1969) verlegte und schließlich die erwähnte Stelle nicht mehr genau erinnerte (sie stammt aus den "Damnés de la terre", Paris 1961). Die Analyse dieser Fehlleistungen kompliziert sich allerdings um eine ödipale Dimension, da mein Stiefvater zur Zeit des Algerien-Krieges sehr engagiert auf der Seite der F.L.N. stand, wie Fanon.

3. Ernesto Ferrero "Gilles de Rais — Delitti e Castigo di 'Barba Blu' ", Verona 1975. Das nachfolgende Zitat habe ich direkt aus dem Italienischen übersetzt.

4. Zur Problematik des Sadismus der Herrschenden vgl. auch Mario Erdheim "Die gesellschaftliche Produktion von Unbewußtheit — eine Einführung in den ethno-psychoanalytischen Prozeß", Frankfurt a.M. 1982, besonders das Kapitel über den "Narzißmus der Herrschenden, ihre Unbewußtheit und Aggression" S. 388 ff. Die Herrschenden haben es allerdings oft nicht nötig, ihren Sadismus zu verdrängen; sie müssen ihre entsprechenden Praktiken höchstens vor der Gesellschaft verstecken.

5. Vgl. Knut Boeser "Der blinde Blick — Assoziationen zum Auge", Psychoanalyse Heft 3/1981: "Brennende Flugzeuge, Leichenteile, Autowracks, Geköpfte, Erschossene, Erschlagene, Erhängte, Verstümmelte, Verbrannte, das alles macht Lust".

6. Helmut Kopetzky "In den Tod — Hurra! Deutsche Jugend/Regimenter im Ersten Weltkrieg. Ein historischer Tatsachenbericht über Langemarck", Köln 1981.

7. H. Kopetzky, op. cit., S. 26: "Deutschland soll als Träger einer höheren Kultur erscheinen, als 'Erzieher der Welt'. Deutscher Idealismus gegen englischen Krämergeist, russisches Barbarentum, französische Dekadenz. 'Am deutschen Wesen soll die Welt genesen' — Der Spruch ist ernst gemeint. Anfang Oktober 1914 erscheint die 'Erklärung der 93' an 'die Kulturwelt'. Zitat: 'Unser Glaube ist, daß für die ganze Kultur Europas das Heil an dem Siege hängt, den der deutsche 'Militarismus' erkämpfen wird, die Mannszucht, die Treue, der Opfermut des einträchtigen deutschen Volkes ...' 4.000 Professoren unterschreiben diesen Aufruf, der Deutschland's Beteiligung am Weltkrieg ausdrücklich gutheißt." Albert Einstein gelangt in seinem berühmten Brief an S. Freud 1932 zu derselben Einschätzung der Intelligenz: "... nach meinen Lebenserfahrungen ist es vielmehr gerade die sogenannte 'Intelligenz', welche den verhängnisvollen Massensuggestionen am leichtesten unterliegt, weil sie nicht unmittelbar aus dem Erleben zu schöpfen pflegt, sondern auf dem Wege über das bedruckte Papier am bequemsten und vollständigsten zu erfassen ist." (A. Einstein, S. Freud, "Warum Krieg?", Paris 1933, Neudruck Zürich 1972). Über die Beteiligung der Psychoanalytiker als einer Untergruppe der Intelligenz und zugleich des Mittelstandes vgl. J. Reichmayr in diesem Band. — Ich habe übrigens den Titel meiner Arbeit dieser Publikation entliehen.

8. Sigmund Freud (GW XIII) zitiert selber am Ende von "Jenseits des Lustprinzips"

die Verse von Rückert:

"Was man nicht erfliegen kann, muß man erhinken.

....

Die Schrift sagt, es ist keine Sünde zu hinken".

Eine Sünde ist es ja gewiß nicht, wissenschaftliche Grenzüberschreitungen zu wagen, solange man offen dazu steht; man sollte allerdings dazu gerüstet sein, sonst fliegt man eher auf die Nase, als daß einem neue geniale Erkenntnisse gelingen.

9. Medard Boss "Sigmund Freud und die naturwissenschaftliche Denkmethode (Erster und Zweiter Teil)", Hexagon Roche, Nr. 1 und 2, 1973: "So ließ denn der um die letzte Jahrhundertwende herum herrschende Zeitgeist *Freud* versäumen, allem zuvor ein neues Denkwerkzeug bereitzustellen, das der ganz anderen Wesensart der von ihm entdeckten Phänomene menschlichen Existierens auch wirklich angemessen gewesen wäre". Das "neue Denkwerkzeug" wurde dann allerdings von den Daseins-Analytikern in der Heidegger'schen Existentialphilosophie gefunden, womit die Psychoanalyse vollends von den Füßen auf den Kopf geriet. Im Vergleich zu dieser Ver-Idealisierung ist die naiv materialistische Anschauungsweise des "naturwissenschaftlichen Zeitgeistes" mit ihrer Anlehnung an die Biologie trotz der Gefahr des Biologismus noch immer fortschrittlich.

10. Der Leser möge einmal den Kreuzgang der alten Universität in Wien besuchen mit den Marmorbüsten der Professoren: Ein wahres Pantheon der Wissenschaft!

11. Vgl. meine Arbeit "Psychoanalyse, Marxismus, Freudismus 1975, mit einem Nachwort 1980", Psychoanalyse, Heft Nr. 3/1980.

12. Vgl. z.B. Otto Fenichel's freundliche Kritik "Zur Kritik des Todestriebes", erstmals veröffentlicht in Imago 21/1935, zugänglich in den "Aufsätzen", Bd. 1, Olten 1979, aber auch R. Brun, E. Jones, W. Reich u.a.m.

13. Vgl. den Beitrag von Manfred Pohlen in diesem Band. So sehr ich seine gesellschaftskritischen Überlegungen teile und seinen Mut bewundere, so metaphysisch kommt mir die Herleitung aus Bataille und Lacan vor!

14. H. Kopetzky, op. cit.: "Gemeinde in der belgischen Provinz Westflandern ... Schauplatz erbitterter Kämpfe zwischen deutschen Freiwilligen-Regimentern ... und alliierten Truppen zu Beginn des Ersten Weltkrieges ... sehr hohe Verluste auf deutscher Seite ... gilt als Schulbeispiel für die Auswirkungen des deutschen Militarismus ... nach 1933 in der nat. soz. Propaganda Symbol für 'heldische Gesinnung, Opfermut und Siegeswillen der Jugend' (Hermann Goering) ..." ("lexikalisches Stichwort", S. 7).

15. Vgl. Otto Kernberg "Object Relations Theory and Clinical Psychoanalysis", New York 1976, besonders das Kapitel über "Instincts Affects and Object Relations", S. 85 ff., wo die Triebentwicklung in Funktion der Objektbeziehung gesehen wird. Damit greift Kernberg im Grunde das Konzept von René A. Spitz von der Dialektik zwischen Reifung und Entwicklung auf.

16. Vgl. Paul Parin "Der Beitrag ethno-psychoanalytischer Untersuchungen zur Aggressionstheorie", Psyche 27/1973, und seine Arbeit in diesem Band, wo er zusammenfassend ausführt: "Die kulturspezifischen Unterschiede in der endgültigen Ich-Bildung sind so groß, daß wir *mit Sicherheit* (von mir hervorgehoben, E.M.) sagen können, daß Phänomene des Triebschicksals der Aggression als genuine Triebqualitäten beschrieben wurden, die nichts mit der biologischen Triebquelle zu tun

haben, sondern nur der Ausformung des Ich's in unserer Kultur entsprechen.

17. Vgl. Emilio Modena, op. cit. S. 219

18. Ich kann mich des Eindruckes nicht erwehren, daß die Todestrieb-Hypothese bei Freud den Charakter einer überwertigen Idee angenommen hat. Wie sonst könnte er an einer These derart hartnäckig festhalten, die von Anfang an und erklärtermaßen "Spekulation" war? Noch 1932 zieht er sie im Brief an A. Einstein (op. cit.) zur Erklärung des Phänomens des Krieges wieder heran. Herbert Lehman (San Francisco) hat am Internationalen Psychoanalytischen Kongreß in Helsinki 1981 in seinem Vortrag ("Freud's Self Analysis and the Theory of the Death-Instinct") ausgeführt, die Todestriebtheorie sei Ausdruck des Versagens von Freud's Selbstanalyse in Bezug auf die Todesproblematik. Er zählt (laut Ann Leiser im Bulletin der SGP Nr. 14/1982) die folgenden belastenden Momente auf: Die Sorge um die Söhne im Krieg; den Tod zweier Patienten; den Tod der Tochter Sophie; bewußte und unbewußte Schuldgefühle wegen eigener Todeswünsche; Aberglaube bezüglich des eigenen Todes-Datums, das gerade wieder einmal erreicht zu sein schien. Später (ab 1923) kam auch die eigene Erkrankung an Rachenkrebs hinzu und die zahlreichen Operationen, denen er sich unterziehen mußte. Für genauere biographische Angaben vgl. Ernest Jones "Das Leben und Werk von Sigmund Freud", Bern 1962, Bd. III, S. 56 ff. und S. 315 ff.

19. Vgl. H. Lichtenstein "Zur Phänomenologie des Wiederholungszwangs und des Todestriebes", Imago Nr. 21/1935.

20. Auch K.R. Eissler wiederholt in seiner Arbeit zum Thema ("Todestrieb, Ambivalenz, Narzißmus", München 1980) dieselben Fehler wie Freud. In biologischer Hinsicht wird nicht klar unterschieden zwischen physiologischen und psychologischen Vorgängen; Trieb, Instinkt und Assimilation/Dissimilation gleichgesetzt, ja sogar dem "Organismus" einen "Willen" untergeschoben (S. 15). In logischer Hinsicht wird durch eine teleologische Betrachtungsweise aus dem Nacheinander von Leben und Tod die Notwendigkeit des Todes für das Leben (kurz) geschlossen.

21. Vgl. Rudolf Brun "Allgemeine Neurosenlehre", Basel 1954, besonders die 9. Vorlesung ("Biologisches über Instinkte, Triebe und Triebkonstitution", S. 175 ff.) und die 13. Vorlesung ("Biologisches über den Triebkonflikt", S. 255 ff.).

22. Vgl. Heinz Hartmann, Ernst Kris, Rudolph M. Loewenstein "Notes on the Theory of Aggression", The Psychologic Study of the Child, Vol. III/IV, New York 1949.

23. Freud wußte das im Grunde genommen, schrieb er doch (1932) in der "Neuen Folge der Vorlesungen zur Einführung in die Psychoanalyse": "Die Trieblehre ist sozusagen unsere Mythologie. Die Triebe sich mythische Wesen, großartig in ihrer Unbestimmtheit. Wir können in unserer Arbeit keinen Augenblick von ihnen absehen und sind dabei nie sicher, sie scharf zu sehen".

24. Für eine erschöpfende Übersicht der wissenschaftlichen Diskussion vgl. Ferdinand Merz "Aggression und Aggressionstrieb" in "Aggression; Studientexte zur Psychologie und Soziologie der Erziehung", Bd. 2, herausgegeben von der Studiengruppe Psychologie, West-Berlin 1971.

25. René A. Spitz "Zur anpassungsfördernden Rolle der Aggression", in "Aggression ...", op. cit. S. 86: "In meinem Denken habe ich seit mehr als einem Dutzend Jahren der Aggression eine Rolle zugeteilt, welche ich mit der Trägerwelle der Ra-

diosendung verglichen habe. Ich folgerte damals, daß ohne die Aggression die Entwicklung des Individuums, seines psychischen Apparates, die Entfaltung seiner Fähigkeiten unmöglich wären".

26. Vgl. G. Ammon "Gruppendynamik der Aggression", Berlin 1970.
27. Vgl. meine Arbeit "Über einige Schwierigkeiten bei der psychoanalytischen Arbeit im Proletariat", im Druck.
28. Vgl. O. Fenichel "Über die Psychoanalyse als Keim einer zukünftigen dialektisch-materialistischen Psychologie", Zeitschrift für politische Psychologie und Sexualökonomie I (1934), zugänglich in den "Aufsätzen", Bd. I, op. cit.
29. "Wenn Du den Frieden willst, bereite den *Frieden* vor" — ich verdanke diese geniale Paraphrase der alten römischen Herrschaftsmaxime "si vis pacem, para bellum" (wenn Du den Frieden willst, bereite den *Krieg* vor) dem schizophrenen Dichter Edmund Mach. Er macht die Bemerkung fast beiläufig in einem Interview mit Heinz Bütler im Film "Zur Besserung der Person", welcher von den Künstlern aus Gugging (Psychiatrische Klinik bei Wien, handelt. Von Edmund Mach ist ein Bändchen Gedichte erschienen ("Buchstaben Florenz — Texte 1965-1979", Wien 1982).
30. Vgl. H. Kopetzky, op. cit. S. 19 "Krieg ist schön!"
31. Aus Zeit- und Platzgründen kann ich diesen Gedanken nicht weiter ausführen, bin aber überzeugt, daß gerade frustrierte orale Bedürfnisse und die entsprechenden Phantasien für die Kriegsbegeisterung von großer Bedeutung sind.
32. S. Freud GW XIII. Bekanntlich hat Freud die beiden Arbeiten "Jenseits des Lustprinzips" und "Massenpsychologie und Ich-Analyse" fast gleichzeitig geschrieben.
33. A. Mitscherlich im Aufsatz über "Aggression und Anpassung" in "Die Idee des Friedens und die menschliche Aggressivität", Frankfurt a.M. 1969.
34. Vgl. Norbert Elias "Über den Prozeß der Zivilisation", Bd. I, Basel 1939, S. 282.
35. Vgl. A. Mitscherlich "Die Idee des Friedens und die menschliche Aggressivität", op. cit. S. 130 ff.
36. Vgl. J. Galtung "Strukturelle Gewalt: Beiträge zur friedlichen Konfliktforschung", Reinbek 1975. Für eine eingehendere Diskussion des Begriffes vgl. Hans-Peter Nolting "Lernschritte zur Gewaltlosigkeit", Reinbek 1981, von welchem auch das Zitat stammt.
37. Vgl. Wolfgang Schmidbauer "Zur Anthropologie der Aggression" in "Aggression... " op. cit., welcher die Hypothese eines angeborenen Aggressionsinstinktes im Sinne von Lorenz und Mitscherlich an umfangreichem kulturanthropologischem Material nicht bestätigt findet. Er vermutet die wichtigste Ursache für die "destruktive Aggression" in der sog. "neolithischen Revolution", als die schweifenden Jäger und Sammler seßhaft wurden. "Die Seßhaftigkeit erlaubte es dem Menschen auch, Besitz anzuhäufen. Sie machte aus den schriftlosen Jägern und Sammlern Kulturvölker, die Chroniken aufzeichneten, Chroniken in denen bald Kriegszüge zu den wichtigsten Ereignissen wurden ... Doch die geschichtliche Zeit, aus der sie allein ihren Ausgangspunkt gewannen, umfaßt nur eine winzige Spanne menschlichen Lebens auf der Erde — wohl nicht mehr als 1 %".
38. A. Mitscherlich "Thesen über Grausamkeit", op. cit. S. 100.
39. Ulrich Sonnemann "Unabgeschlossene Thesen zum Verhältnis Erotik und Politik", SF-star — phantastische Welt der Zukunft, Nr. 5/1983.

40. Vgl. Die Untersuchung von Birgit und Ute Volmerg, sowie Thomas Leithäuser "Kriegsängste und Sicherheitsbedürfnis — zur Sozialpsychologie des Ost-West-Konflikts im Alltag", Frankfurt a.M. 1983.

41. Vgl. zur Frage des Zynismus Peter Sloterdijk "Kritik der zynischen Vernunft", 2 Bände, Frankfurt a.M. 1983. Der Autor schreibt zur Problematik der ABC-Waffen u.a. "Das ist die Götzendämmerung des Zynismus. Die Uhr läuft ab für die harten Subjekte, die harten Tatsachen, die harte Politik und das harte Geschäft. Kulturen, die sich nuklear gerüstet haben, geraten unter das F e e d b a c k ihrer Bewaffnung" (2. Bd. S. 597).

Anhang I

Absichtserklärungen (Statute) des Psychoanalytischen Seminars Zürich

Absichtserklärung 1977
Der folgenden Absichtserklärung hat die Teilnehmerversammlung des Pychoanalytischen Seminars Zürich am 1. Juli 1977 mit großem Mehr beigestimmt.

● Teilnehmer und Teilnehmerinnen des Psychoanalytischen Seminars Zürich (PSZ) beabsichtigen, das Seminar als autonome, offene Arbeitsgemeinschaft weiterzuführen und weiterhin die Wissenschaft der Freudschen Psychoanalyse zu pflegen. Die Teilnehmer sind bestrebt, Wissen und Können auf dem Gebiet der Psychoanalyse und ihrer Anwendungen zu fördern und zu vermitteln. Die Arbeitsgemeinschaft steht wie bisher allen genügend vorgebildeten Personen, die für die Freudsche Psychoanalyse Interesse haben, zur Verfügung.

● Das PSZ verzichtet darauf, eine Diplomierung, einen Status oder eine offizielle Anerkennung seiner Teilnehmer einzurichten und verzichtet auch auf den Anspruch, daß die von ihm gebotene Ausbildung von der Schweizerischen Gesellschaft für Psychoanalyse (SGP) oder von entsprechenden Institutionen anerkannt wird. Das PSZ wird es jedoch begrüßen, wenn eine solche Anerkennung in Einzelfällen oder in allgemeiner Art erfolgt.

● Die SGP hat in den Beschlüssen der Jahresversammlung vom 30.4.77 die Leitung eines Psychoanalytischen Seminars in Zürich beschlossen und führt es seit dem Wintersemester 77/78 unter dem Namen "SGP, Ausbildungszentrum Zürich" an der Waserstr. 43, 8053 Zürich. Das PSZ und seine gewählte Leitung ist bestrebt, den Betrieb und die Führung des "Ausbildungszentrums" in keiner Weise zu beeinträchtigen. Das PSZ hofft vielmehr, durch seine Tätigkeit eine Erweiterung und Bereicherung der in Zürich vorhandenen Möglichkeiten zur Vermittlung psychoanalytischen Könnens und Wissens zu bieten.

Absichtserklärung 1982

Der folgenden Absichtserklärung hat die Teilnehmerversammlung vom 12. Februar 1982 zugestimmt.

Das Psychoanalytische Seminar Zürich (PSZ) pflegt Theorie und Praxis der Freudschen Psychoanalyse. Es nimmt eine institutionskritische Tendenz der psychoanalytischen Bewegung in der Schweiz wieder auf.

Der Gefahr von Erstarrung bewußt, bemüht es sich um eine permanente Auseinandersetzung mit
— den theoretischen Konzepten,
— der jeweils entstehenden Organisationsform am Seminar,
— den politischen und kulturellen Bedingungen, unter denen psychoanalytisches Denken und Arbeiten stattfinden.

Durch seine innere Organisation versucht das Seminar einen Raum zu schaffen, in dem Psychoanalyse in ihrer Konflikthaftigkeit und Widersprüchlichkeit vermittelt und erfahren werden kann. Diese Organisation ist nicht dazu da, Wissen zu verwalten, sondern ihr Ziel ist es, den nie abschließbaren Prozeß zu fördern, der Wissen stets aufs neue erzeugt. Organisatorisches Zentrum ist die Teilnehmerversammlung, welche in allen Belangen, die das Seminar betreffen, entscheidet. Sie tritt mindestens zweimal im Semester zusammen.

Anhang II

Aus der Einladung zur Wochenendtagung "Krieg und Frieden aus psychoanalytischer Sicht" vom 23./24. April 1983 in Zürich

IPA und DPV haben sich gegen die weitere atomare Aufrüstung und die Gefahr eines neuen Krieges vernehmen lassen. Ziemlich zu gleicher Zeit gab es zwei "konventionelle" lokale Kriege: Falkland und Libanon. Darüberhinaus wird an verschiedenen Orten in der Welt gekämpft: In Afghanistan, im Iran/Irak, in Erythrea, im Süden Angolas, in der Sahara und in mehreren Ländern Mittelamerikas (vor allem in El Salvador). In bald vier Jahrzehnten seit dem Ende des Zweiten Weltkrieges gab es kaum eine friedliche Zeit auf der Welt; neben unzähligen kleineren Brandherden fallen uns ein: Korea, Algerien, Vietnam, Palästina. Dazu kommen die Bürgerkriege: Die Abschlachtung der Kommunisten in Indonesien und der Unidad Popular in Chile. Ungarn, Kambodscha, Nordirland. Die Liquidierung der Stadtguerilla und der progressiven Intelligenz in Uruguay, Argentinien, Brasilien etc...

Die Folter ist allgegenwärtig und dringt als Instrument wohlorganisierter staatlicher Abschreckung immer mehr auch in Europa vor. Noch sind das Obristen-Regime in Griechenland und das Portugal Salazars mit seiner PIDE nicht vergessen, schon blutet die Türkei unter der faschistischen Militärdiktatur und sogar in Italien und in der BRD hat die Folter im Kampf gegen die Roten Brigaden und die RAF Einzug gehalten.

Noch mehr: man kann unserer Meinung nach die offene Gewalt nicht von der strukturellen Gewalt loslösen, deren Opfer zwar weniger auffallen, womöglich aber jene von Krieg, Bürgerkrieg und gewaltsamer Repression an Zahl und Leiden noch übertreffen. Natürlich denkt man zunächst wieder an die Dritte Welt, an die Unterentwicklung, den Hunger, die Krankheiten, die Hoffnungslosigkeit der Slums; vergessen wir aber nicht unsere eigenen Opfer: die Straßentoten, die Selbstmorde, die vergewaltigten Frauen, die Nerven- und Gemütskranken, die Arbeitsunfälle und Berufskrankheiten. Mehr noch: die jugendlichen Arbeitslosen und die in Heime abgeschobenen Alten, Chronischkranken, Psychiatrie-Fälle, die Insassen der Erziehungsanstalten, die Gefangenen etc. etc. etc.

Mit anderen Worten: wir leben in einem totalen Gewaltzusammenhang. Die Niederschlagung der 80er Bewegung in Zürich hat auch für unsere mitteleuropäischen Verhältnisse wieder einmal deutlich gemacht, wie die vom Staat eingesetzten Mittel auf das Ruhe- und Ordnungsziel abgestimmt sind. In diesem Fall genügten Gummigeschosse und Tränengiftgas, Klassenjustiz und die Drohung mit dem Entzug der ökonomischen Existenz; hätten aber größere Interessen auf dem Spiel gestanden, wäre scharf geschossen worden. Der Übergang von der versteckten, latenten zur brutal-offenen Gewalt und von da zum Faschismus scheint also jederzeit möglich, wenn die ökonomischen und politischen Bedingungen ihn erfordern sollten. Das ist allerdings nichts Neues; es war schon immer so, daß die Friedenspartei unterlegen ist, wenn die Herrschenden den Krieg beschlossen hatten. Ausnahmen von dieser Regel wollen uns nicht einfallen. Dagegen war es manchmal möglich, die Richtung der Gewehrläufe zu ändern, wie 1917, als aus dem Krieg die Revolution hervorging. Allerdings galt dann oft genug der traurig wahre Kern des Sprichwortes, wonach die Revolution ihre Kinder frißt.

Anstatt einen weiteren Aufruf zum Frieden zu verfassen, hat die Teilnehmerversammlung des Psychoanalytischen Seminars Zürich beschlossen, einerseits die in der Region existierende Friedensbewegung personell und materiell zu unterstützen, andererseits einen berufsspezifischen Beitrag zur Friedensforschung zu leisten.

Welches sind die innerpsychischen Kräfte, die es den Herrschenden immer wieder ermöglichen, ganze Heere in Bewegung zu setzen? Wie kommt es, daß zwar jedermann für den Frieden ist, daß aber gleichzeitig die konkreten Schritte, die in Richtung Friedenserhaltung gehen, mit Leichtigkeit als Defaitismus, Antipatriotismus, ja gar als Terrorismus diffamiert werden können? Sind jene schwer zu durchschauenden Motive, die die Herrschenden und den großen Teil der von ihnen Beherrschten davon abhalten, etwas für den Frieden zu tun, womöglich auch bei jenen am Werk, die sich aktiv für den Frieden engagieren und wirken dort unerkannt dem Erreichen der gesetzten Ziele entgegen? Solche Fragestellungen allgemeinerer Art müssen uns zur spezifischen psychoanalytischen Diskussion hinführen, die sich um Fragen drehen wird, wie etwa die folgenden: Wie verhält es sich mit Aggressions- und Todestrieb? Was ist die Funktion des Sadismus im Seelenleben? Wie werden Machtbedürfnisse und -gefühle reguliert? Unter welchen Bedingungen kommt es zu aggressiven Durchbrüchen, beim Individuum, bei der Masse?

Zu den Autoren

Paul Parin, geboren 1916 in Polzela, Slowenien (heute Jugoslawien) als Sohn eines auslandschweizer Landwirts, von Linescio, lebt seit 1938 in Zürich. Matura Graz 1934, Medizinstudium in Graz, Zagreb und Zürich, Dr. med. 1943 in Zürich, Ausbildung in Chirurgie (bis 1946), danach Neurologie und Psychoanalyse. Mitglied Schweiz. Gesellschaft f. Psychoanalyse und I.P.A. seit 1949. Seit 1952 Praxis als Psychoanalytiker in Zürich. 1955 bis 1971 sechs ethnopsychoanalytische Forschungsreisen durch Westafrika; zwei Publikationen darüber: "Die Weißen denken zu viel" (zusammen mit Fritz Morgenthaler und Goldy Parin-Matthèy) und "Fürchte deinen Nächsten wie dich selbst". Nach "Der Widerspruch im Subjekt: ethnopsychoanalytische Studien" (Frankfurt 1978) und zahlreichen weiteren Arbeiten auf den Gebieten Psychoanalyse, Ethnopsychoanalyse, Psychiatrie und Neurologie erschien 1980 ein literarisch-autobiographisches Buch: "Untrügliche Zeichen von Veränderung: Jahre in Slowenien".

Johannes Reichmayr, Jahrgang 1947, aus Gmünd/Kärnten. Dr. phil. Psychologe und Psychoanalytiker. Arbeiten zur Geschichte und Sozialgeschichte der Psychologie und Psychoanalyse in Österreich. Zehn Jahre Tätigkeit an der inzwischen von der akademischen Psychologie in Salzburg mühsam aber doch aufgelösten einzigen universitär-psychologischen Lehrstelle in Österreich mit psychoanalytischer Ausrichtung (I.A. Caruso). (Vgl. "Jenseits der Couch. Psychoanalyse und Sozialkritik", erscheint Frankfurt 1984). Seit 1983 am Institut für Psychologie an der Universität Klagenfurt. Diverse Drahtziehungen. Reichmayr lebt in Wien. Café Sperl.

Klaus Horn, geboren 1934, Dr. phil., Diplomsoziologe, Professor und wissenschaftliches Mitglied am Sigmund Freud Institut, leitet dessen Sozialpsychologische Abteilung. Er ist Honorarprofessor am Gesellschaftswissenschaftlichen Fachbereich der Johann Wolfgang Goethe-Universität in Frankfurt. Seine Hauptarbeitsgebiete sind Politische Psychologie und Medizinsoziologie. In diesen Bereichen liegt auch der Schwerpunkt seiner Veröffentlichungen.

Knut Boeser, Jahrgang 1944, hat in Berlin und Paris Allgemeine und Vergleichende Literaturwissenschaft und Psychologie studiert und mit einer Arbeit über den Gewaltstaat promoviert. Er hat einige Theaterstücke und Drehbücher geschrieben, darüber hinaus kulturpolitische Kommentare und Features für verschiedene Rundfunkanstalten und Essays für wissenschaftliche Zeitschriften. Er ist seit 1981 Chefdramaturg am Renaissance-Theater Berlin, hat dort einige Inszenierungen gemacht und wird ab 1985 Künstlerischer Direktor und Chefdramaturg der Staatlichen Bühnen Berlins sein.

Horst-Eberhard Richter, 1923 geboren in Berlin. Dort Studien in Medizin, Philosophie und Psychologie. Dr. phil. 1949, Dr. med. 1957. Ausbildung zum Psychoanalytiker. Facharzt für Psychiatrie und Neurologie 1958. 1952–1962 Leiter der Beratungs- und Forschungsstelle für seelische Störungen im Kindes- und Jugendalter am Kinderkrankenhaus Wedding. Seit 1955 Assistent, später Oberarzt an der Psychiatrischen und Neurologischen Klinik der FU Berlin. Seit 1962 Aufbau und geschäftsführende Leitung des Zentrums für Psychosomatische Medizin an der Universität Gießen. Zahlreiche Veröffentlichungen.

Manfred Pohlen, Jahrgang 1930, Prof. Dr. med. und Psychoanalytiker, ist seit 1973 Leiter der Klinik und Poliklinik für Psychotherapie am Klinikum der Philipps-Universität Marburg. Das Spektrum seiner Publikationen umfaßt neben empirischen Arbeiten zur psychotherapeutischen Prozeßforschung und methodenkritischen Problemen der Psychoanalyse vor allem Untersuchungen zur psychoanalytischen Theorie (Konzept des Todestriebes, Schizophrenietheorie, Wahrnehmung und Phantasie u.a.), die sich dem Widerspruch zwischen Theorie und Therapie der Psychoanalyse stellen. Die Stellung des Analytikers erweist sich nach Pohlen danach, wie er mit dem Aufständisch-Subversiven des Unbewußten individuell-therapeutisch wie auch gesellschaftlich-theoretisch umgeht.

Margarete Mitscherlich-Nielsen, Jahrgang 1917, hat Literatur und Medizin studiert. Ärztin und Psychoanalytikerin, Mitglied der Internationalen Psychoanalytischen Vereinigung (der DPV), und des P.E.N. Außer zahlreichen Aufsätzen veröffentlichte sie 1967 (zusammen mit Alexander Mitscherlich) "Die Unfähigkeit zu trauern", 1972 weiter "Müssen wir hassen?", 1978 "Das Ende der Vorbilder" und 1980 (zusammen mit Helga Dierichs) "Männer". Margarete Mitscherlich-Nielsens Hauptinteresse gilt seit einigen Jahren der Psychologie der Frau und den Identifikationsproblemen.

Chaim F. Shatan, Psychoanalytiker und Professor der New York University, hat als Koordinator mit der "Vietnam Veterans Working Group" gewirkt und sowohl die Amerikanische Psychiatrische Gesellschaft wie die U.S.-Regierung (Veterans Administration) in Fragen von Kriegsneurosen und Streßfolgen bei Vietnam-Veteranen beraten. Bei unserem Beitrag handelt es sich um Teil III von "Eine psychodynamische Theorie des Kampfes" (A Psychodynamic Theory of Combat). Teil I und II handeln unter den Titeln "Bogus Manhood, Bogus Honor. Surrender and Transfiguration in the U.S. Marine Corps" und "Through the Membrane of Reality: Impacted Grief and Perceptual Dissonance in Combat Veterans" über damit zusammenhängende Fragen, die sich aus Shatans Arbeit mit Vietnam-Veteranen ergeben haben.

Dorothee Jüngst, Jahrgang 1941, Diplom-Psychologin. Von 1968 bis 1971 wiss. Angestellte an der Hals-, Nasen- und Ohrenklinik der Albert-Ludwigs-Universität Freiburg i. Brsg. Seit 1972 Klinische Psychologin am Neurologischen Rehabilitationskrankenhaus für Kinder und Jugendliche, Jugendwerk Gailingen Ev. V., Gailingen. Psychoanalytische Ausbildung am Institut für psychoanalytische Therapie, Zürich.

Eugen Mahler, geb 1927, studierte Medizin in Tübingen und Würzburg. Dort neben Facharzttätigkeit (Innere Medizin) Beginn psychoanalytischer Studien. Ging dann nach Heidelberg zu Alexander Mitscherlich und war danach Mitarbeiter von Horst-Eberhard Richter. Mitarbeit am Sigmund Freud Institut in Frankfurt, Einrichtung der Psychotherapeutischen Beratung für Studierende,

Mitarbeit mit Lehrergruppen in Frankfurt und Berlin, seit 1972 Lehrstuhl für Psychoanalyse und Gruppendynamik an der Gesamthochschule Kassel, zahlreiche Publikationen. Aus der Seminararbeit mit Lehrer-, Theologie- und Kunststudenten in Kassel sind die Gedanken zum wiedergegebenen Vortrag entstanden. Prägend für Mahlers Widerstand gegen den Militarismus war die Haltung seiner früh verstorbenen Mutter, die sich politisch und literarisch gegen den aufkommenden Nationalsozialismus gewendet hatte, sowie Erlebnisse als Sanitätssoldat 1944/45. Eugen Mahler hat sich neben seinem ärztlichen und psychoanalytischen Wirken als bildender Künstler einen Namen gemacht.

Peter Passett, geboren 1942, Studium der Psychologie an der Universität Zürich. Lic. phil. Anschließend Tätigkeit im Bereich der Studienberatung und später der Therapie mit Drogenabhängigen. Seit 1976 in freier Praxis als Psychoanalytiker. Engagiert am Psychoanalytischen Seminar Zürich. Publikation: "Gedanken zur Narzißmuskritik: Die Gefahr, das Kind mit dem Bad auszuschütten", in: "Die neuen Narzißmustheorien: zurück ins Paradies?", 1981.

Emilio Modena, 1941 in Neapel geboren, nach dem Tod seines Vaters und der Wiederverheiratung seiner Mutter mit einem Schweizer Journalisten 1946 als 'passiver Emigrant' ab 1950 in Zürich. Medizinstudium. Von 1968–1974 Allgemeinpraktiker im Züricher Arbeiterkreis 4, seither – nach der Ausbildung zum Psychoanalytiker im Rahmen des Psychoanalytischen Seminars – psychotherapeutische Privatpraxis ebenda. Mitbegründer der Tellstraße und der "Stiftung für Psychotherapie und Psychoanalyse" (Versuch der Erforschung des Bewußtseins der Arbeiter mit Hilfe der Psychoanalyse).